高等院校市场营销系列教材

International Marketing

国际市场营销学

第5版

主编 李威
参编 王大超 孙福广 韩莹 栗峥 王东升 王志文

机械工业出版社
CHINA MACHINE PRESS

国际市场营销学是市场营销学的分支，研究企业如何将产品或劳务推广至国外消费者。本书参考中外教材的特点，取长补短，力图打造适合中国高校的国际市场营销学本科教材。本书以中英文双语为特色，以时代、创新、共赢和国际化为视角，对第 4 版进行了深度修订，吸纳了该学科最新的理论和观点、权威的统计资料以及典型的跨国公司案例，还追踪了该学科主要理论的发展趋势。本书旨在帮助学生掌握国际市场营销的基本原理和方法，理解不同文化背景下的市场特征和消费者行为，以及如何在全球化竞争中制定有效的市场营销策略。

本书既可以作为高等院校相关专业的教材，也可以作为各层次经营管理人员的必备读物。

图书在版编目（CIP）数据

国际市场营销学 / 李威主编. -- 5 版. -- 北京：机械工业出版社，2025.7. --（高等院校市场营销系列教材）. -- ISBN 978-7-111-78621-4

Ⅰ.F740.2

中国国家版本馆 CIP 数据核字第 2025JN8604 号

机械工业出版社（北京市百万庄大街 22 号　邮政编码 100037）
策划编辑：张有利　　　　　　　　　责任编辑：张有利
责任校对：颜梦璐　李可意　景　飞　责任印制：任维东
河北鹏盛贤印刷有限公司印刷
2025 年 8 月第 5 版第 1 次印刷
185mm×260mm·19.5 印张·484 千字
标准书号：ISBN 978-7-111-78621-4
定价：59.00 元

电话服务　　　　　　　　　网络服务
客服电话：010-88361066　　机　工　官　网：www.cmpbook.com
　　　　　010-88379833　　机　工　官　博：weibo.com/cmp1952
　　　　　010-68326294　　金　书　网：www.golden-book.com
封底无防伪标均为盗版　机工教育服务网：www.cmpedu.com

前言

2021年9月，中国在第76届联合国大会上提出全球发展倡议。在此之后，100多个国家和20多个国际组织积极支持和参与倡议，80多个国家加入"全球发展倡议之友小组"，70多个国家和国际组织加入全球发展促进中心网络。截至2024年9月，已基本落实32项务实举措，开展1 100多个项目，实施超过600个全球发展项目。全球发展倡议的提出，是对"一带一路"倡议的补充和拓展，也是继"一带一路"图景之后中国乃至世界经济发展的又一个新的平台和新的机遇，同时也为本书提供了新视角、新领域和新案例。

世界经济格局深刻演变，经济全球化在形式和内容上面临新的调整——经济全球化遭遇逆风，保护主义明显上升；个别国家和地区将经贸科技交流政治化、武器化，筑起"小院高墙"，鼓动"脱钩断链"；受地区冲突影响，世界产业链、供应链稳定受到冲击。然而，经济全球化持续发展的大势不可逆转，各国相互联系和彼此依存比过去任何时候都更频繁、更紧密。世界经济大格局下的国际市场更加云谲波诡，在国际化营销机遇大增的前提下，企业也面临着更艰巨的挑战。

2023年，以ChatGPT为代表的生成式人工智能成为全球科技热点。它不仅影响着人类的生活和生产方式，还为各种行业的创新和发展提供了新的工具和视角。在全球范围内，我们已经进入了一个全新的5G时代。当下载一个1GB的文件只需要几秒，时延可缩短到1ms级别的时候，虚拟市场的发展速度与空间已远远超出我们的想象，一个万物互联的智能时代正在向我们走来。伴随着物联网、大数据、云计算、人工智能等技术的兴起，全球范围内现实世界与网络世界交替出现，实体经济与网络经济竞相发展，人类发展历史的列车正在飞速驶入一个色彩斑斓的新境地。5G正在颠覆人们的传统观念，不断催生新理念，新理念催生新的商业业态和新的商业模式。新时代与新形势决定了本书必须尽快更新。

本书是一部具有中国特色的国际市场营销教材。本书的初稿是本科层次的英文教材，辅以中文关键词和关键理论。在编写本书第 1 版前的市场调研中，我们发现当时我国高校使用的市场营销、国际市场营销和市场营销管理类教材有两类：一类是引进的外版教材，普遍存在的问题是难度较大、内容较多（多为硕士研究生层次的教材），案例与中国市场、中国企业之间的关联度较低，学生不容易理解，应用起来不够方便；另一类是传统的本版教材，普遍存在的问题是案例较少，理论的时效性不强，讲述不够生动。因此，我们力图编写一部适用于中国高校的国际市场营销学本科教材。自 2008 年第 1 版出版到 2024 年我们启动第 5 版的修订，近 20 年间大量学生使用后的称赞与认可、各高校教师的支持与肯定、行业的良好反馈与建议都是我们长期、反复打磨本书的动力。日复一日的积累，顺应市场、环境变化的更新完善也是我们更新第 5 版的基础和底气。

根据时代特点和形势变化适时修订教材，是人才培养与学术研究的需要，也是编写者义不容辞的责任。本书呈现出以下特点。

（1）时代的视角。结合"一带一路"倡议，从旗帜鲜明地反对保护主义，促进贸易和投资的自由化、便利化视角，研究新时代中国企业的国际化营销和国际企业的中国营销；在 5G 时代全移动和全连接的数字化社会背景下，探讨国际市场营销的理念、内容和实现途径。

（2）创新的视角。伴随着时代的发展，国际市场营销学强调教学理念创新、教学模式创新、教学内容创新和教学手段创新。要实现创新，特色是关键。本书坚持国际化、时代化的特色，具体体现在"理论及理论更新＋经典及最新的中外案例"和中英文结合的双语模式上。

（3）共赢的视角。作为"世界工厂"和"世界市场"，中国将推动经济全球化朝着更加开放、包容、普惠、平衡、共赢的方向发展。通过国际市场营销学的理论视角，研究"一带一路"倡议在促进沿线国家和地区之间打造利益共同体、命运共同体和责任共同体过程中所发挥的作用；探讨"全球发展倡议"在促进南南合作，助力国际社会加快落实联合国 2030 年可持续发展议程，为全球经济增长注入强劲动力中的大国贡献。

（4）国际化视角。一方面本书贴近中国的商务环境，结合大量的中国市场案例，研究中国市场和中国消费者行为，强调营销的最新趋势，使相关理论和资料数据得以更新；另一方面借鉴国外教材，辅以大量的案例分析、图表展示。采用中英文双语教材的模式，以中文为主，提供英文重点词汇和关键词。采用中英文案例，原则上避免反向翻译造成的不必要的语言表达上的差异。

值得一提的是，在第 5 版中加入了科技的部分，尤其是对于经济影响最大的创新技术——技术催生的营销环境变化和技术对于营销的影响。我们深知科技的巨大进步对于营销的颠覆性影响，但基于本教材主要涵盖和传递的是营销的基础理论与经典理论，因此更多地坚持营销传统的 STP 理论和 4P 理论，而将技术作为外在的影响因素嵌入企业的每一个营销环节，关于技术对于营销的深刻颠覆仅做了一定程度的表述。

在本书的编写和修订过程中，我们做了很多尝试，涉及以往教材中不曾提及的、营销实践中不曾遇到的、课程教学中不曾涉猎的问题。无论是对新的教学思路的探索，还是对新的教学模式的尝试，无论是对国内外最新理论的追踪，还是对中国营销实践的描述和分析，都只是最原始的实践积累和最质朴的成果总结，是我们在前进过程中为了更好地发展而进行的驻足反思，是集前人丰硕成果的跬步积累，是吸纳并获取更多专家、学者与一线教师建议和意见的平台。

本书的编写与修订任务凝结着以下老师的倾力付出：韩莹老师和王大超老师负责撰写第1章，栗峥老师负责撰写第2章，王东升老师负责撰写第4章和第6章，王志文老师负责撰写第5章，孙福广老师负责撰写第7～9章，李威老师负责撰写第3章和第10～13章。全书由李威、王大超老师负责统稿及确定第5版的编撰原则。特别需要指出的是，缴维、李敏舒、刘春芝三位老师在第2、3版教材的撰写工作中也付出了大量心血，并形成了宝贵积累，在此一并表示感谢。

"十年磨一剑，砺得梅花香"。国际市场营销学精品课程建设自2005年启动以来，已经历了20个年头。其间，该门课程从校级精品课到辽宁省省级精品课，得到了各方的关注和重视。本书是各位编写者艰辛探索和点滴收获的汇集，是国际市场营销学课程的阶段性总结，更是机械工业出版社关心厚爱、全力支持的结晶。

机械工业出版社对本书从选题到具体的内容都提出了宝贵的意见和建议。他们将本书的写作大纲发给了全国100多位从事市场营销教学的专家、学者征求意见，收到了许多非常有价值的意见和建议，使得本书的写作有了更坚实的学术基础。在此要特别感谢江西财经大学的吴忠华、中南财经政法大学的汤定娜、大连海事大学的杭艳秀、华东师范大学的何佳讯、嘉兴大学的胡勇、西南政法大学的周杰、西北大学的康蓉、湖南大学的于坤章、重庆师范大学的左金隆、上海师范大学的刘建良、天津职业大学的钟强、湖北大学的陈汉林、山西大学的孟慧霞、江苏大学的王艳、湘潭大学的杨建军、广东外语外贸大学的阳林、广东外语外贸大学的张红明、东华大学的周力等同行给予我们的意见与帮助，他们的建议在书中得到了很好的体现。

辽宁省国际市场营销学精品课编写组
2024年10月1日

目 录

前 言

第 1 篇　国际市场营销导论（Introduction）

第 1 章　国际市场营销理论基础（International Marketing Fundamentals） 2

重点词汇 2

导入案例　Huawei Showcases the Achievements of the "Technology-Enabled Open Schools for All" Project in Cooperation with UNESCO 3

1.1　市场营销基本范畴（The Basic Scope of Marketing） 4

1.2　国际市场营销基本范畴（The Scope of International Marketing） 14

1.3　与国际市场营销相关的国际经济组织（Related International Economic Organizations） 25

1.4　互联网时代的国际市场营销新趋势与新挑战(New Trends and Challenges in International Marketing in the Internet Era) 32

本章小结 35

案例分析　打造全球品牌：企业寻求广阔全球市场的必然之路 35

复习题 36

思考与实践题 36

本章注释 36

第 2 篇　国际市场营销环境（International Marketing Environment）

第 2 章　国际市场营销的政治环境与法律环境（International Political and Legal Environments） …… 40

重点词汇 …… 40

导入案例　If China and the U.S. Work Together …… 41

2.1　国际市场营销的政治环境（The Political Environment of International Marketing） …… 42

2.2　国际市场营销的法律环境（The Legal Environment of International Marketing） …… 51

本章小结 …… 57

案例分析　TikTok 美国听证会后品牌出海何去何从 …… 57

复习题 …… 58

思考与实践题 …… 58

本章注释 …… 58

第 3 章　国际市场营销的经济环境（International Economic Environment） …… 59

重点词汇 …… 59

导入案例　A New Round of Tariff Cuts Takes Effect …… 60

3.1　国际市场营销的全球经济环境（The Global Economic Environment of International Marketing） …… 61

3.2　目标市场国的经济环境因素（The Economic Environment of Individual Country） …… 69

本章小结 …… 74

案例分析　中欧关系：合作机遇多，挑战也不小 …… 74

复习题 …… 75

思考与实践题 …… 75

本章注释 …… 76

第 4 章　国际市场营销的文化与社会环境（International Cultural and Social Environments） …… 77

重点词汇 …… 77

导入案例　IKEA in China: A Right Strategy for the Chinese Market …… 77

4.1　国际市场营销的文化环境（The Cultural Environment of International Marketing） …… 79

4.2 国际市场营销的社会环境（The Social Environment of International Marketing）·················· 89

4.3 差异化社会文化环境背景下的营销思路（Marketing Ideas in the Context of Differential Social and Cultural Environment）·················· 91

本章小结 ·················· 94
案例分析　商务习惯 ·················· 95
复习题 ·················· 96
思考与实践题 ·················· 96
本章注释 ·················· 96

第 5 章　国际市场营销的科技环境（International Science and Technology Environment）·················· 98

重点词汇 ·················· 98
导入案例　Identifying and Creating New Markets: A New Strategy for a Global Leader ·················· 99

5.1 技术对国际市场营销的影响（Technological Influences on International Marketing）·················· 100

5.2 电子商务与国际市场营销（Electronic Commerce and International Marketing）·················· 104

5.3 科学技术的发展趋势（The Trends of Science and Technology）·················· 110

本章小结 ·················· 112
案例分析 5-1　抖音生活服务助力酒旅生意快速出圈 ·················· 113
案例分析 5-2　An ARM Case Study: Fuelling the Digital Revolution ·················· 114
复习题 ·················· 115
思考与实践题 ·················· 115
本章注释 ·················· 115

第 6 章　中国市场及消费者分析（Analysis of Chinese Market and Consumers）·················· 116

重点词汇 ·················· 116
导入案例　US Advertising Technology Company Bets Big on China ·················· 116

6.1 中国市场及其营销特征（The Characteristics of Chinese Market and Marketing）·················· 117

6.2 中国市场的营销环境（The Marketing Environment of Chinese Market）·················· 123

6.3 中国市场的消费者行为（The Consumer Behavior of Chinese Market）…… 126
6.4 中国营销新趋势（The New Trends of Chinese Marketing）…………… 131
本章小结 ……………………………………………………………………… 133
案例分析 中国年轻人"早C晚A" ………………………………………… 134
复习题 ………………………………………………………………………… 134
思考与实践题 ………………………………………………………………… 135
本章注释 ……………………………………………………………………… 136

第7章 国际市场营销调研（International Marketing Research）………… 137

重点词汇 ……………………………………………………………………… 137
导入案例 If Properly Used, Big Data Can Help Companies Improve Business …………………………………………………………… 138
7.1 国际市场营销调研的基本概念及内容（The Basic Concepts and Contents of International Marketing Research）………………… 139
7.2 国际市场营销调研的程序和方法（The Procedure and Methods of International Marketing Research）……………………………… 144
7.3 国际市场营销信息系统（The International Marketing Information System）………………………………………………………………… 151
7.4 国际市场营销调研的新趋势与挑战（New Trends and Challenges of International Marketing Research）……………………………… 155
7.5 国际市场营销调研中需要注意的问题（Overall Problems in International Marketing Research）…………………………………………… 157
本章小结 ……………………………………………………………………… 158
案例分析 年轻人消费更精明 ……………………………………………… 158
复习题 ………………………………………………………………………… 160
思考与实践题 ………………………………………………………………… 160
本章注释 ……………………………………………………………………… 161

第3篇 国际市场营销战略（International Marketing Strategies）

第8章 国际市场细分战略（Strategies for International Market Segmentation）………………………………………………………… 164

重点词汇 ……………………………………………………………………… 164
导入案例 Starbucks and Nestlé form Global Coffee Alliance to Elevate and Expand Consumer Packaged Goods ……………………… 165

8.1 国际市场细分（The International Market Segmentation）·············· 166

8.2 国际目标市场战略（The Strategy of International Target Market）·· 173

8.3 国际市场定位（The International Market Positioning）··············· 179

本章小结 ··· 183

案例分析　酱香拿铁：年轻人的第一杯茅台 ···································· 183

复习题 ·· 184

思考与实践题 ·· 184

本章注释 ··· 185

第 9 章　国际市场进入战略（Strategies for Entering International Markets） 186

重点词汇 ··· 186

导入案例　合作共赢：小米的国际化进程 ·· 188

9.1 评估可选择的国外市场（Assessing Alternative Foreign Markets）···· 189

9.2 出口进入模式（Exporting Entry Modes）·································· 192

9.3 投资进入模式（Investment Entry Modes）································ 193

9.4 契约式进入模式（Contractual Entry Modes）··························· 194

9.5 战略联盟进入模式（Strategic Alliances Entry Modes）················ 198

本章小结 ··· 202

案例分析　安踏的国际化征途 ·· 203

复习题 ·· 203

思考与实践题 ·· 204

本章注释 ··· 205

第 4 篇　国际市场营销组合（International Marketing Mix）

第 10 章　国际市场营销的产品策略（International Product Strategy）···· 208

重点词汇 ··· 208

导入案例　Huawei Mate 20 Pro vs. Apple iPhone XS Max: Which Is Best ·· 209

10.1 产品及相关概念（Product and Related Concepts）··················· 210

10.2 国际市场营销的产品决策（The International Product Decisions）·· 215

10.3　国际市场营销的品牌决策（The International Branding Strategy）……………………………………………………… 223

10.4　国际市场营销的产品包装策略（The International Packing Strategy）……………………………………………………… 229

本章小结 ……………………………………………………………… 230

案例分析　哈根达斯：从小众向大众的品牌渗透策略 …………… 231

复习题 ………………………………………………………………… 231

思考与实践题 ………………………………………………………… 232

本章注释 ……………………………………………………………… 232

第11章　国际市场营销的定价策略（International Pricing Strategy）…… 234

重点词汇 ……………………………………………………………… 234

导入案例　Sony's PlayStation 4 Heads to China ………………… 235

11.1　国际产品价格的构成（The Composition of International Price）……………………………………………………………… 236

11.2　影响国际定价的因素（The Elements Influencing International Pricing）…………………………………………………………… 237

11.3　国际市场营销的定价方法（The Approaches to International Pricing）…………………………………………………………… 240

11.4　国际市场营销的定价策略（The International Pricing Strategy）………………………………………………………… 242

11.5　国际定价中可能遇到的几个问题（Some Problems Related to International Pricing Strategy）……………………………… 247

本章小结 ……………………………………………………………… 248

案例分析　35元的星巴克与5元的蜜雪冰城区别在哪儿 ………… 249

复习题 ………………………………………………………………… 250

思考与实践题 ………………………………………………………… 251

本章注释 ……………………………………………………………… 251

第12章　国际市场营销的渠道策略（International Place Strategy）…… 253

重点词汇 ……………………………………………………………… 253

导入案例　Will eBay Face Heat from Alibaba …………………… 254

12.1　国际营销渠道（International Distribution Channels）……… 255

12.2　影响国际营销渠道选择的因素（Factors Influencing Channels' Choices）………………………………………………………… 257

12.3 国际营销渠道决策（International Distribution Channels Decisions）……260

12.4 国际物流（International Logistics）……267

12.5 互联网下的电子商务与渠道重塑（E-Commerce and Channel Reconstruction）……268

本章小结……271

案例分析 Lululemon 快速崛起：社群营销 + 用户体验……272

复习题……272

思考与实践题……273

本章注释……273

第 13 章 国际市场营销的促销策略（International Promotion Strategy）……275

重点词汇……275

导入案例 Meet U in China……276

13.1 国际促销与整合营销传播（The International Promotion and IMC）……277

13.2 国际公共关系（International Public Relations）……278

13.3 国际广告（The International Advertising）……281

13.4 其他销售手段（Other Promotion Activities）……289

13.5 互联网重塑下的传播新趋势（The New Trend of Communication）……292

本章小结……293

案例分析 传统广告未来何去何从……294

复习题……294

思考与实践题……294

本章注释……295

参考文献……297

PART 1 第 1 篇
国际市场营销导论
Introduction

第 1 章
国际市场营销理论基础
International Marketing Fundamentals

🔴 重点词汇

Domestic Marketing Also known as the internal market or home market, is where goods and services are bought and sold within the borders of a country. It refers to the marketing activities employed on a national scale.㊀

Deglobalization The process of diminishing interdependence and integration between the economies of nations.㊁

Digital Marketing Any marketing methods conducted through electronic devices which utilize some form of a computer, including online marketing efforts conducted on the internet. In the process of conducting digital marketing, a business might leverage websites, search engines, blogs, social media, video, email and similar channels to reach customers.㊂

Globalization The worldwide movement toward economic, financial, trade, and communications integration. Globalization implies the opening of local and nationalistic perspectives to a broader outlook of an interconnected and interdependent world with free transfer of capital, goods, and services across national frontiers. However, it does not include unhindered movement of labor and, as suggested by some economists, may hurt smaller or fragile economies if applied indiscriminately.㊃

International Marketing The firm's marketing activities in more than one nation. At its simplest level, it involves the firm in making one or more marketing mix decisions

---

㊀ https://marketbusinessnews.com/financial-glossary/domestic-market/.
㊁ www.yourdictionary.com.
㊂ https://www.ama.org/what-is-digital-marketing/.
㊃ http://www.businessdictionary.com/definition/globalization.html.

across national boundaries. At its most complex level, it involves the firm in establishing manufacturing facilities overseas and coordinating marketing strategies across the globe.①

International Trade　The exchange of goods or services along international borders. This type of trade allows for a greater competition and more competitive pricing in the market. The competition results in more affordable products for the consumer. The exchange of goods also affects the economy of the world as dictated by supply and demand, making goods and services obtainable which may not otherwise be available to consumers globally.②

Market　The sum of demand and supply, which can be classified into goods market, factor market and financial market.

Marketing　An organizational function and a set of processes for creating, communicating, and delivering value to customers and for managing customer relationships in ways that benefit the organization and its stakeholders.③

Market Orientation　A business approach or philosophy that focuses on identifying and meeting the stated or hidden needs or wants of customers. See also product orientation and sales orientation.④

Multinational Corporation (MNC)　An enterprise operating in several countries but managed from one (home) country. Generally, any company or group that derives a quarter of its revenue from operations outside of its home country is considered a multinational corporation.⑤

导入案例

Huawei Showcases the Achievements of the "Technology-Enabled Open Schools for All" Project in Cooperation with UNESCO

At the UNESCO-Huawei International Forum on Digital Platforms and Competencies for Teachers, Egypt's Ministry of Education officially launched the National Distance Learning Centre for the Continuous Professional Development of Educators.

In his address, Dr. Reda Hegazy, Minister of Education and Technical Education, praised the accomplishments of the "Technology-enabled Open School Systems for all" (TeOSS) project in cooperation with the Professional Academy for Teachers and the UNESCO Office in Cairo stating: "The Open Schools program has made notable achievements in the education sector in Egypt in terms of capacity building and preparing enrichment training courses for teachers, various digital platforms, and the establishment of the National Center for Distance Education, to improve the skills of educators in Egypt."

---

① DOOLE I, LOWE R. International marketing strategy analysis, development and implementation [M]. 3rd ed. London：Thomson Learning，2001：13.
② http://www.businessdictionary.com/definition/international-trade.html.
③ http://www.marketingpower.com/.
④ http://greatday.com/.
⑤ http://www.businessdictionary.com/definition/market-orientation.html.

Alongside the launch of the learning center, the forum explored best practices on the TeOSS project. Implemented in partnership with the ministries of education in Egypt, Ethiopia, and Ghana, the UNESCO-Huawei TeOSS project is piloting and testing digital education platforms in the three African nations. It is also providing training in digital skills for teachers and students, developing policy frameworks for digital education and evaluating the project's efficacy with a view to scaling out TeOSS to other nations in Africa.

In Egypt, for example, 300 teachers have received trained in digital skills through the project, and the new learning center will boost distance learning and digital literacy capabilities for 950,000 K-12 educators in underserved communities.

The TeOSS project is designed to blend online and offline learning to maximize education outcomes, and also to ensure learning continuity in both normal and crisis conditions. According to UNICEF, for example, more than 616 million students were still affected as late as January 2022 by full or partial school closures.

Huawei's involvement in the project falls under its long-term digital inclusion and sustainability initiative TECH4ALL. The education domain of TECH4ALL is committed to developing tech-driven solutions that can help achieve UN Sustainable Development Goal 4: ensure inclusive and equitable quality education and promote lifelong learning opportunities for all.

"Education matters for all, and our strategy is to improve digital skills for the educators in order to address the challenge in Egypt. Let's work together to build a more inclusive and sustainable digital world." said Joyce Liu, Director, TECH4ALL Digital Inclusion Program Office for Huawei.

资料来源：节选自 Huawei showcases the achievements of the "Technology-enabled Open Schools for All" project in cooperation with UNESCO［EB/OL］［2023-10-27］. https://www.huawei.com/en/news/2023/10/unescohuawei-teosstech4all

世界经济正受到局部地区冲突和气候变化的影响，复苏动力不足。全球经济体正在努力寻找更值得信赖的合作伙伴，寻求合作共赢的方案，希望创造和平、安全的发展环境，以获得更具弹性的增长模式和复原力。与此同时，科技带给社会、经济的巨变不容小觑。诸多因素对市场营销，尤其是国际市场营销造成冲击，甚至颠覆了传统的经营理念。外部环境的变化也促使政府和企业在营销战略上做出改变，更关注营销细节。

华为拥有强大的科技实力与卓越的营销策略，已成为全球知名品牌。国际市场不断变化，市场竞争不断加剧，华为也面临业务受到限制和影响的困难。TECH4ALL 是华为在数字包容领域的倡议和长期行动，致力于与合作伙伴们一起持续推进技术创新，共同建设一个更平等、可持续的数字世界。通过与各行业组织良好的沟通与合作，华为在努力不断更新和改进其营销策略，以适应市场变化和消费者需求。

1.1 市场营销基本范畴（The Basic Scope of Marketing）

市场营销学（marketing）是建立在经济科学、行为科学、现代管理理论基础之上的应用学科，是与经济学、行为科学、心理学、社会学、管理学、公共关系学等学科密切结合的一门综合性、边缘性、实践性的经济管理学科。当它指学科时，习惯译为"市场营销学"。除此之外，还有人将之译为"市场营运学""市场行销学"或"市场学""销售学"等。[1]

在经济学研究中，市场是一种通过供需关系的相互作用决定销售价格及数量的机制；换句话说，市场是供给和需求的总和。市场是某种或某类商品需求的总和，或者说是某一产品的所有现实买主和潜在买主所组成的群体；市场是供求双方力量相互作用的总和，如"买方市场""卖方市场"；市场是指一定时间、一定地点条件下商品交换关系的总和；市场也是商品生产者、中间商、消费者交换关系的总和。

市场包含三个主要因素——有某种需求的人，有满足这种需求的购买力以及购买欲望，用公式来表示就是：

$$市场 = 人口 + 购买力 + 购买欲望$$

（1）人口是构成市场最基本的条件，也是首要条件。凡是有人居住的地方，就有各种各样的物质和精神方面的需求，人口决定了市场规模和容量，没有人就不存在市场。

（2）购买力是消费者支付货币购买商品或劳务的能力。消费者购买力是由消费者的储蓄和收入决定的。有支付能力的需求才是有意义的市场。因此，购买力是构成营销市场的又一个重要因素，是实现购买行为的物质基础。

（3）购买欲望是指消费者购买商品的动机、愿望或要求，是消费者把潜在购买力变成现实购买力的重要条件，因而也是构成市场的基本因素。人口再多，购买力水平再高，如果对某种商品没有需求，没有购买商品的欲望，也形成不了购买行为，这个商品市场实际上也就不存在。从这个意义上讲，购买欲望是决定市场容量最权威的因素。

总之，市场容量的大小完全受上述三个因素的制约，只有当这三个因素有机地结合起来，才能使理论上的市场变为现实市场。例如，一个国家或地区人口众多，但收入很低，购买能力有限，则不能构成容量很大的市场；又如，一国购买力虽然很强，但人口很少，也不能成为很大的市场。只有人口既多，购买力又强，才能成为一个有潜力的大市场。但是，如果产品不符合需求，不能引起人们的购买欲望，对销售者来说，仍然不能成为现实的市场，所以市场是上述三个因素的统一，三者既相互联系又相互制约，缺一不可。[2]

1.1.1 市场营销（Marketing）

2004年10月，美国市场营销协会（American Marketing Association，AMA）董事会一致审核后，提出了"市场营销"的新概念：市场营销是指将消费者、顾客和公众通过信息与市场营销人员联系起来的一种职能。这些信息能够用来识别和定义市场营销的机会及问题，产生、改善和评估市场营销活动，监控市场营销绩效，并提升对市场营销过程的理解力。市场营销研究指明了解决这些问题所需的信息，设计了收集信息的方法，管理并执行数据收集过程，分析得出结论，并对研究结论做了进一步解读。美国市场营销协会同时提出市场营销是一种组织职能，是为了组织自身和利益相关者的利益而创造、传播和传递客户价值、管理客户关系的一系列过程。

美国市场营销协会于2013年7月对市场营销的定义进行了修订，提出市场营销是在创造、沟通、传播和交换产品中，为顾客、客户、合作伙伴以及整个社会带来价值的一系列活动、过程和体系。[3]

中国市场学会认为市场营销是企业的一整套活动，即对一种能满足现有的和潜在的需求的产品、劳务、计谋，从设计、定价、促销、调运到销售互为影响的一系列活动的计划和实施过程。当它指活动时将它译为"市场营销"或"营销活动"。

因此，绝不能把市场营销简单地等同于促销和推销。美国市场营销学权威菲利普·科特勒认为："营销最重要的内容并非推销，推销只不过是营销冰山上的顶点……如果营销者把认识消费者的各种需求、开发适合的产品以及定价、分销和促销等工作做得很好，这些产品就会很容易地销售出去。"

市场营销的主要职能体现在以下几个方面。

（1）采购与销售（buying and selling）。产品满足市场现有的和未来的需求的关键是以最优的价格买进最好的原材料，同时选出最适合目标市场的产品。

（2）分销与存货（distribution and storage）。产品的分销方式和存货地点会影响到运输费用及运输时间，进而影响企业的市场营销活动。

（3）质量与数量（quality and quantity）。市场营销将帮助销售者决定各类产品的等级质量、价格及销售数量。

（4）促销与信息（promotion and communication）。通过广告与促销战略吸引目标市场是市场营销的关键。

（5）财务与风险（finance and risk taking）。企业的财务政策会在广告、预算、营销计划等方面对市场营销造成影响。同时消费者是否对产品服务有需求，是否能接受其价格，以及产品是否会很快过时都是市场营销中存在的风险。

在很多情况下，企业并不是在完成产品的生产以后才开始市场营销活动的。企业先要进行市场调研，找到能够销售产品的市场，调查市场的规模并对市场进行细分，然后了解消费者的喜好及购买能力和购买习惯。在获得以上信息后，才由产品研究开发部门对产品进行设计，然后开展生产活动。同时，市场营销部门要对产品进行定价，并制订出分销和促销计划，对已销售出的产品还要提供优质的售后服务。也就是说，市场营销在产品生产之前就已经开始，在产品售出后仍然没有结束。我们学习和研究市场营销，也就是学习和研究市场营销过程中的每一个环节。

营销透视 1-1　　中国运动品牌"出圈"海外：361°亮相柏林马拉松

2023年9月24日，2023柏林马拉松正式鸣枪开跑。作为世界六大满贯之一，柏林马拉松赛历史上共诞生过12个世界纪录，被称作"全球最快马拉松路线"。中国运动品牌、杭州亚运会官方合作伙伴361°组建了规模近百人的"三号赛道"战队参赛，并派出自己的品牌代言人李子成、跑步代言人管油胜，在这条"世界最快速度赛道"上创造佳绩。

随着每一次马拉松成绩的突破，运动员脚下搭载先进科技的跑鞋都会成为大家关注的焦点。李子成脚上穿着的是361°刚推出的专业精英马拉松竞速跑鞋——飞飚Future。这是飞飚Future第一次在世界六大满贯的马拉松赛事上亮相，也是该系列鞋款目前跑出的最佳成绩。这无疑是中国运动品牌产品力不断提升，冲向世界舞台，对标海外运动品牌的标志性事件之一。

据悉，被定位为361°专业精英马拉松竞速跑鞋的飞飚Future处于361°跑鞋矩阵的顶层生态位，专门针对专业运动员和精英跑者争夺赛事名次、刷新个人佳绩或挑战长距离设计，被誉为"极性能兽""赛道硬汉"。飞飚Future的碳板总面积比飞飚一代增加5%，同时这块超大碳板增加了仿生趾骨折叠线，优化升级后的碳板在刚性和推进力上都进一步提升。此外，在跑鞋的中底科技的升级上，361°采用赢创尼龙12粗胚超临界发泡工艺——CQT EXTREM 3，继续使用含二氧化碳的稳定气体进行超临界发泡，它比之前应用的QU!KFLAME减重9%，能量回馈增至90%以上，为跑者带来前所未有的滚动感，并能精准定位跑步中的缓震、回弹需求，助力跑者提速冲击PB（personal best，个人最好成绩）。

361°专业线产品不断得到行业和市场的肯定，赢得越来越多精英跑者的青睐。在众多大型国际赛事上，也都能看见361°的身影。361°不仅是中国首个赞助奥运会的体育用品品牌，还赞助了2023年杭州亚运会等重要赛事。这也是361°继2010年广州亚运会、2014年仁川亚运会和2018年雅加达亚运会后，连续第四次赞助亚运会。此次参加柏林马拉松，361°将进一步把中国品牌推向世界，持续赋能中国乃至国际体育事业发展。

据了解，自入局路跑赛道以来，作为中国领先体育用品品牌的361°在产品、服务、赛事等多维度进行全方位构建，目前布局已颇有成效，实现多点突围。2022年厦门马拉松破3（3h以内完赛）跑者中361°跑鞋穿着率达到8.5%，同比增长8倍，飙升至国产品牌前3名。

全球体育赛事IP所拥有的不可替代的影响力已经成为各大品牌进行体育营销的重要战场。通过不断探索和创新，361°始终注重强化品牌在消费终端的影响力，在体育消费生态圈中已经形成了独特的品牌资产。

此外，作为361°自有IP赛事，"三号赛道10km竞速"系列赛目前全年在10个城市举办，旨在为全国跑者搭建线上线下沟通场景，提供竞技平台。在IP打造上，361°在2023年9月提出全新跑步策略——赛道梦想计划。这也是361°在跑步策略方面的全新升级，在产品、团队、激励机制等方面不断进化。

未来，361°将在专业运动领域持续发力，携手专业跑者研发出更多适合跑者需求的专业产品，为他们提供全价格带的产品体验、全方位的跑步运动体验和全地域的跑团覆盖，传递体育热爱，陪伴和鼓励他们向前奔跑。

资料来源：节选自中国运动品牌"出圈"海外 361°亮相柏林马拉松［EB/OL］.［2023-09-27］. http://www.xinhuanet.com/2023/09/27/c_1212277075.htm

1.1.2 市场营销理念（Marketing Philosophy）

市场营销理念（marketing philosophy）又称市场营销哲学，是企业组织和控制市场营销活动的基本指导思想。由于市场活动日益复杂化，市场营销理念也在不断地发展，我们可以根据它们出现的顺序，将市场营销理念分为生产导向、产品导向、销售导向、市场导向和社会营销导向。前三种是以企业为主的传统市场营销理念，后两种是新理念，分别强调市场和社会。

1. 生产导向（Production Orientation）

流行于 20 世纪早期的生产导向是以企业为主的一种传统理念。它以生产为中心，主要存在于欠发达的生产市场。当某种产品供小于求时，企业会致力于扩大生产和服务的规模、降低成本来满足市场需求。由于市场上对产品的需求量很大，所以企业的一切经营活动都以生产为中心，先生产出产品，然后生产什么就销售什么。因此，市场首先考虑的不是产品的质量和服务，而是产品的生产和供应。

2. 产品导向（Product Orientation）

产品导向是另一种早期的市场营销理念。随着生产的扩大，消费者的选择余地也有所增大，质量好的产品更容易受到市场的欢迎。因此，企业开始致力于从工艺的角度生产出质量更高的产品以增加销售额。但采用这种市场营销理念的营销者往往会忽略产品的实用性。在这一阶段，经营管理的重点仍然是生产。

3. 销售导向（Selling Orientation）

当生产有了进一步的发展，市场上产品不再供小于求时，便出现了激烈的竞争。销售导向的市场营销理念就是市场激烈竞争的结果。它认为消费者通常不会购买没有强烈需求的商品，因为消费者有权利在市场上选择他们认为最好的产品。因此，企业要通过有力的营销活动证明它们的产品是高质量的，从而将商品卖给顾客。这一时期，企业的销售力量成为市场营销的关键。

4. 市场导向（Market Orientation）

市场导向的市场营销理念出现在第二次世界大战以后，又被称为消费者导向的市场营销理念。随着社会生产力的发展，在 20 世纪 50 年代早期逐渐出现了明显的产品供大于求的趋势，第一个真正以购买方为主体的市场出现了。很多企业不再依靠它们的销售代表，以市场为中心的现代市场营销理念得以建立。这个新的市场营销理念表明了企业生产的价值依赖是否有消费者购买它们的产品。如果产品没有人买，企业的生产便没有价值，企业便不可能获利，也就不能生存。企业必须将了解消费者的需求作为一切活动的出发点，这也是企业所有活动的前提。生产者必须遵循消费者的需求来组织生产和销售产品，"顾客至上"也成了企业销售人员的口号。以消费者为中心的市场营销理念开始取代以企业为中心的市场营销理念，进而使企业逐步将注意力转向社会经济效益。

若干优秀的中国民族企业关于企业愿景使命或者核心价值观的宣言都体现了市场导向或者消费者导向。

- "以人为本，以市场为导向，以科技为手段，以效益为中心，践行企业公民职责，坚持生产经营和资本经营双轮驱动。"——中远集团愿景
- "市场导向的经营观，基于现实的发展观，团结协作的团队观。"——烽火通信科技股份有限公司核心价值观

- "以市场为导向，以客户为中心，以效益为目标。"——中国农业银行经营理念
- "华为的愿景与使命是把数字世界带入每个人、每个家庭、每个组织，构建万物互联的智能世界。"——华为技术有限公司愿景使命
- "客户导向，品质成就未来；以人为本，合作创造价值。"——广西柳工机械股份有限公司核心价值观[4]

在很长一个时期，能够为消费者提供优质的产品和服务是企业坚持不懈追求的目标，也是企业的核心竞争力。

5. 社会营销导向（Societal Marketing Orientation）

20 世纪 70 年代，消费者导向的市场营销理念已经不能完全满足企业提升竞争力的要求。人们逐渐意识到消费者的需求并不总是与消费者的利益或者社会利益一致，比如，香烟能够满足吸烟者的需求，但是吸烟有害健康，任何鼓励吸烟和对烟草进行促销的行为都是对消费者和社会有害的。此外，一些商品在能够满足消费者需求的同时，浪费了大量的自然资源和社会资源，比如我们常用的木制方便筷子。在这种理念的指导下，企业既要考虑消费者的需求，也要考虑消费者、企业和整个社会的长期、共同利益，甚至在某种程度上，对这些问题的考虑远比满足消费者需求和获得利润更重要。

营销透视 1-2　获全球投资人高度认可　长城汽车 2023 海外投资者共创会成功举办

2023 年 10 月 24—26 日，以 "GO LONG. GO WITH THE WORLD"（坚持长期主义 拥抱国际化）为主题的 "长城汽车 2023 海外投资者共创会" 在中国保定成功举办。

1. 直面全球市场与用户 共创 GWM 品牌全球发展创新之路

长期以来，长城汽车在各领域持续推进全球产业布局，从研发生产到销售服务，正在实现与全球投资者的共创共享。一幅长城汽车 "生态出海" 蓝图展现在众人面前，长城汽车以用户思维打造爆款的传奇故事也在影响着每一个人。长城汽车长期主义发展战略，通过以用户为核心、极致体验 + 品类组合战役，做百年 GWM 品牌，做最值得用户信赖的品牌。

与此同时，长城汽车首席技术官王远力向投资者介绍了长城汽车强大的全球研发实力和智能化发展布局；长城汽车首席生产官孟树杰从生产和供应的角度向投资者分享了全球布局的优势和亮点；长城汽车坦克品牌 CEO 刘艳钊强调了品牌定位和促进用户与企业合作，分享了坦克品牌在全球市场打造爆款的市场策略；长城汽车副总裁、数智化业务负责人佘尚峰强调了数字化转型在生产和销售过程中的重要性，展示了 GWM 在数智化发展方向上取得的新成就，并表达了通过数据互联实现产业共创的目标。

长城汽车还面向全球发布全球化服务品牌 GWM CARE。通过 GWM CARE 服务，长城汽车有信心为世界各地的用户提供可靠的高质量服务，给用户整个用车周期提供保证。

2. 以"生态出海"体系竞争力　重新定义中国品牌出海新标准

长城汽车正在以"生态出海"体系竞争力重新定义成功出海这一标准。伴随全球扩张步伐加快，长城汽车海外业绩得到飞速发展。长城汽车认为，中国汽车出海成功的标准不是短期销量，而是赢得当地用户的持续信赖，实现品牌溢价，成为本地高价值品牌。

长城汽车所坚持的长期主义是"坚持长期正向的努力"，它来自"每天进步一点点"的企业文化基因。在海外，长城汽车一开始就坚持长期主义。从"商品出口"到"贸易出海"，再到如今的"生态出海"，核心思想一脉相承，就是坚持长期主义，进行系统布局。而生态出海，就是长期主义在海外的最新版本实践。

3. 体系实力、技术实力全球领先　GWM 海外发展实力备受认可

长城汽车布局全产业链的雄厚体系实力正在成为 GWM 品牌打赢全球的底气。在徐水智慧工厂，销往巴西的第 10 000 辆哈弗 H6 新能源车型正式交付巴西明星车主用户，彰显 GWM 在全球用户中的品牌号召力；在试车场，来自五大品牌的多款车型风驰电掣，尽显车辆操控性和稳定性；在技术中心，风洞实验室、NVH 实验室等顶尖的硬件设施让海外投资人对长城汽车基础研发和制造实力深信不疑；而一系列智能化、新能源产品和技术的展示，更让海外投资人对长城汽车在海外的竞争力抱有信心。

坚持长期主义，拥抱国际化，是一个渐进、共创的过程。长城汽车将携手全球合作伙伴，以"森林生态"技术硬实力为支撑，推动产品、技术、服务等一系列全产业、生态化的海外落地，加速扩张国际商业版图，彰显 GWM 品牌全球独有的企业魅力。

资料来源：节选自获全球投资人高度认可！长城汽车 2023 海外投资者共创会成功举办［EB/OL］.［2023-10-25］. 长城汽车官网 https://www.gwm.com.cn/news/3403058.html

随着全球环境破坏、资源短缺等问题的日益严重，很多国家越来越重视社会营销导向的市场营销理念，强调社会发展的长远利益。社会市场营销理念认为，企业在生产和经营的过程中，不仅要考虑消费者的需求，同时也要考虑整个社会的长远利益，并把后者作为企业的责任和目的。有人质疑如果企业推行社会营销导向的市场营销理念，获利是不是会下降。答案当然是否定的，因为这些企业会被公认为负责的企业，其信誉和社会知名度会促使消费者购买其商品，从而使利润上升。长城汽车"坚持长期主义、拥抱国际化"的策略为消费者树立了信心，为品牌赢得了信誉。

1.1.3　市场营销组合理念的发展（The Development of Marketing Mix）

市场营销组合是指企业根据目标市场的需求特点将各种可能的营销策略和手段有机地结合起来，通过系统化整合，形成企业的经营特色，达到企业营销目标的统一规划。市场营销组合除了是可控制的因素之外，还是一种变化多端的动态组合，也是一种多层次的组合。它的基本思路是：从制定产品策略着手，同时制定价格、销售渠道和促销策略。反复考虑其相互影响，最后组合为策略总体，以最优的组合方式达到企业的经营目标。[5]

1. 4P-7P-11P 市场营销组合

一门学科的理念建设，将引导社会的未来发展。传统的 4P 市场营销组合已经深入人心，也将是本书讲解的重点。但目前在市场营销原有 4P 组合的基础上，西方国家开始广泛接受更新的 7P 组合理念，并进一步提出了更细化的 11P 组合。

（1）4P 理论。1964 年，市场营销学家 E. 杰罗姆·麦卡锡（E. Jerome McCarthy）提出了 4P 市场营销组合的理念，即**产品**（product）、**价格**（price）、**渠道**（place）和**促销**（promotion），成为市场营销的经典理论。但随着社会经济的发展，4P 营销组合开始受到越来越多的挑战。

很多业内人士指出 4P 营销组合过于简单，市场营销领域的很多问题已经不能应用 4P 理论，尤其是在服务营销方面。无形的服务与有形的产品有很大的区别。首先，服务是无形的，因此变化性很大，也很难进行评估。比如一家人在圣诞夜想参加某酒店举办的圣诞晚会，晚会提供的食品等有形的产品信息可以通过酒店的宣传品提前传达给消费者，但在晚会的过程中是否玩得尽兴，这一点在购买"晚会"这个产品之前，是看不见摸不着的。另外，在同一酒店的同一次晚会上，不同的服务员提供的服务质量也可能不尽相同。也就是说，以同样的价格购买同样的产品，消费者得到的服务质量很有可能不同。其次，服务是不可以储存的，服务的提供与消费同时进行。比如航空公司的航班服务，当天的座位如果未能售出，便无法存到第二天再出售。在芭蕾舞团演员表演的同时，观众作为消费者已经消费了他们的产品。以上这些问题在 4P 组合中都没有得到体现。

（2）7P 理论。1981 年，两位市场营销学家布姆斯（Booms）与比特纳（Bitner）发表了 7P 营销组合的理论，即在传统的 4P 组合的基础上，加入**人员**（people）、**有形展示**（physical evidence）和**过程**（process），使传统的 4P 组合更加完善。

首先，人员不仅指企业的员工，也指消费者，他们进行提供和接受服务的活动。比如网上银行，消费者的参与就很明显。没有参与者，服务也就不会存在，服务营销也就不存在。其次，有形展示可以理解为购买产品的环境，比如商店的外装潢、店内的摆设等。尤其是餐厅、电影院、旅馆等，有形展示已经成为产品的重要组成部分。最后是过程，也就是消费者获得服务前必须经历的过程。最为典型的是快餐厅的消费者排队等候的过程。市场营销人员要考虑顾客能否接受在排队过程中消耗的时间，或者说他们能够接受多长的排队等待时间。比如快餐业的领先者麦当劳就要求其员工在提供服务时，从顾客开始点餐到离开柜台的时间应限制在 32s 以内，这就充分考虑到了服务营销中消费者对"过程"这一要素的要求。

（3）11P 理论。1986 年 6 月，美国著名市场营销学家菲利普·科特勒教授提出了 11P 市场营销组合的概念。11P 市场营销组合将产品、价格、渠道和促销称为"战术 4P"，将**探查**（probe）、**分割**（partition）、**优先**（priorition）和**定位**（position）称为"战略 4P"。在"战术 4P"和"战略 4P"的基础上，加入**人员**（people）、**权力**（power）和**公共关系**（public relations），构成了 11P 市场营销组合，具体内容如下。

- 产品：包括产品的设计、质量、功能、款式、品牌和包装等。
- 价格：对于产品合适的定价，强调在产品不同的生命周期内需要制定相应的价格。
- 渠道：销售产品的通道或路径。
- 促销：通过吸引消费者的广告等对产品进行宣传、销售。
- 探查：又称探索，就是市场调研，是指通过市场调研了解市场对某种产品的需求状况。

- 分割：市场细分的过程。
- 优先：选出企业的目标市场，然后以该市场为中心开展相应的市场营销活动。
- 定位：确立产品竞争优势的过程，或者说为企业生产的产品赋予一定的特色，使该产品能在消费者心目中形成一定的印象。
- 人员：一是指企业的员工，企业需要充分调动员工的积极性；二是指消费者，他们是市场营销过程中的一个重要对象。
- 权力：主要指政府的权力，即依靠两个国家政府之间的谈判，打开其中一个国家的市场大门。
- 公共关系：是指通过新闻媒体的宣传力量，帮助企业树立良好的形象，同时消除或减少对企业不利的报道。

从某种程度上讲，11P组合理论是对市场营销全过程的涵盖。除了传统的4P组合以外，权力和公共关系对应市场营销学中的公共关系（属于4P组合中的促销）；探查对应市场营销中的市场调研，分割、优先和定位对应市场营销过程中的市场细分、目标市场选择和市场定位，而人员则是贯穿市场营销活动始终的必要因素。

11P市场营销组合虽然更细化，但由于它比较复杂，涉及的因素也比较多，因此目前并没有传统的4P组合或者7P组合应用得广泛。

2. 4P-4C-4R-4V 市场营销组合

（1）4P理论与4C理论。4P理论诞生于供给低于需求的市场条件，企业通过大规模的生产就可以获得利润和发展的空间。基于4P理论发展起来的7P和11P理论均延续了4P理论的以企业为中心的出发点。但是随着科技的进步、经济的发展和全球化的深入，供求关系转化，消费者的消费能力大幅提升，全球消费需求呈现多样化，以及大量新兴市场的出现，消费者的地位得到了前所未有的重视。20世纪90年代初，美国北卡罗来纳大学的罗伯特·劳特朋（Robert F. Lauterborn）教授提出了新的4C市场营销组合理论，即顾客（consumer）、成本（cost）、便利（convenience）和沟通（communication）。这个理论改变了以产品为中心的市场营销模式，把研究消费者的需求放在了首位。它认为：消费者要购买什么产品比企业能够生产什么产品重要；消费者为获得需求满足所付出的成本比企业的成本重要；消费者的方便比企业的渠道重要；与消费者的沟通和鼓励消费者主动参与产品的改进过程比单向的促销重要。

从4P理论发展到4C理论，并不是对传统的市场营销组合理念的否定，而是市场营销领域随着社会的发展而发生的一次重大理论变革。当然这一理论如同其他理论一样，也有它的不足之处。由于该理论将消费者放在中心位置，而消费者存在着很大程度的不确定性，所以与传统的4P理论相比，虽然该理论迎合了消费者的心理，但实行起来却可能遇到重重困难，消费者的不确定性常常使企业的市场营销活动处于被动状态。

（2）4R理论。随着服务业的兴起和服务业消费者满意程度调查结果的公布，企业发现提高消费者的满意率、减少老顾客的流失将为企业带来意想不到的收益和利润。满意的消费者，不仅会忽略价格上的细微差别，还会再次购买产品或服务，并将自己的感受告诉其他消费者。据此，美国学者唐·E.舒尔茨（Don E.Schultz）提出了4R理论，即关联（relativity）、反应（reaction）、关系（relation）和回报（retribution）。企业通过与消费者建立紧密关联，可提高客户忠诚度，减少客户流失；企业通过建立快速反应机制，可提高对市场需求变化的反应速度和回应力；企业需要通过关系营销，协调好各方关系，满足消费者、员工、供应商等各方面的利益。以上这三点共同服务于企业的最终目标。企业应该追求回报，因为有了市场回报，企业才能与市场建立长久稳定的关系，也才能生存下去。该理论还指出，不能仅从企业或者消费者的角度去考虑市场营销活动，因为市场营销活动是开放的，它与周围的很多要素有着不可分割的关联，比如供应商和分销商也是市场营销活动的重要环节，因此要建立让消费者、企业员工和社会都满意的市场营销环境。它突出体现了与现有的顾客建立长期的关系以及社会营销导向的市场营销理念。但4R理论的实践性比较弱，因为它强调的是比较抽象的关系，所以企业实际应用起来会存在一定困难。

（3）4V理论。市场营销学中关于市场营销组合的理论越来越丰富，也越来越多样化，在新经济时代还出现了4V市场营销组合理论，即**异化**（variation）、**功能化**（versatility）、**附加价值**（value）和**共鸣**（vibration）。这也是跨国公司整合资源的结果，更强调无形的因素，相对而言不容易把握。

这些市场营销组合理论各有所长，并且随着社会、经济的发展还在不断丰富。这些丰富多样的市场营销组合理论为我们提供了广阔的思考空间和操作指引。

营销透视 1-3　　启动生命早期脑科学研究　聚焦前沿科技领域

2023年5月24日，北大医学－中国飞鹤营养与生命健康发展研究中心召开新闻发布会，宣布启动"生命早期脑科学研究计划"，并以开放合作平台为关键抓手，吸引更多外部力量加入，共同推动生命早期脑科学研究。

"研究中心成立2年来不负期望，在学术研究、科技创新、人才培养等诸多方面取得了不少成果。"北京大学医学部副主任肖渊表示，此次启动"生命早期脑科学研究计划"是研究中心聚焦前沿领域开启的新探索，标志着产学研合作进入了更深入的新阶段。

1. 开放合作平台，展开生命早期脑科学研究

"脑科学"的研究不仅是当前全球科技前沿热点领域，也是更好地理解自然和人类本身的"终极疆域"，世界各国将它列为科技战略重点。与其他国家的研究形成差异的是，"中国脑计划"的部署中包括了儿童脑智发挥和提升研究，是世界上最前沿的脑科学研究方向之一。

"生命早期脑科学研究计划的主要研究方向为脑发育营养的母婴传递、生命早期脑营养需求、母乳中脑发育活性营养物质互作以及调节脑－肠轴的营养物质，在此基础上推动更精准的生命早期营养干预、疾病预防和产品落地。"北大医学－中国飞鹤营养与生命健康发展研究中心主任许雅君教授表示，未来也将开放合作平台，吸纳整合更多的外部资源，共同助力生命早期脑智发育及提升研究。

2. 营养干预促进脑智发育，抓住生命早期1 000天

生命早期1 000天，是指从怀孕开始到儿童2岁的这段时间，被世界卫生组织定义为一个人生长发育的"机遇窗口期",不仅能影响婴幼儿时期的体格发育和脑发育,也关系到孩子成人后的健康。现有研究表明,除遗传因素、生活环境外,"营养"也是影响生命早期1 000天大脑发育的关键因素。

因此,在生命早期通过科学的营养干预保证大脑的健康发育,对促进儿童认知力和创造力至关重要。例如,蛋白质、铁、胆碱以及OPN(骨桥蛋白)、HMO(母乳低聚糖)、DHA、脑磷脂等营养成分都对早期大脑及神经发育发挥着重要作用。

3. 聚焦前沿科技领域,多项成果实现突破

北京大学医学部与飞鹤的科研合作始于2016年。2021年双方成立"北大医学-中国飞鹤营养与生命健康发展研究中心",深化对母乳、生命早期及全生命周期的精准营养研究。双方围绕生命早期"脑营养"也已经取得了部分重要成果。

"在关注婴幼儿消化吸收、免疫促进等方向的同时,飞鹤已经率先开展了对于认知能力的临床研究。"飞鹤首席科学家蒋士龙介绍,飞鹤已经完成了脑磷脂群配方产品的临床试验,经临床实证,脑磷脂群配方奶粉组喂养的婴儿在认知能力、语言能力、运动能力等方面均有所提高,与普通奶粉组差异显著,更接近母乳喂养效果。

中国疾病预防控制中心营养与健康所所长丁钢强指出,企业是满足用户需求的主体,期待更多企业像飞鹤这样,不断整合多方资源,将科技成果进一步转化为生产力,转变成消费者信赖并选择的产品。

资料来源:北大医学-中国飞鹤营养与生命健康发展研究中心启动生命早期脑科学研究[EB/OL].[2023-05-24].https://www.feihe.com/news/info?id=910

1.2 国际市场营销基本范畴(The Scope of International Marketing)

随着跨国贸易的发展,市场营销活动不再局限于本国境内。国际市场营销是指企业为了获得利润,通过一系列的商业活动,将本企业的产品和服务在一个以上的国家销售。它也是市场营销理念在国际商务中的应用。国际市场营销将市场营销活动延伸到其他国家和地区,目的是使本企业的产品或服务国际化。

国际市场营销属于管理学范畴,是市场营销主体内容的延伸。几十年以来,国际市场营销一直受到全世界的广泛关注,因为它能够创造财富,并使国家和个人受益。无论企业大小如何,经营何种商品,市场营销人员均有责任通过他们的专业知识,帮助企业了解全球的消费对象,在国际市场上竞争,从而提高企业的销售额。而市场营销人员成功的关键就在于理解和掌握国际市场营销知识。

发展到今天的国际市场营销学包含两个范畴:一个是对国际市场领域的研究,如市场调查、消费者行为理论等;另一个是对国际市场竞争的研究,如市场营销组合策略等。国际市场营销研究的主要内容包括市场分析、商品营销、物流管理、产品特性、定价、促销、销售人员培训等。学习国际市场营销知识可以提高企业在国际市场中的竞争意识和竞争能力。国际市场营销学的研究对象主要是跨国公司市场营销活动的规律性，研究企业的产品或服务如何转移到消费者手中的过程，探讨企业在生产领域、流通领域和消费领域内如何运用有效的原理、方法和策略不断拓展市场。

对国际市场营销的研究鉴于以下背景：第一，全球经济已经成为一种趋势，因此只关注国内市场是远远不够的；第二，国际贸易飞速发展，市场营销人员很可能在全世界范围内遇到更多的竞争对手；第三，全球的联系在加强，企业不能再忽视国际市场的影响。

在国际环境下，市场营销正面临巨大的挑战，因为有很多可控或不可控的因素会对国际市场营销产生影响。很多企业设计的产品是为了满足国内市场的消费者，而当其进入国际市场时，仍然销售与国内市场相同的产品，不考虑其他国家消费者的需求，从而导致产品销售困难。对国际市场和国际市场营销不了解的企业也因此陷入困境。

随着经济全球化趋势不断上升，国际交往日益密切，国际市场营销也变得越来越重要。这也是我们要学习国际市场营销的原因。在讨论国际市场营销的概念之前，我们有必要先了解一下与国际市场营销密切相关的几个名词：跨国公司、全球化和新兴市场。

1.2.1 跨国公司（Multinational Corporation，MNC）

跨国公司是指在本国设立总部，在其他国家设有分公司或工厂的大公司。它通过在其他国家的附属机构实行直接管理，实现它在生产、市场营销、金融、员工等方面跨越国界的商务战略。跨国公司又称**跨国企业**（multinational enterprise，MNE；transnational corporation，TNC），这些企业通常有一个集中的总部，负责全球的管理，而产品和市场设在其他国家，它对于设立下属公司的国家是完全独立的。它是**外国直接投资**（foreign direct investment，FDI）发展的结果。第二次世界大战后，美国政府就帮助本国的一些大企业到世界上许多国家和地区投资设厂。

跨国公司的主要特征之一是高级管理层来自不同的国家和地区。通常总部的管理者来自本国的母公司。有时，一家国际公司之所以成为跨国公司，是因为母公司的管理者来自很多不同的国家和地区。大部分跨国公司都是由美国、日本或西欧的发达国家成立的，由总部来实施全球化管理，如可口可乐、沃尔玛、东芝和本田等公司。20世纪90年代以后，跨国公司通过收购股权的方式在发展中国家投资。相对于自建分销渠道而言，这种方式既节省时间，又节约成本。参与当地公司股权的另一个好处是，其产品或服务比纯粹的外资公司更容易被当地消费者接受。

跨国公司不仅能为发达国家带来诸多益处，也能为发展中国家带来好处。以我国为例，20世纪90年代以前，我国吸收国际转移的产业以劳动密集型的纺织、服装、食品、低端消费类电子行业为主。20世纪90年代以后，外商投资开始大规模进入我国的制造业，带动了我国制造业生产和出口规模的持续扩大，使我国制造业在国际分工中的地位不断上升。加入世界贸易组织（WTO）后，跨国公司对华产业转移进入了新的阶段。世界500强纷纷加强了对我国制造环节的投资。同时，面对世界潜力最大的中国市场，跨国公司在华的研发活动也日趋活跃，其研发、采购和管理的本土化趋势显著增强。随着开放程度的加大以及加大服务贸易呼声的提高，我国服务业对外开放程度也明显提高，跨国公司对我国的服务业转移开始提速。2023年前三季度，我国外贸规模逐季稳步抬高，进出口总值超30万亿元人民币，保持历史较高水平。同时，受全球供应链受阻、大宗商品价格走高、主要经济体加息等因素影响，2022年外贸价格指数持续保持高位，导致价格效应成为影响2023年外贸走势的重要因素之一。剔除价格因素，外贸增长的基础更为扎实。此外，据世界贸易组织统计，2023年上半年全球出口总额同比下降4.6%，降幅比我国多了1.4个百分点。我国在全球的市场份额达到14.2%，比去年同期提高了0.4个百分点。解读外资数据，既要看自身，也要看全球。2022—2023年，全球经济恢复缓慢，外国直接投资（FDI）大幅下滑。相关报告显示，2022年，全球FDI同比下降12.4%，比2016年高值下降了1/3。反观我国，2022年我国吸引外资规模已超过1.2万亿元，再创历史新高，2020—2022年3年平均增幅为8.6%。[6]

跨国公司的市场营销目标是全球利润最大化。由于发展中国家劳动力成本低，跨国公司的管理者多以发展中国家为目标，为当地创造更多的就业机会，提高其生活水平，使这些国家在经济和政治上相对稳定。另外，文化上的合作交流也使当地的消费者更容易获得高质量的产品。例如，我国消费者现在可以购买到像宝马这样的世界级品牌产品，也可以在沃尔玛这样的世界知名超市里购物。

然而，跨国公司也颇受非议。一些批评家指出跨国公司会破坏投资国家的经济，原因是它会增加该国的失业率，从而导致其经济和社会的不稳定；同时，跨国公司在经营过程中获取大部分利益，形成对发展中国家的剥削；另外，跨国公司的一些生产项目会对发展中国家造成环境污染，引起当地政府和民众的不满；还有人认为，虽然跨国公司促进了文化交流，但同时可能引发当地传统价值观的改变。综上所述，跨国公司会给当地经济、环境和文化方面带来一些问题，并且对这些国家企业的国际市场营销活动也会产生巨大的影响。

1.2.2　全球化（Globalization）

全球化趋势始于18世纪中期，随着工业革命时代的到来，机器生产体系逐步建立，社会分工不再局限于本国，逐步形成了世界市场。全球化是20世纪80年代以来由科技进步，尤其是通信技术进步引起的，这一时期生产社会化程度提高，国际分工不断深化，国际经济联系从商品国际化发展到资本国际化，再到生产国际化，世界市场不断扩展。这一趋势加快了商品和资本、技术、劳动力等各种生产要素的国际流动。这一时期各国经济的相互联系和相互依赖也进一步加深。20世纪90年代的世界新技术革命将经济全球化带入高潮，标志着人类社会迎来了经济全球化时代。国际货币基金组织（IMF）在1997年5月发布的一份报告中指出，这一时代的主要特征就是"跨国商品与服务贸易及国际资本流动规模和形式的增加，以及技术的广泛迅速传播使世界各国经济的相互依赖性增强"。[7]

目前，对于"全球化"这个概念还没有公认的定义。有两种定义比较流行，分别是丹尼·罗德瑞克在《全球化走得太远了吗》（*Has Globalization Gone Too Far?*）和托马斯·弗里德曼在《世界是平的："凌志汽车"和"橄榄树"的视角》（*The Lexus and the Olive Tree: Understanding Globlization*）中对全球化的理解。罗德瑞克认为，全球化是指"各种商品、服务和资本市场的国际一体化"。弗里德曼则将全球化定义为"资本、技术和信息通过形成单一全球市场并在某种程度上形成地球村的方式，实现跨越国家疆界的一体化"。[8]

从物质形态看，全球化是指货物与资本的越境流动。从这一角度来说，全球化经历了跨国化、局部的国际化以及全球化这几个发展阶段。货物与资本的跨国流动是全球化的最初形态。在此过程中，出现了相应的地区性、国际性的经济管理组织与经济实体，以及文化、生活方式、价值观念、意识形态等精神力量的跨国交流、碰撞、冲突与融合。

欧洲人文和自然科学院外籍院士、上海交通大学人文学院院长王宁于 2014 年 7 月 7 日在第五届中国传媒领袖大讲堂的演讲中提到，从 20 世纪 80 年代起，对全球化术语的使用在各种语言、社会部门与学术学科间迅速传播，但"全球化"作为词汇进入汉语词库是在 20 世纪 90 年代。王宁认为，当代的全球化主要体现在国际化、自由化、普遍化和星球化这四个方面。国际化主要是指跨越国界的，描述不同民族和国家之间政治、经济等方面的差异。自由化常常被经济学家使用，而普遍化则更多地为文化研究者所使用，主要涉及特定的价值观念：一个更加全球性的世界在于文化上趋于同质化。星球化则涉及消息的传播与文化安全问题。王宁认为，随着我国加入世界贸易组织，经济全球化的后果已经变得越来越明显，给人文科学带来的直接影响之一就在于它使西方的文化和价值观念逐步渗透到非西方国家，在文化上出现了趋同现象。但文化全球化并不是文化趋同性，全球化在某种程度上也为弱势文化对强势文化的抵制和向强势文化的反渗透做出了贡献。[9]

全球化的主要体现是市场经济体系在全世界的扩张。经济全球化特指国际经济活动的延伸和扩张，其中既包括国际贸易的繁荣、国际投资的增加，也包括国际并购的频繁发生，同时伴随着科技的不断创新。在经济领域里，全球化强调的是贸易，特别是自由贸易的影响。但全球化不仅仅体现在经济领域，还包括物质产品的交流、精神产品的交流以及人员的流动。

20 世纪 90 年代以来，全球化现象已经引起了人们的广泛关注，尤其随着跨国公司在世界经济中的地位不断得到提升，全球化也越来越不容忽视。不仅个人，很多公司也都认识到自己不仅在国内竞争，也在全球竞争。但也有很多学者认为目前的世界还没有达到全球化，只能算是国际化。简单来说，两者的区别在于全球化更进一步地忽略了国家的角色。换句话说，全球化的程度比国际化要深。因此，很多学者认为在国家还没有达到要消失的地步之前，还不能说已经达到了完全的全球化。

全球化已经成为一种趋势，由此引发的问题也成为当今社会讨论的焦点。全球化虽然给许多国家带来了繁荣，但也使几十亿人不能分享新的财富。全球化的特征之一是通过科学与技术网络将全世界各大企业联系起来，但能进入网络的主要是可以提供信息或资金的发达国家，而一些贫穷国家的企业却被排斥在外，这样会更进一步加大发达国家与发展中国家之间的贫富差距。此外，全球化现象使边界更加开放，信息和货币流通更加便利，为走私、毒品、武器、核原料甚至贩卖人口等非法交易，为恐怖主义分子和犯罪分子拉帮结网和"洗钱"提供了条件。国际劳工组织前总干事胡安·索马维亚注意到这一趋向的种种危险，他认为："全球化既带来繁荣，也导致不平等，使集体责任的范围面临考验。如果我们要使全球化进程避免遭遇强烈的反抗，就有必要采取一致行动。"[10]

我国作为世界经济发展的重要推动力之一，在全球化的过程中扮演着重要角色。法国《世界报》2008 年 1 月 4 日发表题为"如果没有中国，我们该怎么办"的文章，赞扬我国对世界经济的贡献。同时全球化也为我国带来了很多贸易机会，成为我国经济发展重要的外在动力。全球化为我国提供了大量引入外资的机会，也为以我国为代表的发展中国家带来更多的挑战。但同时，我国必须关注瞬息万变的国际形势，对已经出现的逆全球化现象要有充分的认识。

> **营销透视 1-4　　哈南·莫西：世界需要推动全球化而非逆全球化**
> **非盟期待与中国更多合作**
>
> 联合国非洲经济委员会副执行秘书、首席经济学家哈南·莫西在"全球战略对话2023"智库论坛上,从金融、贸易和基础设施三方面阐述了对全球化未来预期的看法。她表示很高兴非洲联盟(以下简称"非盟")成为二十国集团(G20)的正式成员,全球化的发展给人们带来了很多机会,也伴随着不平衡和关系紧张等问题。世界需要良好的体系推动全球化,而不是逆全球化。
>
> 关于如何打造全球金融体系,莫西认为,规模化、更容易获得的金融很重要。目前全球金融市场出现了新常态,过去几年曾出现的低利率已不复存在,全球金融资源更紧缺、更昂贵。非洲需要更规模化、更实惠的投资,需要对非洲国家来说更具代表性的融资结构。
>
> 莫西称,中国对于"非盟"获得G20席位给予了强有力的支持,非洲国家有更多代表可以在这里发声,也希望G20能将更多不同收入水平的国家纳入进来。
>
> 在贸易方面,莫西认为,现代贸易的崛起帮助很多亚洲国家兴盛,但对于南方国家而言还有更多可以做的事。如今全球地缘政治冲突以及讨论甚嚣尘上,越来越多的民族主义和区域主义思潮兴起,人们需要良好的治理体系,有规则、有包容性的。避免国际地缘政治对抗升级带来的问题,世界需要的是普惠的贸易体系,能推动全球化进程,而不是逆全球化。
>
> 对于非洲而言,能源议题格外重要。莫西介绍,世界上有8亿人缺乏能源,其中6亿人都在非洲,非洲想要进步和发展,想要实现可持续发展目标,就必须要在能源领域脱贫。她认为,在这个领域非洲与中国有极大的合作潜力,尤其是新能源创新方面,中国做的非常好,有很多投资机会。现今世界领域能源基础设施的投资达到了2万亿美元,而非洲只占2%,非洲希望能有更多机遇,可以释放更多潜能。非洲不想只是作为一个能源出口者,而是希望有更多附加型价值的交易。
>
> 资料来源:哈南·莫西:世界需要推动全球化而非逆全球化 非盟期待与中国更多合作 [EB/OL]. [2023-10-27]. http://news.youth.cn/gj/202310/t20231027_14872746.htm

1.2.3　新兴市场(Emerging Markets)

所谓**新兴市场**,与**成熟市场**(developed markets)相对,泛指一些正在发展的国家和地区,如土耳其、印度、中国、巴西、南非、俄罗斯等,借助发达国家和地区在当地的投资获得先进的生产技术,推动经济发展,或者借助发达国家为其提供的低关税优惠措施,提高经济发展水平,或者依靠国际金融组织(国际货币基金组织或世界银行)的扶持加速发展经济。

在当今全球经济中,新兴市场发挥着巨大的作用。第一,新兴市场国家,例如中国,已经逐渐成为全球经济增长新的重要动力;第二,新兴市场已成为巨大的商品供应国和销售市场;第三,新兴市场国家在成为全球资本重要流入地的同时,也在积极进行对外投资。新兴市场的高增长率所带来的贸易及投资的获利机会，已经促进很多工业大国审慎衡量它们在新兴市场的利益，积极调整自己在世界市场中的布局、策略以巩固其自身的地位。

目前世界上很多跨国公司都计划今后要大幅增加在中国、印度、巴西、俄罗斯等新兴市场国家的直接投资。西方大型企业将业务外包给新兴市场国家也屡见不鲜。国际投资者对新兴市场国家的信心大幅增加。新兴市场的许多品牌也正迈向国际市场。

随着经济的发展，世界对新兴市场国家和地区的界定也在不断地发生变化。在1993年9月，时任美国总统克林顿列举了10个潜力最大的新兴市场，即墨西哥、阿根廷、巴西、南非、波兰、土耳其、中国、印度尼西亚、印度、韩国。他提出"国家出口战略"要以这10个经济增长最快的市场为主要贸易对象。1989—1994年，印度启动了经济改革；巴西发布了雷亚尔计划（Real Plan）；南非取消了孤立于国际社会政治和经济之外的种族隔离政策，代之以民主政治；墨西哥签署加入《北美自由贸易协定》（NAFTA）；苏联解体，世界经济格局因此迅速发生了变化。根据国际货币基金组织在2018年1月的《世界经济展望》中提供的数据，自2016年中期以来，周期性上升势头不断加强。2017年，约120个经济体（占全球GDP的75%）的年同比增速都出现上升，这是自2010年以来最广泛的全球增长同步上扬。在发达经济体中，2017年第三季度的增长高于预测，特别是德国、日本、韩国和美国。巴西、中国和南非等主要新兴市场和发展中经济体第三季度的增长率也高于预测。高频硬性数据和情绪指标显示，第四季度全球继续保持强劲增长势头。在投资（尤其是发达经济体投资）回升、亚洲制造业产出（推出新型智能手机之前）增长的支持下，世界贸易在截至2018年1月的几个月内强劲增长。采购经理人指数显示，未来的制造业活动将加强，这与强劲的消费者信心（预示着健康的最终需求）是一致的。[11]

新兴市场也存在一些问题，包括贫困人口多、社会分配不公、地区差别大、制度不成熟、法规不健全、社会保障体系不完善等；新兴市场还缺乏合格的经理人及技术工作人员，欠缺衡量技术水平的标准，还存在腐败、环境保护意识差等问题。这些问题的存在会极大地影响新兴市场国家和地区的经济稳定、快速、健康和持续的发展。新兴市场在开放的过程中将会经历体制变化、企业重组、银行金融系统重组等变革。其中资本和金融市场的不成熟使投资者不能获得关于其合作伙伴的准确信息。部分投资者相信"高风险，高回报"，因此会利用新兴市场不稳定的特点获取股票和债券上的短期利润。因此，新兴市场亟须改进其政策法规以适应市场经济的发展。

在国际市场环境下，新兴市场的主要问题是其数据源及信誉没有发达国家可靠。新兴市场需要政府的支持及专业机构出版的关于经济的数据信息，其市场调研和广告发展也处在初级阶段。因此，在新兴市场中，企业在进行国际市场营销细分及消费者行为分析时将缺乏精确的市场信息支撑，从而增加市场战略制定和实施的难度，影响企业的效率和收益。以上问题必须得到新兴市场国家和地区的重视。中国政府现在已经高度重视以上问题并采取了相应的措施。同时，中国必须关注国际形势对新兴市场的影响，了解其他新兴市场的优势和劣势，在危机到来之前做好防范准备。

尽管新兴市场的发展对世界经济起到了巨大的推动作用，但有些发达国家却将本国所面临的问题归咎于新兴市场国家，特别是中国。有的国家认为中国向它们大量销售低廉的产品，导致本国某些行业的工人就业出现问题。但事实上，这些问题很有可能是该国进行产业结构调整的结果，中国产品的销售并没有直接影响到这些国家的总体失业率。新兴市场国家的快速发展是当代世界经济发展的积极因素，无论是发达国家还是发展中国家都会从中受益。

随着新兴市场国家在当代世界经济中的地位不断提高，其国际影响力也在不断加强。只有在新兴市场国家积极参与的情况下，当代世界面临的许多问题才能得到更好的解决。在世界贸易组织多哈回合谈判中，以印度、巴西、中国等新兴市场国家为首的发展中国家坚持反对美欧等国对本国农业提供补贴，认为该举措严重损害了发展中国家的利益。在多哈回合谈判中，新兴市场国家发挥了积极的作用。随着时代的发展，新兴市场国家在当今全球政治、经济秩序的变革中将扮演更为重要的角色。

中国作为全世界的新兴市场，正在发挥着巨大的作用。与此同时，中国的许多新兴产业也越来越引起人们的关注。虽然现在对中国的新兴产业没有一个明确的界定，但我们可以将这些产业基本归纳为三种：第一，生物、电子、卫星应用、航天航空产业等高新技术产业；第二，用高新技术改造的传统产业，比如中国储备粮管理总公司进行的粮食储运新技术与设备优化集成高技术产业化工程；第三，一些社会公益事业产业化和一些新兴的服务行业，比如物流业、动漫制作、广告设计、婚庆业、传媒业、生态餐厅业等。甚至，农村互联网也正在成为新兴市场。

营销透视 1-5　不断拓展海外"朋友圈"新兴市场正成为拉动我国外贸新增长点

随着海外市场的不断拓展，越来越多的"中国制造"走向世界，展现出全球外贸第一大国的发展韧性。在义乌港直通仓，一家外贸物流公司的装货泊位已经被集装箱货车停满。

某外贸企业工作人员杨娜说："专柜发货发到南美去，要发走四五个箱子，还有一个堵在外面。它这生意太好了，进都进不来。"

浙江某物流有限公司经理曾细宝说："现在（一天大概能出）20~25个货柜，（一天出）55个货柜是最高峰的时候。今年，我们可能会突破（这个纪录）。"

义乌海关监管一科科长许冲说："进入3月以来，我们明显感觉到，进出海关监管场所的车辆比以前多了很多。目前，平均每天进出的车辆在800辆左右，比2月平均每天多了将近400辆车。"

2023年前2个月，义乌进出口总值较2022年增长7.4%。其中，对欧盟贸易增长20.5%，对美国贸易下降7.8%，对"一带一路"沿线国家进出口增长8.2%。此外，对沙特阿拉伯和巴西进出口分别增长47.3%和25.8%。

从全国来看，2023年前2个月，我国与新兴市场保持密切的贸易往来，对东盟、"一带一路"沿线国家的进出口分别增长9.6%和10.1%。国际市场的多元化有效减轻了外贸企业对传统市场的依赖，对冲了欧美市场外需走弱的挑战。可以说，新兴市场正成为拉动外贸的新增长点。

海关总署前署长俞建华说："比较来看，我们竞争优势仍然明显。随着我国经济形势的整体好转，外贸前 2 个月平稳开局的势头有望保持下去。因此，我们对今年我国外贸实现促稳提质目标是充满信心的。"

资料来源：不断拓展海外"朋友圈"新兴市场正成为拉动我国外贸新增长点［EB/OL］．［2023-03-21］．https://news.cctv.com/2023/03/21/ARTleo3XLkspdfUpqq60lIpK230321.shtml

这些新兴产业将带动中国经济继续向前发展，当然在发展的过程中也会遇到很多问题。其中某些产业会随着科技和社会经济的不断进步逐渐变为成熟产业，而另外一些产业也有可能因为不适应社会发展的脚步而慢慢消失。市场营销人员应及时掌握这些新兴产业的动向，从中找出与自己企业相关的信息，从而更好地驾驭市场。

1.2.4 国际市场营销及其基本程序（International Marketing and ITS Process）

国际市场营销（international marketing）是跨国界的市场营销活动，是指将商品或者服务在一个以上国家销售的过程。因此，国际市场营销是跨国界的管理过程，是在满足多国消费者需求的同时获得利润的过程。国际市场营销具有以下三个特征。

（1）国际市场营销更为复杂。有些企业认为在本国适用的市场营销手段也同样适用于其他国家。它们带着同样的产品，使用同样的广告，甚至是同样的品牌名称和包装，在其他国家销售自己的产品，结果证明它们不可能获得成功。这是什么原因呢？其实很简单，就是它们忽略了不同国家和不同市场之间的差异。各国政治、社会文化、技术和经济环境的不同，使得国际市场营销的复杂性远远大于国内市场营销。

（2）国际市场营销面临着巨大的不确定性，即风险更大。由于国际市场营销进行的是跨国界的经营活动，因此国际市场营销程序在不同的环境下表现不同，在很多情况下不易把握，不确定因素更多。所以它产生的风险要远远超过国内市场营销，如政治风险、汇率变动风险、运输风险等。

（3）国际市场营销的竞争更加激烈。任何企业只有在形成一定规模后才能进军国际市场，尤其是一些大型的跨国公司，它们拥有雄厚的实力和多年的管理经验。在全球化的进程中，进入国际市场的企业大都是各国实力强大的企业。在国际市场上与这些企业竞争，激烈程度无疑要超过与本国企业竞争。

国际市场营销有五个基本程序。企业进入国际市场的第一步是对国际市场营销环境进行分析，包括企业对当前形势的理解，以及决定是否进入国际市场。在企业决定进入国际市场后，第二步是选择进入哪个市场，以及决定如何进入该市场。从国际市场营销战略的角度来看，它包括市场细分、目标市场选择和市场定位。接下来企业将进行第三步程序，也就是采取适当的国际市场营销战略。第四步是国际市场营销组合。我们在前面已经提到，传统上，很多企业接受 4P 国际市场营销组合，但目前已经提出 7P 甚至 11P 组合，以及 4C 和 4R 等市场营销组合理论。本书将以传统的 4P 营销组合理论为重点做详细讲解。第五步是企业对国际市场营销的控制与管理（属于管理学范畴）。

本书已经介绍了一些主要的市场营销术语，理解它们并不难，困难的是在国际环境下进行市场营销活动时，如何应用这些概念。我们还要了解几个与国际市场营销相关的概念——国内市场营销、全球市场营销和国际贸易。

1.2.5 国际市场营销与国内市场营销（International Marketing and Domestic Marketing）

如果一家企业想将其产品或服务销售到国内和国际市场上，它必须具备一种观念，就是当企业在外国市场中开展商业活动时，将比国内市场营销更加复杂和困难。

（1）国内市场营销的环境与国际市场营销的环境不同。在国际市场上，目标市场的消费者不同，市场营销会受到文化、语言甚至气候的影响。消费者的购买力在国际市场上也会有所不同。各国政府对国际贸易的政策法规会对国际市场营销产生积极或者消极的影响。当一家企业开始在几个国家运营时，所面临的是各国不同的市场营销环境，不仅与国内市场营销环境有很大的不同，还会变得更复杂。因此，在国内市场上销售得好的产品或服务，很有可能在国际市场上遇到困难。在这样的情况下，国际市场营销策略必须能够满足目标市场的消费者及相关组织的需求。

（2）在国内市场环境下制订的市场营销方案要相对简单，而在国际市场环境下制订的市场营销方案将变得复杂。国际市场营销绝不是简单地将为国内市场设计的产品拿到国际市场上进行销售。一家企业在国际市场上进行市场营销活动时，会有更多的选择。因此在企业进入国际市场之前，市场营销人员需要通过市场调研，综合考虑市场营销组合的各方面，包括产品、价格、渠道和促销，然后才能制订出合适的市场营销方案。市场营销人员应该考虑市场营销组合如何适应每一个目标市场。

（3）市场营销人员一般对国内市场营销的环境比较熟悉，而国际市场营销中存在很多不确定因素，可能被营销人员忽略。例如，在很多国际市场营销的案例中，营销人员有时会忽略分销和存货方面的问题。在市场营销中，卖方在分销环节上起着至关重要的作用。与国内市场相比，在国际市场营销环境下，分销环节会存在一定的风险。营销人员要对意外事件有充分的准备，同时要明确个人或组织承担出口的风险进行国际市场营销活动的目的。

国际市场营销与国内市场营销虽然有很大的不同，但前者是在国内市场营销的基础上发展起来的，是国内市场营销的延伸和发展。虽然各国的市场本身各有不同的特点，但企业所应用的市场营销的概念、原理却是基本相同的，比如市场营销组合、市场细分、产品生命周期等理论无论在国内还是在国际市场营销活动中都被广泛应用。

1.2.6 国际市场营销与全球市场营销（International Marketing and Global Marketing）

国际市场营销是以赢利为目的，通过制订计划、定价、促销等商务活动，将企业的产品或服务销往一个以上国家的商务活动，也可以说是市场营销原理在跨国贸易中的应用。国际市场营销是在不同国家的市场上销售自己的产品或者服务的行为，企业的产品或服务可能会因针对不同的市场而有所不同。企业需要针对不同的目标市场制定出不同的市场营销战略，然后将产品通过外国的代理或者分销商出口到目标市场国，售出产品后获得利润。而生产商对目标市场上最终的零售价格、销售渠道及其他活动的控制程度相对较弱。

全球市场营销是国际市场营销的发展与延伸。全球市场营销比国际市场营销的层面更高，着眼于全球市场。全球市场营销是有计划地生产出一种产品销往全世界的市场，并且对于价格战略以及促销的方法和手段都在一定程度上有整体的控制，而这种产品在全世界不同的市场上很有可能没有很大的差别。

如果一家企业想参与某个全球产业的竞争，或者说这个产业正处在全球化的过程中，那么对这家企业而言，全球市场营销就成为企业运营成败的关键。事实上，在当今世界，没有哪一个产业可以完全不受全球化的影响。所有的企业，无论其规模大小，都要建立起相应的战略来参与、反应和适应这些市场格局的变化。

有些学者比较倾向于将国际市场营销等同于全球市场营销，或者说这两个概念是可以互换的。本书将全球市场营销看作国际市场营销的延伸。

在今天的中国，很多国际知名企业已经陆续出现在大城市的街头。人们的生活因为这些国际企业而发生变化，国际企业也在改变自己的国际营销方式以适应中国环境。

营销透视1-6　跨境电商平台布局新兴市场这片跨境电商"蓝海"

2023中国国际电子商务博览会于2023年6月15日在浙江义乌开幕。来自国内外的1 200多家企业参展，展会首日吸引了国内外采购商和专业观众超8万人次。

2023年，中国国际电子商务博览会共设2 100多个展位，来自美国、德国、韩国、新加坡、菲律宾、尼日利亚等国家和地区，以及国内25个省（区、市）的1 200多家企业参展。展览面积达5万m^2，包括数字商务、跨境电商等8大展区，不仅有传统特色产品集中亮相，也有国内外电子商务全产业链的具象展示。

展会现场的火爆背后是电子商务的稳步发展。最新数据显示，2023年1—5月，全国网上零售额为56 906亿元，同比增长13.8%，比1—4月加快1.5个百分点。其中，实物商品网上零售额为48 055亿元，增长11.8%，占社会消费品零售总额的比重为25.6%。在实物商品网上零售额中，吃类、穿类、用类商品分别增长8.4%、14.6%、11.5%。

本届博览会还围绕数字经济、电商人才等行业热点和新趋势，举办中国国际电子商务峰会、世界数字贸易大会等20多场配套活动。

在2023中国国际电子商务博览会上，20多家全球知名跨境电商平台集中亮相，涵盖了欧美、东南亚以及拉美和非洲等诸多市场，为"中国制造"打通海外销售渠道，助力中国卖家开拓新兴市场。

在跨境电商展区，前来咨询的采购商络绎不绝。这家面向拉美市场的跨境电商平台，目前已对中国卖家开放巴西、智利、墨西哥以及哥伦比亚4个跨境站点，目前平台上活跃的中国卖家已超过2万家。

新兴市场这片跨境电商的"蓝海"，正在吸引着越来越多跨境电商平台的布局和中国卖家的入驻。在此次展会上，另一家跨境电商平台计划举办超20场宣讲会，以此招引中国卖家开拓全球市场。目前，该平台对中国卖家开放的跨境站点有18个，其中，印度、墨西哥、阿联酋、沙特阿拉伯等新兴市场站点的发展尤为迅速。

资料来源：跨境电商平台布局新兴市场这片跨境电商"蓝海"［EB/OL］.［2023-06-16］. https://news.cctv.cn/2023/06/16/ARTlsbdrr6RGqjwwa3LiYla4230616.shtml

1.2.7 国际市场营销与国际贸易（International Marketing and International Trade）

贸易是个人或组织间产品和服务的交换；国际贸易是跨越国界的产品和服务的交换。国际贸易主要是国家间进行的经济活动，用出口与进口的总和来衡量；国际贸易强调购进和售出，或者说进口和出口两个方面。

国际市场营销是跨越国界发生的市场营销活动。与国际贸易相比，国际市场营销更强调企业层面的产品销售或服务。

国际市场营销活动与国际贸易有着很紧密的联系。经济学之父亚当·斯密（Adam Smith）首先提出了贸易的绝对优势理论。他提出生产离不开社会基本价值要素，即劳动力。一个国家如果通过掌握更高技术的工人和质量更好的自然资源，用更少的劳动时间生产出同种产品，那么该国就拥有此产品的绝对优势。但如果一个国家的任何产品都不具备绝对优势，这个国家还能不能进行贸易呢？大卫·李嘉图（David Ricardo）在绝对优势理论的基础上提出了比较优势理论：即使一国对两种产品都不具备绝对优势，仍然能从两种产品中选出较具优势的一种。而另一国即使对两种产品都具有绝对优势，两种产品的优势程度也会不同。处于劣势国家的劣势较小的产品在生产方面具有比较优势，处于优势国家的优势较大的产品在生产方面具有比较优势。两个国家分别专业化生产和出口其具有比较优势的商品，进口其处于比较劣势的商品，则两国都能从贸易中得到利益。

1966年，美国哈佛大学教授雷蒙德·弗农（Raymond Vernon）提出了产品生命周期理论。产品生命周期理论与传统贸易理论有很大的差异，强调了信息、知识及与其不可分割的成本、能力因素。它将产品生命周期分为三个阶段：新产品阶段、成熟阶段和标准产品阶段。第一阶段即新产品阶段，生产没有进入标准化阶段，需要高技术劳动力，这一阶段产品的成本一般很高。第二阶段，生产规模开始扩大，生产过程逐步标准化，由于降低了对产品设计环节的要求，对高技术工人的需求也有所降低。这一阶段竞争者增加，因此产品的价格和利润率都会遇到压力。第三阶段，产品的生产完全标准化，只需要廉价劳动力，无须高技术，利润率很低，竞争更加激烈。

产品生命周期理论只考虑销售和时间两个变量，比较容易操作。它提供了一套适用的市场营销规划观点，将产品分成不同的策略时期，市场营销人员可针对各个阶段不同的特点而采取不同的市场营销组合策略。在最初阶段，新产品进入市场的试销阶段，消费者对该产品还不熟悉，因此企业的重点是如何提高产品的知名度，把产品引入市场。这时的生产和销售成本比较高，企业还应关注新产品的定价问题。因此，在新产品阶段，市场营销的重点是促销和价格。在第二阶段，越来越多的消费者开始接受并使用该产品，竞争对手也会越来越多。因此，企业市场营销的重点应转入保持并且扩大市场销售额。企业可以通过技术改造增加产量或提高产品质量，同时可以对产品的包装和样式做出改进，重新进行市场细分以开拓新市场，增加市场营销渠道，并通过广告提高产品的信誉。当然从长期获利的角度来看，企业也可以适当降低价格，以提高产品的竞争力。在最后一个阶段，产品已经进入大批量生产阶段，竞争非常激烈。市场营销人员可以考虑节省费用，同时着手研发新的产品，但不能忽视原有产品的发展潜力。有些产品可以通过开发新功能而重新开启新的生命周期。在这一阶段，除了更努力地开发新市场外，还可以通过宣传使消费者增加购买量，或者通过售后服务等形式从竞争者那里争取到更多的消费者。但是，一旦确认产品已经到了更新换代的时期，企业必须经过仔细研究，然后决定是继续经营还是选择放弃。

除了以上被广泛应用的贸易理论外，还有保罗·克鲁格曼（Paul Krugman）和他的同事提出的规模经济和不完全竞争理论，强调生产成本以及成本与价格如何促进国际贸易。规模经济分为内部规模经济和外部规模经济。迈克尔·波特（Michael Porter）提出强大的国内竞争者是一项难以衡量的国家资产，激烈的国内竞争会激发竞争者强烈的取胜欲望，使所有参与者更高效、更节约，最后使他们能够更好地应对国外的竞争者。[12]

经济增长的差异引起了贸易的差异。北美和亚洲的IT产业促进了当地的贸易发展，石油出口大国由于世界的能源需求使本国经济得以发展。随着国际贸易的增长，一些国家的政策可能会导致贸易战，比如对特殊产品实行补贴，以保护本国市场。如果其他国家采取报复性措施，就会出现贸易壁垒、外汇管制、投机资本流动、货币贬值等，将使贸易额减少。在国际贸易中可以通过外贸依存度来衡量某一国家或地区的经济对国际市场的依赖程度，也可以由此来帮助企业制定适当的国际市场营销策略。**外贸依存度**（dependence on foreign trade）是某一国家进出口总额占国内生产总值的比重。当某一个国家的对外贸易大幅度增长时，外贸依存度也会快速提高。2022年中国对外直接投资主要呈现以下特点。

一是对外投资规模保持世界前列。2022年，中国对外直接投资流量为1 631.2亿美元，为全球第2位，连续11年位列全球前3，连续7年占全球份额超过一成。2022年末，中国对外直接投资存量达2.75万亿美元，连续6年排名全球前3。

二是境外企业覆盖全球超过80%的国家和地区。2022年末，中国境内投资者共在全球190个国家和地区设立境外企业4.7万家，近60%分布在亚洲，北美洲占13%，欧洲占10.2%，拉丁美洲占7.9%，非洲占7.1%，大洋洲占2.6%。其中，在共建"一带一路"国家设立境外企业1.6万家。

三是投资领域广泛。2022年，中国对外直接投资涵盖了国民经济的18个行业大类，其中流向租赁和商务服务、制造、金融、批发零售、采矿、交通运输等领域的投资均超过百亿美元。

四是地方企业对外投资持续活跃。2022年中国对外非金融类投资流量中，地方企业为860.5亿美元，占61%，较2021年提升3.3个百分点。其中，东部占比77.3%。浙江、广东、上海列前三位。

五是互利共赢助力经济发展。2022年，境外企业向投资所在地纳税750亿美元，增长35.1%。年末境外企业员工总数超410万人，其中雇用外方员工近250万。当年对外投资带动货物进出口2 566亿美元。非金融类境外企业实现销售收入3.5万亿元，增长14.4%。[13]

国际贸易与国际市场营销息息相关，国际市场营销活动不仅可以应用到很多国际贸易的理论，还可以通过分析各国贸易数据找出相关信息来改进市场营销策略。除了以上提到的基本国际贸易理论以外，很多国际经济组织也对国际市场营销活动有很大的影响。因此，我们有必要对这些国际经济组织也有所了解。

1.3 与国际市场营销相关的国际经济组织（Related International Economic Organizations）

虽然每一个国家都设有一些组织来指导其市场营销活动，但很多国际经济组织在国际市场营销活动中的作用也不可忽视。国际货币基金组织（International Monetary Fund，IMF）、世界银行（World Bank，WB）和世界贸易组织（World Trade Organization，WTO）被认为是与世界经济相关的最有影响力的国际经济组织。亚洲太平洋经济合作组织（Asia-Pacific Economic Cooperation，APEC）、上海合作组织（The Shanghai Cooperation Organization，SCO）、东南亚国家联盟（Association of Southeast Asian Nations，ASEAN）和亚洲基础设施投资银行（Asian Infrastructure Investment Bank，AIIB）对中国和其他亚洲国家的发展也有着特殊的影响。

中国是 IMF、WB、WTO 的成员，从这些国际经济组织发起的外国投资活动中受益，并且努力适应国际规则的要求。对这些国际经济组织的了解将有助于企业在国际市场上进行营销活动。

1.3.1 国际货币基金组织（International Monetary Fund，IMF）

IMF 是政府间国际金融组织，它是根据 1944 年 7 月在美国新罕布什尔州的布雷顿森林召开的联合国国际货币金融会议上通过的《国际货币基金协定》而建立起来的。它在 1945 年 12 月 27 日正式成立，至今已有 190 个成员。IMF 于 1947 年 3 月 1 日开始办理业务，1947 年 11 月 15 日成为联合国的专门机构，总部设在华盛顿，在经营上有其独立性，资金来源于各成员认缴的份额。

IMF 设 5 个地区部门（非洲、亚洲、欧洲、中东、西半球）和 12 个职能部门（行政管理、中央银行业务、汇兑和贸易关系、对外关系、财政事务、国际货币基金学院、法律事务、研究、秘书、司库、统计、语言服务局）。该组织的主要业务活动包括：向成员提供贷款，在货币问题上促进国际合作，研究国际货币制度改革的有关问题，研究扩大基金组织的作用，提供技术援助和加强同其他国际机构的联系。

IMF 的宗旨是通过一个常设机构来促进国际间货币合作，为国际货币问题的磋商和协作提供方法；通过国际贸易的扩大和平衡发展，把促进和保持成员方的就业、生产资源的发展、实际收入的高水平，作为经济政策的首要目标；稳定国际汇率，在成员方之间保持有秩序的汇价安排，避免竞争性的汇价贬值；协助成员方建立经常性交易的多边支付制度，消除妨碍世界贸易的外汇管制；在有适当保证的条件下，基金组织向成员方临时提供普通资金，使他们有信心利用此机会纠正国际收支的失调，而不采取危害本国或国际繁荣的措施；按照以上目的，缩短成员方国际收支不平衡的时间，减轻不平衡的程度等。

中国及其他发展中国家虽然提高了自己的发言权，但美元和欧元在世界金融界仍占主导地位。美元仍是世界主要储备货币，也是世界主要大宗商品的计价货币，美国也是世界上最大的金融衍生品国。无论是美债危机还是欧债危机，都对市场信心造成巨大打击。

1.3.2 世界银行（World Bank，WB）

WB 的两个独立的组织——国际复兴开发银行（International Bank for Reconstruction and Development，IBRD）和国际开发协会（International Development Association，IDA）联合向发展中国家提供低息贷款、无息信贷和赠款。WB 通过国际复兴开发银行硬贷款与英国政府赠款相结合的创新机制保持对社会部门和贫困农村地区的贷款。中国是执行 WB 贷款项目最好的成员方之一。WB 主要向中国提供以下援助。

（1）促进中国经济与世界经济的融合。深化中国对多边经济机构的参与，降低对内对外贸易和投资壁垒，为中国的海外发展提供帮助。

（2）减少贫困、不平等和社会排斥。推动城镇化均衡发展，保障农村生活，扩大基本社会服务和基础设施服务，尤其是在农村地区。

（3）应对资源短缺和环境挑战。减少大气污染，节约水资源，优化能源利用（部分通过价格改革），改善土地行政管理，履行国际环境公约。

（4）深化金融中介作用。扩大金融服务（尤其是中小企业），发展资本市场，应对系统性风险，维护金融稳定。

（5）加强公共部门和市场制度建设。提升企业竞争力，改革公共部门，理顺政府间财政关系。

WB执行董事会于2018年6月19日批准向中国安徽省养老服务体系建设示范项目提供贷款1.18亿美元，支持安徽省建立与管理多元化的三级养老服务体系。这是WB在全球支持的首个养老服务体系建设项目。

中国的人口老龄化发展迅速，到2050年65岁以上老年人口预计将达到总人口的26%，80岁以上老年人口的增长速度甚至更快。在传统上，中国老年人主要依靠家庭成员供养。然而，随着社会经济和人口结构的变化，仅靠家庭的养老模式难以为继。中国政府提出建立三级养老服务体系，以居家养老为基础，社区养老为依托，机构养老为补充。

和中国其他地区一样，安徽省也面临满足日益增长的老年人口护理需求的挑战。安徽省65岁以上老年人口约有690万人，其中包括130万行动不便、日常生活不能自理的老年人口。目前安徽省大部分养老服务是非正规的，由家庭成员或亲属提供。正规的社区养老服务仍处于起步阶段。

WB中国局人类发展业务主任葛霭灵说："这个项目将协助中国安徽省应对养老服务体系面临的挑战，推动建立一个运转良好的养老服务市场，让每个人都能找到符合自身需求、喜好和经济条件的养老服务。"

安徽省养老服务体系建设示范项目的内容包括建设面向政府、民营养老机构和消费者的养老服务综合信息系统，加强政府有关部门进行老年人能力评估的能力，加强养老服务质量标准和组织人力资源培训，提升养老服务效率、质量和消费者满意度，在安庆市和六安市建设社区养老服务站，为本社区老年人提供日间和夜间照料服务，向民办养老机构购买服务，承担政府保障对象的基本养老服务，建立健全城市公立医院和农村福利院的专业护理设施。

项目总投资1.978 4亿美元，其中世界银行贷款1.18亿美元，政府投入7 984万美元。项目设计借鉴了WB报告《中国养老服务的政策选择：建设高效可持续的中国养老服务体系》以及WB在各国的服务提供体系项目建设的经验。[14]

在中国与WB的合作关系中，知识共享与知识转让是一项十分重要的内容。WB帮助中国引进其他国家经济发展的经验，协助分析中国的经济增长与减少贫困经验并向其他国家传播；WB提供分析调研支持，协助中国保持有效的宏观经济管理，减小金融部门系统性风险，改善私营部门发展环境；WB协助对制约中国西部和东北部地区经济增长及相关服务的根本因素（包括投资环境、财政转移制度、社会服务提供、社会保障制度、城市化以及其他领域的制约因素）进行评估；WB也为进一步提高自然资源的利用效率和维持资源利用的可持续性提供分析和政策咨询。

2008年2月4日，中国经济学家林毅夫接受正式任命，成为WB副行长兼首席经济学家。这是WB首次任命发展中国家人士出任这一要职。

财政部是WB在中国开展业务活动的主要对口部门，中国国家发展改革委在合作计划的制订中也起着重要作用。所有项目都须经过充分的技术、经济、财务、环境和社会评估之后才提交双方有关部门做最后审批。WB 的中国业务由 WB 中国局负责管理。

另外，我们还需要了解与 WB 相关的"外国投资咨询服务机构"（Foreign Investment Advisory Service，FIAS），该机构成立于 1985 年。如果企业对投资国的环境不甚了解，可以通过该机构加深了解。自成立以来，全世界大约有 120 个国家和地区为它提供过资金援助和技术援助，直到现在仍有不少国家和地区在全力支持该机构的正常运作。

外国投资咨询服务机构能针对委托国特有的投资环境量体裁衣，策划出最适合该国的投资方案，使之发挥出最大的潜力，扬长避短，大力吸引外商直接投资。外国投资咨询服务机构的原则是只接受国家政府机构的委托。它还是当今世界最大的两个多边发展机构（国际金融公司和 WB）的牵头组织。因此，外国投资咨询服务机构在帮助委托国设计投资方案时，有足够的能力号召整个 WB（其中也包括多边投资担保机构和国际投资争端解决中心）为它提供专家意见和专业技术。[15]

1.3.3 世界贸易组织（World Trade Organization，WTO）

WTO 成立于 1995 年 1 月 1 日，总部设在日内瓦。作为正式的国际贸易组织，它在法律上与联合国等国际组织处于平等地位。其宗旨是促进经济和贸易发展，以提高生活水平、保证充分就业、保障实际收入和有效需求的增长；根据可持续发展的目标合理利用世界资源，扩大货物和服务的生产；达成互惠互利的协议，大幅度削减和取消关税及其他贸易壁垒并消除国际贸易中的歧视待遇。

WTO 负责定期审议其成员的贸易政策和统一处理成员之间产生的贸易争端，并负责加强同 IMF 和 WB 的合作，以实现全球经济决策的一致性。WTO 协议的范围包括从农业到纺织品与服装，从服务业到政府采购，从原产地规则到知识产权等多项内容。

WTO 的最高决策权力机构是部长会议，至少每两年召开一次会议。下设总理事会和秘书处，负责 WTO 的日常会议和工作。总理事会设有货物贸易、非货物贸易（服务贸易）、知识产权三个理事会和贸易与发展、预算两个委员会。总理事会还下设贸易政策核查机构，它监督着各个委员会并负责起草国家政策评估报告。[16]

WTO 有 5 项基本原则，它们是多边贸易的基础。
- 非歧视性贸易原则。具体表现为"一般最惠国待遇"及"国民待遇"。
- 自由贸易原则。
- 透明度原则。
- 促进公平贸易原则。
- 促进发展和经济改革。

中国是关税及贸易总协定（General Agreement on Tariffs and Trade，GATT）的创始国之一，而 GATT 是 WTO 的前身。1984 年 1 月 18 日，中国正式成为总协定下属的国际纺织品贸易协议的成员。加入 WTO 后，中国享有以下基本权利。
- 中国的产品和服务及知识产权在 135 个成员中享受无条件、多边、永久和稳定的最惠国待遇以及国民待遇。
- 中国对大多数发达国家出口的工业品及半制成品享受普惠制待遇。
- 享受发展中国家成员的大多数优惠或过渡期安排。
- 享受其他 WTO 成员开放或扩大货物、服务市场准入的利益。

- 利用WTO的争端解决机制，公平、客观、合理地解决与其他国家的经贸摩擦，营造良好的经贸发展环境。
- 参加多边贸易体制的活动，获得国际经贸规则的决策权。
- 享受WTO成员利用各项规则，采取例外保证措施等促进本国经贸发展的权利。

同时，加入WTO后，中国也应履行以下义务。

- 在货物、服务、知识产权等方面，按WTO规定，给予其他成员最惠国待遇及国民待遇。
- 依照WTO相关协议规定，扩大货物、服务的市场准入程度，即具体要求降低关税和规范非关税措施，逐步扩大服务贸易市场开放。
- 按《与贸易有关的知识产权协定》的规定，进一步规范知识产权保护。
- 按争端解决机制与其他成员公正地解决贸易摩擦，不能搞单边报复。
- 增加贸易政策、法规的透明度。
- 规范货物贸易中对外资的投资措施。
- 按在世界出口中所占比例缴纳一定会费。[17]

中国与WTO其他成员方的经济联系已经越来越紧密。在享受WTO带来的利益的同时，中国也承担了更多的义务。但加入WTO无疑给中国企业进行国际市场营销活动带来了很多机遇和挑战，也将成为国际市场营销人员研究的主要课题之一。

1.3.4　亚洲太平洋经济合作组织（Asia-Pacific Economic Cooperation，APEC）

亚洲太平洋经济合作组织简称亚太经合组织，成立于1989年，是亚太地区最具影响的经济合作官方论坛。1989年1月，澳大利亚总理霍克访问韩国时建议召开部长级会议，讨论加强亚太经济合作问题。经与有关国家磋商，1989年11月5日—7日，澳大利亚、美国、加拿大、日本、韩国、新西兰六国和当时的东南亚国家联盟在澳大利亚首都堪培拉举行亚太经济合作会议首届部长级会议，这标志着亚太经济合作会议的成立。1993年6月改名为"亚洲太平洋经济合作组织"。其宗旨是：支持亚太区域经济可持续增长和繁荣，建设活力和谐的亚太大家庭，捍卫自由开放的贸易和投资，加速区域经济一体化进程，鼓励经济技术合作，保障人民安全，促进建设良好和可持续的商业环境。APEC采取自主自愿、协商一致的合作方式，所做决定须经各成员一致同意。会议决议不具法律约束力，但各成员在政治上和道义上有责任尽力予以实施。1993年西雅图领导人非正式会议宣言中提出了APEC的大家庭精神：为本地区人民创造稳定和繁荣的未来，建立亚太经济的大家庭，在这个大家庭中要深化开放和伙伴精神，为世界经济做出贡献并支持开放的国际贸易体制。

APEC共有5个层次的运作机制：领导人非正式会议；部长级会议；高官会；委员会和工作组，即贸易和投资委员会（CTI）、经济委员会（EC）、经济技术合作高官指导委员会（SCE）与预算和管理委员会（BMC）；秘书处。

中国于1991年加入APEC。中国以对国际合作负责任的态度认真履行对APEC的承诺，同时也在积极思考适合自己的次区域合作。随着经济技术合作得到越来越多的重视，中国在APEC中积极发挥地区大国的作用，将参与APEC事务与国内的经济建设和改革紧密地结合在一起。

中国亚太经济合作中心是我国对外经济贸易研究发展促进机构，旨在促进中国与世界各国的经济、技术的交流与合作；已与世界多个国家建立了友好合作关系，并在境外设立了多个分支机构。该机构主要从事国际贸易、国际经济合作、外国投资、多双边援助、世界和地区经济贸易、中国对外经贸战略及中国贸易发展等的政策研究，传递和发布国内外经贸信息，参加和组织贸易与投资促进报告会、洽谈和交流活动，开展经贸信息服务和招商引资工作，负责该机构驻外代表处的业务协调与管理。[18]

中国对APEC贸易投资自由化进程一直持积极态度，主张APEC应坚持开放的区域主义，而不能变成一个封闭性的贸易集团；APEC成员间及APEC成员与非APEC成员间均应相互开放，摒弃经贸关系中的歧视性做法；实施贸易投资自由化应充分考虑各成员不同的经济发展水平和具体情况，坚持大阪行动议程中确定的自主自愿等基本原则，保持适当的速度；大力开展经济技术合作，以缩小成员间的差距，达到共同繁荣的目的。中国一贯认为，各成员的单边行动计划是亚太经合组织实现贸易与投资自由化的主渠道，并积极制订、实施和改进中国的单边行动计划。中国对15个部门的提前自由化问题也持原则支持态度，同时主张应坚持自主自愿、灵活性和协商一致等原则，充分照顾各成员的实际情况。[19]

1.3.5　上海合作组织（The Shanghai Cooperation Organization，SCO）

上海合作组织于2001年成立于上海，成员国为中国、俄罗斯、哈萨克斯坦、吉尔吉斯斯坦、塔吉克斯坦、乌兹别克斯坦、印度、伊朗、白俄罗斯、巴基斯坦。SCO每年举行一次成员国元首正式会晤，定期举行政府首脑会晤，轮流在各成员国举行。经济合作已成为SCO稳步发展的物质基础。SCO以反对恐怖主义、分裂主义和极端主义为中心，共同努力维护区域和平、安全与稳定，促进新的民主、公正、合理的国际政治经济秩序。

SCO的宗旨是：加强各成员国之间的相互信任与睦邻友好；鼓励各成员国在政治、经贸、科技、文教、能源、交通、环保及其他领域的有效合作；共同致力于维护和保障地区的和平、安全与稳定；严格遵循《联合国宪章》的宗旨与原则，相互尊重独立、主权和领土完整，互不干涉内政，互不使用或威胁使用武力，平等互利，通过相互协商解决所有问题，不谋求在相毗邻地区的单方面军事优势。SCO奉行不结盟、不针对其他国家和地区及对外开放的原则，愿与其他国家及有关国际和地区组织开展各种形式的对话、交流与合作。

至今，SCO已在政治和安全领域多年成功合作的基础上向经贸、文化等领域不断扩展，机制化的发展正在逐步健全和完善。伴随着SCO的成长，经济合作内容也越来越细致，越来越具体充实，通过项目合作夯实合作基础。时任中国国家主席胡锦涛在2003年明确指出：经济合作是SCO的重要基础和优先方向，并建议先从交通运输和能源合作领域入手，使在SCO框架下的经贸合作早见成效。

2023年5月22日至23日，第十八届上海合作组织论坛在塔吉克斯坦杜尚别举行。本届论坛由塔吉克斯坦总统战略研究中心主办，来自SCO成员国、观察员国和对话伙伴的40余名专家，以及SCO秘书处和SCO地区反恐怖执行委员会代表出席活动。

塔吉克斯坦总统战略研究中心主任乌斯曼佐达宣布论坛开幕，SCO秘书长张明、塔吉克斯坦总统助理沙里菲、SCO前秘书长阿利莫夫、SCO塔方代理国家协调员萨义德穆罗佐达分别现场或视频致辞。

各方就成员国在国际安全、经济和人文三大领域合作交换意见，一致认为在国际形势复杂深刻变化的背景下，SCO论坛为SCO工作提供了智力支持，具有特殊意义。[20]

1.3.6 东南亚国家联盟（Association of Southeast Asian Nations，ASEAN）

东南亚国家联盟简称东盟，成立于1967年8月8日，秘书处设在印度尼西亚首都雅加达。目前的成员国为印度尼西亚、马来西亚、菲律宾、新加坡、泰国、文莱、越南、老挝、缅甸、柬埔寨。其组织机构包括：①东盟峰会——就东盟发展的重大问题和发展方向做出决策，一般每年举行两次会议；②东盟协调理事会——由东盟各国外长组成，是综合协调机构，每年至少举行两次会议；③东盟共同体理事会——包括东盟政治安全共同体理事会、东盟经济共同体理事会和东盟社会文化共同体理事会，协调其下设各领域工作，由东盟轮值主席国相关部长担任主席，每年至少举行两次会议；④东盟领域部长会议——由成员国相关领域主管部长出席，向所属共同体理事会汇报工作，致力于加强各相关领域合作，支持东盟一体化和共同体建设；⑤东盟秘书长和东盟秘书处——负责协助落实东盟的协议和决定，并进行监督；⑥东盟常驻代表委员会——由东盟成员国指派的大使级常驻东盟代表组成，代表各自国家协助东盟秘书处、东盟协调理事会等机构开展工作；⑦东盟国家秘书处——东盟在各成员国的联络点和信息汇总中心，设在各成员国外交部；⑧东盟政府间人权委员会——负责促进和保护人权与基本自由的相关事务；⑨东盟附属机构——包括各种民间和半官方机构。

《东南亚国家联盟成立宣言》确定的宗旨和目标如下。

- 以平等与协作精神，共同努力促进本地区的经济增长、社会进步和文化发展。
- 遵循正义、国家关系准则和《联合国宪章》，促进本地区的和平与稳定。
- 促进经济、社会、文化、技术和科学等问题的合作与相互支援。
- 在教育、职业、技术及行政训练和研究设施方面互相支援。
- 在充分利用农业和工业、扩大贸易、改善交通运输、提高人民生活水平方面进行更有效的合作。
- 促进对东南亚问题的研究。
- 同具有相似宗旨和目标的国际及地区组织保持紧密和互利的合作，探寻与其更紧密的合作途径。

1991年，中国与东盟所有国家建立或恢复了外交关系，开始与东盟正式对话。1996年，中国成为东盟全面对话伙伴。1997年12月，时任中国国家主席江泽民首次出席东盟-中国领导人非正式会议，发表《中华人民共和国与东盟国家首脑会晤联合声明》，宣布将建立面向21世纪的睦邻互信伙伴关系作为共同的政策目标。2001年11月，在第五次东盟-中国领导人会议上，中国正式宣布将在10年内建立中国-东盟自由贸易区。其主要内容是关税减让，中国单方面做出让步，提出在东盟能向中国开放自己的市场之前，中国将提前5年先行向东盟开放自己的市场，并对经济落后的中南半岛国家给予优惠政策。

2002年11月，双方签署《中国与东盟全面经济合作框架协议》，决定到2010年建成中国-东盟自由贸易区。2005年1月，时任国务院总理温家宝出席在印度尼西亚雅加达举行的东盟地震和海啸灾后问题领导人特别会议，就本地区防灾、救灾工作提出18项合作倡议，涵盖了救援、重建、旅游合作、地震和海啸预警、防灾减灾、区域合作和国际合作七大领域。

2005年12月，第九次中国-东盟领导人会议在马来西亚吉隆坡举行。根据时任国务院总理温家宝的倡议，会议决定在原有的五大重点合作领域基础上，将交通、能源、文化、旅游和公共卫生列为双方新的五大重点合作领域。会议期间，还举行了中国向老挝、柬埔寨和缅甸提供特殊优惠关税待遇换文的签字仪式，东盟宣布中国正式成为东盟东部经济增长区发展伙伴。2005

年10月19日—21日，第二届中国-东盟博览会和中国-东盟商务与投资峰会在广西南宁举行。2018年9月25日，第九届中国-东盟矿业合作论坛暨推介展示会秘书处举行新闻发布会，宣布第九届矿业论坛于2018年11月14日—18日在广西南宁举办。这一届矿业论坛以"聚焦丝路合作，发展绿色矿业"为主题，就"矿业绿色发展政策与实践""绿色矿山企业发展""矿业项目与技术合作"等议题展开研讨。计划参会人数1 000人，其中东盟国家矿业部门、企业和商协会负责人、嘉宾代表约110人。论坛将举办开幕式及中国-东盟地学合作中心揭牌仪式、矿业绿色发展政策与实践研讨会等十余项活动。在矿业项目签约推介洽谈方面，除举行广西和有关省（区、市）矿业项目推介会外，还特别安排柬埔寨、老挝两个国家矿业专场推介会。论坛期间，计划组织重大签约项目10个以上，洽谈项目20个以上，精选推介项目50个以上。论坛将聚焦"一带一路"框架下的绿色矿山建设，利用沿线国家矿产资源的互补优势，为双边或多边合作带来商机与潜力。[21]

2023年是中国加入《东南亚友好合作条约》20周年，也是中国提出共建"一带一路"倡议10周年。当前，中国和东盟的关系站在新的历史起点，双方政治互信不断加深，务实合作成果丰硕，人文交流日益密切。双方正积极推动高质量共建"一带一路"合作同《东盟互联互通总体规划2025》等东盟发展战略对接，围绕"中国东盟农业发展和粮食安全合作年"主题，全力推动双方务实合作迈上新台阶，助力早日实现"中国-东盟战略伙伴关系2030年愿景"。[22]

1.3.7 亚洲基础设施投资银行（Asian Infrastructure Investment Bank，AIIB）

亚洲基础设施投资银行简称亚投行，是一个政府间性质的亚洲区域多边开发机构，重点支持基础设施建设，总部设在北京，其主要业务是援助亚太地区国家的基础设施建设。在全面投入运营后，亚投行将运用一系列支持方式为亚洲各国的基础设施项目提供融资支持（包括贷款、股权投资以及提供担保等），以振兴包括交通、能源、电信、农业和城市发展在内的各个行业投资。亚投行成立后的第一个目标就是投入"丝绸之路经济带"的建设，其中一项就是从北京到巴格达的铁路建设。

2023年5月10日，第三届BEYOND国际科技创新博览会开幕式在澳门威尼斯人金光会展中心举行。会上，亚洲基础设施投资银行首任行长兼董事会主席金立群提出，私营资本将是未来一个重要的合作伙伴，到2030年的目标是将50%的口头融资流向私营部门。

金立群介绍称，截至2023年5月10日亚洲基础设施投资银行已有106个经济体，拥有1 000亿美元的美元资本为未来的可持续基础设施提供资金。"在亚洲实现普惠金融的梦想没有灵丹妙药。我们的地区非常多样化，人均GDP和人口规模差异巨大，文化语言和宗教多样性令人眼花缭乱。我们必须了解亚洲每个地方市场的独特偏好和障碍，形成金融渠道，以确保我们继续保持人们在教育、健康和生活方面的进步。"[23]

1.4 互联网时代的国际市场营销新趋势与新挑战（New Trends and Challenges in International Marketing in the Internet Era）

互联网的发展已经成为全球经济增长的主要推动力，并且对国际市场营销产生巨大影响。计算机、通信、信息、运输等技术革新已经创造了很多奇迹，将科幻小说中的情节变为现实。

移动互联网、大数据应用和人工智能的发展已经为人类社会的发展打开了新篇章。

大数据与社会化媒体、移动传播、物联网、云计算等技术应用紧密相关，它是各种技术的综合产物，也会因各种技术的发展而不断演进。它是对相当大的量级的数据进行收集、分析、挖掘与应用的技术。[24] 国际市场营销也因为大数据时代的到来发生了颠覆性的变化。全球产业转型升级，商业模式不断更新，消费者行为和消费习惯发生了变化。这些因素也推动国际市场营销策略做出变化以应对挑战。

据《中国移动互联网发展报告（2022）》显示，2021年底，全球上网人口达到49亿，大约占全球人口的63%。国际电信联盟（ITU）的数据显示：2021年底，全球上网人口比疫情出现的2019年（41亿）增长了19.5%，新增加了8亿网民，网民普及率提升了将近10个百分点。其中，2020年全球网民增长率达到10.2%，为十年来的最高速度。上网成为人们工作、生活、学习的必要方式。

资料来源：人民网．2022移动互联网蓝皮书．[R/OL]．[2022-06-29]．http://finance.people.com.cn/n1/2022/0629/c1004-32460894.html

营销透视 1-7　北京冬奥会：数字技术赋能云上奥运

2022年2月4日，北京冬季奥运会开幕，此次冬奥会除采用传统的电视转播外，更依托5G+8K超高清远程传输、云转播平台、Press+网络专线传输服务等新技术的全面应用，使冬奥会的转播时长创下新纪录，并成为首次实现全面"云转播"的奥运赛事，使得北京冬奥会成为第一届"云上奥运"。云技术的应用使得媒体工作者能够在线上进行远程报道工作，打破时空限制，全球有超过2万名记者参与报道，这也使得本次北京冬奥会的线上互动量不断攀升。在社交媒体上，更是构建了以北京冬奥会为主题的网络共在场景，如X推出了20个北京冬奥会的表情符号。赛事期间，具有强号召力的体育明星在TikTok上分享有关冬奥村的生活日常，为无法参加冬奥会的观众们提供了身临其境的参与感，使与奥运相关的视频浏览量超过21亿次，如此热烈的奥运气氛，还带动了拉丁美洲等传统"冬奥收视盲区"的民众对冬奥会的关注。而冬奥会吉祥物"冰墩墩"的火爆更是为本次冬奥会的前所未有的火热程度锦上添花，微博上有关冰墩墩的话题达到惊人的60亿次。本次北京冬奥会凭借数字技术的加持，使网民参与度达到空前规模，通过社交媒体进行冬奥会整合传播，使北京冬奥会成为全球瞩目的体育盛会。

互联网时代的国际市场营销要研究两个基本的营销手段。

1. 数字营销

数字营销是使用数字传播渠道来推广产品和服务的实践活动，它以一种及时、相关、定制化和节省成本的方式与消费者进行沟通。数字营销包含了很多互联网营销（网络营销）中的技术与实践。数字营销的范围要更加广泛，还包括了很多其他不需要互联网的沟通渠道，比如电视、广播、短信等（非网络渠道），或社区媒体、电子广告、横幅广告等（网络渠道）。[25]

人们可以通过日常使用的智能手机、平板电脑及其他电子设备制作和共享产品或服务的广告。同时，将这些广告内容发布到个人的社交平台上。用较短的时间和较高的效率完成从设计到推广的一系列营销活动，可以随时随地吸引消费者。对比传统的营销手段，数字营销更便捷、更直接、覆盖面更广，但缺乏权威性和安全性。

数字营销包括使用数字营销工具，如网站、社交媒体、移动广告和应用程序、在线视频及其他数字平台，通过计算机、智能手机、平板电脑、联网电视和其他数字设备，随时随地吸引消费者。

2. 内容营销

与特定的用户群展开有关内容的对话的营销方法，被视作除了品牌新闻和出版物之外，又一种能在品牌和客户间营造深层关系的工具。[26]

各企业、学校、社会团体定制的文化衫，外卖包装上温暖的话语，文艺餐厅墙壁上的手绘图画，微信朋友圈及公众号等，都是通过内容向大众传达一些信息，目的也是帮助消费者了解企业文化、产品及服务。

计算机、通信、信息、运输和其他技术增加了企业认识和追踪顾客的新方法，使企业可以根据每个顾客的需要提供定制化产品和服务，同时也出现了创新沟通方式。20 世纪 90 年代，计算机、互联网逐渐进入人们的生活。更专注于人类的情感需求的营销 3.0 概念应运而生，比如情感营销、体验营销、品牌资产营销等。营销 3.0 是继以产品为中心的营销 1.0 时代和以顾客为中心的营销 2.0 时代之后的又一次营销变革。

但在企业追踪顾客消费习惯的过程中，侵犯顾客隐私的行为也时有发生。各国已经开始为维护互联网安全制定相关法律政策。

营销透视 1-8　　营销 4.0：新营销时代，如何吸引消费者

4P 应该重新定义为 4C：共同创造（co-creation）、浮动定价（currency）、共同启动（communal activation）、对话（conversation）。如何理解 4C 呢？4C 其实就是网络时代的 4P。区别是从"产品"变成"共同创造产品"，从"定价"变成"浮动定价"，从"通路"变成"共同启动通路"，从单向的"促销"变成双向的"对话"，尤其是浮动定价。且不说航空业和酒店业，我们都很熟悉的小米手机就会根据元器件降价周期制定价格曲线，电商巨头也会根据消费者身份和采购习惯呈现有针对性的价格。

- 共同创造（co-creation）：在开发新产品的阶段，可以听取消费者的想法和建议，甚至可以为他们打造定制化的产品和服务。
- 浮动定价（currency）：商家可以参考酒店业和航空业调整价格的做法，根据消费者过去购买过的东西、店铺的交通便利性提供不同的定价，最大化获利。
- 共同启动（communal activation）：相当于共享经济，像 Airbnb 和 Uber 那样将顾客拥有的产品和服务提供给其他顾客，公司成为中间的平台。
- 对话（conversation）：企业可以利用社交媒体与消费者进行直接沟通。

科特勒认为,如今的消费者已经从被动接受者转变成拥有更多主动权的参与者,在这种状况下,只有双方都积极参与其中,公司才能获得更多商业上的利益。那么什么是营销 4.0 时代的特征呢?

- 包容的(inclusive):高端品牌正在逐渐进入大众市场,而一些新兴市场中流行的产品也在改变高端消费市场。
- 水平的(horizontal):过去企业的创新是从企业走向消费市场,现在,企业如果还采用这种更新思路,将大大落后于市场需求。企业要将消费者需求纳入创新过程中。目前有一种概念叫"工业 4.0",个性化的消费者需求将以极快的速度来满足。
- 社交化(social)的:这个概念大家并不陌生,但是这个概念也极大地改变了消费者的消费过程,对现在的每一次消费,消费者会更多地参考"F-factor"(family,friends,Facebook fan,followers)。

资料来源:科特勒,卡塔加雅,塞蒂亚万. 营销革命 4.0:从传统到数字[M]. 王赛,译. 北京:机械工业出版社,2018.

本章小结

1. 国际市场营销是将商品或者服务在一个以上国家销售的跨国界活动。因此,国际市场营销需要企业进行跨国界的管理,以满足多国消费者的需求,同时获得利润。在国际市场营销中,企业会面临更大的风险和不确定性。这对市场营销人员提出了更高的要求:不仅要掌握基本的市场营销理论,还要对不同国家的市场情况有所了解。如今,全球化的趋势日渐明显,不可避免地要进行国际市场营销。了解国际市场营销理论,应用国际市场营销技巧来满足更多消费者的需求成为企业生存的必要条件。

2. 在国际环境下研究市场营销,还必须掌握与跨国公司、全球化、新兴市场和国际贸易等相关的知识。跨国公司在改善当地的经济环境、提高人们的生活水平的同时,也给当地的自然环境和文化传统带来了巨大的冲击。全球化仍然是一个有争议的问题,人们在支持全球化的同时也不能忽视全球工业集中的程度正在加剧。尽管新兴市场还不成熟,但它们成长的前途光明。新兴市场已经在很大程度上推动了世界经济的发展。中国作为国际贸易大国,正在世界经济发展中发挥重要作用。WB、WTO 和 IMF 等一些国际性的经济组织也在国际市场营销和国际贸易中起到重要的作用。

3. 互联网的发展已经成为全球经济增长的主要推动力,并且对国际市场营销产生巨大影响。国际市场营销也因为大数据时代的到来发生了颠覆性的变化,机遇与挑战并存。大数据应用和人工智能的发展将从根本上影响国际市场营销策略。

案例分析

打造全球品牌:企业寻求广阔全球市场的必然之路

开创超级品类、布局多品牌、打造全球品牌是 21 世纪中国企业和企业家面临的最重要的三大定位机会。

1. 开创超级品类

建立强大品牌的终极方法是什么？是开创并主导一个品类。

率先发现先进技术、品类分化带来的品类创新机会，以及把握技术领先者的失误，率先定义品类、进入顾客心智打造品类之王的机会。

2. 布局多品牌

对于那些已经在中国市场取得领先地位的大企业来说，最重要的战略机会就是布局第二、第三品牌，在很多情况下那往往是一个结合先进技术、互联网、针对年轻人偏好的品牌。

3. 打造全球品牌

率先在全球市场成为中国企业的代表是21世纪中国企业面临的重大历史机遇。打造全球品牌有两种做法：一种做法是首先在国内做到第一，然后到国外传播中国第一的定位；另外一种做法是当你的品牌在国内市场地位较弱时，可以首先发力国外市场，在国外先入为主地成为中国品牌的代表，然后再以全球品牌的身份和全球领先的地位回到中国市场。

资料来源：艾·里斯，劳拉·里斯21世纪的定位［M］. 张云，译. 北京：机械工业出版社，2019.

案例讨论

1. 你认为在中国，打造全球品牌的两种做法分别适用于哪些产品？
2. 选择一家企业，结合所学习的内容分析该企业在打造品牌过程中进行的营销活动。

复习题

1. 什么是市场营销？市场营销有哪些主要职能？
2. 目前有哪些市场营销组合理论？各有哪些优势和不足之处？
3. 什么是全球化？全球化对世界经济造成哪些积极或消极的影响？
4. IMF和WB应该如何促进国际经济的发展？
5. 在互联网时代，制定国际市场营销策略将面临哪些挑战？

思考与实践题

1. 为什么有些企业要选择在国际市场上销售它们的产品或者服务？哪些因素会影响企业在国际市场上的竞争？企业在国际市场上应如何制定它们的市场营销策略？
2. 中国作为新兴市场对世界经济的发展起到了哪些作用？

本章注释

［1］ 市场营销的含义［EB/OL］.［2007-11-28］. http://www.ecm.com.cn.

［2］栾淑梅. 房地产市场营销实务［M］. 3版. 北京：机械工业出版社，2014.
［3］美国市场营销协会［EB/OL］. http://www.amachina.org.cn/content.aspx?info_lb=17&flag=2.
［4］张婧. 以市场为导向的中国企业战略变革［M］. 北京：科学出版社，2012.
［5］栗建胜. 试论市场营销组合4Ps向4Cs的转变［J］. 机械职业教育，2001（5）：35.
［6］刘志强. 中国商务新闻网［EB/OL］.［2023-10-27］. http://www.comnews.cn/content/2023-10-27/content_33418.html.
［7］国际货币基金组织. 世界经济展望：1996年10月［M］. 北京：中国金融出版社，1997.
［8］梁光严. 国外两种较常见的全球化定义［EB/OL］. http://www.cass.net.cn.
［9］李天霓，李文慧. 王宁：全球化与信息社会的文化传播［EB/OL］.［2014-07-09］. http://media.people.com.cn/n/2014/0709/c14677-25259443.html.
［10］敦促企业界在全球化经济中承担新的责任［EB/OL］. http://www.un.org/chinese/events/social124/0042025c.htm.
［11］国际货币基金组织. 世界经济展望［EB/OL］.［2018-01-11］. https://www.imf.org/zh/publications/weo/issues/2018/01/11/world-economic-outlook-update-january-2018.
［12］波特. 国家竞争优势［M］. 李明轩，邱如美，译. 北京：中信出版社，2012.
［13］商务部、国家统计局、国家外汇管理局. 2022年度中国对外直接投资统计公报［R/OL］.［2023-09-28］. http://www.mofcom.gov.cn/article/tongjiziliao/dgzz/202309/20230903443704.shtml.
［14］世界银行支持安徽省养老服务体系建设［EB/OL］.［2018-06-19］. http://www.shihang.org/zh/news/press-release/2018/06/19/world-bank-to-support-aged-care-project-in-anhui.
［15］中国国际投资促进会. 世界银行集团外国投资咨询服务机构简介［EB/OL］. http://www.cciip.org.cn.
［16］世贸组织简介［EB/OL］.［2001-04-17］. http://www.macrochina.com.cn.
［17］加入世界贸易组织后我国享有的基本权利和义务［EB/OL］.［2001-11-22］. http://www.cafte.gov.cn.
［18］中国亚太经济合作中心［EB/OL］. http://www.zgyt.org/index.php?c=article&a=type&tid=34.
［19］亚太经合组织简介［EB/OL］.［2000-09-08］. http://www.china.com.cn.
［20］上海合作组织［EB/OL］. http://chn.sectsco.org/discuss/.
［21］中国-东盟矿业合作论坛将在南宁举办［EB/OL］.［2018-09-29］. http://www.gov.cn/xinwen/2018-09/29/content_5326655.htm.
［22］中国-东盟中心. 中国-东盟中心将举办"中国-东盟周2023"系列活动［EB/OL］. http://www.asean-china-center.org/news/xwdt/2023-07/12223.html.
［23］每日经济新闻. 亚投行首任行长兼董事会主席金立群：目标是50%的口头融资流向私营部门［EB/OL］.［2023-05-10］. https://www.nbd.com.cn/articles/2023-05-10/2815260.html.
［24］彭兰，网络传播概论［M］. 5版，北京：中国人民大学出版社，2023.
［25］宋星，数据赋能：数字化营销与运营新实战［M］. 北京：电子工业出版社，2021.
［26］科特勒，卡塔加雅，塞蒂亚万. 营销革命4.0：从传统到数字［M］. 王赛，译. 北京：机械工业出版社，2018.

PART 2 第 2 篇

国际市场营销环境

International Marketing Environment

第 2 章
国际市场营销的政治环境与法律环境
International Political and Legal Environments

重点词汇

Arbitration　The settling of disputes between two parties by an impartial third party, whose decision the contending parties agree to accept. Today, arbitration is most commonly used for the resolution of commercial disputes, particularly in the context of international commercial transactions and sometimes used to enforce credit obligations.[一]

Intellectual Property　A product of the intellect that has commercial value, including copyrighted property such as literary or artistic works, and ideational property, such as patents, appellations of origin, business methods, and industrial processes. The term "intellectual property" denotes the specific legal rights which authors, investors, and other holders may hold and exercise, and not the intellectual work itself.[二]

Nationalism　An ideology that holds the nation, ethnicity, or national identity is a "fundamental unit" of human social life, and makes certain cultural and political claims based upon that belief. Nationalism also refers to the specific ideology of nationalist movements, which make cultural and political claims on behalf of specific nations.[三]

Political Environment　The government's surroundings affect and shape market opportunities, including the government's role as both a controller through legislation and regulation and as a customer of the business.

Political Risk　The risk of loss when investing in a given country is caused by changes in a country's political structure or policies, such as tax laws, tariffs, expropriation of assets, or restriction in repatriation of profits.[四]

[一]　http://www.answers.com.
[二]　http://www.answers.com.
[三]　http://www.wikipedia.org.
[四]　http://www.investorwords.com.

Terrorism Premeditated, politically motivated violence perpetrated against noncombatant targets by sub-national groups or clandestine agents; the term "international terrorism" is defined as "terrorism involving citizens or the territory of more than one country"; and the term "terrorist group" means any group practicing, or which has significant subgroups which practice international terrorism.①

导入案例

If China and the U.S. Work Together

Tensions caused by trade have started to spread to other areas. The U.S. is now claiming that China has become its main strategic competitor, even accusing it of interfering in elections and seeking to challenge American global hegemony. At the international level, globalism and multilateralism are under attack, and the resurgence of geopolitical and power competition, mixed with populism and protectionism, is weakening the bonds built among countries in recent decades. These uncertainties seem poised to drag the world back to the turbulent years of the early 20th century.

The causes for these tensions are many and various. Competition among the new drivers of growth, industry, and technology is a source of unease. So, too, are the seismic political realignments in liberal democracies. It also seems that the U.S. and other Western countries, driven by their suspicion of different political systems, have become more wary or even fearful of China's success under the leadership of the Communist Party of China.

The U.S. needs to realize that many of its complaints rest on shaky foundations. For instance, the U.S. seems to believe that it's a victim of globalization—even though the numbers tell a different story. According to World Bank statistics based on current dollar estimates, U.S. gross domestic product grew from $5.98 trillion in 1990 to $19.39 trillion in 2017, an increase of $35,577 per capita. China's GDP per capita over the same period grew $8,509, or less than a quarter of the U.S. total.

The reality is that the U.S. has been the main long-term beneficiary of globalization. U.S. multinationals have earned huge profits. And there's no doubt that Americans' prosperity and high living standards have been helped by low-cost overseas manufacturing, low-priced imports, and the global circulation of dollars.

Despite this, some in the U.S. seem to be hoping to "decouple" the world's two biggest economies, to reduce their interdependence and hamper or at least delay China's progress. The demands they've laid out are so extreme they seem designed to leave China no option but to choose confrontation and enter a high-cost power game.

The truth is that China and the U.S. have grown together, in the same global economic system, for 40 years. The deep connections and complementary economic structures mean that decoupling is not immediately possible. If it has to happen, it would probably involve a protracted and painful process, and the extent of the damage to each country and the well-being of their people is hard to predict, as well as the damage to the world economy.

Looking back at history, directional change is not made in a particular moment or through a

---

① http://www.un.org.

single event but rather through the accumulation of many small adjustments to specific problems. The big picture only reveals itself later. In this light, the choices China and the U.S. make now will reverberate for a long time to come.

If China and the U.S. work together, they can achieve major successes. Confrontation, by contrast, would be enormously harmful for both countries and the wider world. American and Chinese leaders cannot afford to make misjudgments on the fundamental issue of each other's intentions, or we will all lose out in a fruitless downward spiral.

资料来源：FuYing. Can China-U.S. Ties Step Back from the Edge？［DB/OL］．［2018-11-01］．http://www.chinadaily.com.cn/cndy/2018-11/01/content_37177406.htm.

中美贸易摩擦不仅是经济问题，由此带来的紧张局势也开始向其他领域蔓延。很多年来，美国的研究机构往往从意识形态出发将中国视为对世界的最大的"威胁者"，但实际上，美国内政危机问题可能产生的外溢风险才是对世界的最大威胁。

在国际层面，世界正在经历一场"百年未有之大变局"，国际政治风云变幻、危机丛生。著名经济学家郑永年在"2023国际政治十大变局及其展望"一文中指出：全球治理挣扎在维护开放性多边主义和全球秩序的民主化与搞排他性多边主义和自我中心的霸权主义的反全球化两大力量博弈之中。第二次世界大战后建立起来的国际秩序的解体导致了国际秩序的区域化和碎片化。①俄乌冲突引发全球能源危机；②贫富差距导致社会不满情绪蔓延，各国民粹主义加速崛起。在地缘政治成为主导力量的时候，国际规则的重新制定和国际秩序重塑的难度在急剧加大[1]。

中美贸易摩擦是经济问题，更是以中美关系为基础的政治问题。国际政治环境对于经济的影响十分巨大。具体到身处国际市场中的企业，国际政治局势、国家与国家间的政治、经济、文化、外交等因素对于企业营销的影响，是企业不得不面对的、无法改变的宏观大环境，了解、预判、分析、应对是所有企业国际市场营销活动中的必要工作。

2.1 国际市场营销的政治环境（The Political Environment of International Marketing）

2.1.1 国际市场营销的政治环境因素（The Political Environment Factors Influencing International Marketing）

政治环境是指在特定社会中影响和限制各个组织与个人的法律、政府机构和压力集团。[2] 国际市场营销的政治环境极其复杂，既包括国际政治环境，又包括目标市场国的国内政治环境。

1. 国际政治环境（International Political Environment）

国家（state）是国际法最重要的主体，也是国际交往中最基本的单位。国家作为国际关系的基本主体，在影响着国际政治局势的同时，也受到国际政治局势的影响。进入21世纪以来，国际政治局势与20世纪相比平静了许多，和平与发展仍然是当今时代的主题，世界多极化和经济全球化的趋势继续在曲折中发展，科技进步日新月异。这些情况为各国发展带来了新的机遇，但也带来了很多问题，如影响和平与发展的不稳定、不确定因素，地区冲突、恐怖主义、南北差距、环境恶化、贸易壁垒等。

影响国际市场营销的国际政治环境因素主要是国际政治局势、国家间关系和民族主义。

（1）**国际政治局势**（international political situation）。国际政治局势的变化和国家间关系的变化会对世界经济产生直接的影响。和平的政治局势有利于世界经济的发展，国际政治局势的动荡会直接影响经济领域的稳定。在诸多影响和平与发展的因素中，地区冲突是非常突出且长期悬而未决的问题。中东地区一直是地区冲突的热点地区，引发冲突的原因极其复杂，包括政治、经济、种族和宗教等诸多方面。其中，该地区的经济冲突围绕石油展开，政治局势对国际油价的影响十分显著。

营销透视 2-1　　美国对伊朗制裁引发国际油价动荡

受主要产油国无意增产、美国对伊朗制裁压力持续等因素影响，2018年下半年国际油价涨幅巨大，市场人士担忧油价将出现逐渐"破百"的可能性。市场人士将油价大涨的原因主要归结为美国对伊朗制裁，此举将进一步打压全球石油供给。

伊朗石油部2018年9月23日发表声明，确认韩国已经完全停止进口伊朗石油，成为美国威胁在11月重启制裁伊朗石油出口后，第一个把伊朗石油进口量降至零的国家。据伊朗石油部提供的数据，在美国制裁威胁之前，韩国每天约从伊朗进口石油18万桶。

时任美国总统特朗普2018年5月宣布退出伊朗核问题全面协议后，美国政府已于同年8月重启对伊朗在美元和贵金属交易、汽车等领域的制裁措施，并计划于同年11月制裁伊朗石油出口和银行业。美国计划用制裁方式将伊朗石油出口量降至零。

时任伊朗石油部长比詹·纳姆达尔·赞加内2018年9月23日对媒体表示，美国企图"封零"伊朗石油出口仅是"做梦"。"美国妄想将伊朗石油出口降至零，哪怕是一个月，这个梦想也无法达成。"

油价持续上涨的动力还来自产油国"无视"时任美国总统特朗普要求"降低油价"的言论，不打算立即增加原油产量。沙特阿拉伯是欧佩克成员中最大的产油国。时任沙特阿拉伯石油大臣哈立德·法利赫说："我不会影响（原油）价格。"按照他的说法，沙特阿拉伯有余力增加原油产量，但"不是现在"，明年可能也没必要，因为根据欧佩克的预测，非欧佩克的产量增加可能超过了全球需求增长。

与法利赫的看法类似，时任俄罗斯能源部长亚历山大·诺瓦克告诉媒体记者，没有必要立即增加原油产量。他认为贸易争端以及美国对伊朗的制裁正在给油市带来新的挑战。

时任美国总统特朗普多次呼吁欧佩克增产，以降低原油价格。一些分析师推断，鉴于美国国会中期选举于2018年11月举行，美国消费者面对更高油价，将使特朗普"头疼"。

以伊朗和委内瑞拉为代表的主要产油国当前面临供应压力，全球经济活动面临油价剧烈变动带来的不确定性。

伊朗拥有世界第四大石油储藏量，是欧佩克成员中仅次于沙特阿拉伯和伊拉克的第三大产油国，但受美国重新启动制裁的影响，产量持续下跌；委内瑞拉石油产量则降至过去30年来最低水平，2018年8月日均产量为124万桶，2018年底可能进一步跌至100万桶。

产油国之间的博弈悬而未决,诸多依赖石油进口的国家已对高油价做出应对措施,比如印度的炼油厂正准备减少原油进口。市场人士预计,许多新兴经济体在此轮油价暴涨中或承受更多风险,前期本币贬值压力刚刚舒缓,又面临油价引发的通胀上升,经济局面将更为复杂。

资料来源:中国经济网.国际油价大涨引发"破百"猜想[EB/OL].[2018-09-25]. http://www.ce.cn/cysc/ny/gdxw/201809/25/t20180925_30373477.shtml.

在国际政治局势中,造成全球性重要影响的是恐怖主义。恐怖主义是进入 21 世纪之后人类面临的新的突出问题。**恐怖主义**(terrorism)并没有一个准确的全球性的定义,美国国家反恐报告将恐怖主义定义为有预谋的、出于政治目的把暴力袭击的目标锁定在非战斗人员的政党和秘密组织的活动。

近年来,恐怖主义活动趋势呈现复杂变化。从宏观上看,恐怖主义威胁有所下降,但是地区差异显著,在某些地区恐怖主义活动甚至出现了加剧的情况。

营销透视 2-2　　全球恐怖主义猖獗　反恐任重道远

现代意义上的恐怖主义活动开始于 20 世纪六七十年代,20 世纪 90 年代以来其规模和数量明显扩大与上升。2001 年,"9·11"事件的发生标志着国际恐怖主义活动进入空前猖獗的阶段。

2002 年 10 月,印度尼西亚巴厘岛两家夜总会同时遭袭,造成 200 多人死亡;2004 年 9 月,俄罗斯北奥塞梯阿兰共和国别斯兰市第一中学发生人质劫持事件,造成 330 余人死亡;2007 年 8 月,伊拉克北部尼尼微省发生连环爆炸,造成至少 500 人死亡……

随着各国加强反恐力度,以"基地"组织为代表的一些老牌恐怖组织受到打击,活跃度降低。但在伊拉克、叙利亚等战乱地区,来自世界各地的恐怖分子不断集结,形成新的恐怖势力,其中最具代表性的就是"伊斯兰国"。该极端组织在世界各地制造恐怖袭击,如 2015 年 11 月法国巴黎系列恐袭、2016 年 1 月利比亚军营爆炸袭击与同年 3 月比利时布鲁塞尔机场和地铁站爆炸袭击等。

各种蛊惑人心的极端思想还不断通过互联网传播,在世界多地又催生出一批极端分子,引发一系列"独狼"式恐袭,如 2011 年 7 月挪威奥斯陆于特岛爆炸枪击案、2013 年美国波士顿马拉松爆炸案、2019 年新西兰克赖斯特彻奇清真寺恐袭案等。

联合国负责反恐事务的官员弗拉基米尔·沃龙科夫表示,截至 2020 年 8 月仍有超过 1 万名"伊斯兰国"分子活跃在伊拉克和叙利亚。

资料来源:1. 环球网. 联合国官员称"伊斯兰国"有复苏迹象　仍有超过一万名成员活跃在伊拉克和叙利亚[EB/OL].[2020-08-26]. https://mil.huanqiu.com/article/3zcedL3PbDt.
2. 新华网. 中方敦促联合国调查组尽快向伊拉克移交"伊斯兰国"犯罪证据[EB/OL].[2023-06-08]. http://www.news.cn/2023-06/08/c_1129678533.htm.
3. 中国青年网."9·11"事件 20 周年:全球反恐,路在何方?[EB/OL].[2021-09-12]. http://news.youth.cn/js/202109/t20210912_13216253.htm.

近年来，针对外国企业和外国人的恐怖袭击越来越多，有些中东地区的恐怖组织除了绑架外国人质以外，还直接以外国的经济实体为打击目标。对于投资者来说，恐怖袭击会增加企业的运营风险和运营成本。继中国工程师等工作人员在巴基斯坦、肯尼亚及阿富汗等地遭遇当地武装力量的袭击之后，2022年4月26日，巴基斯坦卡拉奇大学孔子学院班车遭遇恐怖袭击，造成3名中方教师遇难，1名中方教师受伤。屡次发生的造成中国公民伤亡的恐怖袭击不但影响了中国企业在巴基斯坦的投资与经营，也给中巴经济走廊建设蒙上了阴影。

（2）**国家间关系**（inter-state relations）。国家间关系是另外一个重要的国际环境因素。国家间关系可以体现为友好合作的关系，也可以体现为敌对的关系。在国际投资中，向与本国有友好合作关系的国家投资往往会获得一些如出口、税收、外汇方面的优惠。如果国家之间的关系体现为敌对状态，则双方往往会有一些限制措施，如限制国际投资。国家出于自身利益和发展的需要决定同外国的关系，因此国家间关系是不稳定的。国际市场营销活动受国家间关系变化的影响十分剧烈，有时这种影响是突如其来的、毫无征兆的。

营销透视 2-3　俄罗斯原麦当劳门店更名"只有美味"后重新开业

1990年1月国际快餐巨头麦当劳进入俄罗斯，曾经被视为国际形势中具有象征意义的一刻——东西方紧张关系"解冻"。在此后的30年里，麦当劳在俄罗斯的门店扩展至大约850家，员工6.2万名。2022年2月俄乌冲突升级后，西方国家对俄罗斯施加多项制裁。受此影响，麦当劳于同年3月暂停在俄罗斯的业务，5月决定离开该国市场。

2022年6月12日，俄罗斯首批原麦当劳门店在莫斯科重新开张，更名为"只有美味"（Vkusno i Tochka）。在首批开业的门店中，位于首都莫斯科市中心普希金广场的一家门店备受关注，这是麦当劳进入俄罗斯市场设立的首家门店。这家门店并未重新装修，但包装纸袋、餐巾纸、饮料杯等物品上所有与麦当劳有关的元素已被清除。店外广告牌上展示着餐厅新的品牌标志：绿色背景上画有一个红色圆圈和两根橙色线条，代表着一个汉堡和两根炸薯条。旁边标语写着："名字改了，热爱依旧。"

与原品牌麦当劳相比，"只有美味"提供的餐品种类略有减少，整体价格有所下降。例如，一个双层芝士汉堡的售价由约160卢布（约合18.2元人民币）降至129卢布（约合14.7元人民币）；一个鱼肉汉堡的售价由约190卢布（约合21.6元人民币）降至169卢布（约合19.2元人民币）。

这家新企业的管理人员亚历山大·梅尔库洛夫表示，汉堡配方没有改变，原有设备仍在使用。一名15岁的顾客告诉路透社记者："可乐变得不一样了，但汉堡和薯条的味道确实没变。"该企业在短时间内重新命名了菜单，并考虑未来推出新的饮料来取代可乐，比如柠檬水等。

与麦当劳同时宣布暂停运营的还有可口可乐和星巴克集团。由于经济与政治、经济与国家关系之间的联系越来越紧密，相较于食品行业，同样受到波及的还有金融公司、能源公司、科技娱乐公司等。

资料来源：腾讯网. 俄罗斯原麦当劳门店重新开业，更名"只有美味"[EB/OL].[2022-06-13]. https://new.qq.com/rain/a/20220613A0CSHD00.

（3）**民族主义**（nationalism）。民族主义是一种意识形态，这种信念是建立在国家、种族的划分和民族同一性基础上的。民族主义也指某些民族为实现特定的理想而采取的极端民族主义运动。种族的划分建立在特定的标准上，包括共同的语言、共同的文化、共同的价值观以及民族认同感。经济领域的民族主义表现在很多方面，如限制进口、限制性关税及其他贸易壁垒。

> **营销透视 2-4　贸易限制的思想基础：美国经济民族主义者的无知与恐惧**
>
> 　　应对所谓的中国"经济侵略"似乎已经成为当前美国政府对中国开展贸易限制的思想基础。2018 年 3 月 22 日，时任美国总统特朗普发布了一份针对中国"经济侵略行为"的总统备忘录。他认为，美国因为其他国家不公平的贸易行为而产生了巨额的贸易赤字，因此出现了大量的企业倒闭和失业；中国是造成这一问题的主要原因，美国因此启动 301 条款对中国征收高额关税。
>
> 　　2018 年 6 月 19 日，美国白宫贸易和制造业政策办公室发布了一份报告，更加充分地体现了当今美国政府经济民族主义者的基本立场和观点。这份报告题为"中国经济侵略如何威胁美国及世界的技术和知识产权"，其中认为，中国的大规模工业现代化和经济增长是通过"不符合全球经济规范与规则"的行为实现的，并将其统称为"经济侵略"（economic aggression）。报告罗列了中国的六大类"经济侵略行为"，分别是保护国内市场免于进口的竞争、在海外市场拓展份额、在全球拓展和控制核心自然资源、主导传统制造业、从其他国家包括美国获取关键技术和知识产权，以及抢占驱动未来经济增长的新兴高科技产业和诸多国防工业技术前沿等。报告重点分析了后面两类情况，最后的结论是："鉴于中国经济规模、市场扭曲政策的程度，以及中国主导未来全球工业的既定意图，中国攻击全球技术与知识产权的经济侵略行为，不仅对美国经济，而且也对整个全球创新体系都构成了威胁。"
>
> 　　通过贸易制裁来解决贸易赤字问题的观点，其实体现了经济民族主义者的无知。当前美国的右翼民粹主义者试图直面蓝领工人失业、制造业空心化等问题，找到并解决美国社会不平等的问题。导致这些问题的根源是美国经济的金融化，是美国国内的新自由主义政策，而不应该向国际寻找答案。历史已经造成，攻击中国或者试图强力挽回已经于事无补。前总统奥巴马的经济顾问委员会主席杰森·福尔曼在接受《华盛顿邮报》的采访时说："美国经济挑战的最大来源和应对之道应该从国内政策中去寻找。虽然国际问题和公平竞争的环境确实重要，但中国并不是所有问题的根源。制衡中国也不能解决所有问题。"
>
> 　　但是，特朗普政府把美国制造业的衰落和蓝领工人失业完全归咎于经济全球化、WTO 以及中国，甚至对中国的经济崛起进行大肆妖魔化攻击。这不禁让我们想起美国历史学家理查德·霍夫施塔特曾提出的一种观点。他认为，美国政治思维中存在一种根深蒂固的"偏执"，其特点是"过于夸张、充满猜疑和阴谋幻想"。特朗普政府正在积极煽动这

种情绪，因为其把美国几乎所有的痼疾都归咎于局外人。美国最终将无法承担这样做的后果，这一切只会加速美国的衰落。

资料来源：谢来辉. 应对中国的"经济侵略"？美国经济民族主义者的无知与恐惧［EB/OL］.［2018-07-10］. http://news.ifeng.com/a/20180710/59098564_0.shtml.

2. 目标市场国的国内政治环境（Domestic Political Environment）

国际法上的国家必须包含四个要素，即必须有定居的居民、确定的领土、对居民和领土进行管理的政府和国家主权。主权是国家的基本属性，是国家独立自主地处理对内对外事务的权力。国家有权通过制定政策、法律对国家进行管理。政治活动会影响一国内部的政治环境。从事国际市场营销的人员必须要对目标市场国的国内政治环境有基本的了解和掌握，才能够更好地制定策略、调整策略并取得预期的效果。一般来说，影响国际市场营销的目标市场国的国内政治环境包括该国的政治制度、政治稳定性、政策连续性、行政对经济的干预程度和行政效率等。

（1）政治制度。政治制度是指在特定社会中，统治阶级通过组织政权以实现其政治统治的原则和方式的总和。它包括一个国家的阶级本质、国家政权的组织形式和管理形式、国家结构形式和公民在国家生活中的地位。狭义的政治制度主要指政体，即政权的组织形式。不同国家的政权组织形式不同，因此各个国家管理国家事务的机构设置也有差别。国家中行使管理国家职能的是行政机构，也就是通常所说的政府。政府的管理职能一般通过设置各种机关管理政治、经济、外交、军事及社会生活的各个方面来实现。国家管理经济机关的设置直接决定国家采用何种方法管理经济事务，故了解政府管理经济机关的设置、规章尤其重要。

在我国，中华人民共和国国务院，即中央人民政府，是最高国家权力机关的执行机关，是最高国家行政机关，由总理、副总理、国务委员、各部部长、各委员会主任、中国人民银行行长、审计长、秘书长组成。国务院实行总理负责制。

在考察各个国家不同的政治制度的同时，我们应该认识到，国家间政治制度的不同会导致国家间对立，进而影响国家之间的经济交往与合作。最典型的例子就是20世纪以美国和苏联为首的两大不同政治制度集团的对抗。两个集团相互遏制、相互竞争的局面不仅使国际局势变得不稳定，更阻碍了世界经济的交流与合作。

（2）政治稳定性。政治稳定是国家生存和发展的先决条件，没有稳定的政治就谈不上经济的发展。如果不同国家间或同一国家中不同利益集团的利益冲突上升到暴力阶段，就会演变成无规律的、革命性的运动，如内战、起义等。2022年麦当劳宣布与戈沃尔签订协议，后者以"远低于市场价"的一个"象征性"的数字接手了麦当劳在俄罗斯的业务，以新品牌经营。对于麦当劳来说，离开俄罗斯市场则带来一笔巨大损失——2021年俄罗斯和乌克兰门店的销售额约占麦当劳全球销售额的9%，约合20亿美元。

（3）政策连续性。政府的政策连续性直接影响到外国投资者的信心和投资方式。国家保持政策在相对长的时间内的稳定性对于吸引海外的投资有积极的促进作用。众所周知，吸引和利用外资一直是我国对外开放基本国策的重要组成部分。2022年，商务部修订《鼓励外商投资产业目录》，进一步扩大外商感兴趣的投资领域，旨在通过放宽法规、引入优惠措施和进一步开放市场来吸引更多海外资金。联合国贸易和发展会议发布的报告显示：2022年全球外国直接投资较上年下降 12%。其中，流入发达经济体的外国直接投资下降 37%。与之相比，流入发展中国家的外国直接投资增长 4%。中国吸引外国直接投资额继续稳步增长，达到创纪录的 1 891 亿美元[3]。

（4）行政对经济的干预程度。政府对经济的干预程度是另外一个重要的问题。政府和企业之间既相互依赖，又相互牵制。一般来说，国家对经济干预过多会妨碍市场对经济的调节，影响和限制企业在市场中的活动。改革开放之前，中国企业受到的行政干预过多，企业遇到问题只能"找市长"，企业的活力受到严重的制约。国家用行政手段对经济进行适当干预有助于稳定市场秩序，维护良好的经营环境，保护经营者的利益。

（5）行政效率。政府的行政效率高会促进外国投资的进入，行政效率低下会加大企业的运营成本，影响企业的收益。我国在改革开放之初，为吸引外资采取了一系列提高政府效率的措施，简化外资进入的程序，加快了外资进入的步伐。

国际市场营销的特点决定了它受国际政治环境和目标市场国的国内政治环境影响巨大，所以对于从事国际市场营销的企业和人员来说，掌握国际政治环境和目标市场国的国内政治环境非常必要。

2.1.2 政治环境对国际市场营销的影响（The Influence of Political Environment on International Marketing）

企业在进行全球经营的过程中，会遭遇来自各个国家的政治风险。政治风险包括了各种冲突与能够使外国公司收益和正常运作产生困难的政府政策的变化，如进入风险、经营风险和转移风险等。

1. 进入风险（Entry Risks）

在全球经济联系日益紧密的今天，很多国家的某些市场仍然是不开放的。对企业来说，要进入该目标市场国十分困难。例如，朝鲜长期以来严格限制外国资本的进入，市场开放极其有限。即使是允许外资进入的国家，在某些领域也是禁止进入的。例如，很多国家都禁止外资进入广播电视市场。有些国家的开放是逐步的，企业即使能够进入，也要面临目标市场国苛刻的准入条件。例如，政府常常要求投资者与当地企业合作、使用当地原料、进行出口销售等。国际市场营销活动必须遵循目标市场国的规定，在制定投资策略时必须考虑进入目标市场国的风险。

2. 经营风险（Operation Risks）

企业在国际市场营销中可能遭遇的经营风险主要有没收（confiscation）、征用（expropriation）、进口限制（import restrictions）、税收控制（tax controls）和价格控制（price controls）等。没收是最严重的政治风险。它是指一国没有补偿地占有外国公司财产的行为。20 世纪 50 年代，许多经济不发达国家对银行业、能源及公共设施等领域的外国资产进行没收，以此作为经济增长的方式。

国家对外国公司的财产从不合法的、无补偿的没收，过渡到合法的、有偿的占有，后一种方式就是征用。国家通过将外国公司国有化的方式获得经营的权利。对于投资者来说，即使能够从目标市场国获得补偿，也不愿意失去对企业的所有权和经营权。

营销透视 2-5　　小米在印度被没收 48 亿元，中国品牌在印屡遭指控

2023 年中，印度负责打击金融犯罪的机构中央执法局（ED）已向中国手机厂商小米科技在印度的分公司、公司负责人及三家银行发出正式通知，指控小米非法向国外转移资金、涉嫌违反外汇管理法，这意味着此前小米被扣押的 555.1 亿印度卢比（当时约合人民币 48 亿元）将被正式没收。

这是继 2022 年小米因为涉嫌偷税漏税，被印度罚款 5.58 亿元人民币后又损失了 48 亿元，两项损失相加，相当于小米在印度市场摸爬滚打 10 年，全部是给印度政府打工了[3]。

小米相关人士称："小米印度公司的所有运营活动都严格遵守当地的法律法规。我们仔细研究了当局的命令。我们相信我们向银行支付的特许权使用费和账单都是合法且真实的。小米印度公司支付的这些版税均用于我们印度版本产品中所使用的授权技术和知识产权。对小米印度公司来说，支付此类版税是合法的商业行为。当然，我们将与政府保持密切合作，以澄清任何误会。"为此小米也和印度执法局对簿公堂，可惜从现在的结果来看小米没有赢。

除了小米之外，2021 年 7 月 OPPO 就被指控逃避关税 439 亿印度卢比（当时约合人民币 38 亿元）。印度税收情报局称，OPPO 在进口手机零部件时错误地使用了关税豁免，并在计算进口货物交易价值时未包括特许权使用费。

几乎在同时，vivo 的 119 个印度相关银行账号被印度执法局冻结，总额达 46.5 亿印度卢比（当时约合人民币 4 亿元）。印度执法局在相关声明中指控称，vivo 印度公司为逃避纳税，将 6 247.6 亿印度卢比（当时约合人民币 455 亿元）汇往中国等地，金额相当于该公司一半左右的营收规模。目前这些指控仍然处于角力之中。

除了我们熟悉的中国手机企业，也有不少外国企业在印度遭遇了困境，更有甚者直接退出印度市场，比如福特、通用雪佛兰、哈雷·戴维森等知名品牌，美国花旗银行等金融界大鳄也选择退出。根据印度官方数据，截至 2022 年 7 月 27 日，在印度注册的 5 079 家跨国公司，已有 1 777 家撤资。

资料来源：腾讯网．一文看懂小米为何被印度没收 48 亿元，中国品牌在印有何难处？[EB/OL]．[2023-06-15]．https://new.qq.com/rain/a/20230615A07SCZ00．

征用和没收的目的是直接地获得资本，加快目标市场国工业化进程。但是到目前为止，很多国家也意识到了这样的方式所取得的效果并不如它们所预期的好。国家采用了更加间接且柔和的方式对外国资本进行控制和干涉，包括进口限制、税收控制、价格控制等。国家的目的在于保护脆弱的本国工业，但给外国投资者带来了经营方面的风险。

国家实行进口限制的主要目的是支持本国相关产业。进口限制也有宗教和文化的原因，如阿拉伯国家就禁止进口酒类、猪肉制品以及麻醉药。

政府也可能采用税收控制的手段对外国公司征收过多和非常规的税。在国家经济困难时

期，为了公众的利益，国家常常实行价格控制。这种价格控制主要用于药品、食品、燃油等重要商品，以保障居民的基本生活。

3. 转移风险（Transition Risks）

外汇管制（Exchange Controls）是政府对进出本国的资金的一种规制。它被认为是保护目标市场国国际收支平衡的有效途径。大多数发展中国家仍然实行外汇管制，外汇失去控制会给很多发展中国家带来经济危机，2007年的美国金融危机就是典型的例子。经济学家指出，限制资本自由流动能够最大限度地减小资本自由流动带来的危险，还建议东南亚国家向中国效仿外汇管制的做法，以避免危机的再次发生。外汇管制会给外国投资者带来投资利润和原本转移出目标市场国的困难，导致投资者的损失。因此在进入之初，投资者必须将外汇管制带来的利润转移风险考虑在内。

2.1.3 政治风险的预测及防范（Forecasting and Reducing Political Risks）

对企业来说，规避和减少政治风险是非常重要的。企业在进入一国市场之前必须对目标市场国可能存在的政治风险进行评估，以确定是否进入该市场，以何种方式进入，进入市场之后应如何运营以规避和减少政治风险。

1. 政治风险预测（Forecasting Political Risks）

除了企业内部进行的风险预测，专业的风险预测和评估机构也提供有偿的风险评估服务。国家相关机构为本国的投资者提供相关风险评估，例如我国的商务部在2010年制定了《对外投资合作境外安全风险预警和信息通报制度》，为海外投资提供风险预警。除此之外，联合国经济和社会事务部也会定期发布《世界经济形势与展望》报告，预测全球范围内的经济风险，对经济形势进行预测。

2. 政治风险的应对及防范措施（Reducing Political Risks）

传统理论认为，企业不能改变政治环境，只能去适应、迎合它。但是越来越多的企业意识到，企业不但可以通过预测来规避和减少政治风险，也可以通过积极的行为影响周边的政治环境。

（1）对企业来说，树立良好的、有社会责任感的形象很重要。很多跨国公司会在目标市场国开展公益项目，以赢得良好的企业声誉。在目标市场国发生灾难时，跨国公司也会捐物、捐款。例如2013年四川雅安发生地震，引起了全世界的关注。在跨国公司捐款方面，三星捐出6 000万元，苹果和富士康各捐出5 000万元。此举一出，引得赞扬声一片。[4]

（2）与目标市场国之间建立积极的互惠关系十分重要。例如，企业通过增加出口，可以改善目标市场国的国际收支状况；通过向目标市场国转让资本、技术，可以增加目标市场国的经济与科技实力；通过在目标市场国开办企业，可以为目标市场国提供更多的就业机会；纳税可以增加目标市场国的财政收入。这些互惠行为有助于企业在目标市场国构建良好的政治环境。

（3）与目标市场国共担风险。例如，与目标市场国合资办企业、合作办企业等措施都可以相应降低政治风险。

2.2 国际市场营销的法律环境（The Legal Environment of International Marketing）

2.2.1 国际市场营销的法律环境因素（Legal Environment Factors Influencing International Marketing）

政治环境的变化经常会引起法律环境的变化。对企业来说，法律环境是社会中的一切法律、法规及政府规章的结合，也是"商业游戏"的竞争规则。国际市场营销所面临的法律环境包括两个方面：一是国际法律环境；二是目标市场国的国内法律环境。国际法律环境由国际上的各种条约和国际习惯组成，而国内法律环境则包括了一个国家内部的各种法律、法规。如果出现了国家签订的国际条约与国内法律规定不一致的情况，还要具体看各国的规定来确定适用哪种规定。

2.2.2 国际法律环境（The International Legal Environment）

目前，对国际市场营销影响较大的国际经济法主要包括：①与国际贸易相关的立法，如WTO的《技术性贸易壁垒协议》《反倾销协议》等；②保护知识产权的立法，如《保护工业产权巴黎公约》《保护文学和艺术作品伯尔尼公约》《商标国际注册马德里协定》《与贸易有关的知识产权协定》（TRIPS协议）等。

1. 与国际贸易相关的立法（International Conventions on International Trade）

近年来，进口国以提高检疫标准、增加检测项目为手段限制中国产品出口、保护本国产业的趋势越来越明显，很多国家设置了名目繁多的技术性检验检疫措施，严重影响了中国农产品出口。以蜂蜜为例，欧盟提出蜂蜜中的氯霉素不能超过0.1个ppb，也就是说10万t里不能有1g氯霉素含量；欧盟每年更新对中国茶叶的农残检测标准，不但检测种类不断增加，对残留量的要求也越来越高。

（1）**贸易壁垒**（barrier to trade）。贸易壁垒是指为保护国内市场和国内产业，国家在国际贸易领域采取的对正常的国际贸易起阻碍作用的一系列措施。虽然在WTO的规则中明令禁止配额、许可证和高关税等贸易保护措施，但对于国家出于保护人类的健康和安全、环境等目的而对进口货物规定禁止的配额、许可证等传统贸易保护措施是不禁止的。加上部分国家在主观上存在贸易保护的思想和意识，所以贸易壁垒仍然为一些国家所应用。

（2）**技术性贸易壁垒**（technical barriers to trade，TBT）。技术性贸易壁垒是指一国或一个区域组织出于维护国家或区域安全、保障人类健康和安全、保护动植物健康和安全、保护环境、防止欺诈行为、保证产品质量等原因而采取的技术法规、标准、合格评定程序等措施，是强制性或自愿性的技术性措施。这些措施对其他国家或区域组织的商品、服务和投资进入该国或区域产生影响，是非关税壁垒的重要组成部分，并成为发达国家限制市场准入的重要手段。英国食品标准机构就曾经以发现酱油中有致癌物质为由，禁止进口来自中国、泰国等地的酱油。欧盟曾经宣布对所有在欧盟境内的空运活动征收碳排放税，并声称此项措施是为了对抗全球变暖。欧盟因此被各国指责设置贸易壁垒。此后欧盟虽然宣布暂停征收，但为之后就此问题继续设置贸易壁垒埋下伏笔。

在国际市场营销活动中，企业必须面对越来越多的技术性贸易壁垒的考验。企业在充分认识到技术性贸易壁垒带给自身的重大影响的同时，也应该从自身做起，明了规则，提升技术，制定符合国际要求的产品质量标准，才能突破技术性贸易壁垒的束缚。

（3）**反倾销**（anti-dumping）。国际贸易保护的另一种形式是反倾销。WTO 的《反倾销协议》中的倾销是指在正常的贸易过程中，一项产品以低于其正常价值的价格出口到另一国家或地区，从而给进口国国内相关产业造成实质损害。

运用《反倾销协议》的基本目的在于纠正不公正贸易，保证公平竞争的自由贸易。不正当使用反倾销制度，或者任意运用反倾销制度会阻碍国际贸易的正常开展。近几年来，我国成为世界上接受反倾销调查最多的国家，成为反倾销的最大受害国。

营销透视 2-6　　欧盟对中国汽车发起反倾销调查

2023 年 9 月 16 日，德国《巴登报》发表评论文章指出，以反倾销为理由对中国的电动汽车征收惩罚性关税并不是解决问题的正确途径。此前欧盟委员会在欧洲议会的年度欧盟国情咨文中宣布，已经启动了对中国政府提供补贴的调查，也就是反补贴调查，此举是为了防止中国电动汽车过快进入欧洲市场。同时他们还在评估是否要向中国征收惩罚性关税。

高速发展的中国电动汽车产业似乎已经刺痛了欧盟敏感的"神经"。中国车企在欧洲售出的电动汽车的市场份额已经上升到 8%，并有可能在 2025 年达到 15%。这一快速增长的市占率是由中国电动汽车相较欧洲车型普遍存在 20% 左右的价格优势所致的。

有欧盟官员对此表示：由于获得了政府提供的相关补贴，中国电动汽车的价格比欧洲本土汽车便宜了 20%，中国电动汽车靠政府补贴"恶意"抢占欧洲市场。

放眼世界，没有车企能比特斯拉更懂拿补贴了。截至 2021 年，特斯拉在美国 20 年间拿下的各类政府补贴（包括税收减免、贷款等）有近 30 亿美元（约合 192 亿元人民币）。不仅如此，研究机构 Benchmark Mineral Intelligence 估计，根据通胀削减法案，特斯拉及其电池合作伙伴在 2023 年获得大约 18 亿美元的生产税抵免。如此巨额的补贴也许是特斯拉与各家车企打价格战时频频降价的底气。这样看来，特斯拉似乎比中国电动汽车厂商更需要欧盟反倾销以及反补贴调查。

德国对自家电动汽车以及混合动力汽车提供巨额补贴。就在 2020 年 1 月，德国政府已经宣布将电动汽车补贴延期至 2025 年 12 月 31 日，不仅如此，补贴金额也相应提高 50%。此外，民众购买电动汽车还会额外享受到 6 000 欧元的补贴。

如果德国政府坚持人为地将惩罚性关税附加在中国电动汽车上，将会导致中国电动汽车在德国国内售价昂贵，不仅会让中国电动汽车出现滞销现象，更会伤害到德国国内那些消费能力不强的普通民众的利益。

资料来源：网易．便宜也是错？欧盟对中国汽车反倾销调查［EB/OL］．[2023-09-20]．https://www.163.com/dy/article/IF3I1Q7005560PW6.html.

首先，面对国际上越来越多的针对中国企业的反倾销诉讼，企业应具有反倾销相关的法律知识，提高自身的应诉能力；其次，企业之间要团结一心，严格以行业标准要求自己，积极参与反倾销诉讼；再次，遭遇反倾销调查之后，应聘请有经验的律师；最后，政府有关部门应积极支持本国企业的海外反倾销诉讼。总之，无论是政府还是企业，只有熟练掌握WTO游戏规则，充分利用现有规则，才能不断增强自身参与全球竞争的实力和能力。

2. 保护知识产权的立法（International Conventions on Intellectual Property Rights）

在从事国际市场营销中对自己的商标进行保护，不但关系到企业的产品，更关系到企业的形象和生死存亡。无论是商标权、专利权还是著作权，都属于无形财产，统称为**知识产权**（intellectual property）。根据我国学者的观点，知识产权是"智力成果的创造人或工商业标记的所有人依法享有的权利的统称"。知识产权大致可分为**版权**（copyright）和**工业产权**（industrial property）两种类型。版权即著作权，是指基于文学艺术和科学作品依法产生的权利。工业产权包括了商标权和专利权等其他用于工业领域的财产权。知识产权的保护是国际经济交往的重要内容，国际上成立了专门的组织，签订了一系列公约对之进行保护。相关的国际公约包括了WIPO（世界知识产权组织）的《世界知识产权组织公约》和WTO的《与贸易有关的知识产权协定》。两者保护的知识产权的范围虽然不完全相同，但两者通过签订合作协议，加强合作，力图最大限度地保护知识产权。

《保护工业产权巴黎公约》首次确立了国际工业产权保护的范围和总体框架。

《保护文学和艺术作品伯尔尼公约》将作者的人身权利和财产权利共同纳入国际保护范畴。

《商标国际注册马德里协定》和《商标国际注册马德里协定有关议定书》是关于商标国际注册的国际性协定，为商标境外注册提供途径和依据。

《与贸易有关的知识产权协定》于1995年开始生效。它从8个方面规定了对其成员保护各类知识产权的最低要求：著作权、邻接权、商标、地理标志、工业品外观设计、专利、集成电路布图设计、未公开信息。

我国的企业以前普遍缺乏保护知识产权的意识，使得一些质量好且历史悠久的产品商标，如同仁堂、阿诗玛等，纷纷在海外被外国公司或个人抢注。保护知识产权不仅仅是企业的事情，还与国家管理机关相关，更需要国家之间的合作。只有国家之间进一步合作，加大全球范围内知识产权的保护力度，才能创造良好的国际法律环境，才能真正保护知识产权，维护权利人的利益。

2.2.3 目标市场国的国内法律环境（The Domestic Legal Environment）

虽然国际上有规范国家之间或其他实体之间交往的国际规则，但国际市场营销活动归根到底要深入到具体的某一个国家或地区。由于历史、地理和文化等原因，各国的法律并不相同。世界上基本上有四个法系：普通法系、成文法系、伊斯兰法系以及马克思社会主义法系。

（1）**普通法系**（common law system）。普通法系又称英美法系，常见于英国、美国、加拿大、澳大利亚等国家。普通法系非常重视程序法的内容。如果企业需要参与到普通法系国家的诉讼中，除了需要了解实体法的内容，更要了解程序法的内容。

（2）**成文法系**（civil law system）。成文法系又称大陆法系，从古代的罗马法发展而来。

德国、法国、日本是成文法系国家的典型代表。成文法系国家的基本特点是以成文法典为主要法律渊源。

普通法系和成文法系的差别是显而易见的。例如，在确定企业的国籍时，不同法系的国家采用不同的标准。在普通法系的国家，认定企业的国籍一般采用成立地说，即以企业注册登记的国家为企业的国籍所在国；而成文法系的国家则采用住所地说，即以企业实际运营和管理所在的国家为该企业的国籍所在国。

（3）**伊斯兰法系**（islamic law system）。伊斯兰法系国家主要是信奉伊斯兰教的国家。其法律和宗教戒律有很多相同之处，涉及生活的方方面面。例如，伊斯兰教的戒律中有禁止饮酒和赌博的规定，这些规定同样是法律。在多数信奉伊斯兰教的国家，酒的交易是被严格禁止的。企业在进入伊斯兰法系的国家之前，宗教戒律是必须了解的内容。

（4）**马克思社会主义法系**（socialistic law system）。马克思社会主义法系就是通常所说的社会主义法系，由于法律体系的制定遵照马克思主义理论而得名。中国提出"建设中国特色社会主义"和"依法治国"的主张，积极立法，以适应不断发展的国际形势。

来自某一法系国家的国际市场营销人员有必要在了解最基本的法律问题的基础上，进一步了解不同法系法律的差异。例如，目标市场国的法律对营销组合影响很大。首先是产品，各国对产品的质量、包装都有不同的规定，与此相关的法律就有消费者权益保护方面的法律、产品质量法等。其次是定价，各国都有相应的价格法来调控价格，如我国对石油、水、电等关系国计民生的重要物资都实行价格调控。再次是渠道，很多国家对产品销售的方式进行控制，有些国家禁止上门推销。我国也有禁止传销的法律规定。最后是促销，各国的广告法就是典型的对促销有影响的法律。例如，《中华人民共和国广告法》就禁止在大众传播媒介或者公共场所、公共交通工具、户外发布烟草广告。

营销透视 2-7　　中兴逃过生死劫，中国企业应引以为戒

2018年6月7日，新华社与国外媒体均发布了最新消息，称美国商务部长罗斯刚刚正式宣布与中国中兴通讯股份有限公司（以下简称"中兴通讯"）达成新的和解协议。

美国商务部当天发表声明说，罗斯当天宣布中兴通讯及其关联公司已同意支付罚款和采取合规措施，来替代美国商务部此前针对该公司向美国供应商采购零部件执行的禁令。

声明指出，根据新的和解协议，中兴通讯支付10亿美元罚款，另外准备4亿美元交由第三方保管，然后美国商务部才会将中兴通讯从禁令名单中撤除。此外，据国外媒体CNBC报道，除了支付巨额罚款外，中兴通讯还必须接受的条件之一是，美国选择合规团队进驻中兴通讯，并要求中兴通讯在30天内更换董事会和高管团队。

"我们实际上是在把我们选择的合规部门嵌入该公司，以便在未来对它实施监察。中兴将为这些人买单，但这些人员将向新董事长汇报。"罗斯说道。

作为全球主要综合通信解决方案提供商之一，中兴通讯与众多美国供应商保持着良好的合作关系，为全美近13万个高科技就业岗位提供支持。专家指出，由于中兴通讯与不少美国企业合作密切，所以美国政府对中兴通讯的出口管制措施将使高通、英特尔等美国供应商也蒙受损失。

中兴通讯犯错源于2010年，因为受到商业利益驱使，不惜涉险破坏与美方合作的基本规则，违反美国的法规，受到了商业交易规则与法律法规的惩罚。2016年3月，当时美国商务部对中兴通讯施行出口限制，禁止美国元器件供应商向中兴通讯出口元器件、软件、设备等技术产品，原因是可能涉嫌违反美国对伊朗的出口管制政策。

2018年3月，据路透社报道，中兴通讯在美国得克萨斯州联邦法院报告有关情况，承认违反制裁规定向伊朗出售美国商品和技术。当时中兴通讯与美国财政部、商务部和司法部达成了和解协议。

中央广播电视总台国际在线发表评论称，在经历近两个月的交涉博弈后，中兴事件终于有了最新的结果。这个结果来之不易，值得各方深思和珍惜。其中，当事方中兴通讯总算逃过一劫，挽回了生机。当然，从与美方签署的协议内容来看，巨额罚款、董事会和管理层调整、接受美方的随时监管……中兴通讯所付出的代价可谓相当沉重惨痛。

从客观上讲，这是一家跨国公司因为违背契约精神而必须买的单，因为对法律法规轻视而必须承受的后果，这值得中国企业乃至所有跨国公司引以为戒。

评论指出，中兴事件只是一起企业违规的个案，但中国政府出于以民为本的考虑，投入大量资源与美方严正交涉，终于换回了中兴通讯一条活路。但是，这并不意味着中国企业以后出了事都找政府来扛。国际型企业就要有国际范儿，不要当"巨婴"，不要用商业利益来裹挟政府。

这一事件也给中国企业敲响了警钟。中兴事件不代表中国企业的整体面貌，但对中国企业是个镜鉴。中国关键核心技术受制于人的局面没有得到根本性改变，中国企业必须尽快把核心技术这个命门牢牢掌握在自己手中。

资料来源：中兴被罚10亿美元逃过生死劫，回顾中兴事件始末［DB/OL］．［2018-06-08］．http://tech.163.com/18/0608/09/DJP5JA7200098IEO.html．

我国改革开放之后制定了一系列的法律法规以维护市场经济秩序，在吸引外国投资、保护外国投资者合法利益的同时，也对外国投资者在我国的活动进行严格的限制和管理。同时，国家为了保障国内企业的利益，也制定了一系列的法律法规鼓励海外投资，积极参与到国际竞争中去，发展对外经济交往（见表2-1）。

表2-1 我国部分经济立法

管理方向	立法
市场宏观调控	《中华人民共和国民法典》《中华人民共和国合伙企业法》《中华人民共和国企业所得税法》《中华人民共和国政府采购法》等
市场秩序规制	《中华人民共和国企业破产法》《中华人民共和国消费者权益保护法》《中华人民共和国产品质量法》等
对外经济管制	《中华人民共和国对外贸易法》《中华人民共和国外商投资法》等

（续）

管理方向	立法
市场运营监管	《中华人民共和国证券法》《中华人民共和国公司法》《中华人民共和国保险法》《中华人民共和国商业银行法》等
劳动与社会保障	《中华人民共和国矿山安全法》《中华人民共和国劳动合同法》等
环境资源保护	《中华人民共和国环境保护法》《中华人民共和国节约能源法》等

2.2.4 国际商事争端的解决方式（Settlement of International Commercial Disputes）

在国际市场营销中，企业之间或者企业与国家之间的争议解决方式大致分为两种，即外交解决和司法解决。WTO争端解决方式已经运作了超过10年，是司法解决方式的典型。在这不算短的时间内，作为多边贸易体制的守护者，它确实发挥了重要的作用，其争端解决机制也得到了WTO成员方和国际社会的高度评价。

《关于争端解决规则与程序的谅解》（DSU）是现行的WTO争端解决机制。在WTO解决争端需要经历以下几个阶段：磋商，斡旋、调解或调停，仲裁，专家组程序，上诉机构程序，争端解决机构决定及其监督实施、制裁等。

磋商是在WTO起诉之后的第一个阶段，它可以根据各方的要求进行多次，形式灵活。在WTO起诉的案件中，很大一部分通过磋商得到了解决。如果不能通过磋商解决争端，起诉方则可以要求WTO设立专家组来审理此案。专家组程序也有几个阶段。专家组一旦成立，一般应该在1周之内确定工作时间表，在6个月内完成工作，最长完成工作的时间不超过9个月。专家组经过调查，最终做出专家组报告。如果对专家组的裁决不满，争议的任何一方都可以提起上诉，由WTO常设上诉机构审理，一般裁定期限是2个月。如果没有提起上诉，或者上诉机构做出了裁决，有关的裁决就会被WTO通过，成为有法律效力的文件，案件的双方都应该遵守裁决。如果拒绝执行裁决，WTO会授权另一方采取贸易报复措施，使裁决能够最终执行。

中国加入WTO以后第一次使用WTO成员的权利直接参与解决WTO纠纷，维护自身权益的案件是"美国钢铁201案"。2002年3月5日，美国总统发布法令，对某些钢铁产品进口提高关税，对板坯进口以关税配额的形式实施最终保障措施，加征最高达30%的关税，为期3年。

中国是美国钢铁201案的起诉方之一，经历了磋商程序、专家组程序、上诉程序。在WTO做出裁决后，由于美国不执行WTO的裁决，本案还经历了报复程序，中国也宣布保留在美国不执行WTO裁决时对美国采取报复的权利。

国际商事仲裁（arbitration）也是很重要的解决争议的方式。所谓国际商事仲裁，就是专门解决国际商事交易中争议的仲裁。国际商事仲裁处理的是具有跨国因素的私人之间或私人与国家之间的商事争议，依据的是相关国内法，除了靠当事人自愿执行以外，还能通过国内法院予以执行，很多企业在处理国际经济争端时多选用仲裁的方式。

在国际上，影响较大的国际仲裁机构有瑞典斯德哥尔摩商会仲裁院、美国仲裁协会、伦敦国际仲裁院、中国香港国际仲裁中心等。达能公司于2007年针对与娃哈哈的纠纷，向瑞典斯德哥尔摩商会仲裁院提起仲裁申请。我国可以受理商事仲裁的机构是中国国际经济贸易仲裁委员会，成立于 1956 年，现行的仲裁规则是 2005 年制定的。中国国际经济贸易仲裁委员会在国际商事仲裁领域有良好的信誉，它的裁决可以在世界上 140 多个国家得到承认和执行，是我国处理国际商事争议最重要的仲裁机构。

本章小结

1. 政治环境是指在特定社会中影响和限制各个组织与个人的法律、政府机构和压力集团。国际市场营销的政治环境极其复杂，既包括国际政治环境，又包括目标市场国的国内政治环境。
2. 政治环境对国际市场营销的影响主要表现为进入风险、经营风险、转移风险等。如何预测、规避及减少政治风险，对从事国际市场营销的企业而言尤其重要。树立良好的企业形象，与目标市场国之间建立积极的互惠关系，与目标市场国共担风险都是有效规避及减少政治风险的方式。
3. 法律环境包括国际法律环境和目标市场国的国内法律环境。国际法律环境包括了国际上的各种条约，而目标市场国的国内法律环境则包括了该国内部的各种法律、法规。世界上的法系大体分为四种：普通法系、成文法系、伊斯兰法系和马克思社会主义法系。不同法系的法律有不同的规定，了解不同法系之间的差异对从事国际市场营销的企业尤其重要。
4. 在国际市场营销中产生争议，企业可以选择以外交或司法的途径解决。WTO 争端解决机制是很好的司法解决途径。但是大部分企业遇到与目标市场国的争端时，宁愿选择非司法的方式来解决。

案例分析

TikTok 美国听证会后品牌出海何去何从

TikTok 美国听证会过去将近 1 个月后，TikTok 在美国的业务布局似乎没有受到影响。《金融时报》引用 Sensor Tower 数据显示，TikTok 2023 年 3 月的广告收入增长了 11%。不仅如此，就在美国还在讨论是否应该封禁 TikTok 时，字节跳动的另一款生活方式应用 Lemon8 又在美国火了。

TikTok 的安全问题已经被政治化，成了美国政治角力中的一个重要棋子。美国政府曾多次声称 TikTok 存在安全隐患，而中国政府则认为美国政府的指责是对中国企业的无端污名化，是美国政府试图通过打压中国企业来达到政治目的的表现。

在此背景下，TikTok 成为了中美两国之间的一个敏感话题。听证会后，这个短视频平台在美国的命运悬而未决。TikTok 在全球范围内拥有超 10 亿月活用户，覆盖 150 个国家和地区，在美国这个 3 亿多人口的国度，接近一半人使用它。

资料来源：知乎. TikTok 美国听证会后，品牌出海该何去何从［EB/OL］.［2023-05-19］. https://zhuanlan.zhihu.com/p/630560939.

案例讨论

1. 在这个本该越来越开放的全球化时代，这一禁令成为逆全球化的典型案例，谈谈你对全球化和逆全球化的理解。

2. 结合 TikTok 出海中遇到的问题，谈谈国际市场营销的政治影响因素有哪些？你认为企业应该如何应对？

复习题

1. 国际市场营销的政治环境包括哪些？
2. 结合具体实例讨论政治稳定如何影响国际市场营销。
3. 恐怖主义已经成为全球性问题，是对国际安全的威胁。讨论国际恐怖主义如何影响国际市场营销。
4. 从事海外经营活动时，常见的政治风险有哪些？
5. 外汇管制如何妨碍国际市场营销活动？
6. 试述企业为规避和减少政治风险可能采用的各种方法。
7. 什么是知识产权？为什么保护知识产权在国际市场营销活动中极其重要？
8. 以我国企业为例，说明如何应对外国对其提起的反倾销调查。
9. 什么是技术性贸易壁垒？
10. 解决商业争端时，哪种解决方法最好？
11. 在 WTO 内部如何解决争端？请举例说明。

思考与实践题

1. 什么是倾销？如何界定倾销？
2. 企业和国家提起反倾销诉讼的目的是什么？
3. 我国企业为何遭遇了如此之多的反倾销诉讼？结合"案例分析"谈谈你认为企业应该如何应对。

本章注释

[1] 郑永年. 2023 国际政治十大变局及其展望 [EB/OL]. [2023-01-13]. https://www.cssn.cn/gjgc/202301/t20230113_5579731.shtml.

[2] 人民日报海外版. 吸引外资创纪录 中国再赢"信任票" [EB/OL]. [2023-07-17]. https://www.gov.cn/yaowen/liebiao/202307/content_6892337.htm.

[3] 知乎. 先被罚了 5 亿，又被没收了 46 亿，小米给印度白干了 10 年 [EB/OL]. [2023-04-24]. https://zhuanlan.zhihu.com/p/624512649.

[4] 21 世纪网. 雅安地震捐款数额达数亿 企业捐款前三名均为外资 [DB/OL]. [2012-04-22]. http://finance.21cn.com/news/special/a/2013/0422/13/21204969.shtml.

第 3 章
国际市场营销的经济环境
International Economic Environment

重点词汇

Economic Environment　The economic environment which encompasses such factors as productivity, income, wealth, inflation, balance of payment, pricing, poverty, interest rates, credit, transportation, and employment; it is the totality of the economic surroundings that affect a company's markets and its opportunities.[一]

GDP (gross domestic product)　The total market value of all final goods and services produced in a country in a given year, equal to total consumer, investment and government spending, plus the value of exports, minus the value of imports.[二]

GNP (gross national product)　The total value of all final goods and services produced within a nation in a particular year, plus income earned by its citizens (including income of those located abroad), minus income of non-residents located in that country.[三]

Green Marketing　The production and marketing of goods based on their pro-environmental factors. Green Marketing consists of marketing products and services based on environmental factors or awareness.[四]

Purchasing Power (also called buying power)　It is the value of money, as measured by the quantity and quality of products and services it can buy.

PPP (purchasing power parities)　The theory that is, in the long run, identical products and services in different countries should cost the same in different countries.

[一] http://www.marketingpower.com.
[二] http://www.investorwords.com.
[三] http://www.investorwords.com.
[四] https://www.investopedia.com.

This is based on the belief that exchange rates will adjust to eliminate the arbitrage opportunity of buying a product or service in one country and selling it in another.⊖

导入案例

A New Round of Tariff Cuts Takes Effect

China's eagerness to boost imports is driving the current account balance amid downward pressure, and the trend could be intensified after the year's biggest import tariff cuts take effect, influencing sentiment on financial stability and the exchange rate, according to experts.

A new round of tariff reduction, on a wide range of industrial products and raw materials, began on Thursday, which drove down the country's overall tariff level for all categories to 7.5 percent from 9.8 percent in 2017.

The refreshed tariff level, on average, is slightly higher than European Union standard, but lower than most developing countries, which matches China's current development status, said an official from the Customs Tariff Commission of the State Council.

On the tariffs cut list, there are 1 585 categories of goods, including textiles, metals, electromechanical equipment and other raw materials and products. The affected items account for about 19 percent of the total number of taxed imports in China, according to a statement on the Ministry of Finance's website.

Earlier this year, China lowered import tariffs on a range of goods, including automobiles, medicines and some other daily consumer products.

A study from Oxford Economics, a British think tank, indicated that China's strong demand growth drove an average annual expansion of the real "normal" imports, meaning imported goods used in the domestic economy, at a rate of 8.9 percent from 2008 to 2017. It was in line with the fall in the current account surplus as a share of the GDP, from 9.9 percent in 2007 to 1.3 percent in 2017.

Lower import tariffs, in addition, have contributed to an overall drop of the Chinese government's tax revenue in the first three quarters.

Data from the Ministry of Finance showed that by the end of September, the government's income through levying import tariffs reached 221.6 billion yuan ($31.91 billion), a year-on-year decline of 0.9 percent. The total tax revenue growth slowed to 12.7 percent in the first three quarters from 14.4 percent in the first half.

资料来源：Chen Jia. New round of tariff cuts takes effect [N/OL]. *China Daily*, 2018-11-02. http://www.chinadaily.com.cn.

自 2017 年 12 月 1 日至 2018 年 11 月 1 日，我国大范围降低关税 4 次，关税总水平由 2017 年的 9.8% 降至 7.5%。这 4 次降税都是我国政府主动在双边或多边协定承诺之外大范围、大幅度地降低关税税率。降税主要涵盖食品、药品、服装、家电、汽车等与人民生活质量密切相关的进口产品。种种降税举措与近年来我国积极扩大开放、保障和改善民生、推进消费

⊖ http://www.marketingpower.com.

升级等工作目标密不可分。降低关税带来的消费升级，不仅体现在改善人民生活方面，更重要的是通过消费升级可以有效带动国内生产能力和技术工艺提升，促进企业提高核心竞争能力，实现消费对产业发展的全方位带动和良性循环。

市场营销是一种受其所处经济环境影响的经济活动，而国际市场营销所处的环境又具有两重性，既受单个国家的经济环境影响，又受世界经济环境影响。第二次世界大战以来，世界经济格局发生了根本变化，而其中最根本的变化就是**全球市场**（global markets）的出现，世界经济一体化的迅猛发展。但是，进入2018年后，全球经济开始面临难以回避开放合作与保护主义这两股力量的正面碰撞与较量。[1]

3.1 国际市场营销的全球经济环境（The Global Economic Environment of International Marketing）

当企业将其营销行为从本土市场向国际市场拓展的时候，一定会面临新的经济环境，迎接更大范围乃至全球的挑战。**全球经济环境**（global economic environment）较一国经济环境更复杂，所涉及的范围更大，影响因素更多。因此，作为国际市场营销人员必须对全球经济环境有全面、透彻的了解。

3.1.1 世界经济局势（The World Economic Situation）

随着世界经济发展的加速，经济的全球化已经成为一种必然趋势。国际化已经渐渐成为一条必由之路。任何国家、企业进行经济活动时都与世界经济局势有千丝万缕的联系，其经济活动已不能独立存在。为了自身利益，无论是国家还是企业，都必须充分考虑国际环境对自身的影响。对于从事国际市场营销的企业来说，了解世界经济局势是企业实现全球化的第一步。

2022年，世界经济遭遇了一系列严重且相互叠加的冲击。首先，乌克兰危机严重扰乱了粮食和能源市场，使许多发展中国家的粮食不安全和营养不良更加恶化。其次，高通货膨胀导致实际收入被侵蚀，并引发全球生活费用危机，数以百万计的民众陷入贫困和经济困境。最后，气候危机继续，热浪、野火、洪水和飓风在许多国家造成了巨大的经济损失，并产生了人道主义危机，人类为此付出了沉重的代价。所有这些冲击都会给2023年的世界经济带来巨大影响。联合国发布的《2023年世界经济形势与展望》执行摘要基于此背景下，做出了世界产出增长预计将从2022年的约3%降至2023年的仅1.9%的预判，这将是近几十年来最低的增长率之一[2]。国际货币基金组织和世界银行同样给出了2023年的经济预测，相较于联合国报告，全球经济增长率为2.8%[3]。

> **营销透视 3-1　　IMF预测2023世界经济前景迷雾重重**
>
> IMF于2023年4月11日发布了《世界经济展望报告》，预计2023年全球经济将增长2.8%，较此前预测下调0.1个百分点。其中，新兴市场和发展中经济体经济2023年将增长3.9%，2024年将增长4.2%；发达经济体经济2023年将增长1.3%，2024年将增长1.4%。
>
> IMF认为，当前全球经济增长面临极大不确定性，许多经济体仍在承受乌克兰危机等因素带来的冲击。多国央行大幅加息以抑制通胀，加剧金融领域的压力，而全球金融环境

收紧也将阻碍复苏。如何在降低通胀的同时保持增长和金融稳定，成为各经济体政策制定者面临的难题，世界经济前景迷雾重重。从短期看，2023年许多经济体收入增长将放缓，失业率上升，发达经济体硬着陆风险加剧，约90%的发达经济体经济增速或放缓。从中期看，全球经济恐难恢复疫情前的增长速度，预计未来5年全球经济增速将保持在3%左右，远低于过去20年3.8%的平均水平。

IMF经济顾问兼研究部主任皮埃尔-奥利维耶·古兰沙在新闻发布会上表示，中国优化调整防疫政策，助力中国经济强劲反弹，这对全球经济来说是重大利好，中国将成为全球经济增长的关键引擎。

资料来源：新华社. IMF预计今年中国经济增长5.2%［EB/OL］．［2023-04-12］. http://www.news.cn/photo/2023/04/12/c_1129513981.htm.

3.1.2 全球经济体系（Economic Systems of The World）

经济体制是指某一社会生产关系的具体形式，是一定的所有制和产权结构与一定的资源配置方式的统一，属于经济运行中的制度安排范畴。简言之，经济体制就是资源配置的具体方式或制度模式。经济体制是确保资源得到合理配置和利用的制度安排。当前资源配置的主导方式为：**市场化配置**（market allocation）、**支配性配置**或**中央计划调拨**（command or central plan allocation）以及**混合型配置**（mixed system）。

（1）市场化配置。市场化配置体系是一种依赖消费者来配置资源的分配体系。市场靠消费者决定由谁来生产和生产什么。市场体系可以说是一种经济的民主，人们有权根据自己的"钱包"来选择购买什么商品，而政府在市场经济中的角色只是促进竞争和保护消费者。美国、大多数西欧国家和日本，是市场经济的典型代表。市场化配置体系在传递人们所需的商品和服务上具有明显优势，因此，很多社会主义国家也采用这种配置方式。

（2）支配性配置。在该体系里，政府在为公众利益提供服务方面有广泛的权力。这些权力包括生产什么产品以及生产多少。消费者有权决定购买什么，但是无法决定生产什么。在政府操作的资源配置过程中，产品差异、广告、促销几乎不起作用，市场营销组合的要素不被用作战略变量。印度曾经是采用过支配性配置体系几十年的人口大国，现在致力于经济改革，朝着市场化配置方向大踏步前进。经济改革无疑为全球化公司的大规模投资创造了机会，1974年被印度政府挤出当地市场的可口可乐公司在20年后重返印度就是一个很好的例证。现在，有的学者认为"古巴会是采用支配性配置方法的最后堡垒之一"。

（3）混合型配置。事实上，在世界所有的经济体中，没有纯粹的市场化配置体系或纯粹的支配性配置体系。在所有的市场化配置体系中都有中央计划调拨的部分，而在所有的支配性配置体系中也都有市场化的部分。因此，从严格意义上讲，所有的配置体系都是混合型的，只是不同配置体系中市场化配置部分和计划配置部分的比例不同而已。市场化配置体系中的支配性配置部分是指国内生产总值（GDP）中政府的税收和支出部分。按照欧盟统计局2018年11月底发布的消息，2017年中国、美国和欧盟三方财政收入占GDP的比重分别是28.6%、31.5%和40%。[4]而政府支出⊖占GDP的比重，以2015年为例，法国为48.4%，比利时为

⊖ 政府支出是政府在提供产品和服务过程中所付出的现金开销，包括政府工作人员工资、利息、补助金、捐赠、社会福利及其余开销（如租金和奖金）等。

42.01%，丹麦为 40.64%，美国为 22.68%，中国仅为 16.43%。[5] 从这个角度来看，欧洲的经济体制更具有"支配性"，而不是"市场化"。

3.1.3　市场发展阶段（Stages of Market Development）

世界各国处于市场发展的不同阶段。划分市场发展阶段的有效指标主要有人均国内生产总值（GDP）、人均国民生产总值（GNP）和工业化程度。处于同一发展阶段的国家有很多相似的特点，这样的划分为全球市场细分和目标市场定位提供了依据。世界银行于 1978 年首次依据世界各国经济发展水平将世界上的国家分成五大类，分别是低收入国家、中低收入国家、中高收入国家和高收入国家（含地区）。其中低、中低收入国家属于发展中国家，中高、高收入国家属于发达国家。收入划分标准每年都会随着经济发展的变化而有所调整。以下是 2021 年世界银行对于世界各国经济发展水平的划分[6]。

（1）**低收入国家**（low-income countries），又称前工业化国家（preindustrial countries）。低收入国家是指人均收入低于 1 085 美元的国家或地区。2017 年这些国家人口占世界总人口的 8%，GDP 占比不足 1%[7]。低收入水平的国家或地区具有以下几个特点。

- 工业化程度有限，从事维持生计的耕作和农业的人口比例很高。
- 高出生率。
- 高文盲率。
- 高度依赖国外援助。
- 政治不稳定、动荡。
- 集中在非洲和撒哈拉地区南部。

总体来说，这些国家在对所有产品的需求上，表现为市场有限；在产品的生产和销售上，表现为不具有竞争威胁。因此，对于从事国际市场营销的企业来说，低收入国家不是一个具有吸引力的市场，也基本上不对企业构成威胁，但是有可能成为企业的某些产品的提供商和进口国。

（2）**中低收入国家**（lower-middle-income countries），又称**欠发达国家**（less-developed countries，LDC）。这些国家的人均 GNP 水平在 1 086～4 255 美元，人口占世界总人口的 40%，GNP 只占世界 GNP 总量的 16%。[5] 中低收入国家处于工业化的初期，工厂为正在发展的国内市场提供诸如服装、电池、轮胎、建筑材料和袋装食品等产品。这些国家也是为出口市场提供产品的地区，它们一般提供像服装这类能标准化生产或比较成熟的产品。

这些国家不断增长的国内消费市场，为从事国际市场营销的企业提供了广阔的市场空间。同时，中低收入国家相对便宜的劳动力，使其在生产成熟的、标准化的和劳动密集型的产品（诸如运动鞋）中具备较强的竞争优势。东南亚最大的国家印度尼西亚就是一个例证，它的几家工厂都和耐克签有合同。

（3）**中高收入国家**（upper-middle-income countries），又称**正在工业化国家**（industrializing countries）。这些国家的人均 GNP 水平在 4 256～13 200 美元。它们的人口占世界总人口的 36%，GNP 大约占世界 GNP 总量的 34%。[6] 在这些国家里，从事农业的人口正急剧下降，城市化程度不断加深。高等教育比率的提升，使人们的工资逐步上涨，虽然和发达国家相比工资仍旧很低，但是处在这一发展阶段的国家经常会成长为强大的竞争对手，并且正在经历快速的、以出口为驱动力的经济增长。处于这一阶段的国家劳动力素质较高，劳动力价格较低，这就为从事国际营销的企业提供了非常诱人的人力资源条件。

（4）**高收入国家**（high-income countries），常称作**发达国家**（developed countries，DC）、**工业化国家**（industrialized countries）、**后工业化国家**（postindustrial countries）或是第一世界国家。这些国家的人均 GNP 在 13 200 美元以上。除了几个石油储量丰富的国家以外，处于这一发展阶段的国家都是经过一段持续的经济增长过程才达到现在的收入水平的。这些国家的人口只占世界人口的 17%，却拥有世界 GDP 总量的 49% 左右。[7]

"后工业化国家"一词由哈佛大学的丹尼尔·贝尔（Daniel Bell）首次提出，用来描述瑞典、美国、日本和其他一些发达的高收入国家。除收入这一衡量标准之外，工业化国家和后工业化国家之间还是有区别的。贝尔的理论认为，后工业化国家的创新越来越多地来源于已经成形的理论知识，而不是来源于"随机"的发明。后工业化国家里的产品和市场机会与工业化国家相比更加依赖新产品和创新。在大多数家庭里，基本产品的所有权水平非常高。公司如果想在已经存在的市场中扩大份额会面临很大的困难，除非它们想努力创造新市场。

后工业化的特点包括：服务部门的重要性（占 GNP 的 50% 以上），信息处理和交换的重要性，知识作为战略资源相对于资本的优势，智力技术相对于机械技术的优势，科学家和专业人员相对于工程师和半熟练工人的优势，以及人际关系在社会功能中的重要性。

（5）**无希望地区**（basket cases）。这是指一个国家由于面临非常严重的经济、社会和政治问题，以至于该国对于投资和运营都没有任何吸引力。无希望地区既包括低收入、无发展的国家，也包括由于政治斗争而分裂的曾经发展并且成功过的国家。不断的内部冲突导致国家和地区收入急剧下降，由于危险性很高，大多数企业在国际市场营销中会谨慎地避开这些国家。

2022 年全球 GDP 总量超过 100 万亿美元，相比 2021 年的 96.29 万亿美元增长 4.05%，经济增长开始放缓，2023 年增速为 2.7%。在发达经济体中，经济增速预计将从 2022 年的 2.6% 放缓至 2023 年的 1.5% 和 2024 年的 1.4%。新兴市场和发展中经济体则呈现相对温和的小幅下降。

3.1.4　地区性经济组织（Regional Economic Organizations）

除了第 1 章讲到的多边贸易倡导者世界贸易组织以外，处于世界不同区域的各个国家都在本地区内寻求较低的贸易壁垒，以达到快速持续发展的目的。因此，世界许多区域内都出现了地区性经济组织。

1. 欧洲贸易集团

欧洲联盟，简称欧盟（European Union，EU），是由欧洲共同体（European Communities）发展而来的。第二次世界大战是欧盟形成的历史根源，为了避免这种杀戮及破坏重演，欧洲整合的构想呈现在世人面前。欧盟致力于世界的和平与发展。它并不是一个企图取代当前所有国家的"国家"，却又高于其他国际组织。欧盟成员国设置共同机构并赋予其部分主权，以便能民主地做出有关共同利益具体事宜的决策，这种主权的分享又被称为"欧洲整合"。法治是欧盟的基本原则，并且所有欧盟决策及进程皆以欧盟成员国一致通过的条约为基础。

欧盟由最初的 6 个成员发展到 27 个成员（截至 2024 年），它们分别是：比利时、保加利亚、克罗地亚、塞浦路斯、捷克、丹麦、德国、希腊、西班牙、爱沙尼亚、法国、匈牙利、爱尔兰、意大利、拉脱维亚、立陶宛、卢森堡、马耳他、荷兰、奥地利、波兰、葡萄牙、罗马尼亚、斯洛伐克、斯洛文尼亚、芬兰及瑞典。2023 年，欧盟 27 国人口 4.51 亿，名义 GDP 18.34 万亿美元。[8] 欧盟的职责也从贸易及经济方面的合作，延伸到处理各式各样的直接影响民众日常生活的事宜，如公民权利、确保自由、安全与司法正义，就业政策、地区发展、环境保护，以及促进人民享受全球化进程所带来的利益。由于欧盟的成立，20 多个国家间的贸易壁垒被打破。欧盟为当地带来了半个世纪的稳定、和平与繁荣。它还提高了人民的生活标准，建立起统一的欧洲市场，发行了欧洲统一货币——欧元，并且巩固了欧洲的国际地位。

2013 年 1 月 23 日，时任英国首相卡梅伦首次提及脱欧公投，2020 年 1 月 31 日，英国"脱欧"协议生效，经过一年"适应期"后，英国彻底退出欧盟，到 2024 年 1 月 31 日，英国"脱欧"已整整三年。

营销透视 3-2　　"脱欧"三年后，英国离独立自主"大国梦"更远了

2016 年，在时任英国首相卡梅伦的提议下，"脱欧派"选民以 52% 对 48% 的优势战胜"留欧派"选民，结束了英国与欧盟近半个世纪的"婚姻"。

然而，"脱欧"协议生效三年后，英国民众对待"脱欧"的态度却发生了大逆转。英国《独立报》主导的一项民意调查显示：50% 的受访者认为"脱欧导致英国全球地位下降"，56% 的受访者认为"脱欧导致英国经济形势恶化"，65% 的受访者希望重新进行"脱欧"公投。调查机构奥观（YouGov）进行的最新民意调查显示，56% 的受访者认为"脱欧"是个错误。

或许，英国民众并非反对"脱欧"，而是对"脱欧"没有给他们带来预想中的红利感到失望。英国政府原本以为摆脱欧盟的束缚后，英国将可以在内政外交上大展拳脚，向"全球英国"的战略目标迈进，重拾昔日大国荣光。但在全球新冠疫情和俄乌冲突的叠加影响下，如今英国通胀高企、经济衰退，政坛动荡、外交失衡，离"脱欧"时的乐观愿景相去甚远。英国满怀期待地告别了过去，却迟迟未能迎来光明的未来。

在《世界经济展望报告》中，IMF 将 2023 年英国 GDP 增长预期从 0.3% 下调至 -0.6%，"这反映出英国财政收紧、金融萎缩、通胀居高不下给居民生活带来的沉重压力"。

中国社会科学院欧洲研究所研究员吴白乙对中青报·中青网记者分析说，内政上，"脱欧"加剧了英国经济形势恶化，但并非罪魁祸首，英国经济自身的结构性问题造成的影响远大于"脱欧"造成的经济损失。外交上，"全球英国"战略客观上确实可以帮助英国重获大国地位，但"脱欧"后的英国却并没有实现战略自主，而是进一步沦为美国的追随者。在实现"全球英国"战略目标的道路上，英国仍处于摸索和混乱阶段。

资料来源：澎湃新闻. "脱欧"三年后，英国离独立自主"大国梦"更远了 [EB/OL]. [2023-02-02]. https://www.thepaper.cn/newsDetail_forward_21769527.

2. 北美贸易集团

北美自由贸易区（North America Free Trade Area，NAFTA）是包括加拿大、墨西哥和美

国在内的北美共同市场（截至2024年）。三国于1992年8月12日就《北美自由贸易协定》达成一致意见，并于同年12月17日由三国领导人分别在各自国家正式签署。1994年1月1日，协定正式生效，NAFTA宣布成立。

《北美自由贸易协定》的宗旨是：减少贸易壁垒，促进商品和劳务在缔约国间的流通；改善自由贸易区内公平竞争的环境；增加各成员国境内的投资机会；在各成员国境内有效保护知识产权；创造有效程序以确保协定的履行和争端的解决；建立机制，扩展和加强协定利益。

NAFTA的组织机构体系包括：自由贸易委员会、秘书处、专门委员会、工作组、专家组、环境合作委员会、劳工合作委员会、各国行政办事处、北美发展银行和边境环境委员会。

NAFTA的特点是：它是典型的南北双方为共同发展与繁荣而组建的区域经济一体化组织，南北合作和大国主导是其最显著的特征。

（1）南北合作。NAFTA既有经济实力强大的发达国家（如美国），也有经济发展水平较低的发展中国家（如墨西哥），区内成员国的综合国力和市场成熟程度差距很大，经济上的互补性较强。各成员国在发挥各自比较优势的同时，通过自由的贸易和投资，推动区内产业结构的调整，促进区内发展中国家的经济发展，从而缩小发展中国家与发达国家的差距。

（2）大国主导。NAFTA是以美国为主导的自由贸易区，美国的经济运行在区域内占据主导和支配地位，因此，NAFTA的运行方向与进程在很大程度上体现了美国的意愿。

（3）减免关税的不同步性。墨西哥与美国、加拿大不仅在经济发展水平上存在差距，而且在经济体制、经济结构和国家竞争力等方面也存在较大差别，因此，自《北美自由贸易协定》生效以来，美国对墨西哥的产品进口关税平均下降84%，而墨西哥对美国的产品进口关税只下降43%；墨西哥在肉奶制品、玉米等竞争力较弱的产品方面有较长的过渡期，一些缺乏竞争力的产业部门有10～15年的缓冲期。

（4）战略的过渡性。美国积极倡导建立的NAFTA，实际上只是美国战略构想的一个前奏，其最终目的是在整个美洲建立自由贸易区。美国试图通过NAFTA来主导整个美洲：一来为美国提供巨大的潜在市场，促进其经济的持续增长；二来为美国扩大其在亚太地区的势力，与欧洲争夺世界的主导权。

《北美自由贸易协定》的签订对区域内经济贸易发展有积极影响，对北美各国乃至世界经济都产生了重大影响。对美国而言，积极的影响如下。

（1）不仅工业制造业企业受益，高科技的各工业部门也将增加对加拿大、墨西哥的出口。美国同墨西哥的贸易顺差将会因此而增加。

（2）美国西部投资扩大。

（3）由于生产和贸易结构的调整，大量劳动力将投入那些关键工业部门中。

（4）协定对墨西哥向美国的移民问题将起到制约作用。

消极的影响主要包括：技术性不强的消费品工业对美国不利；为改善墨西哥与美国边境的环境条件，美国要付出60亿～100亿美元的经济和社会费用；关税削减，美国减少大笔收入，加重了美国的负担。协定对加拿大和墨西哥两国同样有很大的影响，对国际贸易和资本流动也会产生影响。NAFTA的建立，一方面扩大了区域内贸易，另一方面使一些国家担心贸易保护主义抬头，对区域外国家或地区向美国出口构成威胁。

NAFTA建立后，有利于形成一个包括贸易、投资、金融和劳动力流动在内的一体化共同市场，从而把北美地区的经济合作推向一个新的发展阶段。

3. 亚洲贸易集团

在第1章中，我们已经对亚洲的三个主要经济组织（APEC、SCO、ASEAN）做了详细的介绍，本章不再详述。

4. 南美和中美贸易集团

（1）安第斯共同体（Andean Community）简称"安共体"，成立于1969年5月，是拉美地区一个重要的区域经济一体化组织，总部设在秘鲁首都利马。截至2024年，其成员国为安第斯山麓国家玻利维亚、哥伦比亚、厄瓜多尔、秘鲁和委内瑞拉（2006年4月，委内瑞拉因秘鲁和哥伦比亚与美国签订自由贸易协定而退出该组织），故原称"安第斯集团"，1995年9月5日建成安第斯一体化体系，1996年3月改为现名。

安共体的宗旨是：充分利用本地区资源，取消成员国之间的关税壁垒，构建共同市场，促进成员国平衡协调发展，加速地区经济一体化进程。2000年6月在利马举行的第12届安第斯共同体国家首脑会议发表了旨在加快本地区一体化进程的《利马声明》。总统理事会为安共体最高决策机构，确定共同体一体化进程的方向，每年举行一次会议。外长理事会由成员国外长组成，负责协调成员国的对外政策，每年至少举行两次会议。总秘书处是安共体的执行机构，有权代表安共体同其他一体化组织对话。委员会由各成员国总统任命的全权代表组成，同外长理事会一同负责制定一体化政策，协调和监督该政策的落实。安第斯议会是安共体的咨询机构。

（2）加勒比共同体（Caribbean Community，CARICOM），是根据巴巴多斯、圭亚那、特立尼达和多巴哥及牙买加四国总理1973年7月签署的《查瓜拉马斯条约》，于1973年8月1日正式建立的加勒比地区的经济组织。CARICOM取代了1968年成立的加勒比自由贸易协会。秘书处设在圭亚那首都乔治敦。

CARICOM共有15个成员（截至2024年），分别是安提瓜和巴布达、巴哈马、巴巴多斯、伯利兹、多米尼克、格林纳达、圭亚那、海地、牙买加、蒙特塞拉特（英属）、圣基茨和尼维斯、圣卢西亚、圣文森特和格林纳丁斯、苏里南、特立尼达和多巴哥。

CARICOM的目的是促进本地区的经济合作，实现地区经济一体化。主要任务是通过加勒比共同市场进行经济合作，协调成员国的外交政策，在卫生、教育、文化、通信和工业等领域提供服务和进行合作。

（3）中美洲一体化体系（Central American Integration System，SICA），是根据1991年12月在洪都拉斯召开的第11次中美洲国家首脑会议上签署的《特古西加尔巴协议》而建立的。它的前身是成立于1951年的中美洲国家组织。1992年12月在巴拿马举行的第13次中美洲国家首脑会议决定，SICA自1993年2月1日起取代中美洲国家组织，总部设在萨尔瓦多首都圣萨尔瓦多。SICA共有8个成员（截至2024年）：萨尔瓦多、洪都拉斯、尼加拉瓜、危地马拉、哥斯达黎加、多米尼加、巴拿马和伯利兹。

SICA的职能是协调和推进一体化进程，促进中美洲地区的和平、民主与发展。同时，它负责协调各成员国执行自1986年以来召开的地区首脑会议达成的各项协定，以及监督这些协定的执行情况。

在成立地区性贸易集团之前，中美和南美洲国家的综合国力普遍比较差，国际市场竞争力较弱。现在，在合作与发展的前提下，在贸易组织的推动下，国家与国家之间的合作不断加强，各国的综合国力得到显著提升。

5. 非洲和中东贸易集团

（1）西非国家经济共同体（Economic Community of West African States，ECOWAS）。ECOWAS 成立于 1975 年 5 月 28 日，是目前非洲最大的区域性经济多边合作组织：成员国总面积达 511 万平方公里，占非洲总面积的 1/6；人口近 2.3 亿，占非洲总人口的 1/3。ECOWAS 共有 15 个成员（截至 2024 年）：贝宁、布基纳法索、佛得角、冈比亚、几内亚、几内亚比绍、加纳、科特迪瓦、利比里亚、马里、尼日尔、尼日利亚、塞拉利昂、塞内加尔和多哥。总部执行秘书处设在尼日利亚首都阿布贾。执行秘书长为最高执行长官，由成员国首脑任命，任期为 4 年。ECOWAS 致力于促进成员国在政治、经济、社会和文化等方面的发展与合作，提高人民生活水平，加强相互关系，为非洲的进步与发展做出贡献。

ECOWAS 执行下列贸易政策。

①区内贸易自由化。在一定条件下，推动未加工产品及传统手工艺品贸易自由化；实施工业产品贸易自由化：自 1990 年 1 月 1 日起 10 年内，降低工业产品关税和相同作用的税收，消除非关税壁垒。目前除贝宁消除了工业产品的关税外，大部分成员国只免除了未加工产品的关税。

②建立共同对外关税。ECOWAS 下属 8 个法语区国家组成的西非经济货币联盟（UEMOA）于 2001 年 1 月 1 日建立共同对外关税，由 4 种税率组成：0%、5%、10%、20%，但 UEMOA 与 ECOWAS 其他国家要实施统一对外关税尚需时日。

③最惠国待遇。成员国可给予另一成员国贸易上的最惠国待遇，给予第三国的关税承让待遇不得高于成员国获得的优惠待遇。成员国与区外第三国间的关税承让协定将不得减损条约规定的成员国义务。

④资本与人员自由流动。共同组建资本事务委员会，确保成员国资本自由流动且不受阻碍；发行 ECOWAS 支票，便利区内贸易支付；所有 ECOWAS 居民无须签证或入境许可即可进入任一成员国停留并居住，但是不得超过 90 天。

（2）东非共同体（East African Community，EAC）。EAC 最早成立于 1967 年，成员有坦桑尼亚、肯尼亚和乌干达三国，后因成员国间政治分歧和经济摩擦于 1977 年解体。1993 年 11 月，坦桑尼亚、肯尼亚、乌干达三国开始恢复合作。1996 年 3 月 14 日，三国成立东非合作委员会秘书处。1999 年 11 月 30 日，三国签署《东非共同体条约》，决定恢复成立 EAC。2001 年 1 月 15 日，三国在坦桑尼亚阿鲁沙举行 EAC 正式成立仪式。2001 年 11 月，EAC 议会和法院成立。目前 EAC 共有 8 个成员国（截至 2024 年），分别是肯尼亚、乌干达、坦桑尼亚、布隆迪、卢旺达、刚果（金）、索马里和南苏丹。

EAC 的宗旨是：加强成员国在经济、社会、文化、政治、科技、外交等领域的合作，协调产业发展战略，共同发展基础设施，实现成员国经济和社会可持续发展，逐步建立关税同盟、共同市场、货币联盟，并最终实现政治联盟。

（3）海湾阿拉伯国家合作委员会（Cooperation Council for the Arab States of the Gulf）。海湾阿拉伯国家合作委员会又称海湾合作委员会（Gulf Cooperation Council，GCC）。1981 年 5

月 25 日在阿联酋阿布扎比成立。截至 2024 年，其成员国为沙特阿拉伯、科威特、阿联酋、卡塔尔、阿曼、巴林六国，总秘书处设在沙特阿拉伯首都利雅得。最高权力机构为最高理事会，由成员国元首组成，主席由各国元首轮流担任，任期 1 年。六国政治、经济体制相似，王室联系紧密，在政治、经济、外交、国防等方面有共同的利益，是中东地区一个重要的政治经济组织。GCC 成员国总面积达 267 万平方公里，人口约为 3 400 万，主要资源为石油和天然气，是中东地区重要的区域性组织。

在贸易集团成立之前，非洲和中东地区政局动荡，各国之间发展极其不平衡。近年来，在全球一体化的大环境下，非洲和中东的地区性贸易组织不断发挥积极作用，促进了区域性贸易合作，推动了区域和平与发展。

分布在世界各地的地区性经济组织都或多或少地发挥着积极作用。地区性经济组织的出现和蓬勃发展正是全球经济一体化的重要表现，也为全球经济一体化的进一步发展以及全球经济的整合奠定了坚实的基础。与此同时，地区性经济组织为平衡某一地区的经济发展水平，缩小国家、地区间贫富差距做出了重要贡献。

3.2 目标市场国的经济环境因素（The Economic Environment of Individual Country）

世界正变得越来越小，任何一个从事国际市场营销的企业都不可能脱离全球的宏观经济环境而孤军奋战。随着全球经济总体水平的提高、全球经济一体化的初具雏形，国际市场营销人员将面临越来越复杂的环境和越来越激烈的竞争。要想在复杂的环境中迎接挑战，营销人员就必须既对母国市场的经济发展状况了然于胸，又对目标市场国以及全球的经济发展水平及状况了解透彻。

从事国际市场营销的企业在进入目标市场国时，当地的政治、经济、文化和科技环境一定会对该企业的营销活动产生巨大影响。目标市场国的经济因素主要包括人口、消费者收入水平、消费模式、基础设施、金融财政和自然环境等。如果公司在采取营销策略前就对目标市场国的经济环境因素有清楚的了解和分析，那么必定会使公司制定的营销策略方向正确、成本更低、效率更高、效果更好。

3.2.1 收入和购买力（Income and Purchasing Power）

衡量市场质量及其规模的一个重要指标就是消费者收入，而衡量市场潜力的两个收入指标是国民生产总值（GNP）和人均收入。

GNP 是衡量一个国家的经济实力和购买力（purchasing power）的重要指标。通常 GNP 增长越快，该国市场对工业品的需求和购买力就越大。GDP 计算采用的是"国土原则"，即只要是在本国或本地区范围内生产或创造的价值，无论外国人还是本国人创造的，均计入本国或本地区的 GDP。

GDP 强调的是创造的增加值，是"生产"的概念；GNP 强调的则是获得的原始收入。20 世纪 90 年代以前，资本主义世界各国主要侧重 GNP 和人均 GNP。但进入 20 世纪 90 年代后，96% 的国家纷纷放弃 GNP 和人均 GNP，而开始重点采用 GDP 和人均 GDP 来衡量经济增长快慢以及经济实力的强弱。美国经济学家保罗·萨缪尔森认为，GDP 是 20 世纪最伟大的发明之一。他将GDP比作描述天气的卫星云图，能够提供经济状况的完整图像，能够帮助领导者判断经济是萎缩还是膨胀，是需要刺激还是需要控制，是处于严重衰退还是处于通胀威胁之中。但是在一定程度上，从事国际营销的企业之间的竞争是GNP的竞争，一个国家或地区不可能始终靠外资企业增强自己的竞争力。经济增长的结果不仅是简单做大，还要有实实在在的盈利。因此，必须适时地高度重视GNP。

从2022年全球各个国家和地区的GDP指标来看，世界经济总量排名前十的分别是美国、中国、日本、德国、印度、英国、法国、俄罗斯、加拿大、意大利，GDP总量均达到2万亿美元以上，如表3-1所示。

表3-1 2022年世界GDP总量排名前十的国家GDP总量及人均GDP

排名	国家	GDP（亿美元）	2022年人均GDP（美元）
1	美国	254 645	76 438
2	中国	181 000	12 814
3	日本	42 335	33 822
4	德国	40 754	48 636
5	印度	33 864	2 379
6	英国	30 706	45 295
7	法国	27 840	42 409
8	俄罗斯	22 153	15 444
9	加拿大	21 398	55 085
10	意大利	20 120	34 113

资料来源：IMF官网．https://www.imf.org/．

个人收入通常是以工资、红利、租金或其他形式获得的总收入。个人收入决定了消费者个人及其家庭的购买力总量。在一些国家里，少数人的收入大大高于全国平均水平，而大部分人的收入水平则低于全国平均数。在这些国家里，人均收入会引起一定的误解。因此，营销人员要注意收入的分布情况，并且做具体分析，不能过分依赖人均收入这项指标。

居民可支配收入，是指居民可用于最终消费支出和储蓄的总和，即居民可用于自由支配的收入，既包括现金收入，也包括实物收入。按照收入的来源，可支配收入包括工资性收入、经营净收入、财产净收入和转移净收入。

2024年1月17日，国家统计局发布2023年中国经济数据。居民收入继续增加，农村居民收入增速快于城镇。全年全国居民人均可支配收入39 218元，比上年名义增长6.3%，扣除价格因素，实际增长6.1%。其中，城镇居民人均可支配收入51 821元，比上年实际增长4.8%；农村居民人均可支配收入21 691元，比上年实际增长7.6%。全国居民人均可支配收入中位数33 036元，比上年名义增长5.3%。[9]

3.2.2 金融财政因素（Financial Factors）

对于任何一个国家来说，金融财政因素都是非常敏感的，所以为了确保金融稳定，各国经常采取严格调控的措施。国际市场营销人员需要考虑的金融因素有很多，如金融政策、汇率、外汇流、付款程序、贷款服务等。

国际市场营销区别于国内市场营销的一个方面就是，国际市场营销涉及至少两个独立的主权国家，每个国家采取的贸易管理方式可能不同。虽然所有国家都对对外贸易有所控制，并制定有利于本国企业的法律条文，但是各国的控制力度并不相同。

在国际市场营销中，汇率波动是一个重要的金融因素。一个国家的金融政策对市场的影响也是巨大的。为更好地利用外资，保持国家国际收支平衡，保持国内金融市场稳定，而又能同国际市场接轨，各国政府就要制定相应的金融政策、制度和措施。企业在从事国际营销活动中，其资金流动不可避免地受到目标市场国金融市场的影响，如企业在目标市场国的经营会面临因汇率变化、通货膨胀、货币转换等带来的影响而产生的风险。因此企业必须了解国际金融市场的运行规律，充分了解目标市场国相关的金融政策。

营销透视3-3　　　汇率贬值与贸易战有关系吗

人民币汇率结束了2018年一季度的强势升值，进入较快贬值的通道，引发市场高度关注。汇率波动的影响因素既有内部失衡、外部冲击，也有央行的市场干预等。在贸易战的背景下，本次汇率波动难免引发"以贬值对抗贸易战"的看法，事实是否如此呢？

近期人民币汇率快速走弱引发关注

2018年一季度的人民币升值走势宣告结束，4月以来汇率的逐步贬值已抹平前期涨幅。人民币兑美元汇率2018年6月21日于在岸和离岸市场双双跌破6.50关口，一周后人民币汇率又双双盘中跌破6.60关口，创下2017年12月20日以来最低，连续7日调贬。

在外汇储备和进出口方面，2018年4月以来受强美元影响，外汇储备连续两个月减少，贸易顺差近两月同比收窄。2018年6月，我国外汇储备规模在31 100亿美元左右，较年初减少了1.6%。外汇储备的减少受美元指数上涨、非美元货币下跌影响较显著。在进出口方面，近两月的进出口金额同比均显著上升，但贸易差额受进口增速较快影响而出现收窄趋势，整体而言呈现外需较内需更弱的局势。

本次汇率波动是否与贸易战有关

2018年6月中美贸易战形势恶化，关键时点的逼近引发股汇市大幅波动。2018年的中美贸易战是全年最重要的风险因素之一，经历多次反转后前期协商最终无果。6月15日美国征税清单正式公布，6月16日中国宣布对等反击以及随后美国威胁将制裁额度再扩大2 000亿美元，双方的互相攻击使得汇市和股市均受大幅影响。5月末特朗普宣布制裁后股市反应激烈，当日上证综指即跌2.5%；人民币汇率自4月9日就已进入贬值通道。随着6月30日美国对中投资管制及7月6日制裁实施日的逼近，股汇两市反应更加激烈，截至6月28日，上证综指已跌破2 800点关口，离岸人民币汇率跌破6.6关口，相反美股走势在本周前较为稳定。从汇率决定因素及我国目前的汇率中间价定价机制看，主动贬值迹象并不明显。

事实上，一国汇率贬值存在多方面因素的共同作用。市场化下的汇率波动是外汇供需情况以及经济基本面的反映。从供需角度看，当本币供给高于需求时，本币将呈贬值趋势。影响本币需求的因素可能来自内部经济、政府主动干预、外部冲击、预期因素以及非国家行为等，时间上也有长短期因子的不同。如本国通过降准等宽松的货币政策提供较宽裕的流动性影响货币供给，全球贸易需求较弱引发出口不振等因素都会给汇率形成贬值压力。从经济基本面看，美国经济走强而欧洲、日本、新兴国家等相对较弱，形成美元一方独大的局势。加之人民币自2017年以来维持了较长时间的升值势头，一定的回调需求结合目前贸易差额的收窄等基本面情况，短期形成一定超调。因此除去贸易战因素，人民币已面临一定的贬值压力，而贸易战无疑加重了这种压力，难以说明贬值是贸易战的对策而非后果。

资料来源：汇率贬值与贸易战有关系吗？［EB/OL］．［2018-06-29］．https://www.sohu.com/a/238455721_313170.

3.2.3　消费模式（Consumption pattern）

消费模式是指同消费资料相结合的方法和形式，是消费的表现形式。消费模式与经济发展关系紧密：经济发展带动了消费模式发生转变的同时，消费模式的转变也带动了经济的发展。全球范围内消费模式呈现以下发展趋势：可持续发展理念引领的绿色消费，技术支撑下的电子化、科技化、便捷化消费和基于社会进步的个性化消费。[10]

3.2.4　基础设施（Infrastructure）

基础设施的质量和可用性是衡量海外市场运营的一个至关重要的条件。每一位国际市场营销者都非常依赖当地市场提供的交通、通信以及能源服务，也同样依赖为当地的市场营销提供基础设施功能服务的公司或组织。这些公司或组织提供与市场营销相关的通信、配送、信息和财务等服务，诸如钢材消费、水泥生产和电力生产等与市场产业化相关的指标可以广泛地为工业的生产和服务提供商有效利用。例如，人均电力消费水平可以用来评估潜在的电力市场，为现有市场中电力的平均输送提供指标。

公路、铁路、水运和航空交通网络对于货物的配送是至关重要的。对于铁路交通来说，分析每公里货运吨数是调查运输能力的一种可行方法。然而，这些数字可能不会总是反映出一个国家的实际交通系统状态。比如在我国，铁路的每公里载货量相当大，但这是以很多线路的超负荷运营为代价的，并不能说明我国交通设施的实际运力水平。

在基础设施中，通信和交通同样重要。我们可以根据一家公司在通信方面的基础设施来估计该公司在市场内外的通信能力。这些设施包括电话、计算机、宽带和打印设备等。由于在好几个市场中的普及率已经超过100%，手机生产商和网络运营商不得不开发诸如照相、MP3和移动电视等新功能。

3.2.5　人口数量及分布（Distribution and Number of Population）

考察一个国家的市场时，目标市场国的市场规模是公司决定是否进入该市场的重要指标，而人口的分布状况及规模则是衡量市场规模的重要因素之一。

1. 人口规模

各国的人口规模决定着潜在的世界市场。很多产品的消费与人口有直接关系。人口的增长率也是一个重要的因素。人口继续增长就意味着世界市场的继续发展，市场需求总量将进一步扩大。如果人们有足够的购买力，人口增长便意味着市场的扩大。另外，人口增长也可能导致人均收入下降，市场的吸引力降低，从而阻碍经济发展。

据联合国2023年人口统计数据显示，全球人口总数达到80.45亿，按国家统计人口排行如下。第1名中国，14.29亿人。第2名印度，14.26亿人。第3名美国，3.4亿人。第4名俄罗斯，2.78亿人。第5名巴基斯坦，2.4亿人。尼日利亚、印度尼西亚、巴西等也进入人口大国前十名。在2023年4月联合国经济和社会事务部的第163号报告中指出，印度很快将超越中国成为世界第一人口大国[11,12]。

2. 人口分布状况对产品需求、促销方式、分销渠道等都产生不同程度的影响

人口分布是指人口在一定时间内的空间存在形式和分布状况，包括各类地区总人口的分布、某些特定人口的构成（城市和农村），以及性别的分布等。

作为"激发新一轮消费升级潜力"重要举措的夜间经济，是指从当日下午6点到次日早上6点所包含的经济文化活动，其业态囊括晚间购物、餐饮、旅游、娱乐、学习、影视、休闲等。这种现代城市业态的兴起，为文化图书产业瞄准人口密度高的城市市场，重返传统的文化图书销售实体店模式提供了契机。

3.2.6 自然环境（Natural Environment）

国际市场营销的自然环境包括影响企业市场和影响企业执行市场营销活动能力的气候、天气和自然资源等因素。

像地理分布、气候、天气等自然条件会影响国际市场营销。例如，卖往寒冷地区的汽车就应该有良好的防寒功能，销往韩国、日本这些人均住房面积较小的国家的家用电器，应该考虑到节省空间。

自然资源是有限的并且不能再生，所以如何高效地利用自然资源是世界各国越来越关注的问题。一些国家用牺牲别国自然资源的方式来保护本国资源，通常，发展中国家在这场"保卫战"中成为受害者。现在，如何保护自然资源和自然环境从而达到可持续发展成为全球发展过程中的热点问题。绿色营销（green marketing）由英国威尔士大学的肯·毕提（Ken Peattie）教授在他所著的《绿色营销——化危机为商机的经营趋势》一书中提出："绿色营销是一种能辨识、预期及符合消费的社会需求，并且可带来利润及永续经营的管理过程。"[13]秉承绿色营销理念的企业以环境保护为经营指导思想，以绿色文化为价值观念，以消费者的绿色消费为中心和出发点。它要求企业在经营中贯彻自身利益、消费者利益和环境利益相结合的原则。投入"绿色"经营的企业不仅仅追求环境的清洁，而且注重防止污染。真正的"绿色"工厂要求企业实行废物的三"R"管理，即废物的减少（reducing）、再利用（reusing）、再生（recycling）。

"绿色经济"一词源自英国环境经济学家皮尔斯于1989年出版的《绿色经济蓝图》一书。它寻求社会、环境和财务三种价值间协同性的最大化，常被称为"三重底线"（triple bottom line）。基于这个定义，绿色经济有三个特征：环境可持续性、社会公平性和植根当地性。

本章小结

1. 经济环境是全球潜在市场和机遇的主要决定因素。近年来，很多国家正从中央计划调拨为主的计划经济向市场经济转型。根据世界各国的经济发展水平，各个国家被归入低收入国家、中低收入国家、中高收入国家、高收入国家和无希望地区五大类。这就使我们可以通过辨别某一国的具体发展阶段来辨明其相关的需求。
2. 在欧洲，20多个国家间的贸易壁垒通过欧盟的建立而被打破。全球一共有200多个国家和地区，应对如此多的经济体之间复杂关系的途径之一就是把焦点放在已经形成的各个经济合作共同体上。
3. 目标市场国的经济环境由人口、消费者收入水平、消费模式、基础设施、金融财政和自然环境等众多因素构成，从事国际市场营销的企业的营销决策和战略都会受到这些因素的影响。对于很多产品来说，最重要的指标就是潜在市场的消费者收入水平。因此，判别一个国家或地区市场潜力的第一步就是弄清楚国民生产总值（GNP）和人均收入。
4. 绿色经济寻求社会、环境和财务三种价值间协同性的最大化。绿色营销则要求企业兼顾企业自身利益、消费者利益和环境利益，实现三方利益的统一，形成以环境保护为经营指导思想，以绿色文化为价值观念，以消费者的绿色消费为中心和出发点的营销观念、营销方式及营销策略。

案例分析

中欧关系：合作机遇多，挑战也不小

在一段时间内，中欧关系将会在巨大潜在挑战的背景下继续发展。中欧合作的条件依然较为坚实，存在重大的共同经济利益，气候变化、卫生健康、绿色能源等其他多领域的交流与合作空间也很宽广。但双方的价值观冲突和立场差异难以调和，地缘和经贸竞争激烈。

从合作前景来看，中欧双方存在长期合作的战略条件，也存在共同合作的具体利益诉求，在合作形式上还有更加多元化的可能。

第一，中欧双方依然存在较为坚实的合作条件。从中方角度来看，在"双循环"新发展格局下，中国继续秉持高质量对外开放的基本大政方针，这为中欧经贸与科技合作及人文交流奠定了坚实基础。从欧方角度来看，尽管在俄乌冲突背景下，欧洲战略自主受到负面影响，但欧洲继续提升其国际独立性的意愿不会改变。从战略角度来看，中欧双方在未来存在经济和战略层面进一步深入合作的可能性。

第二，中欧各自经贸利益需求将强化双边合作关系。中欧是长期的经贸合作伙伴，西方政治盟友的经贸关系并不能在短期内取代欧洲同中国的经贸关系，欧美之间还存在诸多市场冲突。尽管欧洲会继续采取关键领域的"脱钩"行动，但不可能在所有领域谋求产业链断裂，否则不仅会对中欧各自经济带来进一步的创伤，也会强烈冲击世界经济稳定。

第三，多层次、多领域的交流与合作可继续得以维持。2023年是中欧建立战略伙伴关系10周年，也是中国－中东欧合作机制第二个十年的开局之年。双方可以通过会晤来谋划未来10年的合作关系，这一政治层面的交流将为中欧未来合作奠定重要基础。

尽管存在现实的合作需要和潜在的合作可能，中欧关系仍将遭遇挑战。

第一，导致双方冲突的结构性因素依然存在并持续强化。其一是价值观冲突日益加剧。在欧洲战略自主中，维护欧洲自称的"基于规范的自由主义"国际秩序观、维护欧洲规范的权威及巩固欧美价值观同盟是其重大利益关切。在此背景下，中欧两大坚持不同社会制度、意识形态和文明理念的力量，必定会发生价值观冲突，并会以具体的对抗性事件表现出来。其二是俄乌冲突背景下欧美政治同盟关系的强化。随着冲突的持续，由双方立场差异所引发的欧洲对华负面情绪会累积并演化成特定的对华政策行动。其三是国际性的逆全球化趋势，将会诱使欧洲在战略和安全领域加速实施对华"脱钩"行动。这一行动不会随着中欧经贸合作的深入开展而有所减缓或迟滞。

第二，潜在的具体挑战会日益激烈，这不仅表现在地缘政治领域，也表现在经贸关系领域。从地缘政治领域来看，欧洲可能会在中国周边和台湾问题上引发更多的潜在对华挑战。从经贸关系领域来看，欧盟正在继续酝酿一些共同经贸规范的出台，包括"供应链法""反强迫劳动法令"等的正式推行。2022年底"碳边境税"法案的通过，也将对中国一些特定商品的对欧出口造成压力。

中欧关系既存在进一步合作的空间，又面临越来越严峻的潜在挑战，对中国而言，应做好充分的准备和切实的应对。

资料来源：简军波. 2023年中欧关系：合作机遇多，挑战也不小．［EB/OL］．[2023-02-23]．中国日报．https://cn.chinadaily.com.cn/a/202302/23/WS63f748c2a3102ada8b230699.html.

案例讨论：
1. 结合本案例，谈一谈你对中欧经济关系的看法。
2. 结合本案例，谈一谈影响企业国际市场营销的宏观经济因素有哪些？

复习题

1. 什么是企业营销的经济环境？
2. 国家的经济发展阶段是如何划分的？每个阶段的收入标准是多少？为什么这方面的信息对于营销人员来说非常重要？
3. 请举例说明地区性经济组织在国际市场营销中的积极意义。
4. GDP和GNP有什么区别？
5. 什么是购买力？
6. 在目标市场国中，对企业的国际市场营销产生影响的经济因素有哪些？

思考与实践题

1. 在当前经济全球化与逆全球化两种趋势并存的形势下，地区性经济组织的作用是日趋增大还是日趋削弱？为什么？

2.跨国企业在目标市场国的运营过程中，哪一个或哪几个经济因素是企业最需要关注的？为什么？

本章注释

［1］全球经济迎来"换挡提速"（环球热点·2018 国际形势展望①）［EB/OL］.［2018-01-02］. http://world.people.com.cn.

［2］United Nations.The world economic situation and prospects 2023［EB/OL］.［2023-01］. www.un.org.

［3］IMF. 2023 年世界经济展望报告［EB/OL］.［2023-04］. https://www.imf.org/.

［4］中国、美国和欧盟三方财政收入占 GDP 比重分别是 28.6%、31.5% 和 40%［EB/OL］.［2018-12-05］. https://www.sohu.com.

［5］2015 年世界各国政府支出占 GDP 比重［EB/OL］.［2020-04-25］. https://www.kuaiyilicai.com.

［6］第一财经. 世行：最新 PPP 显示低收入和中等收入经济体占全球经济半壁江山［EB/OL］.［2020-05-20］. https://www.yicai.com/.

［7］网易. 高收入的发达国家有哪些［EB/OL］.［2022-11］. https://www.163.com/dy/article/HPD6659I0516DHVE.html.

［8］欧盟统计局［EB/OL］. https://ec.europa.eu/Eurostat.

［9］央视网. 国家统计局：2023 年全国居民人均可支配收入 39218 元比上年名义增长 6.3%［EB/OL］.［2024-01-18］. https://news.cctv.com/2024/01/17/ARTIRJzFeO7IAiaIiMIdtGu9240117.shtml.

［10］周星, 徐佳. 消费模式创新研究［J］. 合作经济与科技, 2019（13）：138.

［11］联合国经济和社会事务部人口司. 2022 年世界人口展望［EB/OL］. https://www.unfpa.org/data/world-population-dashboard.

［12］联合国经济和社会事务部. India overtakes China as the world's most populous country［EB/OL］.［2023-04-24］. https://www.un.org/development/desa/dpad/publication/un-desa-policy-brief-no-153-india-overtakes-china-as-the-worlds-most-populous-country/.

［13］毕提. 绿色营销：化危机为商机的经营趋势［M］. 北京：中国商业出版社，2004.

第 4 章
国际市场营销的文化与社会环境
International Cultural and Social Environments

重点词汇

Cultural Environment　　The aggregate of patterns and norms that regulate a society's behavior including the values, beliefs, and customs that are shared and transmitted by the society.①

Culture　　The institutionalized ways or modes of appropriate behavior. It is the modal or distinctive patterns of behavior of a people including implicit cultural beliefs, norms, values, and premises that govern conduct. It includes the shared superstitions, myths, folkways, mores, and behavior patterns that are rewarded or punished.②

Social Organization　　A group of social positions, connected by social relations, performing a social role. It can be also defined in a narrow sense as any institution in a society that works to socialize the groups or people in it.③

导入案例

IKEA in China: A Right Strategy for the Chinese Market

IKEA Group, a franchisee of Inter Ikea Systems BV, brings its unique style and sales model to China. IKEA in China belongs to IKEA Group and operates as a joint

---

① http://www.marketingpower.com/.
② http://www.marketingpower.com/.
③ http://en.wikipedia.org/wiki/.

venture. This venture served as a good approach to test the market, understand the local needs, and adapt strategies to gain competitive advantage. IKEA had to make adjustments to its marketing strategy as the company uses its product catalog as a major marketing tool. IKEA in China realized that digital marketing was the way to go, with that IKEA Group used digital technologies using the internet such as Chinese social media and micro-blogging for their marketing campaign to gain market attractiveness and brand recognition. Also, IKEA had to adjust its store location strategy as most consumers in China use public transportation. Rather than the usual stores in the suburbs, IKEA sets up its stores on the outskirts of cities which are connected by rail or metro networks. IKEA in China has made all the necessary adjustments to ensure that there are minimal obstacles to its growth, ambitions, and brand promise. To become a recognized brand among the Chinese Middle-class steps need to be taken to grab the attention of the consumers. IKEA in China has demonstrated courage, adaptation, and awareness to shift its production, work with local sources, overcome legal hurdles, and adapt brand proposition to suit the level of development of the market and consumer preferences. With that, to grow globally requires sacrifices and innovation from global teams, as well as the willingness to listen respect and learn with an open mind.

资料来源：Thibaud. IKEA in China: Big Furniture Retail Adapts to the Chinese Market［EB/OL］.［2016-08-18］.

2022年，宜家宣布成功完成三年战略，实现投资目标，其中，仅2020年投资就超过100亿元。展望未来，宜家计划2023年投资超50亿元，用于进一步发展业务数字化，建设新店和购物中心，并整合多个分销渠道。据宜家官方数据显示：2021年，宜家的在线渠道访问量达到50亿人次。重新构想线下购物和培养全渠道客户体验将是宜家不变的使命[1]。

宜家从进入中国市场，迅速俘获中产阶级的"心"到不断的营销调整，是基于对不断变化的中国市场和差异化的消费者需求的尊重与了解。任何一个企业如果不适时根据经营国家或地区消费环境的变化而调整经营方向和策略，都将会付出高昂的代价，甚至会走向企业的末路。国际市场营销中的文化与社会环境在不同程度地左右着国际市场营销的成功与否，不同国家或地区的社会文化环境会形成不同特征的市场。

毫无疑问，社会文化环境与政治法律、经济、科技环境一样影响着消费者的决策过程，使具有相似特性的消费者在不同的社会文化环境下对营销刺激的反应不同。文化与消费者行为的关系如图4-1所示。

文化对我们生活的影响处处可见，从出生到死亡的每一天、每件事，甚至影响我们睡眠的方式，比如西班牙人的睡眠时间往往比其他欧洲人少，日本的孩子常与父母同睡。[2]不同的国家或地区有不同的亚文化，有自己的处世方式。比如，西方人将合同视为一成不变的，痴迷于用逻辑思维方法应对复杂的环境，但东方人对合同的看法更加灵活，决策往往是高层管理人员达成共识。因而学习市场营销学，特别是国际市场营销学，必须充分了解目标市场国的文化，尊重不同市场的文化差异。成功的营销者必须研究文化。

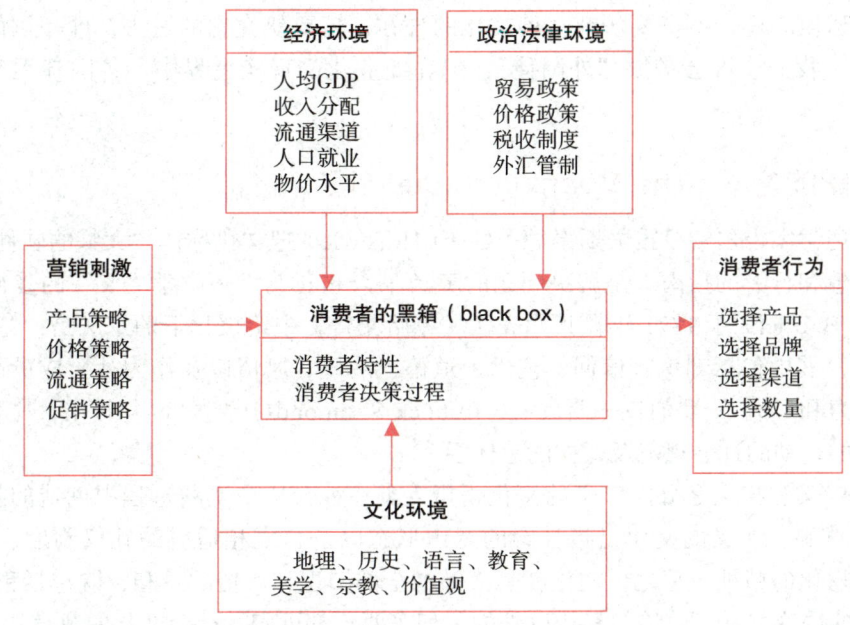

图 4-1　文化与消费者行为的关系

资料来源：闫国庆. 国际市场营销学［M］. 2 版. 北京：清华大学出版社，2007.

4.1　国际市场营销的文化环境（The Cultural Environment of International Marketing）

　　国际市场营销面对的是全球各个国家、各个地区的消费者，文化差异会带来价值观、生活方式、消费理念、消费态度、消费行为等多方面的不同。文化差异有时会决定企业对国际目标市场的选择。在其他条件相似的情况下，海外投资者总是钟情于与本国文化相近的国家和地区。美国企业的海外投资主要集中在加拿大和西欧；中国的快递企业（如蜜蜂快递、易码头）2014 年"出海探路"，将目标锁定为在法国和西班牙生活的华人，为他们提供"快捷""低价"的快递服务。选择文化相近以及由此产生的沟通便利是一个重要原因。便利的文化沟通可以大大节约国际交易费用。

　　作为一名营销者，若要了解一个国家或地区的人们的行为及基本态度，就必须掌握关于该国家或地区的一些地理及历史知识。营销者虽能注意到一种文化的细微之处，但若不能领会地理与历史在文化形成中的作用，那么也就很难完全弄懂何以产生这些差别。

　　地理是每位营销者都将遇到且无法控制的环境因素，然而这一因素却经常被忽视。任何社会文化及经济都会努力在给定的地理范围内设法满足自身的需求。因此，评价市场和环境必须研究地理。西门子公司对其洗衣机做出更改：由于德国及斯堪的纳维亚地区晴朗天气较少，在该地区适销的洗衣机转速不得低于 1 000r/min，最大转速几乎达到 1 600r/min。这样，用户不必再费神去拧干衣服。相反，在意大利和西班牙，由于阳光充足，洗衣机转速达到 500r/min 就足够了。

　　历史有助于阐释一国的活动。洞察一国的历史对于理解政府及公司的作用、劳资关系、管理权力的来源及对待跨国公司的态度具有特别的作用。为了阐释清楚一个国家的自我形象、态度及恐惧心理，不仅要研究一种文化的现在，还要研究它的过去，即一国的历史。出于历史原因，我们或许会憎恨"外国佬"，但在商业化的现实世界中，各国却无奈地相互牵制着。

4.1.1　文化的含义（The Meaning of Culture）

荷兰管理学家吉尔特·霍夫斯泰德（Geert Hofstede）把文化称作"大脑的软件"，认为文化是人类思想和行为的指南，是解决问题的工具。[3] 被称为"人类学之父"的爱德华·B.泰勒（Edward B.Tyler）于1871年在其代表作《原始文化》中给文化下的定义是："文化是一个复合的整体，其中包括知识、信仰、艺术、道德、法律、风俗以及作为社会成员而获得的其他方面的能力和习惯。"罗伯克·西蒙兹（Robock Simmonds）于1989年提出，文化是指一个社会规定人的行动的社会规范及式样的总体系。

文化有广义和狭义之分。广义的文化是指人类在社会历史实践过程中创造的物质财富和精神财富的总和。狭义的文化是指社会的意识形态以及与之相适应的礼仪制度、组织结构、行为方式等物化的精神。总之，文化就是人类的全部知识和习俗的总和，既包括精神的内容，也包括物质的内容，除了政治、经济以外的一切东西，都可归入社会文化的范畴。

价值观是文化的核心。任何一个人或组织总是有其追求的目标，也都有自己的信念，这种最高目标和信念成为一个人或组织成员行为的共同价值观。人性化是文化的中心。社会和组织只有最大限度地尊重人、关心人、依靠人、理解人、凝聚人、培养人，充分调动人的积极性，发挥人的主观能动性才能不断增强组织和社会的内在活力。柔性管理是文化管理的主要方式。社会和组织文化是以一种文化的形式出现的现代管理方式，自动地调节社会和组织成员的心态与行动，并通过这种文化氛围的心理认同逐渐地内化为社会和组织成员的主体文化，使社会和组织的共同目标转化为成员的自觉行动。增强群体凝聚力是文化的首要任务。社会和组织的成员有不同的风俗习惯、工作态度、行为方式，社会和组织文化通过寻找观念共同点和建立共同的价值观，不断强化社会和组织成员之间的合作。

4.1.2　文化的基本特征（The Fundamental Characteristics of Culture）

文化具有内生性、演绎性、习得性、延续性、共享性、集合性、多样性、民族性、相对性、变动性的特征。

（1）内生性与演绎性。文化是在人类社会共同生活过程中衍生出来或创造出来的，凡人类有意无意地创造出来的东西都是文化。自然存在物及其运动不是文化，如山川河流、日月星辰本身都不是文化，但人类据此而创造出来的历法、文学、艺术以及其他物品却是文化。人可以点头和摇头，这种生理机能本身不是文化，但赋予点头和摇头一定的含义，使它成为一种沟通符号，这时点头和摇头就成为文化。

（2）习得性与延续性。文化不是天生的，而是后天学来的。人的观念、知识、技能、习惯、情操等都是后天学来的，是社会化的产物。凡文化都是通过学习得到的，不需要学习的先天遗传本能不是文化。例如，人分男女，这本身不是文化，而如何做男人和女人，如何扮演好性别角色，这需要后天学习才能知道，所以做男人和做女人的规矩、模式就是文化。此外，文化具有传承性和延续性。

（3）共享性与集合性。文化是一个群体或社会全体成员共同享有的，个别人的特殊习惯和行为模式，不被社会承认的不能成为这个社会的文化。一个社会的人在共同生活中创造出来并共同遵守和使用的才成为这个社会的文化，如语言、风俗习惯、规范、制度、社会价值观念等。吃馒头是中国北方人的饮食文化，吃卷饼是阿拉伯人的饮食文化。文化形成往往还具有集合性、区域性的特点。

（4）多样性与民族性。文化都是具体的、特殊的，因此无论从纵向历史角度看，还是从横向空间角度看，世界各个时期、各个地域和民族的文化都是不同的，而且差异很大。中国古代妇女以缠足为美，所以用一个美好的词"三寸金莲"来称呼它，现在"三寸金莲"已成为历史的陈迹。这就是中国古代文化与现代文化的不同点之一。人类学家和社会学家记载了世界各地的许多特殊文化，充分说明文化的多样性。不承认文化的多样性，就会走向种族中心主义，即用自己民族的价值标准判断别的民族中发生的事件和现象。比如，在很多美国人的眼里，只有美元才是钱，别国的钞票都是纸。种族中心主义发展到极端就会产生民族沙文主义，即认为自己的民族才是优等民族，鄙视和仇恨别的民族。

（5）相对性与变动性。文化是一份社会遗产，是一个连续不断的动态过程。任何社会的文化，都是同这个社会一样长久的，是长期积累而成的，并且还在不断地积累下去，是一个无尽无休的过程。这个过程的任何一个阶段、任何一个时期的文化都是从前一个阶段或时期继承下来的，并增加了新的内容。继承的并不是以往文化的全部，而是继承一部分，舍弃一部分，再增加一部分，就成为一定时期的文化。因此，文化是一个不断继承和更新的过程，不能用孤立和静止的观点去看待文化。因循守旧、故步自封是不对的，完全否定传统文化也是不对的，并且是不可能的。

实现"中国梦"需要强大的物质基础，也需要强大的精神力量。文化是民族的灵魂和思想的导向。文化作为一种社会精神力量，在促进经济发展、推动社会进步、提高人的素质和增强综合竞争力方面发挥着重要作用。增强文化自信，需要创造性转化和创新性发展传统文化及社会主义先进文化。大力培育革命文化，不忘初心，创造性转化并创新性发展革命文化。国学大师南怀瑾说："一个民族需要一种精神力量支撑，而一个没有文化根基的民族是没有希望的。没有自己的文化，民族就不会有进步，不会有创新。"[4]

4.1.3 文化的要素（The Elements of Culture）

文化是一个有着丰富内涵的结构体系，其中包括许多相互联系、相互制约的基本要素。从组织的角度来看，美国学者托马斯·彼得斯和罗伯特·沃特曼认为有七种基本要素：**战略**（strategy）、**结构**（structure）、**体制**（system）、**人员**（staff）、**技能**（skill）、**行为方式**（style）、**共同价值观**（shared value）。其中，前三个要素是文化的硬件要素，而后四个是软件要素。

从结构层次上可以把文化分为表层文化、中层文化及深层文化，而从表现形态上可以把文化分为物化文化、管理文化、制度文化、生活文化、观念文化。这些多种多样的文化，由以下八个要素构成：精神、观念、价值观、道德或伦理、素质、行为、制度、形象。[5]

从知识层面可把文化分为两类：一类是关于某一文化的事实知识，这种知识较为明显，如各国的图腾文化、各民族的风土人情等；另一类是解释性知识，即全面地欣赏、理解、诠释不同文化特征间细微差异的能力，如时间观、人生感悟、价值观等。所以要想有效、高效地去营销，必须深入了解这两类文化。以下几种具体文化形态是文化的组成要素。

1. 物质文化（Material Culture）

物质文化是指人类创造的物质产品，包括生产工具和劳动对象，以及创造物质产品的技术。它与社会组织和社会经济活动紧密相连。物质文化不是所有物质形态的单纯存在或组合，自然状态下存在的物质，不属于物质文化的范畴。物质文化是人类发明创造的技术和物质产品的现实存在与组合，不同物质文化状况反映不同的经济发展阶段以及人类物质文明的发展水平。野生状态的原始森林不属于物质文化，而人类营造的防护林体系则属于物质文化范畴。物质文化不单单指"物质"，更重要的是强调一种文化或文明状态。

物质文化决定人们的生活方式。"鸡犬之声相闻，老死不相往来"的生活方式是较低的物质文化水平决定的。物质文化环境对国际市场营销的影响是多方面的。例如，在广告促销方面，目标市场国传播媒介的形式和完善程度，直接影响促销方式和效果。家用电器在发达国家销路很好，但在电的普及率不足1%的国家则购者寥寥。麦当劳在不同国家推出的菜单会根据当地的购买需求做出调整，在法国菜单会配有香槟，在德国会配有啤酒，在中国会配有红茶等。

营销透视 4-1　　　　　　　　国　宴

国宴作为两国友好交往的纽带，已经被赋予鲜明的政治与外交色彩，厨师的菜品容不得半点马虎。做菜，首先得弄清什么不能上。

各国文化、宗教、信仰不同，对饮食的禁忌也不一样。而且国宴的厨师做菜，并不是简单的一汤、一羹摆桌那么简单，要考虑到民族关系、地域特点、饮食习俗、嗜好、宴会形式等诸多方面的问题。国宴厨师需要具备全面的综合素质，了解各国的饮食习惯及忌讳。例如，在菜品中不能出现来访国家的国旗、标志形状；不能出现鸡爪、内脏等食材；不能有违背来访国宗教信仰的禁忌食物，如印度人把牛奉为神圣，餐桌上就不能出现牛排；英国人视山羊与孔雀为不祥之物，在食雕造型中就不能出现这两种动物；法国人不喜欢菊花等。一个国宴厨师堪称"百国大使"，对世界各国的风土人情、食风食俗都要如数家珍。

资料来源：王洪发. 解密国宴［J］. 小康，2009（6）.

---

2. 语言（Language）

语言是反映社会文化的一面镜子。在国际市场营销过程中，营销人员要与顾客、中间商、供应商、雇员、政府官员进行沟通。一个成功的国际市场营销者，必须能灵活运用当地的语言——不仅清楚表达意思，更是体现亲切感。对于外国营销者来说，所有必须学习的文化因素中，语言也许是最难掌握的。如对商标和广告语言的粗心翻译，不仅会词不达意，而且可能表达相反的意思，甚至让人觉得荒谬或被冒犯。"White Elephant Au"，本意表示白象牌汽车配件，但"white elephant"是"无用而累赘"之意；"Pansy Men's Clothing"，本意是"三色紫罗兰男装"，但在俗语中"pansy"有"同性恋者"之意；还有，"百事可乐"的广告词

"'百事可乐'使你精神振奋"译成德语时却成了"从坟墓里活跃起来"。因此，通晓当地语言之前，应谋求在国外环境中的本国人的帮助，这是国际营销取得成功的细节因素，切不可马虎从事。

语言除了口头表达方式之外，还有肢体的表达方式，如体态姿势、面部表情等。根据不同的文化环境，非语言方式表达出来的意思及内容会有差异。例如，在一般情况下，点头表示肯定，而摇头表示否定，但在北欧左右摆头则表示肯定。还有触摸鼻子的手势在英国表示"小心"，而在意大利则表示"正在受骗"。"OK"的手势，在我国表示0或3，在法国通常就表示"正在做徒劳的事情"，而在希腊则表示与性行为有关的意思。因此，国际市场营销者不仅要了解目标市场国语言表达的真正含义，还要了解非语言沟通手段，即手势和面部表情所代表的真正含义。

营销透视4-2　　　　　　　　语言的解读

文化是人与人之间进行沟通时很深的障碍，特别是语言，因为语言是最基本的，同时也是最重要的工具。人们在交流信息的时候，需要借助语言来表达自己的思想，语言是交流最重要的媒介。进行国际市场营销的时候，我们要面对上百个国家、上百种语言。Tom是雀巢在中国的销售总监，Jon是北京分公司总经理，Jon感觉自己没有得到重用，就向Tom提交了辞呈。之后Tom和Jon进行交谈，Tom希望Jon留下来，但是Jon坚持离开。最后人力资源主管告诉Tom，中国人爱面子，不会主动提出来要加薪，而美国人却喜欢主动提出加薪。文化的差异导致了Jon的离职。

资料来源：高菲. 文化差异对国际市场营销的影响［J］. 安徽电子职业技术学院学报，2016（3）.

语言表达的，不一定就是说话者原本的意思，而是有很复杂的文化背景。爱德华·霍尔提出**高背景文化**（high context culture）和**低背景文化**（low context culture）的概念。在低背景文化中，信息的表达比较直接明确，语言是沟通中大部分信息的载体。在高背景文化中，语言部分所包含的信息比低背景文化要少，大部分信息隐含在沟通接触的过程中，涉及参与沟通人员的背景、所属社团及基本的价值观。中国、日本及一些中东国家属于高背景文化，而欧美国家则属于低背景文化。老子说："道可道，非常道。名可名，非常名。"这是中国成功人士的标志。话说七分，有城府，善于倾听，这就是中国人的典型文化。而在文化背景相对简单的国家，话说七分会被认为是"不诚实"的表现。

3. 美学（Aesthetics）

美学即关于美和审美体验的观念，是文化的重要组成部分，包括各类文学艺术中以不同形式表现的美，如音乐美、绘画美、雕塑美、形体美、舞蹈美、戏剧艺术美、文学形象美等，也包括人们对各种事物的美的体验，如对色彩、设计等的美感欣赏。在不同国家和地区，不同阶层、性别、趣味的人有不同的审美观。美学的内容是非常丰富的，这里只讨论对国际营销较有影响的几个方面。

（1）设计（design）。国际市场营销过程涉及产品、包装及有关建筑设施等的设计。国际市场营销者必须了解目标市场国当地的审美倾向，切不可按本国人的审美观臆测，若把本国人认为美而当地人不认为美的设计运用到该目标市场国出售的产品或包装上，必然导致营销活动的失败，有时还会伤害当地人的感情，使自己的产品很难进入该国市场。比如，历史上一些西方传教士在东方国家所做的建筑设计，因不了解也不尊重当地文化和审美情趣而遭到责难。在许多地方，西方人建造的教堂不受欢迎，被看作西方文化侵略的象征。

在美学领域中，虽有某些国际性或普遍性的审美观，但在不同国家和民族中，不同性别、不同阶层、不同宗教信仰的人，又都有自己独特的审美标准、方法和习惯。以时装为例，审美观的地域性、民族性、传统性就很明显：日本时装，既古典传统又善于标新立异；美国时装，色彩变化大，花枝招展，鲜艳照人。因此，经营国际服装业的人必须深入了解和研究文化，在设计上要适合各国和各地区的特点，才会有好的营销成果，同时还要考虑到多种因素带来的人们审美观的变化。

人们审美观不同，消费行为也表现出不同。审美观受多种因素的影响，比如各个国家或地区的风土人情、信仰不同而导致审美会有差异，个人成长的经历等也在不同程度上影响着各自的审美观。

（2）色彩（colour）。色彩是人的视觉感受。色彩的审美倾向在不同国家、不同民族之间可能完全一致，也可能很不相同。例如，西方人多以黑色表示哀悼，东方人却以白色作为丧服的主色；西方人结婚，新娘要穿白色婚纱，东方人却以红色作为喜庆的主色调。人们对不同的色彩会赋予不同的意义和感情象征。例如，美国人经常用色彩来表达思想感情，他们会说看见了红色、羡慕绿色或感知了蓝色，等等。这种对色彩的审美趋向，与国际市场营销特别是商品本身及其包装的颜色选择关系极大，若选了不合适的产品色彩或包装色调，可能会失去许多买主，而仅仅是变换一下色彩，就能顺利地打开销路。

不同的色彩偏好会形成不同的消费行为，这就要求营销者依据不同地区的"色彩"文化来灵活地进行产品和服务的销售，尤其要注意避免进入误区。

（3）音乐（music）。音乐美是美学感受的一种形式，不同国家、不同民族的音乐体现了不同的文化。因此，国际市场营销者也要对不同国家人民对音乐的偏好，以及其对营销活动的影响进行分析和研究。国际市场营销者不必是音乐家，但要在目标市场国推销商品、进行广告宣传，在选择背景音乐时一定要慎重，应多听有关专家和各方面代表人士的意见。一般来说，选用当地人熟悉的音乐做广告，会起到较好的效果，因为人们总是乐于接受乡音。也可以适当采用一些有异国风情的曲调，可能会激起消费者的冲动性购买，从而收到良好的效果。

音乐营销要让音乐和品牌产生共振。众所周知，英特尔的品牌总是与一段强有力的音乐配合出现。那么，一个品牌如何选择有关自身品牌的音乐呢？英特尔当初认真研究了人们对其品牌的触觉，并将音乐融合在其品牌中。品牌一旦拥有了标志性的音乐，那么音乐出现，品牌也就出现，消费者听到音乐的同时也感触到品牌，所以品牌和音乐的结合对于品牌有非常大的提升作用。此外，像娃哈哈、百事可乐、苹果等都曾做过很多和音乐有关的营销，成功地让音乐和品牌融为一体，让音乐中有品牌精神，品牌中有音乐元素。从"小霸王"的"拍手歌"，张惠妹的"雪碧歌"，到娃哈哈的"我的眼里只有你"，美妙的旋律、朗朗上口的歌词使一个个品牌脱颖而出，甚至多年以后依旧令人记忆犹新。

总之，目标市场国的美学观念，深刻影响着国际市场营销活动的绩效。所以，必须深入了解和研究有关的一系列美学问题，并在制订营销方案的各个细节、各个方面予以充分考虑。

4. 教育（Education）

教育包括正式教育和非正式教育两种形式。正式教育是指在学校所受到的正规训练，非正式教育包括在家庭或社会所受到的教育。社会教育水平的高低与消费结构、购买行为有着密切的关系。一般来说，受教育程度高的消费者对于新产品的鉴别能力和接受能力较强，购买时的理性程度也较高，容易接受文字宣传的影响；受教育程度低的消费者则相反。

由于所受教育不同，人们的消费观念和消费模式会有很大差异。例如，中国传统教育中有许多崇尚节俭的教育思想，深受这种教育影响的人在消费模式上就会比较节俭。受过现代科技教育的人，一般会很容易也很快接受新技术、新产品。在人均收入水平相仿的国家，往往由于教育水平的差异，教育的内容、结构和侧重点不同，形成不同的消费模式。

国际市场营销者不仅应了解和适应目标市场国的教育特征以便开展营销，还应充当"教育者"的角色，即通过营销活动，特别是新产品、新技术的推广，来促进目标市场国教育水平、技术水平、审美品位和现代化意识的提高。

5. 宗教（Religion）

宗教对国际市场营销活动起着很重要的影响。第一，宗教节日会对市场需求产生影响，如圣诞节、复活节等都是如此。在信仰基督教的国家，由于在圣诞节有互相交换礼物的风俗习惯，因此，一年销售额中大约1/3是在这一期间实现的。第二，宗教禁忌对市场营销的制约。不同的宗教往往有自己的清规戒律，如伊斯兰教禁止吃猪肉和饮酒；在一些特定的纪念活动期间，因绝食和禁食，会使购物需求急剧下降。

营销透视 4-3　　　　　宗教化营销

美国著名品牌咨询师马丁·林斯特龙曾通过核磁共振仪扫描苹果"粉丝"的大脑，发现它们对苹果公司的反应与"基督徒对耶稣"的反应非常相似。林斯特龙说："苹果的品牌力量如此强大，以至于人们对苹果如对待宗教般虔诚。"林斯特龙在他的《买的学问——顾客为什么买？如何购买？买的真相！》一书中说："宗教是庄严高贵的传道，是神秘的符号和仪式。"他认为，宗教和品牌具有共同特征。而苹果和宗教确有一个共同的特征：将忠实信徒们紧密地团结起来，以主动宣布挑战的策略吸引忠实客户，引发争议，提高忠诚度，使用户展开思考、争论，引起购买行为。苹果努力培养"粉丝"的"宗教热情"，包括极力维护其神秘性以及暗示顾客是"被选定的"。林斯特龙指出：苹果最有效的营销方式都被整合到了它们自己的产品中。iPod 的白色耳机、白色耳机线，Mac 的开机声音以及 MacBook 与众不同的后盖，这些选择没有一个是意外。

资料来源：孔繁任. 建立一个大品牌就是建立一个宗教［J］. 金融界，2011-12-20.

苹果理解这种"持续性感知、暗示"的惊人力量，将品牌打造成一种如同宗教般具有超越性的存在，使消费者在购买某种商品或服务时，不仅仅是在购买一种功能性的产品，更是在追求一种精神层面的满足和认同。品牌宗教化是以差异化产品和精准定位为基础，以品牌

文化和价值观的持续输出为手段，以构建品牌的形象、物质、精神和组织等为载体，建立消费者的精神文化和价值观认同，实现品牌的高认同度和忠诚度。[6]

6. 价值观和生活方式（The Value and Life Style）

（1）价值观。价值观是个人或集体追求的一种愿景及目标。价值观可划分为集体主义价值观和个人主义价值观。例如，日本国土面积小，自然资源匮乏，所以，一致性、服从性成为衡量一个人和公司成功的准则。在美国这种个人主义盛行的国家，个人财富和公司利润是衡量成功与否的准则。国际市场营销管理者在海外市场制定营销策略时，必须考虑到由文化价值观引起的不同群体消费者的购买行为及消费理念的差异。图4-2是某行业价值观环境变量分析。

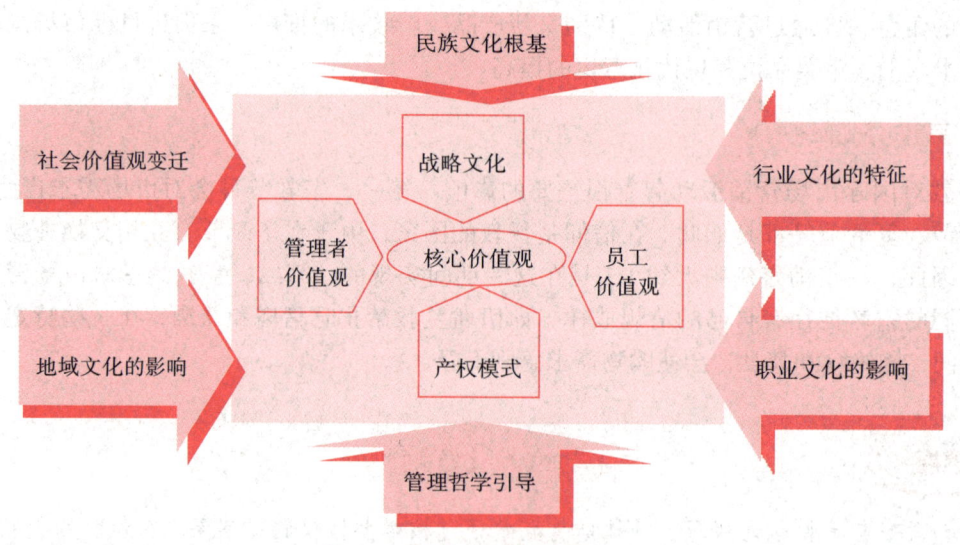

图 4-2　价值观环境变量分析

资料来源：http://www.wg365.com.cn。

营销透视 4-4　　　相信我就跟我走

北京时间 2011 年 10 月 6 日，苹果前任首席执行官乔布斯辞世，享年 56 岁。消息传出后，引发全球性舆论关注热潮。从政商精英、名人大腕到网民，各色人等通过各种形式哀悼和纪念这位传奇人物。英国前首相布莱尔称："对于所有生活在 21 世纪最初 10 年里的人而言，乔布斯仅仅通过个人的创意和不懈的努力改变了我们的生活方式。"乔布斯是至今唯一受到世界各地消费者尊崇的商人。乔布斯主义、乔布斯精神，成了新造的流行语。

"认同我价值的人，就是我的消费者，请跟着我走。"乔布斯在事业上是成功的，他和苹果一起"改变了世界"。他用 iPod 颠覆了音乐，用 iPhone 颠覆了手机，用 iMac、iPad 颠覆了计算机，又用皮克斯颠覆了电影。苹果用精神和价值观来号召和引领消费者，超越了纯粹的产品层面。从企业营销角度讲，产品之上是品牌，品牌之上是价值观，围绕消费者价值观树立品牌，而不是围绕产品的属性打造品牌。原因很简单：品牌是由购买者的价值观决定的。价值观描述了人们认为生命中哪些事情是重要的，比"需求"更深刻。品牌的最高价值观在于，引导消费者把品牌视为日常生活的一部分，当品牌带来独特的变化时，消费者就会接受这些变化，从而改变消费者在生活中的行为方式。对于苹果公司旗下的产品，乔布斯引领消费者而不是迎合消费者，让消费者跟着自己走，这种信条下的苹果产品从来都是特立独行、时尚、个性、高定价的，他的创造力和想象力定义了一个时代。苹果现任首席执行官蒂姆·库克说："乔布斯留下了一个只有他才能缔造的公司，他的精神将永远是苹果之根。"

资料来源：风青杨. 乔布斯如何卖疯苹果手机［J］. 中国企业家，2011-07-26.

（2）生活方式。人们的生活方式具体表现为**活动**（activities）、**关心事宜**（interests）、**思想见解**（opinion），即 AIO。即使在同一个文化圈、同一个社会阶层、同一个职业的人们，他们所拥有的生活方式也各有差异。为了测定人们的生活方式，一般采用 AIO 设问项目。

以消费者的心理状态为基准的市场细分的方法主要是 VALS 法。VALS（values and lifestyle survey）着眼于消费者的价值观和生活方式。VALS 从两个角度，即纵轴为消费者所具有的资源特征，如收入、受教育水平、自信感、健康、购买欲望等，横轴为消费者对世界的见解，如以原则为主的消费者、以身份地位为主的消费者、以行动为主的消费者等，对整个市场进行细分，分成 8 个细分市场，如图 4-3 所示。其中成就者的特点是：资源丰富，并以原则为主；对每一件事情都很慎重，有责任心，有教养；业余活动主要是在家里进行的，但对外面的世界动态非常清楚；对于新构思的接受力强，对社会变化反应敏感。成就者一般是具有专业职业、高收入以及追求现实的消费者群体。

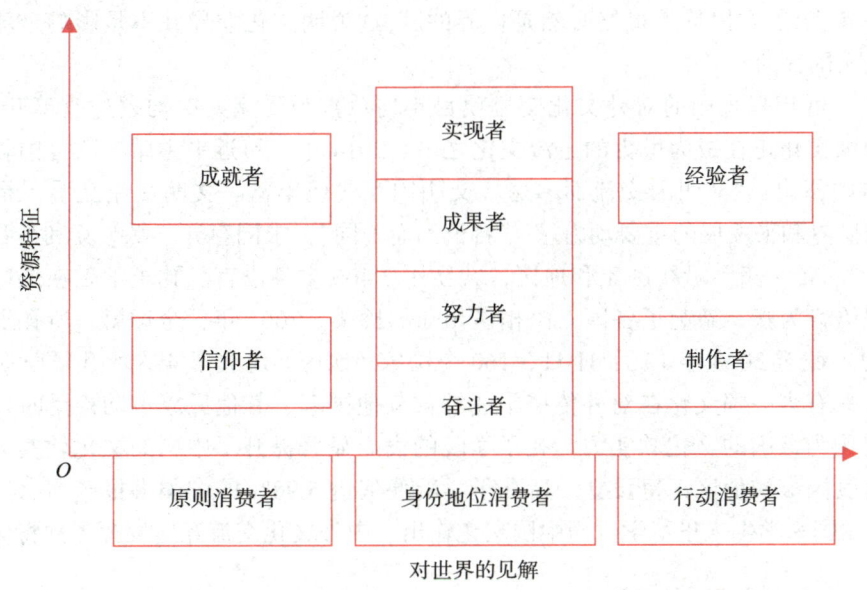

图 4-3　VALS

资料来源：闫国庆. 国际市场营销学［M］. 2 版. 北京：清华大学出版社，2007.

对于顾客价值的判断是品牌内核的来源。永远站在顾客的角度，永远守护顾客的信任，才是构建品牌的可行之路。

4.1.4　文化的变迁（The Change of Culture）

文化是可以传播的，它会从一个国家或地区移植到另一个国家或地区，因为文化是属于民族的，而民族都是相通的。文化也是可以变化的，随着时间的流逝，新的文化气息会融合进来，旧的文化会被人们抛弃。及时掌握文化变迁将给企业带来新的营销机会和巨额利润。例如，日本的饮食文化从喜爱高脂食品发展到现在崇尚低脂、低胆固醇的绿色食品，中国的一些进出口公司就抓住了这一机会，大量组织蕨菜等野生菜出口。

（1）文化借鉴。文化借鉴是指为了更好地解决一个社会的特殊问题而借用其他文化的有用方法，它是一种对社会负责的努力。如果这种借用确实能适合当地需要并为民众所接受，它就会融进主体的文化传统之中。相当一些文化中的某些特征，事实上是借用了一部分其他文化。比如，今天我们所用的电灯、电话，都是美国人发明的；而欧洲人制作的火枪，又是在中国人发明的火药基础上发展的。

（2）文化演绎。变化是人类文化的一个特征，也是文化存在的一种形式。人们的习惯、观念、行为及气质等都非一成不变，而是在不断变化的。但是，在变化之初会遇到阻力。几乎任何一种新方法、新思想和新产品都要经过一番释疑，才会被人们接受。事实上，决定何种东西会被接受以及接受程度大小的最关键因素，是人们对新事物的兴趣以及以新代旧的程度，即新事物对现有的价值标准和行为模式有多大的破坏力。如今，美式快餐、美式饮料、美式牛仔裤、好莱坞电影等具有强烈西方文化色彩的商品充斥各国市场。中国人对英语学习的普及正在演绎着外国的文化。同时，随着回归自然的环保理念的流行以及我国综合国力的全面提升，中国传统文化中倡导人与自然和谐发展的"天人合一"思想越来越受到世界各国人民的重视。正是在这一背景下，中医、中药等一大批代表中国文化的产品迈入西方市场。这应验了一句老话："民族的最终必然是世界的。"这说明文化差异并不是影响全球营销的障碍，营销是无国界的。

据统计，近年来我国的对外文化交流项目年均总数与受众人次均超过改革开放前30年的总和，中国文化正在成为世界的主流文化之一。2014年，习近平主席在联合国教科文组织总部的演讲中指出："文明因交流而多彩，文明因互鉴而丰富。文明交流互鉴，是推动人类文明进步和世界和平发展的重要动力。""君子和而不同"，求同存异、平等互利是我们始终秉承的理念。"一带一路"沿线国家和地区，共使用2 400多种语言。孔子学院在全球范围内广泛分布，以语言为媒，架起了各国人民相遇相知的桥梁。2004年，全球第一所孔子学院在韩国首尔揭牌。截至2023年12月31日，160个国家（地区）建立了496所孔子学院和757个孔子课堂。只有当一国文化在对外传播中能够被其他国家、其他民族主动接受时，这种文化才能直接转化为该国的文化软实力。孔子学院的设立显著提升了中国的文化软实力，在"一带一路"沿线国家和地区，每设立一所孔子学院便促进5.98%的中国书报产品出口，并吸引6.48%的沿线国家学生来华留学，为中国文化输出、中外文化交流互鉴发挥了独特作用。[7]

4.1.5　各国的商业习惯（Commercial Customs of Different Countries）

一个国家的商业习惯与该国的文化是密切相关的。犹如语言一样，商业习惯也是文化环境的组成部分。目标市场国的商业习惯影响着各地来此经营者的效率和效果，同时，各地的风土人情也在日益丰富着目标市场国的亚文化。这种情况下，国际市场营销人员最为重要的是要学会调整自己，以适应目标市场国的文化。

人们的经商方式是文化环境的组成部分。由于地方文化的支配作用，各国的商务惯例在接触级别、交谈的语言和手势特点、礼貌和效率以及谈判重点等方面都存在着极大的差异。价值观、礼仪、交往方式、图案、颜色等方面影响着商业习惯。因此，在开展国际市场营销之前，营销者必须对目标市场国的商业习俗有所了解。这里，我们介绍几个主要贸易伙伴在商业习俗上的一些特点，以供参考。

在美国，"赚钱是这个国家的主要目标。美国人看重金钱与其说是为了生存，不如说是作为一生成就的证明"。[8]美国人的商业文化特点是：坦率、自信、热情、真挚、性格外露、讲究效率，喜欢直截了当地进入谈话主题，并且喜欢不断地发表自己的见解，力图说服对方，注重实际，追求物质上的实际利益。美国人的法律意识很强，在商务谈判中非常注重法律、合同。美国人的时间观念也很强，所以，在美国谈生意不必过多地问候握手，可直接进入谈话主题。美国人还很注重商品的包装和装潢。只有新奇、美观、符合国际潮流的包装与装潢，才能激起美国人的购买欲望，打开市场。

在日本，商界是最注重谦恭的。日本人在谈判中有时不能坦率、明确地表态，有时报价中的水分极大，常使对手产生含糊不清、模棱两可的印象甚至误会。

在韩国，尊重别人的长辈可以获得其好感。在做生意时可以注意问候其长辈情况，甚至送些小礼品。如果能让他们看到赚取商业利润的希望，他们会想尽办法与你进行商贸合作。

4.2 国际市场营销的社会环境（The Social Environment of International Marketing）

4.2.1 社会组织（Social Organization）

本书把作为社会的人相互发生联系的各种组织形式统称为社会组织，它是人们之间相互联系、沟通的方式。最基本的社会组织形式是家庭亲属关系，还有共同区域中人们的社会联系、特殊利益集团、各种社会阶层和相关群体，等等。

1. 亲属关系（Relative）

家庭是社会生活的基本单位，亲属关系是社会组织的最基本组成部分。当代家庭规模普遍缩小，传统的大家庭日渐减少，两代人三四口在一起生活的核心家庭越来越多。子女成年后即独立生活，组织新的核心家庭，对营销活动的影响总的来说并不大。在一些发展中国家中，家庭规模还是很大的，如一些非洲国家的家庭，多是几十口人在一起生活的扩展的家庭，这种家庭的成员之间因亲属关系而产生的联系比较紧密，对营销活动的影响就较大。

2. 相关群体（Relative Group）

由亲属关系再扩展开去，就是各种类型的共同区域中的社会关系形成的相关群体。当代各国的共同区域中的社会组织，主要是邻里、社区、地区、职业、政治、宗教等形成的各种社会组织。生活在不同区域中的人们，在生活方式、消费习惯等方面形成了一些各自的特点。国际市场营销者应当了解和分析这些特点，有针对性地对不同区域开展适合当地特点的营销活动。

3. 社会阶层（Social Stratum）

每个国家的全体居民均分为若干社会阶层。社会阶层的划分总是与经济收入相联系的，经济收入不同，形成的市场购买力也不一样。同一阶层的个人收入相仿，也具有相似的购买力。各个阶层对市场上各种商品的需求虽有变化，但总体上是稳定的。因此，社会阶层是市场细分的重要依据之一。例如，北欧各国人均收入普遍较高，社会福利也较多，分配比较平均，阶层划分就不大明显。但在多数国家，包括美国这样发达的资本主义国家及更多的发展中国家，其阶层划分、贫富差距还是很明显的。国际市场营销者应分析社会阶层状况，以制定合理的营销策略。

美国市场学和社会学家华纳从市场需求和购买行为的角度，对美国的社会阶层做了代表性分析，这种分析对国际市场营销者来说很有启发。他认为：美国的社会阶层可分为从上上阶层到下下阶层六个层次，其需求特点和购买行为各不相同。比如，上上阶层主要是大富豪、大商人、大企业家或金融家等，占总人数的不到1%；中下阶层主要是小店主、公务员、教师、技师、企业职员、警察、邮政人员及一部分高级蓝领，是美国第二大阶层；下上阶层主要是蓝领工人、手工业者、商业职员等，是美国第一大阶层。不同社会阶层的人在购买动机和购买行为上有很大区别，国际市场营销者必须针对不同社会阶层的需求开展营销业务。以上关于社会阶层与购物倾向的分析，适用于一部分商品和服务，而一般生活用品，如普通食品、卫生用品等，社会阶层之间的区别则不太大。[9]

社会学理论认为，权力差距维度表示社会接受和许可的权力差别的程度。在权力差距较大的社会，通常有一个确切的等级顺序，其中每个人都有一个适当的位置；在权力差距较小的社会，人们普遍相信，所有的人都应该有平等的权利，以及改变他们在社会中位置的机会。一个顺序良好的权力分配，会有益于良好的社会管理，这是因为人们知道自己的位置是什么，而且在事实上，人们受到这种顺序的保护。另一些社会则认为权力是破坏性的，并且相信权力较小的人会不可避免地在权力较大的人手下受苦。一个社会集团的力量强弱并不在于人数的多少，而取决于其组织程度。显然，和社会所有其他群体相比，时下农民是组织化程度最低的一群人，由此，在社会博弈中，他们总处于失语状态，一再成为利益的牺牲者，几乎不可避免。而在政治参与方面，农民地位的边缘化同样不容乐观，远低于他们在总人口中的实际比例，这样的代表结构对农民的权利维护无疑不利。要消除这种城乡差距，在经济层面上，"调整国民收入分配格局""以工业反哺农业、以城市支持农村"固然非常重要，但从公民权利层面着手，弥合消费差距背后的权利差距更为根本，也更为关键。

4.2.2 社会责任与伦理（Social Obligation and Ethic）

企业社会责任（corporate social responsibility，CSR）观念起源于美国，并于20世纪30年代在学术界形成了企业社会责任思想。斯蒂芬·P.罗宾斯（Stephen P. Robbins）的《管理学》把社会责任定义为："一种工商企业追求有利于社会的长远目标的义务，而不是法律和经济所要求的义务。"所谓企业社会责任，是指企业在创造利润、对股东负责的同时，还应承担起对劳动者、消费者、环境、社区等利益相关者的责任，实现企业与其相关区域的统筹、协调发展，企业与社会的和谐、可持续发展，达到企业利益和社会发展的双赢。

从伦理学的角度分析，当前企业在市场营销与道德规范关系中主要存在着五种不道德的行为：贿赂、强制、欺骗、窃取、歧视。[10] 这些不道德行为产生的首要因素是行为人不顾他人权益的自利动机，其次是信息不对称（易产生"逆向选择"和"道德风险"），最后是垄断的存在。

在国际市场营销中，作为现代社会重要组成部分的企业，具有经济和伦理的"双重属性"。企业不仅是作为经济实体的"经济人"，也是作为伦理实体的"道德人"。企业承担社会责任、遵守伦理规范并不排斥企业追求正当的经济效益，一个真正对社会负责任的企业既要追求利润，又须遵守法律，重视伦理。企业社会责任和伦理是企业立足于社会的根本，企业的第一目标是生存，其次才能考虑利润。[11]

现代企业主们对"企业社会责任"的理解不尽相同：有的把实践企业社会责任当成是经营活动中的一种花边和点缀；有的把企业社会责任理解为捐款、做善事；有的认为企业社会责任的价值在于提升品牌的知名度、美誉度；有的把对企业社会责任的认识上升到"社会营销"的层面，是提升企业竞争力的一部分。不管怎样的认识，都有它的社会文化背景，虽然是同一种现象，但不同的人视角却不相同。

美国运通的一位总经理说："社会责任是一个很好的营销诱饵。"[12]

"中国首善"陈光标于2010年9月宣布在生命的终点会捐出全部财产（超过50亿元），这正是企业家社会责任的体现。企业家的社会责任不同于他们的社会响应，更有别于法律规定的企业家的社会义务。

营销道德随着社会环境的变化而有所不同，即使在同一国家内，也没有明确的道德标准和共同的参考依据。商业道德在国际市场上更为复杂，在一个国家被认为是正当的事情，在另一个国家则可能完全不被接受。礼品变为贿赂又是另外一种问题。世界各国都在试图区分礼品与贿赂之间的关系，简单的办法是规定一个金额范围，但这也难以界定。例如，在德国，超过40美元的礼品就被视为贿赂。但在另一个国家，为了签订一个肉类加工厂的合同，东道国企业在完全合乎法律手续的条款中规定，要对方企业捐款125万美元建设一个儿童医院。数额相差之大，让人很难得出一个统一的道德标准。

笼统地讲企业道德是容易的，但是当你面对某些"独裁者"，要做出是否投资数百万元以保住自己的财产或利益的决定时，就十分困难。正如一个外国商人所说的："这不是道德，这是在做生意。"一切道德问题都取决于个人或董事会在实用主义和绝对道德之间的取舍。

4.3 差异化社会文化环境背景下的营销思路（Marketing Ideas in the Context of Differential Social and Cultural Environment）

文化调适（cultural conditioning）类似一座冰山，我们感觉到的文化不同只是冰山一角，深层次的文化阻隔才是开展国际市场营销的铜墙铁壁。在对不同市场体系的民族、政治和经济结构、宗教与其他文化因素的研究调整过程中，国际市场营销者的鼻祖不断地防止以自身文化中的既有价值观和假设尺度去衡量与评价市场,他们必须采取积极步骤,使自己意识到在分析和决策过程中所依据的自我文化参照系统的束缚,防止出现先入为主的思维惯性。

> **营销透视 4-5　　　　　　　　品牌 IP 营销**
>
> 在数字时代,生动而有立体感的品牌故事,不仅是链接品牌与消费者的核心载体,更有潜力通过长期沉淀转化为品牌心智资产。从品牌故事出发的品牌心智建设,往往具备更强的说服力去链接更多用户。与品牌故事相匹配的 IP 周边、跨行合作、创意工具等都在不断唤醒和强化用户的品牌认知。乳业品牌"认养一头牛"凸显品牌在营养、功能、品质上的量化指标,强调牛种的澳洲血统出身,每天 80 元伙食费,牧场有专供奶牛享用的"月子中心""幼儿园"……这样的表达方式与内容呈现,显然比单纯告知消费者自家的牛奶蛋白质含量高、能补钙、奶源可溯源等都更有效。此外,该品牌还致力于与用户产生情感链接。其高速成长的背后是生动而有立体感的完整品牌叙事链。"云认养"小游戏让用户体验到从产牛到挤奶的奶牛养育全流程,期间不断强化品牌优质奶源的卖点。推出虚拟形象 IP 小奶牛"一头"及玩偶、杯子、抱枕等周边衍生品;积极与不同领域的众多网红品牌(如喜茶)展开内容共创,从而突破圈层壁垒,获得更多曝光度和知名度,使营销价值最大化;与 KOL 合作打造诙谐幽默的广告片,以极具创意的内容传递品牌理念和产品功能利益点……
>
> 资料来源:科尼尔. 2022 中国市场营销八大趋势[N]. 中国食品报,2022-11-22(8).

4.3.1 营销步骤(Marketing Steps)

(1)充分了解目标市场的文化环境。充分了解当地的地理位置、历史路径、教育背景、宗教信仰、风土人情、思维方式、价值观等特点。当然,也必须了解目标国的法律环境等。例如宗教信仰方面,可以关注宗教节日,因为它可以成为难得的促销机会,同时应争取当地宗教机构的支持。

(2)培育专门的国际营销人才。人才需要具备市场营销学、心理学、语言等方面的理论知识,更需要熟悉目标市场的商务惯例。

(3)从研发到销售进行文化个性化设计。只有适应当地的文化个性,才能得到消费者的青睐。例如,不同的文化对产品的颜色、包装及款式的要求是千差万别的,企业需要迎合不同文化的要求来设计产品。

(4)有效管理国际市场营销。在国内成功的经验,在国外并不一定适用。每个目标市场都有不同的文化,不同的文化会导致不同的管理方式,应不断强化信任和团结意识,使之产生亲近感、信任感和归属感,实现文化的认同和融合,实施包容的融合管理模式。

4.3.2 营销策略(Marketing Strategy)

1. 价格策略(Price Strategy)

价格属于整体概念,涵盖许多方面,例如运输费、拆零费等。日本的议价由低到高,欧洲的议价自高到低。美国商人很少有讨价还价的余地，因为他们提出的合同条款内容，大都是由公司的法律顾问草拟、董事会研究决定的，具体执行人一般无权对合同条款进行修改。英国商人友好，讲礼仪，善于交往，但在与人交往时，开始往往会保持一段距离，之后才慢慢接近。他们在议价时，一般不急于求成，在价格上也有商讨的余地。

2. 礼节策略（Etiquette Strategy）

首先，不同国家社会文化的显性与隐性反应不同：文化的显性反应表现为外在的服饰、有声语言及肢体语言烙印带来的一种生活态度；文化的隐性反应往往传递出个人成长的经历和需求，属于深层次的民族情结。例如，一些国家经历了长期的内外交战困顿，当地人对外来人和物都很敏感，这就需要在营销时学会等待，深度了解他们的需求，打消他们的疑虑，走进他们心里。其次，不同国家的礼节不同，要有针对性地沟通。例如，西方国家无论男女老少，职场上都称呼姓名和职位以表达尊重。德国人通常不习惯与人连连握手，若你与他连连握手，他会觉得惶惶不安。芬兰人在买卖做成之后，往往会举行一个长时间的宴会，请对方洗蒸汽浴。洗蒸汽浴是芬兰人一项重要的礼节，表示对客人的欢迎，对此是不能拒绝的。南美商人与人谈判时往往相距很近，表现得亲热，说话时喜欢把嘴凑到对方的耳边。

3. 思维策略（Thinking Strategy）

东方文化重演绎推理，习惯于从一般到个别，即根据一般原理推出个别结论。而西方文化重归纳推理，习惯于从个别到一般，即从许多个别事物的特征中找出这一类事物的共同本质。东方人的思维模式是整体取向，从整体到局部，由大到小，从笼统到具体，也就是先就总体原则达成共识，然后以此去指导具体解决方案的制订。而西方人由于受分析思维模式的影响，最重视事物之间的逻辑关系，重具体胜过整体，谈判一开始就急于谈论具体条款。因此，他们经常将价格、交货、担保和服务合同等问题分次解决，每次解决一个问题，从头到尾都有让步和承诺，最后的协议就是一连串小协议的总和。日本人通常不喜欢硬性、快速的"推销式"谈判。

4. 语言策略（Language Strategy）

一个民族所使用的语言与该民族所拥有的文化之间存在着密切联系。美国是个典型的低语境文化国家。在这种文化中，大部分信息是用明确而具体的语言或文字传递的，他们会直陈所想要的东西。中国则属于高语境文化国家，在高语境文化中非语言交流和间接的表达方式是传递和理解信息的重要因素，要理解话语的含义，领会字里行间的言外之意是必要的。中国人喜欢用沉默代替反抗。美国人说"是"就是同意，而亚洲人说"是"会有不同的理解，"是"的含义应依据情景来判断。

5. 时间策略（Time Strategy）

不同的文化背景表现出不同的时间观念。如北美人的时间观念很强，对美国人来说时间就是金钱；而中东和拉丁美洲人的时间观念则较弱，在他们看来，时间应当是用来享用的。爱德华·霍尔把时间观分为两类——直线型时间观和循环型时间观，前者强调"专时专用"和"速度"，瑞士人、德国人等具有此类特点；后者则强调"一时多用"，人们可以有宽松的时刻表和信息反馈的延期,中东和拉丁美洲人具有此类特点。韩国人一般不会提前哪怕半分钟到达,总是准时或故意略微迟到。法国人很在意对方是否准时,而他自己则常常迟到,并且常以"塞车"一类的借口加以搪塞。中东地区的人见面必须有约,但往往随意调整赴约时间和地点。德国人很守时,如对方谈判者迟到,德国人可能就会表现得冷淡。

6. 人际关系策略（Interpersonal Strategy）

法国人天性比较开朗,具有注重人情味的传统,因而很珍惜交往过程中的人际关系。在法国,"人际关系是用信赖的链条牢牢地相互连接的"。在日本,人们的地位意识浓厚,等级观念很重,因而与日本商人谈判,搞清楚其谈判人员的级别、社会地位是十分重要的。在德国,人们重视体面,注意形式,对有头衔的谈判者一定要称呼其头衔。澳大利亚商人参与谈判时,其谈判代表一般是有决定权的。[13]

营销透视 4-6　　　　　　兰蔻营销

兰蔻突破了化妆品业界传统的、以优雅沉稳色调为主的 VI 系统,针对目标顾客群大胆地推出了鲜亮的、时尚的、富含热情与另类的色彩系统。同时,兰蔻推行了擅长的服务营销系统。专业的培训与业务指导,引发代理商的业绩及忠诚的提升。推广化妆教育,针对大多数营销人员只会销售护肤品却不会销售彩妆的情况,开办了兰蔻教育学校及实习专柜,对营销人员进行彩妆知识、产品知识、化妆技巧、销售技巧等方面的教育,使他们从不会卖彩妆到乐于卖彩妆,兰蔻的销量由此也大幅攀升。培育消费者,开办兰蔻色彩工作室、化妆沙龙等面对面指导消费者选购彩妆、自助化妆、形象设计,使大批消费者成了兰蔻的忠实粉丝。消费者核心对产品核心的取代,带来的是网络化市场格局对直线式商业模式的替代。兰蔻这个品牌的创造者不只是兰蔻本身,从一开始,兰蔻的原材料供应、生产制造、包装设计、广告表现、销售渠道、终端表现、售后服务各环节构成的价值创造系统一起给品牌赋予价值。

资料来源:九圣. 如何经营"美"的价值［EB/OL］.［2016-02-29］. http://blog.sina.com.cn/.

兰蔻不仅把创造当作企业发展的动力,不断开发新产品,不断地创新营销环节的能力,而且针对不同的市场运用不同的模式。正是因为这种精神,兰蔻才成为风行世界的时尚品牌,得到人们的真心推崇和真诚赞美。任何一个企业都需要像兰蔻一样,聆听不同国家和地区各个年龄层次的消费者需求,并为目标市场顾客提供优质的产品和服务,这样才有可能在国际市场营销中做到精准营销,真正为顾客创造满意的价值。

本章小结

1. 国际市场营销与国内市场营销之间最主要的区别在于营销环境的差别,而文化环境是影响国际市场营销的重要环境因素之一。
2. 文化是一个复合的整体,其中包括物质文化、语言、美学、教育、宗教、价值观和生活方式。文化是人类的全部知识和习俗的总和，既包括精神的内容，也包括物质的内容。物质文化是指人类创造的物质产品。
3. 文化有广义和狭义之分。广义的文化是指人类在社会历史实践过程中创造的物质财富和精神财富的总和。狭义的文化是指社会的意识形态以及与之相适应的礼仪制度、组织结构、行为方式等物化的精神。
4. 文化具有相对性和变动性，人们在解决社会问题的过程中，会借入一些被认为是有用的其他文化，文化的变化既给企业界带来机会，也带来威胁。文化变化推动了营销行为的变化，同时国际市场营销的努力也促进着文化的变革。
5. 目标市场国的商业习俗对国际市场营销非常重要，了解商业文化、经营态度，以及做生意的方法有助于排除国际市场营销道路上的障碍，掌握价格、礼节、时间等策略能高效开展国际市场营销工作。

案例分析

商务习惯

阿拉伯人在社交活动中常邀请对方喝咖啡。按他们的习惯，客人不喝咖啡是很失礼的行为，拒绝一杯咖啡会造成严重麻烦。曾经有一位美国商人拒绝了沙特阿拉伯人请他喝咖啡的友好提议，这种拒绝在阿拉伯世界被认为是对邀请人的侮辱，结果这位美国商人因此而丧失了一次有利可图的商机。

德国人在绝大多数时候都穿礼服，但无论穿什么，都不会把手放在口袋里，因为这样做会被认为是粗鲁的。在澳大利亚，大部分交易活动是在小酒馆里进行的。在澳大利亚进行谈判时，谈判者要记住哪一顿饭该由谁付钱。在付钱问题上既不能忘记，也不能过于积极。在南美洲，不管当地气候怎样炎热，都以穿深色服装为宜。有些南美国家的商人乐于接受一些小礼品。中东地区的商人好客，但在谈判时往往缺乏时间观念，同他们谈判不能计较时间长短，而应努力取得其信任，即要先建立起朋友关系，这样就容易达成交易。在与法国人进行紧张谈判的过程中，与他们共进工作餐或游览名胜古迹，对缓和气氛、增进彼此的友谊大有裨益。但千万不能在餐桌上、在游玩时谈生意，因为这样会败坏他们的兴趣，让他们觉得扫兴。法国人的习惯是在吃饭时称赞厨师的手艺。在日本，很多交易都是在饭店、酒吧里消磨几个小时后达成的。北欧人和美国人谈生意时喜欢保有一定的隐私。在英国和德国，秘书们会将新的来客挡在外面，以避免经理们在会谈中受到打扰。在西班牙、葡萄牙、南美一些国家，敞门办公的现象可能会发生，但新来的客人也常常被请到外面等候。阿拉伯人也有"敞开门户"的习惯，客人任何时候来都欢迎。因而许多时候当一位阿拉伯商人与人会谈时，可能有新的客人进来，对此，习惯了谈话不被打扰的北欧人和美国人很快就会感到窘迫，因为周围坐着几位前来拜访的新客人。

资料来源：凌继萍. 国际商务中不同国度商人的风格[J]. 价格月刊，2004（4）：41-42.

案例讨论
1. 结合案例中阿拉伯人的礼节偏好，谈谈中东人的商务习惯。
2. 中国人有哪些商务习惯？

复习题

1. 什么是文化？文化的基本特征是什么？
2. 历史和地理是如何影响国际市场营销的？请举例说明。
3. 举例说明语言与国际营销沟通的关系。
4. 依据价值观和生活方式把消费者划分为若干个群体，谈谈你的理解。
5. 宗教对消费者行为有什么影响？
6. 为什么说文化因素是影响国际营销的核心因素？
7. 差异化社会文化背景下的营销步骤有哪些？
8. 社会责任与伦理的内涵是什么？比较中国与美国在社会责任方面的异同。

 思考与实践题

"东方既白"永久关闭：既败给了自己，也败给了时代

百胜中国 2021 年度报告，宣布终止运营旗下中式快餐品牌"东方既白"，所有门店计划将于 2022 年永久关闭。东方既白诞生于 2005 年的上海，被百盛中国视作肯德基的兄弟品牌。

虽然这些年各大快餐品牌都在大张旗鼓地做中餐，但是中餐可不是一个简单的门类，中餐有鲁、川、粤、苏、闽、浙、湘、徽八大菜系，有煎炒烹炸、焖溜熬炖等 28 种技法，任何一家餐厅都难以穷尽中国的各种菜品种类，而且中国人因地域差异巨大，口味也是五花八门。做中式快餐要么就集中在一个地方口味，比如老乡鸡，要么就集中在一种单独做法，比如蒸功夫，东方既白却想兼顾（140 个 SKU）。别说是东方既白，其实任何一个快餐产品都难以做到，东方既白做这种几乎不可能的事情，失败的种子其实早就埋下了。

百胜中国擅长做"洋快餐"，西餐的精髓特别是西餐快餐的精髓是标准化。然而，中餐的核心是什么？是一种不能言说的感觉，中餐做菜讲究火候不靠时间表，不靠精准到克的测量，靠的是经验，这种经验扩大到中餐的管理上，就是从菜品到企业的管理都透露出一种阴阳调和的"道"，但就是这种"道"层面的东西，是西餐公司最难理解的，这也就是肯德基、必胜客可以在中国赚得盆满钵满，但是百胜中国的中餐却始终不受市场欢迎的核心原因。

外国餐饮公司只研究中国菜是不够的，还需要好好研究中国文化和中国精神内涵。

资料来源：1. 财富中文网．百胜中国旗下"东方既白"宣布永久关闭 [EB/OL]．[2022-03-07]．https://www.fortunechina.com/jingxuan/17410.htm.
2. 澎湃网．东方既白永久关闭：既败给了自己，也败给了时代 [EB/OL]．[2022-03-08]．https://m.thepaper.cn/baijiahao_17001062.

讨论题

1. 你认为"东方既白"在中国市场失败的原因是什么？
2. 结合案例，谈谈影响跨国餐饮企业营销的文化因素有哪些？
3. "东方既白"的失败对于外国餐饮企业有什么启示吗？

本章注释

[1] Daxueconsulting.IKEA in China: cultivating an omnichannel home décor shopping

experience［EB/OL］.［2023-11-08］. https://daxueconsulting.com/ikea-in-china/.

［2］凯特奥拉，格雷厄姆. 国际市场营销学：原书第11版［M］. 周祖城，赵银德，张璘，译. 北京：机械工业出版社，2003.

［3］Hofstede G. Culture's Consequences［J］. Journal of Marketing，January，2001：103-109.

［4］张兴诚. 重拾文化自信，再造伟大复兴［EB/OL］.［2017-10-22］. http://ldhn.rednet.cn/c/.

［5］闫国庆. 国际市场营销学［M］. 2版. 北京：清华大学出版社，2007.

［6］林友清. 品牌之道［EB/OL］.［2023-06-03］. https:://zhuanlan.zhihu.com/.

［7］黄发红，朱玥颖，李欣怡. 文化结缘 民心相通（壮阔东方潮 奋进新时代——庆祝改革开放40年·数说·大数据观察）［N］. 人民日报，2018-10-29（9）.

［8］三亿文库. 各地商人的特点［EB/OL］.［2014-12-29］. http://3y.uu456com.

［9］徐炜，刘胜. 我国企业实施社会责任管理研究［J］. 技术经济与管理研究，2011（4）：48-51.

［10］麦克丹尼尔，兰姆，海尔. 市场营销学（英文版·第8版）［M］. 上海：格致出版社，上海人民出版社，2013.

［11］克洛，巴克. 广告、促销与整合营销传播（原书第5版）［M］. 应斌，王虹，等译. 北京：清华大学出版社，2012.

［12］营销广告［DB/OL］.［2010-10-02］. http://wewen.sogou.com/.

［13］刘刚. 国际商务谈判中文化差异的影响及应对策略［D］. 青岛：青岛大学，2008.

第 5 章
国际市场营销的科技环境
International Science and Technology Environment

重点词汇

CRM (Customer Relationship Management) A discipline in marketing combining database and computer technology with customer service and marketing communications. Customer relationship management (or CRM) seeks to create more meaningful one-on-one communications with the customer by applying customer data (demographic, industry, buying history, etc.) to every communications vehicle.○

E-Commerce (EC) Online transaction of business, featuring linked computer systems of the vendor, host, and buyer. Electronic transactions involve the transfer of ownership or rights to use a good or service. Most people are familiar with business-to-consumer electronic business.○

EDI (Electronic Data Interchange) A set of standards for structuring information and exchange of business transactions. Transmission is achieved through an electronic communication network that uses translation software to convert transactions from a company internal format to a standard EDI format. Trading partners may be involved in on-line banking, on-line retailing, and electronic funds transfer. There are paperless transactions in an electronic format.

Knowledge Economy For countries in the vanguard of the world economy, the balance between knowledge and resources has shifted so far towards the former that knowledge has become perhaps the most important factor determining the standard of living—more than land, than tools, than labour. Today's most technologically advanced

---

○ http://www.marketingpower.com.
○ What Is E-Commerce?［EB/OL］. http://www.export.gov/sellingonline.

economics are truly knowledge-based.[1]

OECD (Organization for Economic Co-operation and Development) A unique forum where the governments of 30 market democracies work together to address the economic, social and governance challenges of globalization as well as to exploit its opportunities.[2]

Network Marketing A business model based on a company distributing products and services through a network of independent contractors. It also includes all the marketing activities on the internet.

Intelligent Marketing One of the most productive ways of the company's market communications with real and potential buyers. It is based conceptually on stating precisely the target segments of consumers where the key mechanism is the database marketing.

Database Marketing A form of direct marketing that uses customer information contained in company databases in order to tailor the message to a particular group of customers.

Video Marketing An emotionally engaging way for brands to connect with customers and catch their attention in a digitally overloaded world.

导入案例

Identifying and Creating New Markets: A New Strategy for a Global Leader

Apple Inc. is an American multinational technology manufacturer that sells electronics, software, and online services. The company is the world's largest information technology company, and one of the world's largest mobile phone manufacturer. Its products include the iPhone, iPad, Mac and MacBook computers, iPod, Apple Watch, Apple TV, HomePod smart speaker, macOS and iOS operating systems, iTunes, Safari web browser, iTunes Store, iOS App Store, Mac App Store, Apple Music, and iCloud storage platform. The company was founded in 1976 by Steve Jobs, Steve Wozniak, and Ronald Wayne to sell its first product, the Apple I computer. It held its initial public offering (IPO) in 1980. It opened its first retail stores in 2001, and unveiled the iPhone in 2007. Jobs resigned from his position as CEO in 2011, and was replaced by Tim Cook. It became the first U.S. company to achieve a valuation of over $700 billion in February 2015.

资料来源：https://mashable.com/category/apple/.

从 iPhone 的成功我们可以得到以下启示。第一，技术进步和需求复杂化不断推动着创新的革命，与此同时也带来了产品和产业的融合。我们很难将移动电话定位于通信产品，它身上已融合了家电、通信、计算机、娱乐等行业的先进技术，而苹果公司凭借技术创新和恰当的组合引导市场是其成功的关键。第二，在竞争上，苹果公司持续的技术创新使自己始终处

---

[1] Ministry of Economic and Development, New Zealand. World Development Report [R/OL]. 1999. http://www.med.govt.nz.

[2] OECD. http://www.oecd.org.

于行业领先地位，苹果的差异化组合形成的模仿障碍把对手甩在了后面，使自己的领先地位得以保持，为自己争取到了获取价值和开展下一轮竞争的时间。第三，不断创新和与对手的时间差，还为苹果公司争取到了培养消费群体、巩固其品牌影响力的机会。接受了苹果品牌精神的消费者群体成为苹果品牌的一个有机成分，推动并保护苹果的创新和竞争。

5.1 技术对国际市场营销的影响（Technological Influences on International Marketing）

在企业走向世界的今天，技术革命对国际市场营销的影响和作用越来越重要。各个国家在科学技术发展水平及其应用程度上存在着较大的差异，科技力量对各国社会经济生活领域的影响程度也不尽相同，企业国际市场营销活动所面临的科技环境日益复杂。因此，企业在制定国际市场营销策略时，必须注意技术革命尤其是信息技术发展给营销带来的变化。

5.1.1 技术对消费者需求的影响（Technological Influences on Customer Needs）

技术革命的发展改变着人类的生存环境和生活方式，影响着消费者的消费理念和行为，使消费者的需求呈现出新的特点。消费者需求的变化也对企业的国际市场营销提出了新的挑战。

1. 消费者需求多样化（Diversification of Consumer Demand）

技术的日新月异大大缩短了产品的生命周期，层出不穷的新产品为消费者提供了更多的选择；与此同时，创造需求的观念推动企业不断实施营销创新，以技术革新为契机，挖掘消费者无法意识到的消费需求，开发出新产品去创造、引导消费者的消费，形成企业特定的市场。创造需求的观念建立在这样一种假设上，即消费者由于其知识水平、判断能力的局限，不可能适时把握最新科技的发展动态，不可能对最新科技成果的实用性、市场化了如指掌，也未必意识到自己需要什么样的新产品。创造需求的营销观念认为，消费者对产品的期望、对品牌的看法和偏爱是学习的结果。因此，企业致力于帮助消费者通过学习知识经济时代的科技背景知识，在识别、认同最新产品的层面上提高自身的素质；学习企业营销活动所传达的信息，在判断和实现自己的需求方面达到满足或满意。

> **营销透视 5-1 可穿戴设备 你的电子预言家**
>
> 随着可穿戴电子设备、智能家电的普及，监测睡眠、情绪、健康的 App 也相继推出，其首要目标是——"提升个人健康"。
>
> 无论是这些年大热的智能手表、运动手环，还是谷歌力推的智能眼镜，以及各大科技公司布局想象力的智能服装……几乎所有的可穿戴电子设备都紧紧围绕着"健康"二字。从心率、血氧、血压，到压力、呼吸，再到睡眠、饮食、运动，可穿戴设备就像公司里最"卷"的那位员工，恨不得把你身体的一切状况都做成可视化的 PPT，给你展示出来。

> 根据产业研究院的数据，2021 年，我国家用睡眠监测设备的市场规模已经达到 43.4 亿元。一个切实的感受就是，一夜之间，你身边的很多同事都会定时定点地阅读自己的睡眠报告了，而这并不包括智能手环的市场数据。艾媒咨询的数据显示，2021 年中国智能手表市场规模为 295 亿元，预计 2025 年将超过 400 亿元。
>
> 可以预见的是，越来越多围绕健康的话题都会制造出前景广阔的市场。
>
> 资料来源：新周刊［EB/OL］．［2022-10-23］．https://baijiahao.baidu.com/s?id=1747405898280092742&wfr=spider&for=pc．

除此之外，情绪追踪 App 也开始受到年轻人的欢迎，通过评价、预估飘忽不定的心情，将"emo"时刻提前阻断在摇篮里。

2. 消费者价格敏感化（Consumer Price Sensitivity）

在知识经济时代，市场信息的充分化使得同类产品难以形成差价，市场价格趋于统一。加上消费者对价格的敏感程度极大增加，新产品的价格弹性变大，企业市场营销将面对更加不稳定的、容易引起震荡的市场。原先在价格波动较小条件下采取的营销策略，可能难以适应这种波动较大的市场。

3. 消费者需求个性化（Individualization of Consumer Demand）

技术革命的发展使消费者的需求趋于个性化。原因有二：第一，消费者受教育程度和文化知识水平的普遍提高，使其购买需求和购买行为更富个性化；第二，知识创新也引导着知识消费和个性化消费，知识消费是比物质消费更加个性化的一种消费。消费者需求的个性化，使工业经济时代那种单一化、大批量的营销方式难以满足知识经济时代的消费者需求。

4. 消费者行为理性化（Rationalization of Consumer Demand）

知识经济时代，消费者的购买行为更加理性化、科学化。消费者可以借助发达的信息网络，全面、迅速地收集到所有与购买决策有关的信息；借助计算机咨询软件，迅速地拟订和评估不同的购买方案，做出最优的购买决策；通过现代网络，消费者还可以在购买后及时地向生产商反馈意见。因此，工业经济时代用以诱导感性消费者的营销手段将越来越不适用。

5. 消费结构知识化（Intellectualization of Consumption Structure）

知识经济时代，技术革命对高素质人才的要求显著提升了人们对教育、信息、技术、文化等的消费需求，原有的以物质和能源为主的消费结构，逐渐向以知识消费为主的消费结构转变，知识消费成为消费者最重要和最核心的消费内容。

5.1.2 技术对交易方式的影响（Technological Influences on Transaction Modes）

信息技术革命使得全球经济呈现出网络化、数字化的特征，传统的以实物交换为基础的交易方式将被以数字交换为基础的无形交易代替。技术革命在削弱传统中间商的作用，实现网上一对一直接交易的同时，开拓了新的交易方式——**电子数据交换**（Electronic Data Interchange，EDI），通过电子计算机和通信网络处理业务文件。无纸化 EDI 的使用大大加快了交易速度，降低了交易费用，扩大了客户范围。EDI 的采用正在并将进一步引发一场全球范围的结构性商业革命。

国际互联网的发展大大拓宽了市场营销网络，创造了一个全新的网上贸易市场，电子商务应运而生。电子商务是通过电子通信，包括电话、传真机、信用卡、电视、自动提款机和互联网而进行的商业贸易，是对传统商业模式的颠覆。

5.1.3　技术对企业战略的影响（Technological Influences on Corporate Strategy）

首先，随着知识经济的不断发展，国际市场的竞争由传统的对资本等低层次资源占有的竞争，转变为对知识生产、占有和利用能力的竞争。国际企业，尤其是采用高端技术开拓国际市场的企业，在获取利润的同时，需要承担更大的风险。因此，企业改变了以往的单纯竞争模式，转而注重与相关企业建立战略合作联盟，在合作中相互依赖、相互竞争。如美国的英特尔公司为开拓存储器市场，携手日本的富士通公司，联合开发研制产品，共同享受成果。

其次，科学技术的发展改变了企业的经营观念。传统的国际市场营销因为受地理位置和时间的约束，需要在不同市场设立相应的机构和配套组织，开拓国际市场的成本高、风险大、控制难度大。而信息技术革命带来的便捷的全球通信，使远程办公、远程会议和远程管理成为可能；而且随着信息成本的不断下降，这种现代化的管理模式和方式越来越具有可操作性，节省了传统模式中因旅行而发生的费用和额外开支。

最后，知识经济的兴起，促使企业从传统的侧重机构组织的硬管理，向教育、培训和提高员工的归属感的软管理转变，培养员工的归属感和提高员工素质已经成为企业国际竞争战略的一个重要组成部分。

企业国际市场营销的迅猛发展与技术革命是紧密相连的。因此，重视科学技术这一重要的环境因素对企业国际营销活动的影响，有助于企业抓住市场机会，降低经营风险，在国际市场上更好地生存和发展。

营销透视 5-2　　　　西方国家对新能源高度重视

按照国家发展改革委的公告，新能源汽车是指采用非常规的车用燃料作为动力来源（或使用常规的车用燃料、采用新型车载动力装置），综合车辆的动力控制和驱动方面的先进技术，形成的技术原理先进、具有新技术及新结构的汽车。西方国家对新能源高度重视。部分欧洲国家对新能源汽车的补贴见表 5-1。

表 5-1 部分欧洲国家的新能源汽车补贴一览表

国家	新能源汽车补贴内容
荷兰	荷兰政府不但减免电动车注册费、路政税等费用，还在特定城市单独奖励 5 000 欧元补贴；如阿姆斯特丹等个别城市，还额外补贴 5 000 欧元
德国	购买混动车的消费者可以获得 3 000 欧元的补贴，不过售价 6 万欧元的车型才可享受以上补贴，享受补贴的车辆最多 40 万辆。与国内不同的是，补贴费用由车企和政府分摊，均出资 6 亿欧元。消费者若在 2016 年至 2020 年购买电动车，则可与家中另一辆车共享车牌，以节省保险费用
英国	购买二氧化碳排放量少于 50g/km 及续航里程高于 70mi[①]的电动车和混合动力车，可享补贴 4 500 欧元（乘用车）或 8 000 欧元（卡货车）。续航里程少于 70mi 以及二氧化碳排放量在 50g/km 至 70g/km 的插电式混合动力车（售价 6 万欧元内），可获得 2 500 欧元补贴
法国	购买二氧化碳排放量少于 20g/km 的电动车及混合动力车可享受 6 300 欧元的补贴；购买二氧化碳排放量在 21g/km 至 60g/km 的混合动力车可享受 1 000 欧元的补贴；购买二氧化碳排放量在 61g/km 至 110g/km 的混合动力车最高可享 750 欧元的补贴；如果废弃车龄在 10 年以上的柴油车，置换纯电动车可享受 6 300 欧元的补贴，置换插电式混合动力车可享受 2 500 欧元的补贴
西班牙	购买电动乘用车最高可享 5 500 欧元的补贴，电动卡车可享 8 000 欧元的补贴，电动巴士可享 20 000 欧元的补贴
瑞典	购买二氧化碳排放量少于 50g/km 的插电式混合动力车可享 20 000 瑞典克朗（约合 2 123 欧元）的补贴，纯电动车可享 40 000 瑞典克朗的补贴
爱尔兰	消费者购买新能源汽车最多可享受 5 000 欧元的补贴
葡萄牙	纯电动车可享 2 250 欧元补贴，插电式混合动力车可享 1 125 欧元补贴

资料来源：一文读懂欧洲新能源汽车政策和国内的区别［EB/OL］.［2018-05-28］. http://www.zhev.com.cn/news/show-1527475527-3.html.

5.1.4 技术对企业营销决策的影响（Technological Influences on Marketing Decisions）

随着科学技术的发展，知识经济、数据库营销、客户关系管理、现代广告、电子商务等新型营销理念和营销方式层出不穷。在麦肯锡（McKinsey）给出的对经济影响最大的创新技术名单中，移动互联网、大数据、物联网、人工智能、云计算、先进机器人、3D 打印均赫然在列。企业应紧随现代科学技术发展的步伐，不断创新，提高企业的营销决策能力，形成企业的独特竞争力。

在国际市场营销的产品策略上，科学技术的发展使新原理、新工艺、新材料等不断涌现，新品种、新款式、新功能的产品不断推出，产品更新换代速度加快，产品的生命周期缩短。企业的生产和经营也从以物质价值为核心要素转变为以知识、技术价值含量为核心要素。因此，追逐技术进步的浪潮，不断实施技术革新，提高产品的知识含量是企业在产品策略上的重要变化之一。

在国际市场营销的价格策略上，企业应当运用科学的方法，准确地预测目标消费者的需求和对价格的认同标准，配合柔性的产品设计和生产方案，提供灵活的价格标准供用户选择。在产品的设计与生产中，虽然高新技术导致产品的初期成本（研发投入等）上升，但随着技术的普及和不断运用，企业规模经济的形成，价格优势将逐步显现出来。

在国际市场营销的促销策略上，科学技术的发展和普及催生了多样化的促销方式。无论

[①] 1mi 约合 1.609 344km。

是在公共关系策略上，还是在广告策略上，乃至在商品销售促进上，企业都有了更多的选择。例如，广告设计中，计算机和电子扫描仪等新型工具投入应用；传统媒体以外的新媒体，包括数字电视、移动电视、手机媒体、IPTV、博客等纷纷出现。

在国际市场营销的渠道策略上，新的交通运输工具的发明和旧工具的技术改进，缩短了产品的在途时间，大大提高了国际货物运输的效率；新的物流方式和技术代替了部分体力劳动和脑力劳动，也极大地提升了产品的分销效率。JIT、EPOS、SCM、ERP等新的经营管理方式引发了企业分销领域新的变革。

5.2 电子商务与国际市场营销（Electronic Commerce and International Marketing）

5.2.1 互联网的商业应用（The Applications of Internet in Business）

1. 互联网（Internet）

互联网是一种计算机交互技术，是高科技的产物。它具有全球性、海量性、开放性和交互性的特点。随着互联网技术的日益发展和成熟，联网成本的不断降低，互联网像"万能胶"一样将企业、团体、组织以及个人跨时空地连接在一起，彼此之间的信息交换变得"唾手可得"。而市场营销最重要及最本质的交换是组织和个人之间的信息传播和交换，如果没有信息交换，交易就成为无本之木。因此，众多厂商开始利用互联网进行客户调查、寻找合作伙伴及分销商、发布产品信息、与客户沟通、提供服务信息以及获取市场分析的数据等。互联网已经成为国际市场营销不可缺少的工具。

互联网的商业应用形式可以分为六种，即联机商店、网络展示（平面广告、图像信息）、目录、电子商业街、热点站点和搜索代理。互联网的应用改变了信息沟通模式，即从传统的一对多的营销模式，变成多对多的相互沟通的营销模式。在传统营销中，企业准备和提供有关信息，借助各种媒体如电视、报纸、广播等进行发布和宣传，消费者只是被动接受和进行信息选择；而且这种营销模式是针对群体进行的，无法满足个体需求。在计算机环境下的互联网营销模式中，企业与消费者之间形成互动，两者可以同时发布、接收消息和直接进行沟通；企业的营销活动可以是一对一形式的，能够充分满足个体的需求；另外，借助互联网与消费者进行直接交易，减少了营销的中间环节，降低了交易成本，直接增加了厂商和消费者利益。

> **营销透视 5-3　　我国互联网普及率达 76.4%**
>
> 中国互联网络信息中心（CNNIC）2023年8月发布第52次《中国互联网络发展状况统计报告》（以下简称《报告》）。《报告》显示，截至2023年6月，我国网民规模达10.79亿人，较2022年12月增长1 109万人，互联网普及率达76.4%。
>
> 数字基础设施建设进一步加快，资源应用不断丰富。《报告》显示，在网络基础资

源方面，截至 2023 年 6 月，我国域名总数为 3 024 万个；IPv6 地址数量为 68 055 块/32，IPv6 活跃用户数达 7.67 亿；互联网宽带接入端口数量达 11.1 亿个；光缆线路总长度达 6 196 万 km。在移动网络发展方面，我国移动电话基站总数达 1 129 万个；移动互联网累计流量达 1 423 亿 GB，同比增长 14.6%；移动互联网应用蓬勃发展，国内市场上监测到的活跃 App 数量达 260 万款。在物联网发展方面，三家基础电信企业发展蜂窝物联网终端用户 21.23 亿户，较 2022 年 12 月净增 2.79 亿户，占移动网终端连接数的比重为 55.4%。

工业互联网网络体系快速壮大，平台体系逐步完善。《报告》显示，全国 5G 行业虚拟专网超过 1.6 万个。其中，工业互联网标识解析体系覆盖 31 个省（区、市），具有一定影响力的工业互联网平台超过 240 家，我国基本形成综合型、特色型、专业型的多层次工业互联网平台体系。

此外，"5G+工业互联网"也快速发展。《报告》显示，一季度，工业和信息化部发布了 5G 工厂、工业互联网园区、公共服务平台等 218 个工业互联网试点示范项目，"5G+工业互联网"融合发展已驶入快车道。

在互联网应用发展方面，上半年多类应用的用户规模获得一定程度增长。一是即时通信、网络视频、短视频的用户规模仍稳居前三，用户规模分别达 10.47 亿人、10.44 亿人、10.26 亿人，用户使用率分别为 97.1%、96.8%、95.2%；二是网约车、在线旅行预订、网络文学等用户规模实现较快增长，用户规模较 2022 年 12 月分别增长 3 492 万人、3 091 万人、3 592 万人，增长率分别为 8.0%、7.3%、7.3%，成为用户规模增长最快的三类应用。

资料来源：光明网．我国互联网普及率达 76.4% 数字基础设施建设持续推进［EB/OL］．［2023-08-29］．https://economy.gmw.cn/2023-08-29/content_36796975.htm.

2. EDI（Electronic Data Interchange）

EDI 是一种利用计算机进行商务处理的方式，是在基于互联网的电子商务普及应用之前主要的电子商务模式之一。EDI 是将贸易、运输、保险、银行和海关等行业的信息，用一种国际公认的标准格式，形成结构化的事务处理的报文数据格式，通过计算机通信网络，使各有关部门、公司与企业之间进行数据交换与处理，并完成以贸易为中心的全部业务过程。[1] EDI 包括买卖双方数据交换、企业内部数据交换等。

实际上，EDI 的发展已经至少经历了二十多年，其发展和演变的过程充分显示了商业领域对其重视的程度。人们将 EDI 称为"**无纸贸易**"（paperless trade），将 EFT（电子转账）称为"**无纸付款**"（paperless payment），EDI 对商业运作的影响可见一斑。由于实施 EDI 的最基本目的就是通过第三方服务方的增值服务，用电子数据交换代替商业纸面单证的交换，而纸面单证的电子交换是建立在标准化信息基础上的，因此 EDI 的历史实际上就是商业数据的标准化和增值网络服务商的发展过程。

3. 网络营销（Network Marketing）

网络营销产生于 20 世纪 90 年代，发展于 20 世纪末。网络营销产生和发展的背景主要有三个方面，即网络信息技术的发展、消费者价值观的改变、激烈的商业竞争。

　　网络营销是企业整体营销战略的一个组成部分，它是为实现企业总体经营目标所进行的，以互联网为基本手段营造网上经营环境的各种活动。笼统地说，网络营销就是以互联网为主要手段开展的营销活动。网络营销是以互联网为载体，以符合网络传播的方式、方法和理念实施营销活动，以实现组织目标或社会价值。与网络营销概念同义的词包括：网上营销、互联网营销、在线营销、网络行销、口碑营销、视频营销、网络事件营销、社会化媒体营销、微博营销、博客营销等。

营销透视 5-4　　　　　网络营销的基本方法

　　网络营销就是以互联网为基础，利用数字化的信息和网络媒体的交互性来辅助营销目标实现的一种新型的市场营销方式。常见方法列举如下：

　　1. SEO（search engine optimization，搜索引擎优化）　这是通过对网站结构（内部链接结构、网站物理结构、网站逻辑结构）、高质量的网站主题内容、丰富而有价值的相关性外部链接进行优化，使网站对用户及搜索引擎更加友好，以获得在搜索引擎上的优势排名，为网站引入流量。

　　2. PPC（pay per click，点击付费广告）　即购买搜索结果页上的广告位。点击付费广告的优势是相关性，由于广告只出现在相关搜索结果或相关主题网页中，因此，点击付费广告比传统广告更加有效，客户转化率更高。

　　3. 博客营销　即建立企业博客，用于企业与用户之间的互动交流以及企业文化的体现，一般以诸如行业评论、工作感想、心情随笔和专业技术等作为企业博客的内容，使用户更加信赖企业，深化品牌影响力。博客营销可以是企业自建博客或者通过第三方 BSP 来实现。企业通过博客来进行交流沟通，达到增进客户关系、改善商业活动的效果。

　　企业博客营销相对于广告是一种间接的营销。企业通过博客与消费者沟通、发布企业新闻、收集反馈和意见、实现企业公关等，这些虽然没有直接宣传产品，但是让用户接近、倾听、交流的过程本身就是最好的营销手段。企业博客与企业网站的作用类似，但是博客更大众、随意一些。

　　4. B2B 平台推广　B2B 电子商务平台现在对于中小企业来说属于比较火的一种推广方式，因为能够更直接地对产品实现传递和销售，典型的 B2B 平台有阿里巴巴等。B2B 平台推广特别是针对现在全国 B2B 数量的急速增加，我们需要做的就是采用 2/8 原则，把大量有效的时间用在有价值的 B2B 上，而其他的网站仅作为信息发布平台。

　　5. 电子邮件营销　这是以订阅的方式将行业及产品信息通过电子邮件的方式提供给所需要的用户，以此建立与用户之间的信任与信赖关系。大多数公司及网站都已在利用电子邮件营销方式，毕竟邮件是互联网基础应用服务之一。开展电子邮件营销需要解决三个基本问题：向哪些用户发送电子邮件，发送什么内容的电子邮件以及如何发送这些电子邮件。

电子邮件营销的优势有：精准高效，个性化定制，信息丰富、全面，具备追踪分析能力。

6. 在新闻组和论坛上发布信息　互联网上有大量的新闻组和论坛，人们经常就某个特定的话题在上面展开讨论和发布消息，其中当然也包括商业信息。实际上专门的商业新闻组和论坛的数量也很多，但是，由于多数新闻组和论坛是开放性的，几乎任何人都能随意发布消息，所以其信息质量比搜索引擎要逊色一些。而且在将信息提交到这些网站时，一般都被要求提供电子邮件地址，这往往会给垃圾邮件提供可乘之机。当然，在确定能够有效控制垃圾邮件的前提下，企业也可以考虑利用新闻组和论坛来扩大宣传面。

7. 网络视频营销　通过数码技术将产品营销现场实时视频图像信号和企业形象视频信号传输至互联网上。客户只需上网登录公司网站，就能看到对公司产品和形象进行展示的电视现场直播。企业或者组织机构利用各种网络视频，比如科学视频、教育视频、企业视频等发布企业的信息、产品的展示、各种营销活动以及各种组织机构，利用网络视频把最需要传达给最终目标客户的信息通过各种网络媒体发布出去，以便宣传企业产品和服务，在消费者心中树立良好的品牌形象，从而最终达到企业的营销目的。这就是网络视频营销。

资料来源：百度百科，https://baike.baidu.com/item/.

4. 智能营销（Intelligent Marketing）

智能营销是一种结合了先进计算机、网络、移动互联网和物联网技术的创新营销方式，它通过人的创造性、创新力以及创意智慧，利用大数据分析、机器学习算法和人工智能技术来洞察消费者行为，提供个性化推荐和定制化营销方案。[2]

智能营销是以消费者的个性化、碎片化需求为中心，满足消费者动态需求，建立在工业4.0（移动互联网、物联网、大数据及云计算）、柔性生产与数据供应链基础上的全新营销模式，将消费者纳入企业生产营销环节，实现全面的商业整合。

智能营销的核心在于将创意创新、内容依托与网络技术相结合，创造以人为中心的个性化营销，将体验、场景、感知、美学等消费者主观认知建立在文化传承、科技迭代、商业利益等企业生态文明之上，实现品牌与实效的完美结合。它通过智能洞察、智能策略、智能内容、智能投放、智能评估和优化以及智能运营等方式，提高营销效率和效果，实现跨渠道的个性化营销。

5. 数据营销（Database Marketing Service，DMS）

数据营销是一种利用大数据技术和互联网平台精准地推广产品和服务的营销方式，在企业市场营销行为中具备广阔的发展前景。[3]

数据营销的核心在于收集和积累大量的消费者信息，通过大数据技术的分析和预测，精确地定位目标受众，并针对这些受众制作有针对性的营销信息，旨在提高广告的精准度和投资回报率。数据营销的实践活动包括但不限于数字营销、数据库营销、社交媒体营销等，它们利用数字传播渠道和各种互联网及非互联网沟通手段，与消费者进行及时、相关、定制化和节省成本的沟通。

6. 视频营销 (Video Marketing)

视频营销是指主要以视频网站为核心的网络平台，以内容为核心、创意为导向，利用精细策划的视频内容来达到品牌推广、产品宣传、与消费者互动等目的的营销方式。[4] 这种营销方式的核心在于通过图像和声音的双重刺激，以简洁、生动的方式传递信息，吸引消费者的注意力，提高品牌知名度和消费者参与度。视频营销的特点包括高效率和低成本，相比传统的广告形式，如电视广告和海报广告，视频可以更迅速地传播信息，更直接地激发受众的兴趣。此外，制作视频所需的技术门槛较低，使得中小企业也能够利用短视频来推广自身品牌。

视频营销在各个行业中都有广泛的应用，视频包含电视广告、网络视频、宣传片、微电影等各种方式。例如，在电商行业中，企业可以通过制作视频展示产品的功能和特点，善用演示、试用和试穿等形式以吸引潜在消费者的关注。在旅游行业中，视频也被广泛应用于推广目的，通过拍摄各地的自然景观、名胜古迹和当地文化，能够激发消费者的旅行兴趣，通过制作精美的短视频展示旅游景点的美丽和独特之处，可以吸引更多的游客前往。此外，视频还可以充当一种旅游攻略的形式，给消费者提供关于交通、住宿和餐饮等方面的信息，提升消费者体验，促进旅游行业的发展。

总的来说，视频营销作为一种创新的营销方式，正逐渐成为企业吸引消费者注意力、扩大品牌影响力和促进产品销售的重要工具。成功的视频营销不仅仅要有高水准的视频制作，更要发掘营销内容的亮点。通过精心制作、巧妙策划和有效传播，视频营销将为企业带来更多的商机和利益。

5.2.2 电子商务对国际市场营销的影响 (The Impact of Electronic Commerce on International Marketing)

电子商务（electronic commerce，EC）是在全球各地广泛的商业贸易活动中，在互联网开放的网络环境下，基于浏览器/服务器应用方式，买卖双方不谋面地进行各种商贸活动，实现消费者的网上购物、商户之间的网上交易、在线电子支付以及各种商务活动、交易活动、金融活动和相关的综合服务活动的一种新型的商业运营模式。[5] 20 世纪 90 年代以来，随着互联网及各项相关技术的日益发展，电子商务在社会经济领域得到了广泛的应用，推动了商业、贸易、营销、金融、运输、教育等社会经济领域的创新，并由此形成了一些新产业。随着电子商务的大规模普及，互联网有望发展成为最广大、最纵深、最迅捷的市场，成为传统商业最有力的挑战者。

电子商务作为 21 世纪崭新的商务模式，具有无限广阔的发展前景。从最初仅仅提供信息搜集与发布、合同处理、财务结算、系统维护等服务，到现在的政府上网、电子购物、网上炒股、电子银行、网上贸易等，电子商务以其无可比拟的优势彻底改变了商务活动的方式、企业的经营方式、组织结构及人们的生活方式与消费习惯。它的产生和迅猛发展对国际市场营销产生了深刻而重要的影响，主要体现在以下几个方面。

1. 电子商务提高了国际市场营销的效率 (E-commerce Improves the Efficiency of International Marketing)

与传统商务活动相比，电子商务具有效率高、个性化、费用低、全天候和全球性等特点。

它扩大了企业的销售范围，改变了企业的传统营销方式，从而极大地提高了国际营销的效率。电子商务为企业和消费者之间准确、有效、快捷的沟通创造了良好的条件；电子商务（如网上销售、网上采购、交易电子化）既大大方便了企业和消费者，又减少了交易环节，降低了交易费用，使消费者和企业同时受益；电子商务还有助于企业更加有效地控制库存，减少库存占用的资金，从而降低企业的成本，最终使消费者受益。

2. 电子商务引起了消费者行为的变化（E-commerce Causes Changes in Consumer Behavior）

电子商务不仅影响企业国际市场营销的方式和效率，而且影响企业的目标市场。这种影响具体体现在消费者及其行为的变化上。电子商务打破了地域分割，缩短了流通时间，降低了物流、资金流及信息流传输的处理成本，使生产和消费更为贴近，为消费者提供了极大的选择空间和余地，使消费者的消费特征更加"个性化"。

网络环境下的消费者易于接受新奇的思想和事物，善于利用各种信息查询和沟通手段，在产品消费上求新求异，"货比三家"；消费者通过与企业的"零距离"交流，获得个性化服务；消费者更加在意产品的独特性、交付的准时性和服务的预期满意度。这一变化既为国际化企业创造了大量的市场机会，也带来更大的压力。如何设计和制造满足消费者个性化需求的产品，如何加快物流速度，如何提高服务水平成为企业的当务之急。

3. 电子商务引发了企业营销管理的变化（E-commerce Leads to the Change of Marketing Management）

网络的虚拟性给企业的经营带来了许多不确定的因素，今天的消费者可能明天就会流失。企业能否以"客户"为导向，快速响应客户的个性化需求，决定了企业能否在激烈的国际市场竞争中生存和发展。"客户满意度""客户忠诚度"已经成为衡量企业发展的最重要的指标之一。作为移动促销新平台，微信的普遍应用，为电子商务打开了一扇通往中青年市场的大门。

4. 电子商务改变了企业国际市场营销的方式（E-commerce Changes the Way of International Marketing）

在企业产品提供方面，针对国际市场消费者需求差异性大的特点，利用互联网良好的互动性和引导性，企业可以引导用户对产品或服务进行选择或提出具体要求，并根据消费者的选择和要求及时进行生产并提供相应的服务，从而提高企业的生产效益和营销效率。如美国戴尔公司，一旦接到消费者在互联网上发出的请求，就立刻按照消费者要求组织生产，并通过邮递公司将产品寄送到消费者手中。这种订单式的生产，不仅有效地满足了消费者的个性化需求，提升了销售额，而且零库存生产模式大大降低了成本，加大了企业利润。

在企业定价方面，传统的以成本为导向的定价方式，从企业的成本出发，往往忽略了消费者的经济承受力。在竞争日益激烈的全球市场格局下，更多的企业采用以市场需求为导向的定价方法，除考虑消费者的价值观念外，还考虑消费者能接受的成本，并依据成本来组织生产和销售。以消费者为中心进行定价的前提是，准确预测市场中消费者的需求以及消费者对价格认同的标准，而互联网恰恰是能够帮助企业了解消费者的接受成本的工具。企业根据消费者的接受成本提供柔性的产品设计和生产方案供用户选择，直到消费者认同、确认后再组织生产和销售，所有这一切都是消费者在公司的服务器程序的引导下完成的，因此成本也极其低廉。目前，美国通用汽车公司允许世界各地消费者在互联网上，通过公司的有关导引系统，自己设计和组装满足自己需求的汽车，用户还可以进行适当的修改，最后公司生产出能满足消费者对价格和性能的要求的产品。

在企业分销方面，电子商务的跨时空特点和即时销售特点，确保消费者可以随时随地利用互联网直接订货和购买产品。以法国钢铁制造商犹齐诺－洛林公司为例，使用电子邮件系统和世界范围的订货系统后，公司通过内部网与汽车制造商建立联系，根据制造商的需求及时准确地把钢材送到对方的生产线上，加工时间也从原来的 15 天缩短到了 24 小时。互联网的使用，帮助犹齐诺－洛林公司提供比竞争对手更好、更快的服务。

在企业促销手段方面，电子商务一对一的营销模式和交互式的促销方式，加强了企业与消费者的沟通和联系，既使消费者能够直接参与到公司的营销活动中来，又便于企业直接了解消费者的需求，增强消费者的认同感。

> **营销透视 5-5　　　　国民级社交 App　微信月活用户 13.27 亿**
>
> 　　腾讯 2023 年第二季度财报显示，该季度营收 1 492 亿元，2022 年同期营收 1 340.34 亿元，同比增长 11%，市场预期 1 519.55 亿元；第二季度净利润 261.71 亿元，2022 年同期为 186.19 亿元，同比增长 41%。
>
> 　　根据财报内容，截至 2023 年 6 月 30 日，微信及 WeChat 的合并月活跃账户数达 13.27 亿，同比增长 2%，几乎实现了对中国人口的全量覆盖，稳坐"国民第一社交 App"宝座。
>
> 　　腾讯表示，微信用户参与度健康增长，得益于视频号、小程序和朋友圈用户使用时长的增长。视频号总用户使用时长同比几乎翻倍。小程序的月活跃账户数超过 11 亿，其中作为中国领先的休闲游戏平台的小游戏贡献显著，并产生了高毛利率和具有平台经济效应的分发和广告收入。
>
> 　　资料来源：快科技. 国民级社交 App！微信最新月活用户出炉：13.27 亿 [EB/OL]. [2023-08-16]. https://g.pconline.com.cn/x/1648/16488704.html.

5.3　科学技术的发展趋势（The Trends of Science and Technology）

科学技术的进步是现代化立国的基础，是推动世界经济和社会发展的强大动力，是衡量一个国家综合国力的重要标志，科学技术的发展趋势，无疑是世界各国最为关注的问题。

5.3.1　信息技术将成为世界竞争的关键（Information Technology Will Be The Key Determinant in The World Competition）

进入信息化社会，人们已开始认识到信息是比物质和能源更为重要的可再生能源。信息既可压缩、扩散，也可以以光速传播，并渗透到各个领域。在时间和空间上，世界将变小、科学将变大，为人类共享精神财富创造了客观条件。信息技术把传统产业从扩大外延推向增加内涵的发展道路；同时，以数字革命为先导，以信息高速公路为主要内容的信息技术将引发一场世界性的经济竞争。因此，信息技术将成为各国竞争的关键领域。随着信息高速公路的实现，科学家可以在网络上合作研究开发，创造出更加丰硕的成果；学生可以分享世界各地最好的教学资源和课程；患者可通过远程的名医会诊和遥控治疗，得到最好的医疗服务。信息技术为人们提供了一个更方便的、多元化的、舒适协调的生存环境。

5.3.2 先进材料技术将成为科学技术发展的突破口（Advanced Materials Technology will be The Breakthrough to The Development of Science and Technology）

人类历史的发展证明，先进材料是人类文明的阶梯，会推动时代的进一步发展。先进材料技术已成为世界各国科技竞争的焦点。其中最具活力的是信息功能材料，高温、高比强度、高比刚度的结构材料，超导材料，纳米材料，能源和生物材料等。信息功能材料是指与信息的获取、传输、存储、显示及处理有关的材料，品种多、涉及面广。其中，由于单晶硅片直径越来越大、线宽度小、得率高、性能好、价格低，成为发展最快的先进信息材料；新型结构材料，如高温超导体、纳米材料等具有很多超常的特点；纳米技术已成为先进材料的前沿技术，用于诊断、治疗、修复人体器官或组织更换的生物材料，还有被称为绿色材料的环保材料等。

5.3.3 现代生物技术将成为革命性技术（Modern Biological Technology Will Become The Revolutionary Technology）

现代生物技术又称生物工程，是利用生物有机体或其组织部分开发新产品或新工艺的一系列技术群。它与信息技术、先进材料技术并列，成为决定未来的三大最重要的高新技术。现代生物技术之所以成为起主导作用的高新技术，不仅在于依据它建立起的涉及工程、农业、医药、食品、能源和环保等诸多方面的产业群，将创造出数千亿乃至上万亿美元的巨大产值，带动整个经济的发展，更重要的还在于当今人类面临的许多难题的解决途径非现代生物技术莫属。现代生物技术推动了人类生命和生活的一场革命性变革。科学家断言，21世纪将是以生物工程为代表的生命科学的世纪。

5.3.4 先进制造技术将是工业现代化的保障（Advanced Manufacturing Technology Will Be Guarantee of Industrial Modernization）

机械制造是现代工业工艺装备的基础条件，它的发展和先进程度标志着一个国家或地区工业现代化的水平。先进制造技术是在传统制造技术的基础上，将计算机等多种现代科学技术综合集成地应用于制造，实现优质、高效、低耗、清洁、文明生产。因此，研究、开发和推广应用先进制造技术已成为现代经济发展中的重要任务，也是各国工业现代化追求的目标。先进制造技术将是21世纪信息、材料和生物技术等发展与产业化的保障。

从信息技术发展实践历程上看，它实际上主要是微加工技术的进步史。因此，微加工技术的进步成为计算机、通信和全球网络等信息产业发展的主要推动力，它使信息技术渗透到工厂、商业、金融、国防、机关、学校等方面成为可能，并使信息产业成为全球产值最高的产业。

美国是最早发展计算机网络系统及互联网技术的国家,其在科技方面的领先地位强力推动了美国新经济的发展。日本也不甘落后,集中力量发展数字化家用电器及多媒体计算机以占领家庭市场。欧洲国家则投入巨额资金发展信息产业及新技术。

5.3.5 当代技术创新的强大功能(Contemporary Technical Innovation Has Powerful Function)

1. 科学技术的发展直接影响企业的经济活动(The Development of Science and Technology Directly Affects the Economic Activities of Enterprises)

现代生产力水平的提高,主要依靠设备的技术开发、新生产工艺的创造、生产流程的创新、新型原材料和新能源的开发。现代科技革命广泛而深刻地影响着经济生活和社会生活,影响着企业的经营管理和消费者的购买行为以及生活方式。

此外,以电子信息技术为核心的现代科技革命从地域范围上看是一场全球性的革命。它打破了区域性的限制和国度的界限,使各国和各地区形成一个"地球村"。

2. 科学技术的发明和应用为企业创造了新机会(The Invention and Applications of Science and Technology Creat New Opportunities)

科学技术的发明和应用既造就了一些新的行业、新的市场,也改造和淘汰了部分落后产业。例如,太阳能、核能等技术的发明和应用,使得传统的水力和火力发电受到冲击。晶体管取代电子管,后又被集成电路取代;电视业对电影业的冲击;复印机工业对复写纸工业的冲击;化纤工业对传统棉纺业的冲击;微电子技术、海洋生物技术、信息产业、光纤通信、机器人、激光技术、遗传工程等新的科学技术和新兴产业对传统的产业产生的巨大冲击。可以说,技术变革推动下的经济和产业结构的重大改变,为企业创造了更多的机会。

3. 科学技术的进步引起新一轮的消费革命(The progress of Science and Technology Leads to a New Round of Consumption Revolution)

新技术的应用引发了消费者的购买动机和消费结构的变化。从追求物质需求到主张精神享受,对个性化产品的需求也越来越普遍。自动售货、邮购、电视购物、电话购物、网上购物等新的购买方式成为新宠。企业在国际市场营销中,必须深刻认识和把握由于科学技术发展而引起的社会生活和消费变化,看准营销机会,主动采取相应的营销策略,方能抢占先机,赢得市场。

本章小结

科学技术环境是市场营销者必须面对的一个重要的新挑战。它影响消费者的需求,市场需求的这种变化必然改变企业或公司的营销组合策略。互联网的出现和由此不断广为应用的电子商务业务深度影响着交易方式,具有代表性的区块链是分布式数据存储、点对点传输、共识机制、加密算法等计算机技术的新型应用模式。由于知识经济的发展,国际市场的竞争由传统的对资本等低层次资源占有的竞争,转变为对知识生产、占有和利用能力的竞争。科技革命推进知识经济时代的到来，知识经济的发展又推动着科技革命的发展。在以数字化、网络化为主要特征，以科技革命为基础的知识经济时代，知识、信息、人力资本等新要素，将取代资本、土地、劳动等传统的经济资源，发挥越来越重要的作用。

案例分析 5-1

抖音生活服务助力酒旅生意快速出圈

2023年，我国文旅业复苏，出游火热。强势复苏的旅游行业终于给全国酒旅商家们带来了一场久违的"甘霖"。经文化和旅游部数据中心测算，2023年"五一"假期，全国国内旅游出游合计2.74亿人次，同比增长70.83%；国内旅游收入1 480.56亿元，同比增长128.9%。面对"五一"客流高峰，酒旅商家如何抓住时机拉动销售转化？复盘"五一"大促，商家们是否又有新的经营心得？如何在火爆出行的趋势中让品牌和生意出圈？

雅高：内容为先，让所见即所得

雅高是提供全方位服务的国际酒店集团，旗下拥有5 300余家酒店、遍布110个国家和地区；40个酒店品牌矩阵涵盖奢华、高端、中档、经济等各个层次。在数字化经营浪潮席卷酒旅行业的今天，雅高也在积极探索营销新玩法。

"心动五一"是雅高集团首次参与抖音生活服务节点营销活动，通过节点营销能让更多用户认识雅高旗下的品牌，熟悉雅高的酒店。雅高集团因为好内容与好产品在用户心中种下一颗种子，使自己成为用户在有出行需求时的最好选择。

在"心动五一"期间，雅高在内容侧持续输出好内容，包括酒店自己的内容，消费者分享的内容，达人推荐的内容，让更多人通过内容熟悉雅高；在达人营销侧，集团联动头部达人，诞生了套房类百万明星单品；在运营侧，集团直播间也做到了从周播到日播，单场直播平均支付额显著提升，也给了企业实行未来常态化自运营的信心。

在抖音做节点营销，雅高有了更多主动吸引消费者的机会，通过不同场景、人群拍摄的短视频+达人直播内容，让消费者足不出户就能看到好内容、好商品，再吸引消费者从观看到下单，与线下的好门店、好体验发生关联，缩短消费者从"看到我们"到"体验服务"的路径，带动即时转化。

首旅如家：借势热点，引爆节点销售

首旅如家酒店集团是中国最大的酒店集团之一，旗下拥有以住宿为核心的27个品牌系列、40多个产品，覆盖"高端""中高端""商旅型""休闲度假""社交娱乐""联盟酒店"全系列的酒店业务，门店遍及全国各地。

对于酒旅行业而言，每年五月是品牌营销和销售转化的黄金时间点。首旅如家通过参加抖音生活服务"心动五一"活动，借势"五一"节点，引爆整个五月的销售，进一步提升在抖音上的品牌曝光和销售转化。

在商品维度，首旅如家挖掘不同城市的特点，寻找小众目的地，制作相关的内容和攻略，吸引更多用户的关注和兴趣。借势在抖音上发酵的"淄博烧烤热点"，规划了淄博以及周边城市可用的预售券产品，争取通过热点流量获取更多的销售转化。事实上，除了已被大家熟知的淄博，世界风筝的发源地潍坊、黄河入海口所处的东营等周边目的地，也非常值得游玩。

在内容维度，首旅如家在抖音上打造一系列与旅游探店相关的内容，比如推荐不同城市的旅游攻略、景点、美食等，以及展示酒店设施、服务、特色等。此外，首旅如家也会邀请一些达人宣传不同城市的美景美食，体验和评价其酒店，从而提高消费者的兴趣和信任。

节点营销是品牌抢占用户心智的重要机会。抖音生活服务从展现力、爆发力、市场影响力等各方面都能很好地帮助酒旅品牌提前抢占市场高地。节点营销上，抖音能够更有效地触达和吸引到更多的线上用户，利用热点话题将抖音上潜在的消费者转化到线下门店，同时增强消费者对酒店品牌的认知度和信任度；抖音也能够在以最快的速度覆盖游客出行、打造品牌声量的同时，使收益转化较之前有很大提升。

以线下消费体验为核心的酒旅商家在开展线上营销的过程中，如何链接线上与线下，实现从线上广泛触达到线下有效转化是关键。抖音生活服务不仅能助力品牌商家主动触达用户，更能帮助品牌提升从"看见"到"体验"的转化效率，以节点营销推动品效合一，为品牌生意增长提供更大的助力。

资料来源：东方财富网．"心动五一"出游火热，抖音生活服务助力酒旅生意快速出圈［EB/OL］.［2023-05-11］. https://caifuhao.eastmoney.com/news/20230511143153639711940.

案例讨论

1. 在案例中，雅高采用了怎样的线上促销手段？
2. 在案例中，酒店行业对产品、内容、场景是如何利用数字化营销的？

An ARM Case Study: Fuelling the Digital Revolution

Today, ARM is the leading provider of 16/32-bit embedded RISC microprocessor solutions.The company and its unique partnership business model, has greatly influenced the proliferation of digital applications and ARM intellectual property is now becoming the architecture of choice in this field.

The word "digital" first became popular with the introduction of the "digital watch". A watch displaying the time with a digital reading was completely new and excited a generation.Few realized that these digital representations heralded a new world based upon digitization.Today we send messages, documents, images, programmes and much more, from millions of digital databases.The result has been a revolution based upon digitization. In today's new economy the companies that have both innovated and invested in the development of intellectual property are fuelling the digital world.

The high technology organizations investing heavily in research and development (R&D) are creating the products that are transforming our lives. ARM focuses on the creation of ideas and technical methods through research and development. As users of high technology products, we often attribute the technology that makes them work to the brand name on the outside of the product.In most cases, however, the manufacturer of the product will have bought in the technology that allows it to function.In fact the chances are that you have used a product powered by ARM technology within the last hour.It could have been an MP3 player, a mobile phone, a handheld personal organizer or a digital camera.This case study focuses upon how ARM has developed a global influence despite being a relatively small player in a fast-moving industry.It has achieved this through its technology, its unique business model and its investment in R&D.

The first ARM Powered processor was used on a desktop computer back in 1987.ARM was then no more than a small design team working within the Acorn Group, a company that developed computers for the educational market.ARM was established as a separate company in 1990 with only 12 employees working in a converted barn near Cambridge. The early aim was to establish a silicon chip design that would become a standard for the emerging digital marketplace.

资料来源：http://businesscasestudies.co.uk/arm/fuelling-the-digital-revolution/introduction.html.

案例讨论
ARM 公司是如何实现技术创新的？

复习题

1. 技术环境对国际市场营销产生了什么影响？
2. 电子商务对国际市场营销的影响有哪些？
3. 科学技术呈现出什么样的发展趋势？

思考与实践题

1. 科技因素对跨国公司的国际营销发挥了怎样的作用？
2. 科技因素对中国企业走向世界能发挥什么样的作用？
3. 到一家跨国公司去，调查公司的核心技术在其进入国际市场时的地位和作用，写一篇 1 000 字左右的小报告。

本章注释

[1] https://wiki.mbalib.com/wiki/EDI.
[2] https://baike.baidu.com/item/ 智能营销 /.
[3] https://baike.baidu.com/item/ 网络数据库营销 /.
[4] https://baike.baidu.com/item/ 视频营销 /.
[5] https://baike.baidu.com/item/ 电子商务 /98106.

第 6 章
中国市场及消费者分析
Analysis of Chinese Market and Consumers

重点词汇

Market Economy　The economic form of allocating social resources through the market.

New Normal Economy　A new economic form and economic development mode which is different from the old GDP-oriented economic form and economic development mode.

Digital Marketing　A marketing method that achieves marketing objectives by means of Internet, computer communication technology and digital interactive media.

Intelligent Marketing　The innovative marketing of new thinking, new ideas, new methods and new tools in the field of contemporary brand marketing through the integration of advanced computer, network, mobile internet, Internet of Things and other science and technology through human creativity, innovation and creative wisdom.

导入案例

US Advertising Technology Company Bets Big on China

The Trade Desk Inc, a U.S. advertising technology company, is betting big on the Chinese market for growth as the country's rapid development in the mobile internet sector provides opportunities for global advertisers to grow, a top executive said on Wednesday.

"China is an important market for us. It has gained momentum in mobile internet development, which is crucial for marketing success in the country," said Doug Choy, head of inventory partnership for North Asia at the The Trade Desk.

According to the China Internet Network Information Center, China had a staggering 753 million mobile internet users at the end of 2017.

"This huge base of mobile internet users including a user base of 400 million middle-income and mobile-savvy earners provides great access opportunities for multinational advertisers in China" he said.

Choy's words came after the company signed partnerships with Baidu Exchange Services, iQiyi, Tencent Social Ads and Youku, the country's top streaming video platforms, on Wednesday.

The tech company, based in Ventura, California, helps users to buy advertising services. It aims to leverage its technologies including digital advertising measurement and data to enhance advertising in devices, including computers, mobile devices, and connected TVs.

Through the latest partnerships, Jeff Green, CEO and founder of The Trade Desk, said that the company is tapping into the growing internet-connected middle-income earners in China.

"Our international reach, innovative technology, and key integration with China's premier media and technology companies will empower innovative advertisers on our platform to successfully reach and engage millions of consumers in the country," he said.

Andy Sun, general manager of programmatic Business at iQiyi, noted that the partnership with The Trade Desk is its first partnership with an international demand side platform.

"We value its independence and objectivity and see this partnership as an important step in providing leading global brands access to millions of engaged consumers in China.

资料来源：Cheng Yu. US Advertising Technology Company Bets Big on China [N/OL]. *China Daily*, 2018-11-17.

中国是综合实力雄厚的大国，有巨大的消费市场，4亿中等收入和精通移动技术的工薪阶层吸引着美国等国家的跨国广告，每个新消费领域都有千亿元甚至万亿元的市场规模。在新消费经济时代，人们对消费的快捷、高效、个性化有更高的要求。"互联网+自然消费"将是未来市场的一片蓝海，消费业将成为拉动中国经济增长的新引擎，中国市场必将是世界各国商家的觊觎之地。

6.1 中国市场及其营销特征（The Characteristics of Chinese Market and Marketing）

6.1.1 中国市场的特征（The Characteristics of Chinese Market）

《中共中央关于进一步全面深化改革　推进中国式现代化的决定》明确提出"高水平社会主义市场经济体制是中国式现代化的重要保障"。社会主义市场经济体制把社会主义制度优越性同市场经济一般规律有机结合起来。高水平社会主义市场经济体制体现在以下几个方面。

（1）毫不动摇巩固和发展公有制经济，毫不动摇鼓励、支持、引导非公有制经济发展，促进各种所有制经济优势互补、共同发展，持续激发经营主体活力。

（2）构建全国统一大市场。推动市场基础制度规则统一、市场监管公平统一、市场设施高标准联通，加强公平竞争审查刚性约束，破除地方保护和市场分割；持续推动要素市场化配置改革，健全要素市场体系，推进要素市场制度建设，实现要素价格市场决定、流动自主有序、配置高效公平；加快培育完整内需体系，形成市场主导的有效投资内生增长机制，完善扩大消费长效机制，扩大有效益的投资，激发有潜能的消费，把超大规模市场优势和巨内需潜力充分激发出来。

（3）完善市场经济基础制度。完善产权制度，加强产权和知识产权保护，依法平等长久保护各种所有制经济产权，健全社会信用体系和监管制度，更好营造公平诚信的市场环境。

（4）健全宏观经济治理体系。完善国家战略规划体系和政策统筹协调机制，健全国家经济社会发展规划制度体系。加强宏观政策协调配合，将经济政策和非经济性政策都纳入宏观政策取向一致性评估，健全预期管理机制，促进财政、货币、产业、价格、就业等政策协同发力。

2015年3月28日，国家发展改革委、外交部、商务部联合发布了《推动共建丝绸之路经济带和21世纪海上丝绸之路的愿景与行动》，宣示基础设施互联互通加快推进。设施联通是"一带一路"建设的核心内容和优先领域。五年多来，高效畅通的国际大通道加快建设。中老铁路、中泰铁路、匈塞铁路建设稳步推进，雅万高铁全面开工建设。斯里兰卡汉班托塔港二期工程竣工，科伦坡港口城项目施工进度过半；希腊比雷埃夫斯港建成重要中转枢纽。中缅原油管道投用，实现了原油通过管道从印度洋进入中国；中俄原油管道复线正式投入使用，中俄东线天然气管道建设按计划推进。截至2024年12月，中欧班列累计开行数量已经超过10万列，班列通达欧洲25个国家227个城市。[1]

营销透视 6-1　　"一带一路"视野：中国与巴尔干半岛

地处亚欧大陆交汇处，文化、经济和政治的交织与冲突让巴尔干地区在历史上数度留名，也令它的经济发展受到诸多限制。但近年来，随着该地区区域发展倡议的出炉和营商环境的改善，这片新兴的投资热土吸引了越来越多中国企业的关注。巴尔干半岛国家自然与人文资源丰富，税收和劳动力成本较低，有很大的开发潜力。随着"16+1合作"及"一带一路"倡议相继落地，中国企业与巴尔干半岛国家在基础设施领域早已加大了合作力度。最引人关注的交易包括2016年河北钢铁收购塞尔维亚斯梅代雷沃（Smederevo）钢铁公司等。2018年前三季度，已公布的中国企业对巴尔干半岛国家的并购交易共7笔，海信集团收购了斯洛文尼亚家电制造商Gorenje约95%的股权，国家电网公司收购希腊国家电网公司部分股权。随着塞尔维亚中国工业园落地，预计将有更多中国中小企业到巴尔干地区投资建厂。塞尔维亚和罗马尼亚的服装、鞋类、电子配套产品和个人通信器材等进口商品价格偏高，本土产品价格便宜但质量较差，对中国小商品厂家而言是一个机遇。而巴尔干各国的特色商品也迫切希望进入中国市场。比如，罗马尼亚的美容产品符合欧盟标准，质量较高，价格比西欧国家同类产品便宜，有望在中国市场取得较高销量。数据显示，2017年到访克罗地亚的中国游客超过31万人次，同比增长57%，过夜数增长了48%，创下克罗地亚旅游史纪录；在塞尔维亚，2017年中国游客过夜数同比增长高达121%；到访黑山的中国游客数量2017年同比增长超过100%。这与签证政策的放宽不无关系：2017年塞尔维亚与中国互免签证协议生效，成为首个对中国公民免签的欧洲国家。

资料来源：和佳，周智宇. 前三季度并购额井喷　中企瞄准巴尔干半岛投资机遇［N］. 21世纪经济报道，2018-11-05.

6.1.2 中国市场的问题（The Problems of Chinese Market）

2022年，我国经济总量（按年均汇率计算）120万亿元（约18万亿美元），稳居世界第二位。人均GDP达到85 698元，比上年实际增长3%，经济增长势头依旧强劲。[2]与此同时，我国经济运行中还存在着各种各样的矛盾和问题，严重制约了市场经济发展。

1. 道德建设滞后（Lagging Behind Moral Construction）

我国的经济环境一方面赋予了人们新的道德观，为道德建设提供了物质基础，有利于人与人之间结成平等友爱的关系；另一方面，道德建设为市场经济的发展提供了良好的社会环境，促进了市场经济的发展。但目前的市场经济中，经营者担当的社会责任不够，欺骗顾客现象屡有发生，生态营销观念还只是种形式。

营销透视6-2　　　　　　　　重罚长春长生公司

2018年10月16日，国家药品监督管理局和吉林省食品药品监督管理局依法从严对长春长生生物科技有限责任公司（以下简称"长春长生公司"）违法违规生产狂犬病疫苗做出行政处罚。行政处罚决定书载明，长春长生公司存在以下八项违法事实：将不同批次的原液进行勾兑配制，再对勾兑合批后的原液重新编造生产批号；更改部分批次涉案产品的生产批号或实际生产日期；使用过期原液生产部分涉案产品；未按规定方法对成品制剂进行效价测定；生产药品使用的离心机变更未按规定备案；销毁生产原始记录，编造虚假的批生产记录；通过提交虚假资料骗取生物制品批签发合格证；为掩盖违法事实而销毁硬盘等证据。

依据行政处罚管辖有关规定，国家药品监督管理局和吉林省食品药品监督管理局分别对长春长生公司做出多项行政处罚。国家药品监督管理局撤销长春长生公司狂犬病疫苗（国药准字S20120016）药品批准证明文件；撤销涉案产品生物制品批签发合格证、《药品生产许可证》；没收违法生产的疫苗、违法所得18.9亿元，罚没款共计91亿元；此外，对涉案的高俊芳等14名直接负责的主管人员和其他直接责任人员做出依法不得从事药品生产经营活动的行政处罚。涉嫌犯罪的，由司法机关依法追究刑事责任。

资料来源：任震宇. 药监部门依法从严对长春长生公司罚没91亿元[N]. 中国消费者报，2018-10-17.

---

2. 企业自主创新不力（Lack of Independent Innovation）

中国企业以模仿为主调的发展模式已经失去依托，却没有在模仿中培养足够的自主创新能力。迄今为止，中国企业在大多数领域，主要是在制造而不是在创造。中国企业把相对太多的资源投入了市场，而用在技术研发和产品研发方面的相对太少。中国大部分产品附加值低，基于中国本土文化的产品技术创新还很贫乏。

作为中国企业中深耕研发的代表，华为是全球最大的专利持有企业之一。截至2022年

12月31日,华为在全球共持有有效授权专利12万件,2022年PCT国际专利申请量7 689件,排名榜首;人才方面,华为员工总数约20.7万,研发员工约占总员工数量的55.4%;赋能生态方面,华为持续开放鸿蒙、鲲鹏、昇腾、云服务等平台能力,优化开发者体验,与900多万开发者、4万多生态伙伴一起释放生态创造力。

> **营销透视6-3**　　　　　十年磨一剑　创新成为生存与发展的关键
>
> 　　2022年,华为实现全球销售收入6 423亿元,净利润356亿元;研发投入1 615亿元,研发费用率25.1%。华为在运营商业务领域实现销售收入2 840亿元,企业业务实现销售收入1 332亿元,终端业务实现销售收入2 145亿元。整体而言,ICT基础设施业务稳定增长,终端业务下行趋势放缓,数字能源和华为云业务快速增长,云计算业务持续高速增长。
>
> 　　加大研发投入,加强多种技术要素(芯、软、硬、端、网、云)的协同创新,成为华为持续生存与发展的关键。数据显示,2013—2022年,华为已累计投入的研发费用超过9 773亿元。"只有确保和增强研发投入,才能不断创新。通过架构重构、系统工程、优化设计等提升产品竞争力。"图6-1是华为投资控股2013—2022年研发投入。
>
>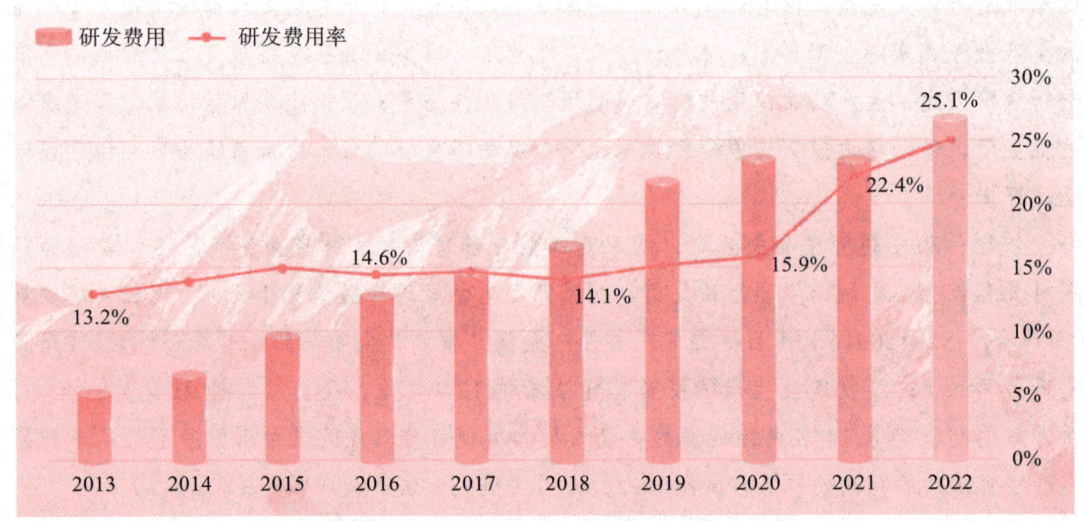
>
> 图6-1　华为投资控股2013—2022年研发投入
>
> 　　未来,要加强多种技术要素的协同创新,让每一个比特以最科学的方式被采集、传输、处理和呈现,持续构建和提升差异化优势,支持产品和解决方案的持续领先。这是华为"面向未来持续提升产品和服务竞争力的途径"。华为拥有ICT领域最全面的技术要素,这也是华为的独特优势所在。
>
> 　　资料来源:人民网. 华为发布2022年报:十年研发投入近万亿 创新成为生存与发展的关键[EB/OL]. [2023-04-01]. http://finance.people.com.cn/n1/2023/0401/c1004-32655831.html.

3. 民营经济下行严重（Sharp Economic Down-turn）

近来，一些民营企业在经营发展中遇到不少困难和问题，有的民营企业家形容为遇到了"三座大山"：市场的冰山、融资的高山、转型的火山。其成因一是国际经济环境变化的结果。一段时间以来，全球经济复苏进程中风险积聚，保护主义、单边主义明显抬头，给我国经济和市场预期带来诸多不利影响。二是我国经济由高速增长阶段转向高质量发展阶段的结果。当前，我国正处在转变发展方式、优化经济结构、转换增长动力的攻关期，经济扩张速度会放缓，但消费结构全面升级，需求结构快速调整，对供给质量和水平提出了更高要求，必然给企业带来转型升级压力。三是政策落实不到位的结果。近年来，我国出台的支持民营经济发展的政策措施很多，但不少落实不好、效果不彰。比如，在防范化解金融风险的过程中，有的金融机构对民营企业惜贷、不敢贷甚至直接抽贷断贷，造成企业流动性困难甚至停业；在"营改增"过程中，没有充分考虑规范征管给一些要求抵扣的小微企业带来的税负增加；在完善社保缴费征收过程中，没有充分考虑征管机制变化过程中企业的适应程度和带来的预期紧缩效应。[3]

这些矛盾和问题的根源在于重大结构性失衡，其具体表现有三。一是实体经济结构性供求失衡。近年来，国内消费需求不断扩大，消费结构升级明显加快，然而供给结构却严重滞后于需求新变化，一方面产能过剩，另一方面许多产品又供给不足，服务质量跟不上，满足不了消费者的需求，以致许多人跑到国外去买马桶盖、电饭煲等。二是金融和实体经济失衡。大量资金游离于实体经济之外，或是在金融系统自我循环，或是兴风作浪。金融业在经济中的比重快速上升，工业特别是制造业比重下降。不仅"脱实向虚"问题突出，实体经济受到挤压和伤害，而且金融风险隐患增加。三是房地产和实体经济失衡。由于实体经济结构性矛盾，企业赢利能力较弱，加上"有形之手"不到位，许多政策不配套，各类资金一度纷纷涌入房地产市场投机炒作，推动部分城市房价快速上涨。而房地产的高收益，不仅进一步诱导资金"脱实向虚"，造成经济增长、财政收入、银行利润越来越依赖于"房地产繁荣"，还推高了实体经济的成本，使收益率不高的实体经济雪上加霜。[4]

中国经济进入了"新常态"。而这个新常态的本质是，市场需要塑造、市场机会需要创造、产品需要创新，中国企业面临着真正的常态化市场经济考验。

6.1.3　中国市场的营销特征（The Characteristics of Marketing in Chinese Market）

1. 共性和个性（Commonality and Individuality）

对中国市场营销发展的研究，最宽泛的框架是把它纳入世界范畴中做共性和个性的比较分析。所谓共性，是指营销变迁和转型的总体方向；个性则是指"中国特色"（社会主义市场经济体制）在营销实践中的反映。中国的市场营销在中国国情（文化等因素）和中国"特色"的双重牵引下，表现出独特的方式和路径，中国市场营销正悄悄地进行着转型，见表6-1。

表6-1　中国营销转型：与世界营销变迁的共性

世界营销变迁		中国营销转型	
营销理念变迁	营销基本概念的拓展；顾客导向营销思想的确立	营销理念转型	众多领域行业从无到有地引入营销（银行和媒体）；已有营销的行业从推销导向开始迈向顾客价值导向（关注顾客的需要）

（续）

世界营销变迁		中国营销转型	
营销运作策略变迁	营销功能环节的全面改造；21世纪营销主流模式的展现	营销运作策略转型	从粗放营销转向精细型经营（如细分市场）；从封闭自我营销转向开放关系营销（厂商关系、顾客关系）；从单一策略转向整合性策略（竞争策略多样化、整合营销传播）
营销组织变迁	对采购、生产、研发部门的组织、流程的改造；营销部门组织演进	营销组织转型	营销部门在公司组织结构中的地位上升；初级形态的营销部门开始再造为真正意义的市场部（基于市场研究指引的产品研发）

资料来源：何佳讯，卢泰宏. 中国营销25年：1979—2003 [M]. 北京：华夏出版社，2004.

2. 中国市场的营销理念（Marketing Philosophy of Chinese Marketing）

就整体而言，当前中国市场营销实践中生产观念、推销观念、营销观念、大市场营销观念和社会营销观念五种营销观念并存，但各种观念在各个地区分布不同。中国东部沿海经济较发达地区大多奉行"现代营销观念"，并已出现"大市场营销观念"和"社会营销观念"；而中国西部经济欠发达地区则主要流行"现代市场营销观念"和"推销观念"，贫困山区甚至仍然残存着明显的"生产观念"。因此，中国的市场营销观念表现为一种自西向东、随地区经济发展水平而逐步进化的趋势。

总的来说，中国企业的市场营销观念正在向国际市场营销观念靠拢。但它们在演变的过程中所表露出来的与世界营销的差距，更多的是因中国政治、经济、文化、政策、市场机会等方面的差异性而产生的中国营销的特殊性。除此以外，中国的市场营销还存在以下几个典型问题。

（1）感觉营销。中国惠普有限公司原战略规划总监高建华曾形象地比喻说："西方的营销是80%的科学加20%的艺术，而中国本土企业的营销则是20%的科学加80%的艺术。中国的企业很多还是处在'艺术'经营阶段，也就是不像跨国公司那样，先把市场上非常具体的数据统计出来，而更多的是凭感觉。"

感觉营销是中国本土企业的营销特色，它们首先追求"感觉对路"，虽然在转型市场中有其理由，但也有大的风险，中国商界的"大起大落""流星闪现"现象就是代价。值得强调的是，本土企业正在加紧学习，提升营销水平，发展的方向是"科学"的比重不断上升，逐步向国际跨国公司的营销模式靠拢。一些优秀的企业（如海尔）进步很快，已经表现出很强的学习能力、竞争能力和创新能力。[5]

（2）推销营销。20世纪90年代中期以来，中国市场竞争的主旋律是价格竞争，尽管品牌这一非价格竞争优势被大肆宣扬，但真正运作的并不多。事实上，大多数中国企业仍秉承推销导向理念，把推销当营销，以推销为目的，所以才有了没完没了的价格战、促销战。企业也因此无时无刻不面临市场中的生死危机，缺乏竞争优势和核心竞争力的企业只能无奈地走向短期营销，单纯地追求销售额。状态较好的企业往往又没有危机感，囿于推销观念不能提升，或在管理层内无法突破固化了的推销导向理念和业绩体系。

（3）策划营销。中国市场营销的策划多于策略。"策划"盛行是中国市场上特有的现象，许多本土企业有问题请策划，好像农民生病请土郎中，土郎中有时也可治好病甚至效果神奇，但多数是经验导向、非专业化的。伴随的现象是：市场炒作多过市场研究，或者多用单一营销手段（如广告轰炸）粗放执行而没有精细的整合营销运作。这种功利行为必然导致在竞争升级后走向失败，甚至导致全行业亏损。

（4）初级营销。营销专业人才在中国转型市场中非常短缺，有实战经验的、在知名公司担任过市场部经理的人，在人才市场上非常抢手，其身价也越来越高。缺乏专才也正是中国企业营销水平不高的基本原因。在日益盛行的MBA教育中，迫切需要强化"营销MBA"教育。

中国不同行业、不同企业的营销水平相差悬殊，有的行业、有的企业营销专业提高很快、表现不俗。但就国际标准来看，中国的营销大多还处于初级的阶段。起点低是多数企业的共同点，一些企业必须从基础开始学习。

6.2 中国市场的营销环境（The Marketing Environment of Chinese Market）

市场营销环境是指直接或间接影响企业生存与发展，不以企业主观意志为转移的各种外部因素的总和。营销的战略与策略是企业可以控制的主观因素，环境是企业无法控制的客观因素，包括宏观环境和微观环境两个方面。企业的营销仅仅是一个适应环境的被动过程，还是在适应过程中能够影响、利用甚至改变环境的过程，这是一个需要在营销实践中探讨的重要问题。中国的营销是怎么产生的呢？如果在美国问"美国的营销是怎么产生的"，答案是美国人生下来就处在一个营销的环境中。但是中国与别的国家不同，在中国，营销是从卖方到买方的一个转变结果，也就是由生产者说了算到由消费者说了算而产生的。从"皇帝的女儿不愁嫁"到"顾客就是上帝""顾客是朋友""顾客是亲人"的理念变化足以诠释中国营销环境的变化。

6.2.1 中国市场的人口环境（The Population Environment of Chinese Market）

人是市场营销的对象，是影响企业营销的重要因素，因此营销人员必须首先研究市场的人口环境。目前中国人口环境呈现出下述几个特点。

（1）人口基数过大，增长过快。十几亿人口对物质与精神有着巨大的需求，市场潜力很大，给企业带来了许多营销机会。

（2）家庭日益小型化，独生子女成为家庭消费重点。

（3）老龄化趋势加快。我国已步入老龄化社会，老年人口的增加，带来了对易于消化的食品、保健食品、医疗设备的大量需求。专门为老年人服务的老年大学、各种层次的托老所、家庭护理、临终关怀医院等老年服务产业将迅猛发展，成为21世纪长久不衰的朝阳产业。

（4）随着新型城镇化的发展，除特大城市外，户籍已基本开放，中国人口将实现几十年来第一次自由迁徙，将出现新的地理格局，随之带来的是经济的新态势。

（5）人口流动趋势增强。人口流动主要是由民工流、学生流、旅游流、商务流以及探亲流"五流"构成的。日益增长的人口流动趋势，对交通运输业，房屋租赁业，大众性快餐、旅馆、洗浴等日常服务业，以及民工子女入学、职业介绍与培训、各种医疗保险产生了很强的需求。

6.2.2 中国市场的政治与法律环境（The Political and Legal Environments of Chinese Market）

政策和法律是转型经济国家影响市场、经营和投资的重要因素。从改革开放40年的发展轨迹看，中国的政策环境宽松，法制建设逐渐健全和透明。"按国际通行规则办事"的制度理念，"公正、开放、透明"的游戏规则，对全面推进我国的制度和法律建设产生了深刻的影响。产权是所有制的核心和主要内容，建立归属清晰、权责明确、保证严格、流转顺畅的现代产权制度，是完善基本经济制度的内在要求，是构建现代企业制度的重要基础，为中国市场的蓬勃发展提供了良好的政治和法制环境。

2014年以来，中国的反腐败斗争无论在规模、密集程度，还是深入性和制度探索方面，均呈现出空前的高强态势，以震撼人心的三个"前所未有"，向全世界展示了中国声势浩大、雷霆万钧的反腐新篇章，反腐决心前所未有、反腐力度前所未有、反腐成效前所未有，为中国市场营造出一个有序的、制度化的、低成本的绿色环境。[6]

2018年以来，全国开展扫黑除恶专项斗争，始终保持对黑恶势力犯罪"零容忍"态度，持续加大依法打击整治力度，推动专项斗争不断向纵深发展。对治安复杂的城乡接合部、矿区景点、娱乐场所、车站码头等重点部位进行滚动摸排，对"黑物业""黑物流""黑旅游""黑中介""黑金融"等新领域进行拉网式排查，对"套路贷"、暴力传销、非法讨债等新业态违法犯罪活动进行追踪，除暴安良，积极创建绿色营商环境。

6.2.3 中国市场的新常态经济环境（The new Economic Environment of Chinese Market）

中国经济的高速发展令全球瞩目，中国经济告别了短缺经济，已进入新一轮中长期增长周期。当然，中国今天的经济形势是经济体制改革的结果，40多年的改革形成了中国特色的改革模式。

中国经济进入新常态。自2009年以来，中国经济基本结束了长达30余年的高速增长时期，进入了增长速度换挡期、结构调整阵痛期以及前期刺激政策消化期三期叠加的阶段。中国迎来了新一期的经济发展。综合来看，中国经济的"新常态"将有四个方面的重要表现。

1. 新旧增长点的拉锯式交替（Seesaw Between New and Old Growth Points）

这是中国经济"新常态"最明显、最突出的一个特点。中国旧的增长点有两个：一是出口；二是房地产。它们将会逐步地、有一定反复地退出。中国新的增长点有三个：其一是长期性的、公共消费型的基础建设投资，包括高铁、空气净化等投资；其二是各种生产能力的转型和升级，一定会出现波动；其三是居民消费。2024年一季度，消费需求持续扩大，消费对经济增长的"主引擎"作用进一步夯实，最终消费支出对经济增长贡献率为73.7%，拉动GDP增长3.9个百分点；投资需求平稳增长，为经济增长提供有力支撑，资本形成总额对经济增长贡献率为11.8%，拉动GDP增长0.6个百分点；出口稳中有升，货物和服务净出口对经济增长贡献率为14.5%，拉动GDP增长0.8个百分点，对经济增长的拉动作用由负转正。[7]

2. 渐进式的经济结构调整（Progressive Economic Structural Adjustment）

其一是劳动工资率的持续上涨，尤其是蓝领工人的工资上涨。其二是居民消费的比重、服务业的比重均不断上涨。其三是随着新型城镇化的发展，除特大型城市外，户籍已经基本放开，中国劳动人口将实现几十年来的第一次自由迁徙，中国经济的区域布局将超出行政规划的约束，呈现出新的人口格局和新的经济态势。特色小镇建设纳入国际发展战略视野，这是实现我国新型城镇化的较优模式。瑞士的达沃斯小镇、美国的格林威治小镇、法国的普罗旺斯小镇产业富有特色，文化独具韵味，生态充满魅力，成为特色小镇标杆。

营销透视 6-4　　　数字特色小镇乌镇的"宾智 AI 酒店"

中电海康在乌镇改造了五间客房，在第五届互联网大会上亮相。这不是五间普通的民宿，而是 AI 客房。客房就在距离乌镇西栅景区不到 200m 的乌镇谭家·栖巷。这就是"宾智 AI 酒店"，没有前台、没有接待人员，所有的住客都要通过线上预订房间并支付房费。到了民宿，刷身份证 + 刷脸，就可以通过民宿门口的道闸。这个时候，你预订的客房门口便会亮灯，提醒你客房的位置；如果分不清也不要紧，还会有灯光一路引导你来到客房前。站在客房门口，再刷一次身份证 + 刷脸，就可以正式入住了。宾智 AI 酒店可以兼容各个品牌的 AI 产品。比如订房的时候，通过携程这类第三方 OTA 平台、酒店官方微信或宾智官方微信，都可以进行客房预订和选房操作。智能音箱可以是天猫精灵，也可以是其他声控机器人。乌镇数字经济企业已经超过了 500 家。在未来新经济的发展过程中，乌镇要成为中国未来新经济的"赋能中心"。

资料来源：陈文文，来逸晨. 这座小镇有个梦想：成为中国未来新经济的"赋能中心"［EB/OL］．［2018-11-02］. http://k.sina.cn.

---

3. 改革阻力加大（Increasing Resistance to Reform）

金融体制改革、财政体制改革、国有企业改革表现新常态，中共中央特别成立了中央全面深化改革领导小组，一些官员畏惧改革引发矛盾，担心问责，恐惧对自身历史问题的调查和追究，导致改革受阻。

4. 经济地位提升（Rising Economic Role）

中国已经不是一个简单的国际规则的接受者，而是逐步变成一个积极务实的行动者，通过对国际经济秩序提出改革意见，让国际社会更好地接受中国经济的存在，拥有国际话语权。

"新常态"被西方舆论普遍形容为危机之后经济恢复的缓慢而痛苦的过程。中国经济"新常态"同样蕴藏着机遇，也伴随着挑战。

6.2.4　中国市场的社会文化环境（The Social-cultural Environment of Chinese Market）

中国的社会文化环境是多种因素共同作用的结果。中国特有的风土人情、自成体系的语言、独特的教育模式等交织在一起形成了具有中国特色的社会文化环境。比如建立在中国文化基础之上的中国式关系营销，与西方所倡导的关系营销在关系主体（利用人际关系发展组织间关系）、关系的目的（利用非工具性关系开发工具性关系）、关系基础（人际关系，更重视社会性纽带）、交往原则（义利兼顾，重亲情、人情）、关系媒介（人情、面子的作用）、行为模式（用其他关系行为模式掩盖开发关系的实质）、道德问题（有时会非常严重，往往与"灰色营销"相交织）上均有所不同。中国的关系营销与西方的关系营销走的是两条不同的路，尽管双方很有可能相互融合与渗透，最终走到一起。东西方文化截然不同，反映到营销理念上，就是中国人有很强的营销依赖性。

可以预见，新时期、新世纪的中国文化将不断沿着民族的、民主的、科学的、现代化的社会主义文明不断进步创新的方向发展，以全社会的现代化文化塑造出具有中国特色的社会主义人格和社会主义道德体系。[8]

6.3 中国市场的消费者行为（The Consumer Behavior of Chinese Market）

中国正在成为全球消费增长的引擎，现今已是全球第二大消费国，目前消费总量仅次于美国。尽管中国对铁矿石等大宗商品需求的增长出现下降趋势，但消费增长将给全球经济增长带来更多的需求。农民变市民，提高中国的消费率，将进一步增加中国消费在全球的份额。

中国市场的消费环境向好。目前，中国已进入以人的自身发展为主要目标的发展型新阶段，社会需求结构、消费结构和消费总量开始发生明显变化，处于消费释放的重要节点、拐点。充分释放消费潜力，需要从两个方面解决如何走向消费主导的政府转型。一是彻底消除老百姓的消费行为与消费预期的各种疑虑。中国社会福利制度还不完善，甚至有些地方存在缺失。二是消费环境和消费结构有待进一步完善。比如，食品安全这种消费环境还存在比较突出的问题；消费性金融尚处在一个投资性金融向消费性金融的转变当中。[9]

自2016年全面推开"营改增"试点后，我国减税降费力度明显提升。财政部数据显示，2016年全国实现减税5 736亿元。2018年政府减轻税费负担，在积极财政政策作用下，减税降费力度进一步加大。除全年减税降费1.1万亿元的政策措施外，又出台了促进实体经济发展、支持科技创新等一系列措施。2018年全年减税降费规模超过1.3万亿元（见图6-2）。

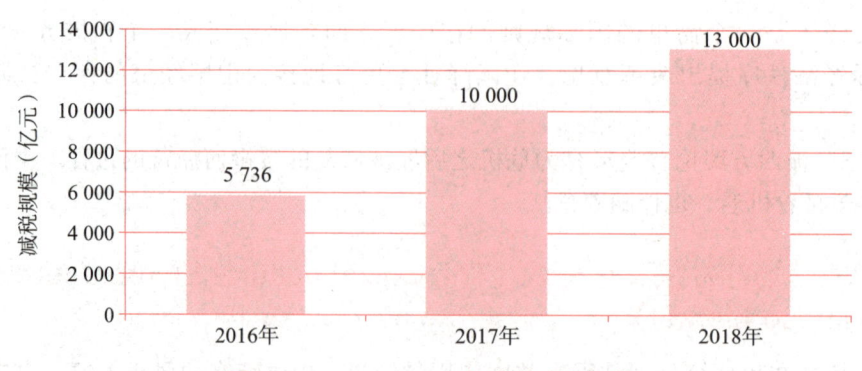

图6-2　2016—2018年减税降费规模

资料来源：http://www.mof.gov.cn/index.htm。

> **营销透视 6-5　　　积极财政政策精准发力**
>
> 　　自从 2016 年营业税改征增值税全面推开后，增值税全面替代了营业税，减税效果明显。为了优化增值税税制，近年来，国务院已经启动了税率简并，从此前的四档税率降至三档，并在 2018 年降低了税率，目前增值税税率有 6%、10% 和 16% 三档。积极财政政策的着力点，一是减税降费，切实减轻企业负担；二是保持支出强度，对重点领域、关键环节以及对民生的投入强调支出效益。近年来，我国发布了很多结构性减税降负的举措，对此，一方面要采取措施积极落实；另一方面要继续减轻企业和个人的税费负担，刺激民间投资和居民消费。可以在此前偏重结构性减税费的同时，采取普遍性收益的减税降负举措，这样不仅简便易行，也更容易增强人们的获得感，有利于提振人们投资和消费的信心。减税降费，一直在路上。减税降费具有多重效应，不仅仅是为企业减负，同时还在扩大就业、促进经济转型升级、培育新动能成长、促进扩大消费需求等方面发挥了重要作用。短期看减少了财政收入，长期看增强了经济创新力和竞争力。
>
> 　　资料来源：李忠峰. 积极财政政策精准发力［N］. 中国财经报，2018-08-27.

　　中国消费变革主要表现在消费品、消费动机、消费结构和消费能力的变化（或者说是消费模式的变化）上。消费模式是由经济发展水平、文化传统和价值观念所决定的消费习惯与消费结构。恩格尔系数（食品支出占家庭总支出的比重）是决定消费模式的重要因素，它的大小将直接影响购买者的行为。

　　在系列政策助推和商家炒作下，中国消费市场大有改观：信用卡透支成为主流消费形态，中国人传统的保守消费观念正在被打破；商家注重在热点消费时段掀起消费高潮，如"十一黄金周"等，节假日消费频现高峰；旅游消费连续几年大热，"大众旅游时代"到来；"海淘""国外代购"等高消费日渐大众化；奢侈品消费市场形成……迅猛发展的电子商务把消费空间从实体店铺拓展到了虚拟网店，中国消费者线上消费热情高涨，加之"双十一网购狂欢节"这类的电商大力促销手段推波助澜，"买买买"已经成为许多人的生活常态。

1. 中国市场消费行为特征（The Characteristics of Chinese Consumption）

　　与 40 年前相比，中国人的消费观念和消费行为发生了翻天覆地的变化。"新三年、旧三年、缝缝补补又三年"的传统消费模式已成遥远的过去，日渐成熟的中国消费者如今正在加速现代化进程。不加选择、买到什么是什么的消费初级阶段已远去，消费逐步开始向高端产品升级，并且越来越重视均衡、健康和以家庭为中心的生活方式。消费者的消费需求也凸显了时代的特征。

　　（1）中国消费者趋于理性。经济增长下滑是全球趋势，中国的经济和人均收入都在持续增长，只是增速放缓，但整体还在增长，消费需求并没有出现拐点，并且从拉动经济增长的"三驾马车"——投资、出口和消费来看，消费对经济增长的拉动作用仍在加强。随着市场竞争日益多元化，商品供给的多样性增加，其他同类企业进入市场或可导致部分消费者的选择转移，加之近几年在华外企的负面报道曝光、垄断经营、产品质量漏洞等，也促使消费者转变观念。随着中国市场经济的成熟,"国货"自身竞争力的提升,城乡居民收入的不断增加,不少中国消费品生产商也不再对国内外这两个大市场搞区别化经营,中国消费者的消费习惯趋于理性。

(2)中国市场的消费模式多元化。从全国范围看,消费社会在当代中国已经初见端倪。从地理空间上看,中国大部分省市的消费经济都比较发达,人民群众的消费需求比较旺盛且消费能力不断提高。从社会环境上看,整个社会呈现出高度商品化的特点,不但物品商品化,连人际关系、名誉地位等都呈现出商品化趋势,许多东西可以作为商品来买卖,这正是消费社会在意识形态层面的一种典型表现。从个人偏好分,消费社会主要有象征性消费者、崇拜性消费者、体验性消费者。象征性消费者是为了炫耀自己的身份、地位以及这种地位所带来的荣耀、声望和名誉而进行消费,如去高档酒店消费等。崇拜性消费者是因崇拜某些对象而消费,如年轻人喜欢穿名牌衣服、喜欢听自己偶像的音乐会等。体验性消费者是为了寻求刺激、释放情感、寻找感觉而消费,如参加车友俱乐部等。这些消费模式凸显出中国消费者 21 世纪的消费特征。

营销透视 6-6　　茅台冰激凌:跨界营销吸引年轻群体

茅台冰激凌最早是在 2019 年 9 月 11 日杭州淘宝造物节上亮相的。真正火起来是在 2022 年 5 月 29 日,三款预包装茅台冰激凌在"i 茅台"上线,售价为 59~66 元,1 小时内销量逾 4 万个,销售金额逾 250 万元。

茅台的主要客户群是中年男子,而冰激凌的主要客户群是年轻人。茅台集团此举被认为意在降低消费门槛,培养年轻人的饮酒习惯或开发第二增长曲线。目前,搜索"茅台冰激凌"的人群年龄主要在 20~40 岁之间,不排除这部分年轻人群是因为好奇心或为了获得社交货币而关注它。它下一步发展如何,还有待观察。

资料来源:科特勒营销战略微信公众号. 2022 年十大营销事件:科特勒年终盘点[EB/OL].[2023-01-05]. https://mp.weixin.qq.com/.

---

(3)消费导向由价格转变为价值。从生存型消费转向发展型消费,在发展型消费中从耐用消费品向服务类消费品转型,是一个必然的过程。对此,我们可以把这轮消费归纳为四个方面:全、便、特、新,即全方位的需求、省时省力的快捷服务需要、与众不同甚至独一无二的个性化满足,以及追求变化、追求时尚、能获得猎奇猎新的兴奋感。为此应该将用户的需求转变成具体的消费场景,而且这个场景一定要符合消费者的心智与期望,才能勾起消费者使用的欲望。

(4)线上线下加速融合。深入实施"互联网+"行动,实行包容审慎监管,"互联网+"与更多传统消费领域加速渗透融合,大力发展电子商务,网上购物、众包物流等新兴消费业态发展迅猛。2023 年全国网上零售额 15.4 万亿元,同比增长 11.0%。其中,实物商品网上零售额 13.0 万亿元,增长 8.4%,占社会消费品零售总额的比重为 27.6%[10]。

(5)农村消费规模稳步扩大。推进实施农村消费升级行动,推动电子商务进农村,开展电子商务进农村综合示范,挖掘农村电商消费潜力,支持电商企业搭建特色农产品产销平台,畅通城乡双向联动销售渠道，进一步改善农村信息消费基础设施条件。全国农村网络零售额2.49万亿元，增长12.9%。其中，实物商品网络零售额2.27万亿元，增长12.1%。分地区看，东、中、西部和东北地区农村网络零售额占全国农村网络零售额比重分别为75.5%、15.7%、6.7%和2.1%。全国农产品网络零售额5 870.3亿元，增长12.5%。分地区看，东、西、中部和东北地区农产品网络零售额占全国农产品网络零售额比重分别为63.9%、15.7%、14.9%和5.5%。[11]

（6）共享经济蓬勃发展。国家制定出台促进共享经济发展的指导性意见，支持和引导共享经济健康发展，共享单车、网络约车、住房分享、服务众包、网络直播等共享经济模式发展势头强劲。《中国共享经济发展报告（2023）》显示，2022年我国共享经济市场规模持续扩大，在增强经济发展韧性和稳岗稳就业方面继续发挥积极作用。全年共享经济市场交易规模约38 320亿元，同比增长约3.9%。2022年我国共享经济呈现出以下新特点：一是共享出行、生活服务等领域市场格局加快重塑，竞争更加激烈；二是平台企业合规水平持续提升，合规化成为新的竞争焦点，也日益成为平台企业竞争优势的重要组成部分；三是治理规则和制度规范持续完善，执法力度加大，市场秩序不断规范。

不同领域共享经济发展的不平衡性凸显：生活服务和共享医疗两个领域市场规模同比分别增长8.4%和8.2%，增速较上年分别提高了2.6个百分点和1.7个百分点，呈现出持续快速发展的良好发展态势。共享空间、共享住宿、交通出行三个领域共享经济市场规模呈现显著下降趋势，同比分别下降37.7%、24.3%和14.2%。[10]

营销透视6-7　　　　大合唱：世界经济发展主旋律

时间是一位伟大的书写者。40年来，一个个中国与世界联通的关键节点犹如一颗颗璀璨的珍珠，串联起对外开放的伟大历程。2018年11月5日至10日，首届中国国际进口博览会在上海成功举办，这个"高光时刻"为世界展示了一部充满希望的"未来简史"。中国国际进口博览会是中国的，更是世界的。五大洲172个国家、地区和国际组织参会，3 600多家企业参展，超过40万名境内外采购商对接洽谈，按一年计，累计意向成交578.3亿美元，上百项全球最新"黑科技"亮相上海……张开双臂欢迎各国搭乘中国发展的"快车""便车"，世界的"会客厅"奏响"共享未来"的全球交响曲。中国这头"睡醒的狮子"是真正的全球共同开放的重要推动者、世界经济增长的稳定动力源、各国拓展商机的活力大市场、全球治理改革的积极贡献者。

资料来源：共享未来，进博会永不落幕[N]．文汇报，2018-11-11（1）．

在中国经济一路向好中也暴露出一些问题。中国消费社会首先呈现出区域发展不均衡，中国的大部分农村和欠发达地区城市保守主义的传统消费观念还没有发生根本转变，消费水平整体还不够高，消费市场还不够发达。中国局部地区消费欲望高度膨胀，进而呈现出后消费社会的特征。这主要发生在北、上、广、深等大都市和江苏、浙江、广东、福建等发达省份的大城市，这些城市呈现出多元化的高消费形势，也就是消费浪潮不是单一的"低排浪"

形态,而是多层次的"高排浪"形态。其次是性别消费不均衡。据不完全统计,中国女性的消费力是男性的10倍以上,"她经济"时代俨然到来。造成这种情形的主要原因有:中国男性生存竞争压力大,置业安家、娶妻生子、养家糊口等压力严重;中国女性社会地位不断提升,不但经济能力和经济地位越来越高,而且家庭权力和家庭地位也越来越高,往往是女性在把持家庭开支。[12]

今天的互联网和移动互联网上的广告不再是单纯的产品展示,而是一个集分享、互动、社群、口碑传播于一体的网民信息聚合平台,只有整合传播力量才能产生价值。因此,企业产品的包装策略、形象策略、使用感受、价格策略等都体现着企业产品的有形价值差异。企业并不仅仅从事简单意义上的生产和销售,而是能够通过产品把消费者的思维、心灵和精神联系起来。

事实上,持续快速的经济增长大大加强了中国消费者的消费信心和消费能力,也强烈地吸引了国外众多大牌涌入中国。根据麦肯锡2018年报告,2018年上半年,中国奢侈品销售额增长为15%~20%。中国奢侈品买家一年消费超过5000亿元人民币,占全球奢侈品市场的几乎1/3。

营销透视6-8　　　　法国奢侈品品牌爱马仕又涨价了

爱马仕已在2025年1月1日前完成了新一轮涨价。此次涨价主要集中在手袋品类,涨幅为6%~12%。其中,备受消费者喜爱的Picotin LOCK"菜篮子"尺寸18的价格将突破3万元大关,而最为经典的Birkin铂金包价格则预计会突破10万元。这个价格水平已经与一辆新能源汽车相当了。一辆比亚迪海豚、比亚迪秦等畅销的新能源汽车售价也在10万元上下。

实际上,爱马仕的多个入门款包袋在过去几年中已经经历了多轮涨价。据统计,从2020年到2024年,"菜篮子"18和22、herbag31等包袋在过去四年中涨价高达6000元,而Lindy迷你款更是在四年内涨价1.3万元。

千禧一代(1980年至1995年出生的一代人)以64.1%的占比成为奢侈品市场的主导消费者,Z世代占18.8%。毕马威中国的研究显示,有27%的Z世代(1996年至2012年出生的一代人)消费者是奢侈品鉴赏者,他们注重独特性和潮流度,受设计和时尚潮流的影响,产品选择持续动态变化,Z世代品牌忠诚度较低,更偏好入门系列和独特风格的产品。

据贝恩咨询公司与意大利奢侈品制造商行业协会近期发布的《2024年全球奢侈品市场研究》报告预计,2024年全球个人奢侈品市场销售额将同比下滑2%。随着近几年消费者生活成本压力的增加,越来越多的人选择了消费降级,对奢侈品的支出也随之减少。仅在过去两年,全球奢侈品消费群体就减少了约5000万人,市场增速明显放缓。但在中国范围内,浙江和江苏两省在奢侈品消费领域表现出显著的贡献力,共有7个城市跻身奢侈品消费前50强城市之列。紧随其后的海南、上海、北京、广东、福建、四川、山东和重庆构成了中国奢侈品消费的前十强,这些地区不仅占据了奢侈品消费的大部分份额,还集中了众多奢侈品牌的核心消费群体。

前瞻产业研究院认为，尽管短期内消费者信心恢复和海外奢侈品消费增长仍存在不确定性，但从长远角度看，中国奢侈品消费基础依然坚实。据行业预测，未来几年中国的GDP实际增长率有望达到4%～5%，为奢侈品行业带来巨大增长空间。尽管欧美市场的本土消费逐步复苏，但中国消费者的全球购买力仍在迅速增强，他们仍然是全球奢侈品市场的主要购买力量。

资料来源：奢侈品又涨价了，最高涨价12%！一只爱马仕铂金包裸包价格等于一辆新能源汽车［EB/OL］．［2024-12-05］．https://t.qianzhan.com/.

2. 中国市场消费障碍（The Barrier of Chinese Consumption）

传统文化、经济因素和政策限制影响了中国消费的增长和扩张。中国人视储蓄和节俭为美德。除非绝对必须，中国人没有借钱的习惯；政府在提倡"储蓄是为国家建设做贡献"以鼓励储蓄、提高投资的同时，也在一定程度上抑制了消费。

目前，中国居民消费正从传统的滞后消费（先储蓄，后购买）向多种消费方式转变，即滞后消费、同步消费（这是一种不注重存钱、挣多少钱就花多少钱的即时消费）、提前消费（贷款消费）并重，虽然农村及城市中的中老年群体还是以滞后消费为主，但不管怎样，中国消费理念毕竟有了实质性的变化。

6.4 中国营销新趋势（The New Trends of Chinese Marketing）

数字营销是新常态经济下的营销常态，智能营销成为营销新的风向标。

6.4.1 数字营销（Digital Marketing）

1. 概念（Concept）

所谓数字营销，就是指借助互联网、计算机通信技术和数字交互式媒体来实现营销目标的一种营销方式。数字营销将尽可能地利用先进的计算机网络技术，以最有效、最省钱地谋求新市场的开拓和新消费者的挖掘。

数字营销是基于明确的数据库对象，通过数字化多媒体渠道，比如电话、短信、邮件、电子传真、网络平台等，实现营销精准化、营销效果可量化、数据化的一种高层次营销活动。

数字营销不仅仅是一种技术手段的革命，而且包含了更深层的观念革命。它是目标营销、直接营销、分散营销、客户导向营销、双向互动营销、远程或全球营销、虚拟营销、无纸化交易、客户参与式营销的综合。数字营销赋予了营销组合以新的内涵，其功能主要有信息交换、网上购买、网上出版、电子货币、网上广告、企业公关等，是数字经济时代企业的主要营销方式和发展趋势。

2. 类别（Category）

数字化营销可以分为六种，即搜索营销、在线合作、网络广告、数据营销、新媒体营销和口碑营销，其中，口碑营销是性价比最高的营销方式。

在数字化的媒介环境中，消费者不再只是听众和观众，他们也是媒介信息和内容的生产者和传播者。营销的沟通价值体现在营销者需要学会担当消费者需求的满足者和创造者，不断增加不同消费者对企业的认知度和忠诚度。而人格认同感，甚至替代了产品功能，成为消费者共鸣的主要维度，提升了品牌忠诚度和价值。

3. 特征（Characteristic）

数字引领营销的新时代，基于数字、创建体验，以顺应客户生命周期轨迹；深层细分，私人定制，优化客户在内容及设计上的体验；倾向移动，重于互动；减少成本，优化价值。

营销透视 6-9　　　　　　微营销

微博、微信、微网站、App 等传播方式均是实现"微营销"的工具和手段。目前，被广泛使用在业务活动、产品推广中的便是"公众号＋微商城"的营销模式。在这种模式下，我们可以利用微信丰富的功能开展朋友圈吸粉、互动；进行客户引流、建群以及日常的产品营销培训工作，提升产品线上推广和服务延展效果。能否处理好微平台日常运营维护、活动策划、平台粉丝互动、商城销售客服等工作是"微营销"成败的关键。微平台运营还必须高度关注客户活跃度。据官方数据统计，微平台营销中，朋友圈营销占 30%，社群营销占 50%，群发营销占 20%。微信个人用户居多，微友群比较庞大。企业还需要借助微平台数据分析功能，细分客户类别，定期开展优惠活动，并将活动信息精准发布，提升活动效果，达到"养群""惠群""促群"的目的。微账号的关注与粉丝行为的关系一般是单向的，微内容做得好，粉丝数量就多。如何在粉丝数量和宣传效果之间做到平衡最优，是一个很有趣的博弈。相比传统方式，微账号支持文字、语音及混合文本编辑，能推送漂亮的图文、视频信息，不仅可以拉近与用户之间的距离，也让营销行为更生动、更有趣。撰写微信推文要会讲故事、讲好故事，避免那些只适合"给自己看"的文案出现。要追求内容新奇曲折、富有情趣，使受众感到有趣。写作形式和表现方式也要生动活泼、具有吸引力。

资料来源：冯彤."微营销"尚需发力［N］.中国邮政报，2018-06-09（7）.

6.4.2　智能营销（Intelligent Marketing）

1. 概念（Concept）

智能营销是通过人的创造性、创新力以及创意智慧将先进的计算机、网络、移动互联网、物联网等科学技术的融合应用于当代品牌营销领域的新思维、新理念、新方法和新工具的创新营销新概念。

2. 特征（Characteristic）

在智能营销阶段，主要是以消费者无时无刻的个性化、碎片化需求为中心，满足消费者动态需求，建立在工业4.0（移动互联网、物联网、大数据及云计算）、柔性生产与数据供应链基础上的全新营销模式，将消费者纳入企业生产营销环节，实现全面的商业整合，如优步、小米、酷特智能/魔幻工厂等。智能营销是以人为中心，网络技术为基础，创意为核心，内容为依托，营销为本质目的的消费者个性化营销，实现品牌与实效的完美结合，将体验、场景、感知、美学等消费者主观认知建立在文化传承、科技迭代、商业利益等企业生态文明之上，最终整合虚拟与现实的当代创新营销理念与技术。该阶段市场权利高度集中于消费者手中，产生的主要理论包括工业4.0理论、人工智能科技、机器学习、3E工具论、Glocal（全球本地化）营销理论等。

当代营销大师菲利普·科特勒将营销分为了1.0、2.0、3.0以及最新的4.0。营销1.0就是工业化时代以产品为中心的营销，营销2.0是以消费者为导向的营销，营销3.0就是合作性、文化性和精神性的营销，也是价值驱动的营销。在2015年在东京召开的世界营销峰会上，科特勒升级了营销4.0的概念，其核心是企业将营销的中心转移到如何与消费者积极互动、尊重消费者作为"主体"的价值观，让消费者更多地参与到营销价值的创造中来。

营销4.0时代，随着移动互联网以及新的传播技术的出现，客户能够更加容易地接触到所需要的产品和服务，也更加容易跟与自己有相同需求的人进行交流，于是出现了社交媒体，出现了客户社群。而在客户与客户、客户与企业不断交流的过程中，由于移动互联网、物联网所造成的"连接红利"，大量的消费者行为、轨迹都留有痕迹，产生了大量的行为数据。这些行为数据的背后实际上代表着无数与客户接触的连接点。如何洞察与满足这些连接点所代表的需求，帮助客户实现自我价值，就是营销4.0所需要面对和解决的问题，它是以价值观、连接、大数据、社区、新一代分析技术为基础来造就的。

营销4.0在保护好用户隐私的前提下，将大量的交易数据、产品数据、用户信息和购物偏好，以及全球的地理位置信息、人们的社交用户数据等进行整合，通过数据挖掘和机器学习，就可以获取市场洞察力和用户画像等。对消费者的准确理解反馈到电商产业上游的渠道商、品牌商、制造商乃至更前端的设计环节，消费者个性化的需求就会有效地体现在产品中，实施营销精准对接客户需求。

6.4.3 道德营销（Moral Marketing）

时代的发展使得营销观念不断进步，由最早的以企业利益为中心的营销观念发展到以消费者利益为中心的营销观念，最终发展到以社会长远利益为中心的观念，而真正能够体现以社会长远利益为中心的营销观念的是道德营销。道德营销战略和策略的实施必将促进企业和消费者道德需求的满足，推动社会的和谐发展、人类的文明进步。

总之，在全球化营销的大趋势中，西方营销的理论方法具有普遍意义，对中国也不例外。21世纪发展的营销主流模式是关系营销、差异营销、整合营销、直销、在线营销、智能营销的组合，主旋律是道德营销。我们只有吃透西方理论方法又深入解读本土实际，才能实现西方营销理论方法的本土化创新，扩大内需，拉动经济，促进和谐发展。

本章小结

1. 社会主义市场经济体制是我国改革开放的伟大创造，已成为社会主义基本经济制度的重要组成部分。
2. 中国转型中的市场具有产权不清、交易成本高等特征。
3. 中国的市场营销还存在着感觉营销、推销营销、策划营销、初级营销等问题。
4. 中国市场的人口环境、政治与法律环境、新常态经济环境、中国特有的社会文化环境都在影响并在某些方面制约着中国市场的营销环境。
5. 中国居民消费正在从传统的滞后消费向多种消费方式转变，表现出炫耀性、开放性、进取性、青春性、趣味性等特点，消费理念正在升级，正在由价格导向转向价值导向。
6. 中国市场已呈现出新的发展趋势，数字营销成为新常态经济下的营销常态，智能营销是营销新的风向标，云计算、大数据带来的精准营销正在推进中国市场的变革。

案例分析

中国年轻人"早C晚A"

最近几年，"早C晚A"在中国成为流行语。其最初的意思是"早上使用含维生素C类的产品，晚上使用含维生素A类的产品，以达到最佳护肤效果"。但最近，"早C晚A"被解释成"早上用咖啡（Coffee）让自己清醒，晚上用酒精（Alcohol）助眠"，甚至有人开玩笑说每天的一杯咖啡和一杯酒是"当今年轻人的续命饮品"。

近年来，在伴随中国经济快速成长的"90后"和"00后"年轻群体中，突现咖啡热潮。国内外的咖啡连锁店或有个性的咖啡店如雨后春笋般出现在街头巷尾。上海成为世界上拥有最多咖啡店的城市。

中国人从古代起就有喝酒的习惯，但如今年轻人所说的"酒"并不是传统的白酒，而是酒精含量较低的饮品，如利口酒、红酒、果酒等。中国年轻人现在所追求的不是通过喝多少白酒都不醉来展示"男子汉气概"，而是通过喝酒精含量较低的饮品来享受"微醺"的感觉。亦如最近流行的"悦己消费"一词，通过酒精含量较低的饮品来丰富自己的生活已成为中国年轻人的一种新生活方式。过去，中国的酒桌上以男性为主，如今男女一起喝酒变得很寻常。

现在，针对年轻人的低酒精饮品陆续推出。知名白酒制造商贵州茅台推出低度鸡尾酒，另一家老牌白酒公司泸州老窖销售起果酒。美国可口可乐公司在中国市场也推出含酒精的硬苏打气泡酒。

资料来源：环球时报新媒体．日媒：中国年轻人"早C晚A"［EB/OL］．［2023-04-20］．https：//news.99.com．

案例讨论
1. 结合案例，谈谈当前中国年轻人的亚文化？
2. 针对中国年轻人，谈谈还有哪些成功的营销创意？成功的原因是什么？

复习题

1. 高水平社会主义市场经济体制体现在哪些方面？
2. 中国市场转型的典型特征是什么？分几个阶段？

3. 举例说明感觉营销。
4. 中国市场营销环境的特点有哪些？
5. 你认为影响中国网络营销发展的因素是什么？
6. 中国市场消费的特征是什么？
7. 中国营销发展的方向是什么？

思考与实践题

下沉市场的自助餐怎么就火了

21世纪初，在超大、豪华的用餐空间里，摆满了三文鱼、金枪鱼、牛排等数以百计在当时称得上高级的食材，被誉为"冰激凌奢侈品"的哈根达斯也可以随意畅吃，对消费者来说简直太新鲜、太有诱惑力了。

要知道，当时正是中国从物质贫乏走向物质丰盛的时代，人们的消费思想也从保守走向开放，甚至还出现了一定的"报复"心理，从以前的"恨不得三天不吃饭"变成"外出吃到扶墙出"。

一时间，一众高端自助餐的生意红红火火，也成为"高大上""奢靡"，甚至"身份"的代名词。随着人们物质生活水平的提高，餐饮市场以及国人在餐饮消费上的逻辑都发生了很大的改变。在很多一线的大城市里，各类高端食材、菜式不再稀缺；大众化餐饮形式丰富，西餐、日料、韩餐、比萨等品类开始形成独立的细分品牌门店。被当作"高档美食集合体"的自助餐的吸引力不断下降，消费者更愿意、也有能力去选择自己喜欢的、"精准定位"的餐厅：喜欢三文鱼、金枪鱼的可以去日料店；喜欢海鲜的可以去高级的海鲜餐厅；喜欢肉食的直接去各类烧烤、烤肉店……

大城市里的传统自助餐开始走下坡路，很多高端自助餐甚至被"清扫"出一线餐饮市场。如今，自助餐在很多一线城市消费者的心中，更多可能是一个"无感"的存在，不热衷也不排斥，没有特别的情况也不会特别想吃。

但在广大的下沉市场，情况却有所不同。现在的下沉市场的消费情况很像一线城市发展初期的状态，消费者有一定的经济能力，有消费需求，但资源却相对欠缺，资源与需求并不匹配。正是在这样的不平衡中，平价化的自助餐找到了突破点。当自助餐门店将各种各样对下沉市场的消费者来说只能在抖音、小红书上刷到，或是需要到其他城市旅游才能品尝到的食材，全部汇集在一家店里，以相对合理的价格售出，火爆也是情理之中的事情。

和当年大城市的消费者追捧自助餐多少含有"彰显身份/面子"的想法不同，现在小城市的消费者们在消费自助餐时，更追求真实的性价比，他们不一定非要吃到顶级的金枪鱼和牛排，而是希望以合适的价格，吃到品质不差的三文鱼和牛排。这也就能解释为什么很多小城市火爆的自助餐门店人均在70～90元，店内的热卖菜品也多为牛排、比萨、三文鱼、虾蟹等，而不是一些特别奢侈的食材。这些都符合下沉市场消费者的消费习惯和能力。

同时，很多布局下沉市场的自助餐门店，除了会将原本"奢侈"的消费大众化、平价化外，往往还会提供火锅、烧烤等多样化的场景，复合式的业态可以满足更多消费需求，让不同类型的消费者都有了到店消费的理由。而这对消费者来说，其实也是另一种"高性价比"

的体现。

随着社会、经济大环境的改变，以及主力消费者的更迭，一二线城市的餐饮消费也开始趋向于方便、经济、高质价比，这与现阶段下沉市场流行的平价化的自助餐有了重合。那么，自助餐可能随之"重返"一二线城市吗？

讨论题

1. 你认为现在的中国消费者是怎样看待自助餐的？
2. 21世纪初的高端自助餐满足的是消费者什么样的需求？与现在相比发生了怎样的变化？
3. 对于文末提出的问题，谈谈你的看法？

本章注释

［1］ 中国政府网. 中欧班列累计开行超10万列(含回程),运送货物逾1 100万标箱为世界经济发展注入新动力［EB/OL］.［2021-11-30］. https://www.gov.cn/yaowen/liebiao/202411/content_6990227.htm.

［2］ 中国政府网. 一份殊为不易的成绩单：2022年我国经济总量稳居世界第二，同比增长3%［EB/OL］.［2023-01-18］. https://www.gov.cn/xinwen/2023-01/18/content_5737678.htm.

［3］ 民企最需要的是以竞争中性为治理原则的市场体制［N］. 21世纪经济报道，2018-11-14（1）.

［4］ 钟经文. 向振兴实体经济发力聚力［N］. 经济日报，2017-03-03（1）.

［5］ 中国消费环境分析［EB/OL］.［2012-09-28］. http://www.doc88.com/p-389664718753.html.

［6］ 李国民. 反腐2014：三个"前所未有"［N］. 检察日报，2014-12-30（5）.

［7］ 中国网. 一季度中国GDP增长超预期，对全球经济是重要利好［EB/OL］.［2024-04-22］. https://baijiahao.baidu.com/s?id=1797037856831870385&wfr=spider&for=pc.

［8］ 牛保良. 新时期新世纪中国社会文化的结构、特点和发展方向［EB/OL］.［2014-10-21］. http://theory.people.com.cn.

［9］ 2010年中国人均消费领域强大［EB/OL］.［2012-03-04］. http://finance.ifeng.com/news.

［10］ 国家信息中心. 中国共享经济发展报告（2023）［R/OL］. http://www.sic.gov.cn/sic/93/552/557/0223/10741.pdf.

［11］ 商务部电子商务和信息化司. 2023年中国网络零售市场发展报告［EB/OL］. https://cif.mofcom.gov.cn/cif/html/upload/20240313102933492_2023%E5%B9%B4%E4%B8%AD%E5%9B%BD%E7%BD%91%E7%BB%9C%E9%9B%B6%E5%94%AE%E5%B8%82%E5%9C%BA%E5%8F%91%E5%B1%95%E6%8A%A5%E5%91%8A.pdf.

［12］ 徐望. 论西方和中国消费社会的形成［J］. 南京航空航天大学学报（社会科学版），2018，20（4）：47-50.

CHAPTER 7

第 7 章
国际市场营销调研
International Marketing Research

🔴 重点词汇

Causal Research　　Marketing research to test hypotheses about cause and effect relationships.

Descriptive Research　　Marketing research to better describe marketing problems, situations, or markets, such as the market potential for a product or the demographics and attitudes of consumers.

Exploratory Research　　Marketing research to gather preliminary information that will help to better define problems and suggest hypotheses.

Predictive Research　　Marketing research to involve the forecasting (predicting) of a likelihood of something happening and this research usually begins with finding what will happen, given that some baseline is already known.

International Marketing Research　　International marketing researchers follow the same steps as domestic researchers, from defining the research problem and developing a research plan to interpreting and reporting the research problem and report the result. However, these researchers often face more and different problems.

Marketing Information System (MIS)　　People, equipment, and procedures to gather, sort, analyze, evaluate, and distribute needed, timely, and accurate information to marketing decision makers.

Marketing Research　　The function that links the consumer, customer, and public to the marketer through information—information used to identify and define marketing opportunities and problems; generate, refine, and evaluate marketing actions; monitor marketing performance; and improve understanding of marketing as a process.[①]

Primary Data　Information collected for the specific purpose at hand.

Secondary Data　Already exists somewhere, having been collected for another purpose.

导入案例

If Properly Used, Big Data Can Help Companies Improve Business

Big data is one of the most important drivers of the digital economy and the fourth industrial revolution. The rational use of big data can greatly promote economic development, but if not used properly, it can also cause a lot of problems.

If big data is applied in a proper way, it can help businesses expand scale, increase efficiency, improve experiences, reduce costs and control risks. These five positive effects may change some laws of current economic operations.

For example, with the support of big data analysis, the boundary of the 80/20 rule may become less prominent. The 80/20 rule, also known as the Pareto Principle, is a theory that finds that, for any given situation, roughly 80 percent of consequences come from 20 percent of causes.

In other words, it is entirely possible for financial institutions to offer financial services to 80 percent of mass customers under the premise of low costs and high efficiency through the use of big data.

Thanks to the application of big data and large-scale technology platforms, the common phenomenon of diminishing returns to scale may also change. The marginal cost for various businesses will decline, or even reach zero. All these may bring revolutionary changes to the economy and finance.

To collect and analyze data, it is also important to maintain the balance between protecting rights and maximizing value. Good governance can protect rights and interests as well as realize sharing, reasonable pricing and scientific allocation, thereby creating the greatest economic benefits.

However, there might be more difficulties in reality. I suggest governments should adopt a pragmatic strategy to achieve a balance between protecting privacy, data security and exerting value.

First, strike a balance between safety and innovation. Data protection, or data security in a broad sense, includes national security and personal privacy protections. In terms of data protection, Europe has done the best job but it is also because Europe doesn't have a particularly successful platform economy or digital economy companies.

Some data involving private rights should be controlled more strictly, while other data are expected to be controlled appropriately, because the ultimate goal is to give full play to the value of big data.

资料来源：Huang Yiping.If properly used, big data can help companies improve business［EB/OL］.［2021-09-06］.China Daily.https://www.chinadaily.com.cn.

---

① http://www.marketingpower.com.

国际市场营销调研虽然与在本国国内进行的营销调研具有很多相似之处，但它并非国内市场营销调研的一般延伸。在实际调研中，与国内市场营销调研相比，国际市场营销调研通常更复杂、更细致、更全面。对目标国的文化和环境因素的陌生，使国际市场营销调研的难度增加。因此，要使目标国的营销与本国的营销达到同样的效果，存在比较大的难度，这就需要跨国公司更加审慎地对待在目标国的营销调研，以达到自己的预期目标。

7.1　国际市场营销调研的基本概念及内容（The Basic Concepts and Contents of International Marketing Research）

市场是复杂和多变的，市场运动规律往往隐藏在大量的市场现象和事实之中，这就要求企业针对市场进行全面的调查和研究，通过大量的市场营销调研获取、处理和分析从环境中反馈回来的信息，并据此进行决策。

7.1.1　国际市场营销调研的概念（The Concepts of International Marketing Research）

美国市场营销协会对于市场调研的定义是：市场调研是把消费者、客户、大众和市场人员通过信息联结起来，而营销者借助这些信息发现和确定营销机会与营销问题，开展、改善、评估和监控营销活动，并加深对市场营销过程的认识。该定义强调了通过信息把组织及其市场联结起来的职能。这些信息用于界定和定义市场营销机会及问题，开展、改进和评估营销活动，控制市场营销业绩，改进人们对营销过程的理解。营销调研提供解决这些问题所需要的详细信息，设计搜集信息的方法，管理并实施数据采集过程，分析结果，最后沟通所得的信息并理解其意义。这个定义深刻揭示了市场营销调研的本质及其所涉及的基本活动。

国际市场营销调研同样具有上述本质并涉及上述基本活动。但由于在国外进行市场调研更加复杂困难，除研究消费者外，还要调查研究竞争者、中间商和有关各营销因素的数据资料，从而呈现其特殊性的一面。因此，所谓的国际市场营销调研，可定义为从事国际市场营销活动的企业，针对企业所面临的国际市场营销决策问题，采用科学的方法，系统、客观地搜集、整理、分析、解释和沟通国际市场信息，为制定、评估和改进国际市场营销决策提供依据。

从这个概念中可以看出，国际市场营销调研是营销管理的一种辅助工具，目的是提高营销活动的效率。它是一项复杂且技术性较强的实践活动，是调查和研究的紧密结合。它有助于企业发现国际市场营销机会，进而为企业制定国际营销决策提供依据，即时反映国际市场变化，促使企业适当调整营销方案，并有助于企业分析和预测国际市场未来的发展趋势。

7.1.2　国际市场营销调研的类型（The Types of International Marketing Research）

调研项目不同的目标决定了国际市场营销调研类型的不同。按照调研目的划分，其类型包括探索性调研、描述性调研、因果性调研和预测性调研；按照调研时间划分，则通常包括一次性调研、定期性调研、经常性调研和临时性调研。对探索性调研、描述性调研、因果性调研和预测性调研的理解如下。

1. 探索性调研（Exploratory Research）

探索性调研是指为探索市场机会，或探索解决营销中某一问题的思路和方法，抑或是探索营销中出现某一问题的原因而进行的营销调研。如企业进入某国市场之前，寻找该国市场存在哪些市场机会；又如某目标国市场的文化环境与母国的文化环境存在巨大差异，寻求适应目标国文化环境的思路与办法。探索性调研是一种比较粗略的调研，一般通过搜集二手资料，或请教内行、专家，或参照过去的案例等方式进行。

2. 描述性调研（Descriptive Research）

描述性调研，即如实反映市场营销客观状况，如本企业的销售增长率、市场占有率、竞争对手的实力等。描述性调研是各种类型营销调研中最基本、工作量最大的一种调研，它比探索性调研更深入，不仅占有资料，而且要对资料进行整理和分析。描述性调研多采用实地调查法。

3. 因果性调研（Causal Research）

因果性调研，即调查研究某一营销现象产生的原因，并进一步研究分析两者之间的因果关系。比如调查研究发现本企业产品在市场上销售下降的原因是消费者购买力的下降，然后进一步通过逻辑分析和统计方法找出两者之间的数量关系。因果性调研又分为定性调研和定量调研两种。因果性调研主要采用实验法这一工具。

4. 预测性调研（Predictive Research）

预测性调研是专门为了预测未来一定时期内某一环节因素的变动趋势及其对企业市场营销活动的影响而进行的市场调研。调研的结果就是对事物未来发展变化的一个预测。预测性调研的所需资料主要由描述性调研与因果性调研提供。

7.1.3 国际市场营销调研的内容（The Contents of International Marketing Research）

营销调研是为营销决策提供信息服务的。因此，国际市场营销调研的范围就取决于国际市场营销决策对信息的需要，不同的决策需要不同的信息。归纳起来，国际市场营销决策主要有六种，不同的决策类型所需的信息不同，对应的营销调研范围也就不同。

1. 国际市场机会调研（International Market Opportunity）

一家企业是从事国际营销，还是继续搞国内营销，要做出这项决策，就需要将国内外的市场机会和潜在困难、企业资源条件进行比较，因此需要搜集有关数据资料：国际市场和国内市场的价格，产品的世界市场总需求量，企业潜在的世界市场份额，影响企业市场份额的竞争因素，企业产品进入世界市场是否会带来企业产品单位成本的降低，企业的人、财、物等资源条件。

在国际市场上，各企业、各集团为了各自利益展开激烈的竞争，因此，各企业在进行国际市场营销决策之前，必须认真调研竞争对手可能做出的种种反应和各种动向，做到"知己知彼、百战不殆"。通过对竞争对手的分析，弄清市场竞争的强度和竞争结构，评价产品是否有利于进入市场,以及进入后采取何种策略应对面临的竞争,有利于企业在竞争中不断发展和完善。

2. 目标市场选择调研（Target Market Selection）

企业在进入国际市场时,不可能一举进入所有国家的市场,而是要选择某个或某些国家作为目标市场,这就需要将各国市场根据市场的潜力大小予以排列。市场潜力越大、次序越靠前的国家,企业越要优先进入。在评价一国或一个地区的潜力大小时,需要搜集的资料包括市场潜力、市场竞争情况、目标国的政治法律状况等。

（1）市场潜力是指理想状态下的市场总需求量。在一般条件下,计算某国的市场潜力是比较困难的,所以往往是在计算该国国内市场销售量的基础上对市场潜力进行估算。

（2）在研究某国市场竞争情况时,调研人员需要的信息主要包括：主要竞争者是哪些公司,它们各来自哪些国家,这些竞争对手在该国市场各占多大份额,发展趋势如何,主要竞争者的营销策略如何,各自有何优势或劣势。

（3）目标国的政治法律状况是指目标国国内政局是否稳定,目标国的国体、政体、各项有关经济的法律法规及其连续性如何,政策是否具有连续性,政府对外来产品和外来投资的一般态度和政策倾向性如何。

营销透视 7-1　数据赋能全球农耕：智能农业装备破解种植场景差异难题

1. 大疆农业：生态数据深耕欧洲精准农业市场

欧盟对农业生态保护的精准度要求非常严格,其"从农场到餐桌"战略规定农药使用量须减少 50%（2030 年前）,荷兰温室联盟要求灌溉水利用率须达 95%（封闭循环系统）。大疆农业通过整合欧洲各国作物种植图谱、土壤重金属含量数据、欧盟有机认证标准等外贸数据,发现欧洲市场的核心需求：植保无人机须具备 1m 级作物高度识别（避免碾压郁金香）,施肥设备须支持变量投放（误差 <2kg/ 公顷）,且所有装备须通过德国 DLG 农业机械认证。

基于这些发现,大疆农业为荷兰韦斯特兰市开发的"温室精灵"无人机,采用毫米波雷达与视觉融合导航,在测试中使康乃馨种植的农药用量减少 58%,灌溉效率提升至 96%。

2. 极飞科技：规模数据破解北美大型农业难题

北美农业对装备的作业效率与规模化适配要求极高：美国农业局规定自动驾驶拖拉机横向导航精度须优于 ±3cm（减少土地浪费）；加拿大谷物协会要求联合收割机的损失率须 <1.5%（小麦收获标准）。极飞科技通过分析北美农场规模数据（平均 600 公顷 / 个）、作物轮作周期（玉米 – 大豆 – 休耕三年轮作）、亚马逊北美站的农机差评关键词等数据,发现北美市场的核心需求：智能农机须支持 1 600 公顷 / 天作业量（覆盖大型农场）,导航系统

须兼容北斗与 GPS 双模（避免信号盲区），且须集成美国农业部的产量预测模型。

3. 丰疆智能：抗旱数据切入非洲节水农业市场

非洲农业面临干旱与基础设施匮乏的双重困境，肯尼亚农业研究所要求播种机须在土壤含水率<8%时正常作业（半干旱地区）；尼日利亚规定灌溉设备须支持太阳能供电（60%地区无电网）。丰疆智能通过分析非洲各国的降水数据（萨赫勒地区年降水仅200～400mm）、主要粮食作物需水量（高粱日均需水 2.3mm）、当地农机操作技能水平（70%农户无机械使用经验）等数据，发现非洲市场的核心需求：智能播种机须具备深播功能（入土深度5～8cm避旱），灌溉系统须支持手机短信控制（无须互联网），且操作步骤须<3步（降低使用门槛）。

丰疆智能为内罗毕市场开发的"抗旱播种王"，采用双圆盘开沟器实现 7cm 深播，在测试中使玉米出苗率提升 42%，较传统点播机节省 30%的种子。针对赞比亚的灌溉需求，丰疆智能开发的太阳能滴灌系统可储存 3 天用水量，通过短信指令控制阀门开关，应用在卡富埃盆地，使该地区的小麦产量翻番。

资料来源：易讯海关数据. 外贸数据赋能全球农耕：智能农业装备破解种植场景差异难题［EB/OL］.［2025-07-25］. https://baijiahao.baidu.com/s?id=1838580478302425758&wfr=spider&for=pc.

3. 国际市场动态调研（International Market Dynamics）

市场动态调研是对市场本身的认识和了解，调研人员必须确定该市场的现有规模、市场类型、市场可能的变化趋势以及其他产品已争取到多大的份额。对于这些问题主要从下列各因素的调查和分析中找出答案。

（1）消费者研究。在一个国际市场中，消费者人口构成、购买力水平、偏好、行为等直接影响着市场规模和市场需求结构，所以，对消费者的研究是进行市场调研的一项重点内容。对上述问题的调查研究，可以帮助企业了解市场规模和市场需求结构。应该注意的是，上述内容仅包含个人消费者的状况，除个人消费者外，还存在产业需求，如工业用户、企业以及其他结构等。

（2）消费量调研。对从事产品营销的企业来说，紧扣产品是调研工作中应遵循的基本原则，对市场总体规模和结构的了解也是十分必要的。然而，这并不足以显示具体产品市场的真正规模和潜力，还有必要了解该国际市场实际消费该产品的数量，以及潜在消费量。

通过市场动态调研，可以使调研人员分析和了解市场规模、市场类型及增长变动趋势，并可根据从上述调查中了解到的资料对市场进行细分，以便更精确地评估本企业产品的潜在消费量和销售量。

4. 进入目标市场方式的调研（Target Market Entry Mode）

进入目标市场方式决策，即决定以何种方式（如出口、许可贸易、国外合资企业、国外独资企业等）进入国外市场。企业一旦选定目标市场，下一步就要考虑进入目标市场的方式。

在选择进入国际市场的方式时，一般需要搜集的资料包括：目标国家的政治法律情况；目标国家的对外贸易政策，如外汇、关税、进口限制等关税和非关税壁垒情况，以及政府给予外来企业的优惠条件和限制；目标国家的市场潜力；目标国家的基础设施情况，如交通、运输、能源、通信、商业发达程度等；目标国家的市场竞争情况；目标国家的资源条件，如原材料供应、劳动力价格、物质技术水平等；本企业的人才、技术、管理经验、资金等资源条件。

5. 营销组合策略调研（Marketing Mix Strategy）

开发或改进市场的产品，选择合适的分销渠道和促销手段，制定合理的价格，为具体策略的制定和安排实施提供信息和依据，是进行调研的重要任务之一。

（1）产品调研。产品是企业对外国消费者提供服务的对象。一个企业想要在国际市场的激烈竞争中求得生存和发展，关键是能否始终如一地提供令消费者满意的产品。在新经济环境下，产品生命期趋于缩短。加强对产品的调研，特别是研究竞争对手的产品，对企业的发展有着非常重要的意义。其调研应包括下列内容。

- 商品在国际市场的销售情况。
- 出口商品的设计、功能和用途、使用方法及操作安全程度。
- 出口商品的生命周期。
- 出口商品的类型和产品组合、售前和售后服务。
- 老产品的用途和新市场开拓。
- 新技术、新工艺、新材料和新产品的发展趋势。
- 消费者对产品的特殊要求，包括色泽、风味、规格、图案、式样、原料、性能、技术指标以及包装等方面的要求，以及对企业产品的设计、性能、包装方面的改进意见。

（2）销售渠道调研。商品以最高的效率和最快的速度销售到消费者手中，这与加速资金周转、降低成本、提高经济效益关系极大。销售渠道调研应包括下列内容。

- 对国外各类中间商（包括批发商、代理商、零售商）的选择和评价，即这些中间商经销产品的种类及其设施、服务、人员、水平、财务能力、资信状况等。
- 对个别中间商的挑选与评价，中间商所期望的信用透支和销售条件。
- 对国外各市场零售网点的分析，市场上是否存在可能购买大宗数量商品的机构。
- 将产品送至市场的运费率、运输时间、保险及包装要求。

（3）价格调研。在国际市场上，价格的决定受多种因素的影响。价格调研应包括下列内容。

- 影响价格变化的因素。
- 该国政府对价格的管制状况。
- 进口税则、税率以及各种国内税对商品价格的影响。
- 各种不同的价格政策对销售量的影响。
- 竞争产品、相关替代商品现行价格，以及变相提价或降价的方法。
- 新产品的定价策略。
- 出口商品在生命周期不同阶段的定价原则。

（4）促销方式调研。促销方式是国际营销组合中的一项基本活动，包括营销者宣传产品和说服促进消费者购买的活动。其调研内容如下。

- 调研国外市场促销组合、可利用的广告宣传媒体和费用标准。
- 促销推广的方法，如折扣、商店内示范、样本赠送、产品配套、竞赛、抽奖及以赞助为目的的社会公益活动等。
- 竞争者所使用的有效宣传广告方式。
- 代理商、中间商、零售商在促销中的作用。
- 推销员的素质、水平、训练费用及在广告宣传上能起到的作用。
- 促销费用。

选定良好的目标市场，为企业进行成功的国际市场营销奠定了基础。但是，要完成具体的市场开发，使企业争取到最大可能的市场份额和盈利，还必须采用有效的营销策略组合。

6. 资源配置决策调研（Resource Allocation Decision）

资源配置决策，即企业决定如何把各种资源在世界各国市场、各子公司、各产品系列之间进行分配。企业的人、财、物等资源有限，应把它们投放到最能产生效益的市场上和产品上及最有利的营销手段中，以获得最优经济效益。企业制定合理资源配置决策需要了解的信息包括：企业在各目标国市场上的销售潜力如何，如总销量、销售增长率、市场占有率等；企业在各目标国市场上的经营状况如何，如在该国获取的利润在企业总利润中所占比例是多少，在目标国市场采用的推销手段的效果如何，广告效果如何，经营效果变化的原因，渠道成员的努力程度如何，销售服务方式如何等；企业各种产品在各目标国市场上的生命周期状况。企业要了解关于产品功能及用途的改进，品牌、商标、设计、包装、外观的改进，售前、售后服务的改进，老产品寻求新用途、开拓新市场等方面的信息，以便企业通过产品、市场、营销因素改革延长产品生命周期，还要了解企业在各目标国市场上各种经营方式的经营现状及前景。

应该指出，国际企业的资源配置决策是一个非常重要且非常复杂的决策，需要的信息量极大。上述几条只是一个纲目，每一条都包含着大量的、具体的信息。企业只有在充分掌握这些信息之后，才能不断地调整企业资源在各国市场、各种产品、各种经营方式之间的分配，使其产生最佳的经济效益。

7.2 国际市场营销调研的程序和方法（The Procedure and Methods of International Marketing Research）

国际市场营销调研会受到跨国营销决策的性质、调研时间、调研费用、调研的客观条件等因素的影响。国际市场营销企业要对调研工作进行合理的预算和规划，并进行有效的管理和控制，使调研工作在有限的条件下取得最佳的效果。

7.2.1 国际市场营销调研的程序（The Procedure of International Marketing Research）

国际市场营销调研的过程一般包括以下四个步骤。

(1)确定调研题目和调研目标。根据企业当前或今后要解决的问题确定调研题目。

(2)制订调研计划。按照前面所述的要求制订出详细的调研计划。

(3)进行实际调研。此程序可以由本企业有关部门执行,也可以委托外部的专业公司完成。

(4)整理、分析资料,得出结果并写成报告。[1]

详细过程如图 7-1 所示。

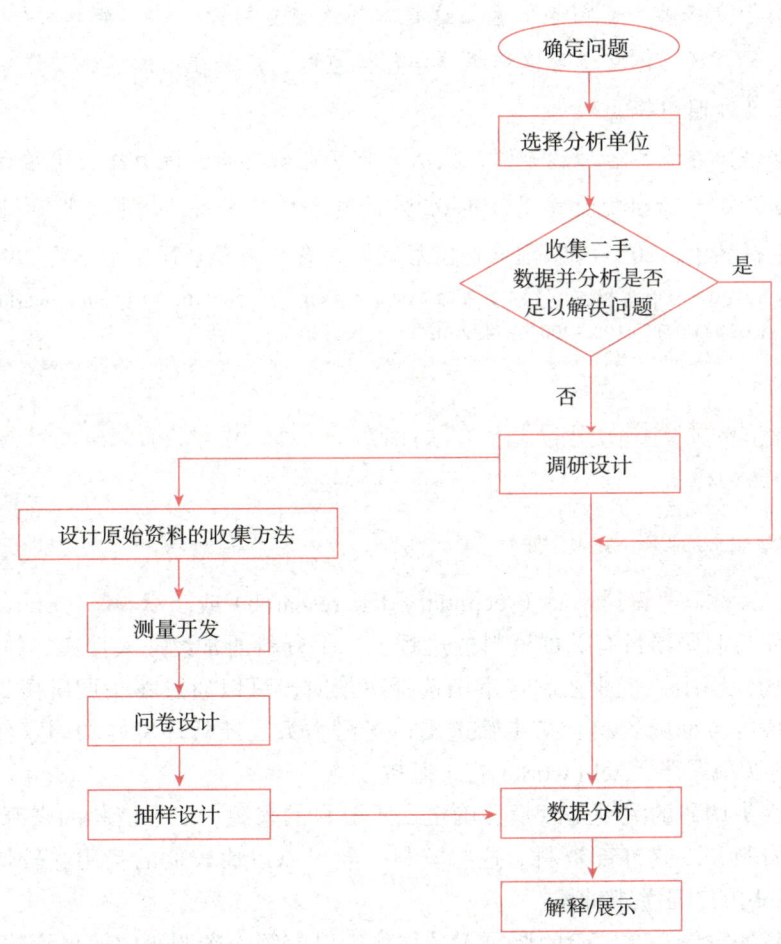

图 7-1 国际市场营销调研过程

营销透视 7-2　　　"万物互联"助力智慧家居

2023 年圣保罗国际消费类电子及家用电器产品展览会(以下简称"圣保罗消费电子展")是拉美地区最大的消费电子展会之一,本届展会共有 700 多个品牌的上万种商品参展,吸引了超过 3 万名业内人士参加。多家中国企业在展会上推出最新的智能家居和数码产品,向拉美消费者展示了"中国智造"的实力。圣保罗消费电子展主办方负责人卡洛斯·克鲁尔表示,中国在电子和家电方面保持领先,今年的国际参展商中来自中国的最多。

圣保罗消费电子展展品包括信息和通信产品、家用电器等。本届展会还设置了仓储物流展区、电子商务展区、虚拟货币展区等特别展区，覆盖了消费电子产品的生产、交易、运输等各个环节，在向消费者展示新产品的同时，也为生产商和零售商提供相关服务。在展会上，"万物互联""日益重要的联结"等标语随处可见。

走进展厅，首先映入眼帘的是一座灰色小房子，房子里模拟了厨房、卧室、客厅等家居场景，吸引了众多参观者前来体验。这是本届展会专门设立的"智慧家居"特别展区。据现场工作人员介绍，体验者可以远程操作包括空调、灯具在内的多种智能家居产品，提前调节房间温度和照明等。

智慧家居理念在世界各地逐渐深入人心。市场调研机构国际数据公司预计，未来几年全球智能家居设备市场出货量将以每年 6.2% 的复合增长率持续增长。巴西住宅和楼宇自动化协会的数据显示，2023 年该国智能家居联网设备的消费量同比增长约 20%。

资料来源：人民网. "中国智造"受拉美市场青睐［EB/OL］.［2023-07-17］. http://world.people.com.cn/n1/2023/0717/c1002-40036844.html.

7.2.2　国际市场营销调研的方法（The Methods of International Marketing Research）

1. 案头调研（Desk Research）

案头调研，又称**二手资料调研**（secondary data research）或**文献调研**（literature research），是指查找并研究与调研项目有关的资料的过程。二手资料通常经他人搜集、整理，并已经发表。在国际市场营销中，企业在制定市场选择决策时，可以通过案头调研搜集到各国人口、收入、政法环境等方面的资料，初步筛选出市场潜力大、经营环境好的国家作为目标市场。案头调研为国外**实地调研**（field work）打下基础。

成功进行案头调研的关键是发现并确定二手资料的来源。二手资料的来源有很多，主要来源一是内部资料，二是外部资料。这些资料一般可以以比较低的费用和较快的速度获得。下面仅介绍最常用的二手资料来源。

（1）调研者的案卷。有经验的调研人员往往把以前每一次调研中搜集到的各种资料储存起来，以备日后使用，这是最重要的二手资料来源。

（2）本企业的内部资料。每个企业都有自身的财务状况和销售信息等方面的详细资料。许多现代企业都建立了以电子计算机为基础的营销信息系统，其中储存了大量有关市场营销的数据资料，如企业每种产品在各目标市场上的销售额、客户名录（客户名称、客户性质、客户规模、市场覆盖面、历次成交数量和金额、支付方式、交货方式等）、利润状况、主要竞争对手及其销售额、企业利润状况及市场的各种有关数据、公司与各客户的来往函电等。这种信息管理系统是营销调研人员重要的二手资料来源。

（3）政府机构。我国政府在许多国家和地区设有商务处，可以系统地搜集到各国的大量市场信息，如贸易统计资料，关税及海关情况，进口商、零售商、制造商名录，有关政府部门的名称和地址，有关统计资料和出版商的名称及索取办法，可以提供某种帮助的官方和非官方的组织机构名称与地址等。中国国际贸易促进委员会（China Council for the Promotion of International Trade，CCPIT）和中国国际商会（China Chamber of International Commerce，CCOIC）及其各地分会也掌握着大量的国外销售和投资方面的信息。企业也可以从目标市场所在国政府的有关机构（如大使馆）得到更多的信息。此外，企业往往可从外国政府的有关部门得到更多信息。许多国家的政府为了帮助发展中国家对其出口，专门设置了"促进进口办公室"，负责提供信息，如统计资料，销售机会，进口要求和程序，当地营销技巧和商业习俗，某一产品系列的进口商、批发商、代理商等中间机构的名单，某些产品的求购名单及其求购数量。

（4）国际组织。许多有关国际组织都定期或不定期地出版某些刊物，发布大量市场信息。有时，国际组织制作的一些专门报告和特定信息不公开发表，但用户可以直接与国际组织的负责单位联系，获取有用的资料。对国际营销调研最重要的组织有：国际贸易中心（International Trade Center，ITC）、联合国粮食及农业组织（Food and Agriculture Organization of the Vnited Nations，FAO）、经济合作与发展组织（Organization for Economic Cooperation and Development，OECD）、联合国贸易和发展会议（United Nations Conference on Trade and Development，UNCTAD）、国际货币基金组织。上述大部分国际组织都提供其各种出版物的目录集。然而，它们所编写的许多研究报告和其他资料并不公开出版，在目录集上也找不到，但通常可通过与某组织内部的某一部门直接联系而得到。因此，调研人员应熟悉这些重要的国际组织的内部结构及各部门的工作内容。

（5）行业协会。许多国家都有行业协会，许多行业协会都定期搜集、整理甚至出版一些有关本行业的产销信息。对调研者来说，这也是一种有价值的信息来源。但是，有些行业协会的信息服务对象仅限于本协会成员。此外，有些行业协会提供的信息不够准确，因为这些信息是从其成员那里搜集到的，而其成员数量每年都有可能变化，一些规模较大的企业可能并未参加其所在行业的协会。这些问题都需要调研者予以注意。

（6）国外调研机构。国内外有许多专业化的研究所和营销调研机构，这些机构拥有丰富的专业资料和研究成果。它们除接受委托从事调查和研究任务之外，还发表一些专项的市场报告和工业研究论文。如北京国际经济贸易研究所、美国的斯坦福国际咨询研究所等都是这类专门研究机构。企业在制定重大营销决策时，往往有必要利用当地的调研机构，只要缴纳一定费用，就可从它们那里获得较多的有用信息。

（7）银行。银行是市场信息的重要来源。调研人员应先接触国内与自己有业务往来的银行，因为银行通常都愿意向自己的客户提供信息和帮助。国内的大银行多与国外银行存在广泛的业务联系，可以提供许多信息和服务：有关世界大多数国家的经济趋势、政策及前景，重要产业及外贸发展等方面的信息；某一国外公司的有关商业资信状况的报告；各国有关信贷期限、支付方式、外汇汇率等方面的最新情报；介绍外商并帮助安排访问等。此外，调研人员还应与大型的国际银行（在本地的分行或其总部）进行联系，以获得有关信息。一些著名的银行，如巴克莱银行、劳埃德银行和摩根大通等会将出版期刊免费寄送给需要者。

（8）消费者组织。许多国家和城市都成立以保护消费者利益为宗旨的消费者组织，这些组织的众多任务之一就是测试各企业生产和销售产品的质量、数量、价格等，并向公众报告测试结果。这些组织有时还向公众报告零售价格并进行消费者调查。调查人员可以从这里获得很多有用的信息。

（9）联机检索情报系统。联机检索服务是在国际上迅速发展的一种情报服务方式。用户可以通过电子计算机的网络链接，随时调用与获得情报数据库内的文献和资料，这些文献和资料具有准确与迅速的特点。我国国家发展改革委与国家信息中心，包括许多高校和科研机构均开展了联机检索的经济情报服务。在国内，企业可以通过国际通信卫星同世界上大型的情报检索系统进行联机。通过检索，调研人员可以迅速获得各个国家和地区的统计资料、国际市场动态、大型企业的情况等最新资料。随着计算机的普及和网络事业的飞速发展，大数据和移动商务渐入人心，云计算业务的强势发展以及人工智能（AI）自动收集数据能力的增强，联机检索服务系统将成为我国国际市场营销调研活动的重要资料来源之一。

（10）图书馆。一些较大的综合性图书馆和专业图书馆藏有大量有关世界经济、国际贸易、国家环境等方面的图书资料。调研人员可以在图书馆查阅到一些有用的市场背景资料。在某些专业图书馆还可以查阅到一些更为具体的资料，如企业名录、贸易统计资料等。

此外，竞争对手企业会发布一些公开信息；国内的外贸公司和企业在国外的经销商、代理商、广告公司、运输公司等都可能提供各种有关的信息资料；从归国留学人员、外国来华参观访问的学者、友好人士和回国观光的华人华侨等海外同胞那里也可能获得一部分国际市场信息。

近年来，各种信息来源提供的信息越来越系统、深入、准确，获取信息的手段也越来越简单、方便、及时。当前，调研人员可以购买电子版或光盘版的报刊、年鉴、统计资料和专业调研信息，对这些大容量的信息进行快速、简便的检索和分析，甚至可以足不出户，通过互联网对远在异国的或是年代久远的资料进行在线查询。

案头调研的优点是省时间、省费用，可以迅速和便宜地获得大量的有用信息。但要做好案头调研，必须注意：企业必须有专门机构或专职人员负责二手资料的搜集，并建立科学的管理制度和资料档案，对搜集来的资料经常性地进行归纳、整理、分类，以便及时提供给有关单位使用。由于二手资料由其他人搜集、整理，因此，在许多市场上得来的二手资料存在严重缺陷。调研人员需要特别注意以下问题：一是要评估数据来源的可靠性，主要包括原始数据的收集目的和方法；二是要评估二手资料的质量，包括资料的准确性、时效性等；三是要评估资料的兼容性和可比性。

2. 实地调研（Field Work）

实地调研是指调研人员亲自搜集原始资料的过程。相对于案头调研，实地调研的成本高、耗时长。而且，实地调研的质量受到**访问者**（interviewer）背景、访问时间、过程、地点、**受访者**（respondent）背景及文化背景等多方面影响，因此企业在采用这种方法搜集信息时应谨慎行事。例如，当企业打算在某国选择一个代理商时，就没有必要花很多资金和时间对该国长期市场潜量做深入调查。目前，多数企业将此业务**外包**（outsource）给专业的市场调研公司，委托其进行实地调研。

实地调研方法通常包括询问法、观察法和实验法。

（1）询问法。调研人员向被调查者提问，被调查者做出回答，通过该形式取得所需调研资料的方法即为询问法。询问法可以通过电话、信函、面谈、传真、互联网等途径进行，是营销调研中最基本、最常用的实地调研方法。按照调研组织方式的不同，常用的访问调查方法可分为人员访谈法、问卷自填法和计算机辅助访谈法三种。

营销透视 7-3　　"高质量发展调研行"四川主题采访

"高质量发展"是2023年中国经济的关键词。作为全国经济大省和国家战略大后方，四川如何推动高质量发展，写好中国式现代化的四川篇章？

2023年10月16日，"高质量发展调研行"四川主题采访在成都正式启动，由中央主要媒体、有关地方媒体上百位记者组成的百人调研采访团，调研采访四川推动高质量发展的思路举措。

调研采访团"大部队"从成都出发，分为南、北两条采访线路，在一周时间内，将到访四川的8座城市。其中，北线涉及成都、德阳、绵阳、南充、遂宁；南线涉及成都、宜宾、自贡、内江。

本次调研的内容非常丰富。"成渝地区双城经济圈建设""科技创新和科技成果转化""筑牢长江黄河上游生态屏障""建设现代化产业体系""推进乡村振兴"等，都是本次调研的主题内容。调研采访团将进工厂感受一线澎湃动能；到田野感受乡村振兴的活力；去工业园与机器人"对话"；访古镇感受文旅发展；去江河之畔亲身感受生态环境的变化……

以南线为例，在成都重点调研的兴隆湖湿地公园、国家超级计算成都中心、龙潭工业机器人产业功能区、四川成都航空产业园等都是成都高质量发展的生动案例。

2023年10月16日，"高质量发展调研行"四川主题采访情况介绍会召开，本次调研活动也正式启动。

在情况介绍会上，四川省发展改革委、经济和信息化厅、科技厅、生态环境厅、农业农村厅、商务厅、省林草局的相关负责人来到现场。7个政府部门从不同的领域介绍了四川高质量发展的整体情况。

"四川是全国工业体系最完备的省份之一，全国统计的591种工业产品中，四川生产480种，产品生产面达81.2%。"四川省经济和信息化厅党组成员、机关党委书记周海琦在现场用一组组数据点明四川在全国工业版图中的"顶梁柱"地位。

四川省发展改革委副主任胡玉清表示，四川打出一系列政策"组合拳"，出台推动经济运行整体好转36条、支持民营企业发展壮大10条，以及进一步激发市场活力的19条政策措施，全省经济运行呈现持续恢复发展态势。

"力争到2025年、2030年全省粮食产量分别达730亿斤⊖和750亿斤。"四川省农业农村厅党组书记、厅长徐芝文抛出了作为天府粮仓的四川目标。

不论是上述的数据、政策，还是目标，都为采访团提供了调研的方向，并为调研行程提供了丰富的素材。

资料来源：封面新闻. "高质量发展调研行"四川主题采访在成都正式启动［EB/OL］.［2023-10-17］. http://www.nbd.com.cn/articles/2023-10-17/3057089.html.

⊖　1斤=500g。——编者注

（2）观察法。观察法最显著的特点就是，调查者同被调查者之间通常没有直接交流。因此，在运用观察法的大多数情况下，被调查者并没有意识到自己正在接受调查，所以往往表现得比较真实、自然。观察法适合用于观察被观察者的行为、表情、姿势，物体的性状、位置、相互之间的距离，还可以用于记录声音和图像等。

（3）实验法。实验法是最正式的一种调研方法，是一种定量的因果分析调研技术，它首先根据调查目的选定调查对象，然后人为地改变或操纵某些因素，并记录这些因素的变化对所选定调查对象的影响，最终对变量之间的因果关系及其发展变化过程加以观察分析。

实验法所得资料源于实践。这种方法搜集的原始资料可靠，但在选择社会经济因素较为类似的实验市场时存在较大难度，且实验时间较长，成本较高。

3. 委托调研（Commissioned Research）

委托调研是指企业通过委托有关国际市场调研机构为其进行情报搜集与分析而开展的市场调研活动，是当前较常见的一种国际市场营销调研代理业务。[2]

在对调研机构调查的基础上进行委托调研与企业自行开展国际市场调研相比较，具有以下优点。

（1）受委托方具有调研方面的特长。专业调研机构拥有专职的调研人员、完备的调研手段和方法、丰富的调研经验，有利于及时有效地完成调研任务，达到预期目标。

（2）受委托方熟悉当地的市场，在语言、文化方面的交流障碍较少。

（3）受委托方所提出的调研结论通常更客观、准确、中立，有利于科学决策。

（4）成本较低。

企业在选择调研机构时，通常应该考虑三个方面的因素，如图 7-2 所示。

4. 互联网调研（Internet Research）

美国管理学家、统计学家爱德华·戴明曾经说过："除了上帝，任何人都必须用数据来说话。"在数据越来越膨胀的社会，使用互联网进行数据管理和数据挖掘，使用互联网进行在线调研，对国际市场营销调研而言既意味着挑战，更意味着机遇。由于新产品、新概念和广告文字可以在网上进行测试并获得快速反馈，因此，通过互联网来搜集有关国家和地区的市场信息、消费者需求信息、企业营销信息等已经越来越普遍。[3]

互联网调研是利用科技手段进行市场调研，它具有更快捷、更方便、成本更低的特点。

（1）在线调查法。该方法是传统市场调研中问卷调查在互联网上的延伸。比

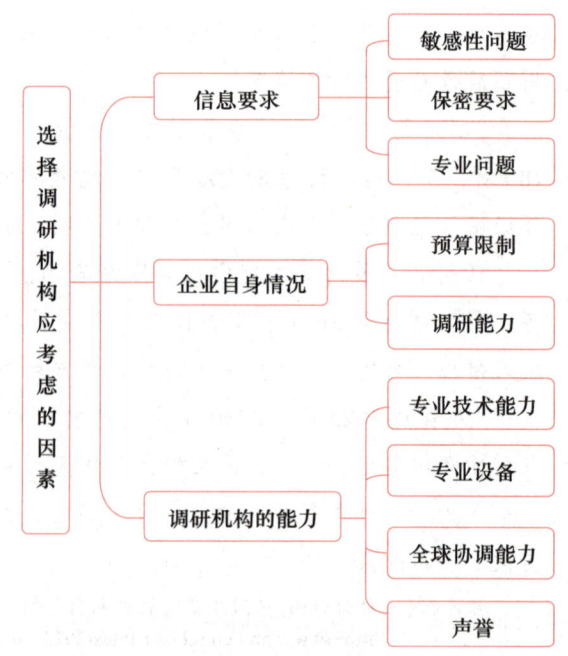

图 7-2 选择国际市场营销调研机构时应考虑的因素

资料来源：聂元昆，吴健安．国际市场营销学［M］．北京：高等教育出版社，2012．

如，企业可以通过在企业网站或其他合作调查网站上设置调查表，由访问者在线填写并提交到网站服务器，之后通过对数据的挖掘和分析，找出调研结果，供公司参考使用。

（2）网上专题讨论法。网上专题讨论法的步骤通常为：确定目标市场；识别目标市场中要加以调查的讨论组；确定具体话题；登录相应的讨论组，通过过滤系统发现有用的信息，或创建新话题供用户讨论，从而获取有用信息。网上专题讨论法因为网络发言的自由和平等性，较容易获得有用的信息。[4][5]

另外，利用搜索引擎、门户网站，包括利用免费或收费的网上数据库等手段，都可以较好地达到调研目标。而随着5G物联网、大数据等技术的快速发展，加之各国各类网络的迅速普及，互联网作为调研工具将变成新常态，也将变得更加及时、准确、有效。

营销透视 7-4　　　　传统营销结合互联网大数据

央视市场研究股份有限公司（CTR）是中国国际电视总公司和Kantar集团合资的股份制企业。CTR一直致力于将近30年的中国市场洞察经验与快速发展的互联网大数据技术相结合，通过连续性调查和定制化专项服务，提供全方位的市场数据解析和高附加值的趋势洞察，与客户一起深入研究千变万化的商业环境，探寻市场发展规律，制订营销决策方案。

CTR的研究领域包括媒体融合与经营创新、营销策略与效果评估、消费者洞察等诸多专业领域，尤其在360°营销监测与评估、消费者购买与使用行为测量、移动互联网用户研究、短视频监测与商业决策等专业领域拥有权威的第三方地位和货币型产品。

资料来源：CRT央视市场研究［EB/OL］.https://www.ctrchina.cn/.

7.3　国际市场营销信息系统（The International Marketing Information System）

市场营销信息系统（marketing information system，MIS）指由人、机器和程序构成的，系统地收集、整理、储存、检索、分析和说明市场营销数据资料的一个持续的过程和方法。营销经理为了实施他们的分析、计划、执行和控制的职能，需要市场营销环境的开发信息。市场营销信息系统的作用是评估经理的信息需要，搜集所需要的信息，为营销经理适时分配信息。所需信息的搜集通过企业内部报告、营销情报、营销调研和营销决策支持分析四方面工作进行。国际市场营销信息系统如图7-3所示。

国际市场营销信息系统是随着企业处理信息的增多和计算机技术的发展而逐步发展起来的。国际市场营销信息系统就是为收集、整理、储存、检索和分析信息并据此制定国际市场营销决策而设计的一个持续的系统。这个系统的功能是：①向各业务部门提供准确的营销业务信息，以寻求国际市场机会；②向业务职能管理部门按时、按地点提供管理信息，以监督企业在世界各地、各产品项目的经营情况；③为企业决策部门识别、解决营销问题或寻找机会并进行决策提供容易理解和使用的信息；④综合衡量企业在世界各地和各产品细分市场的营销战略及其效果，决定是否进行企业资源的重新分配。[6]

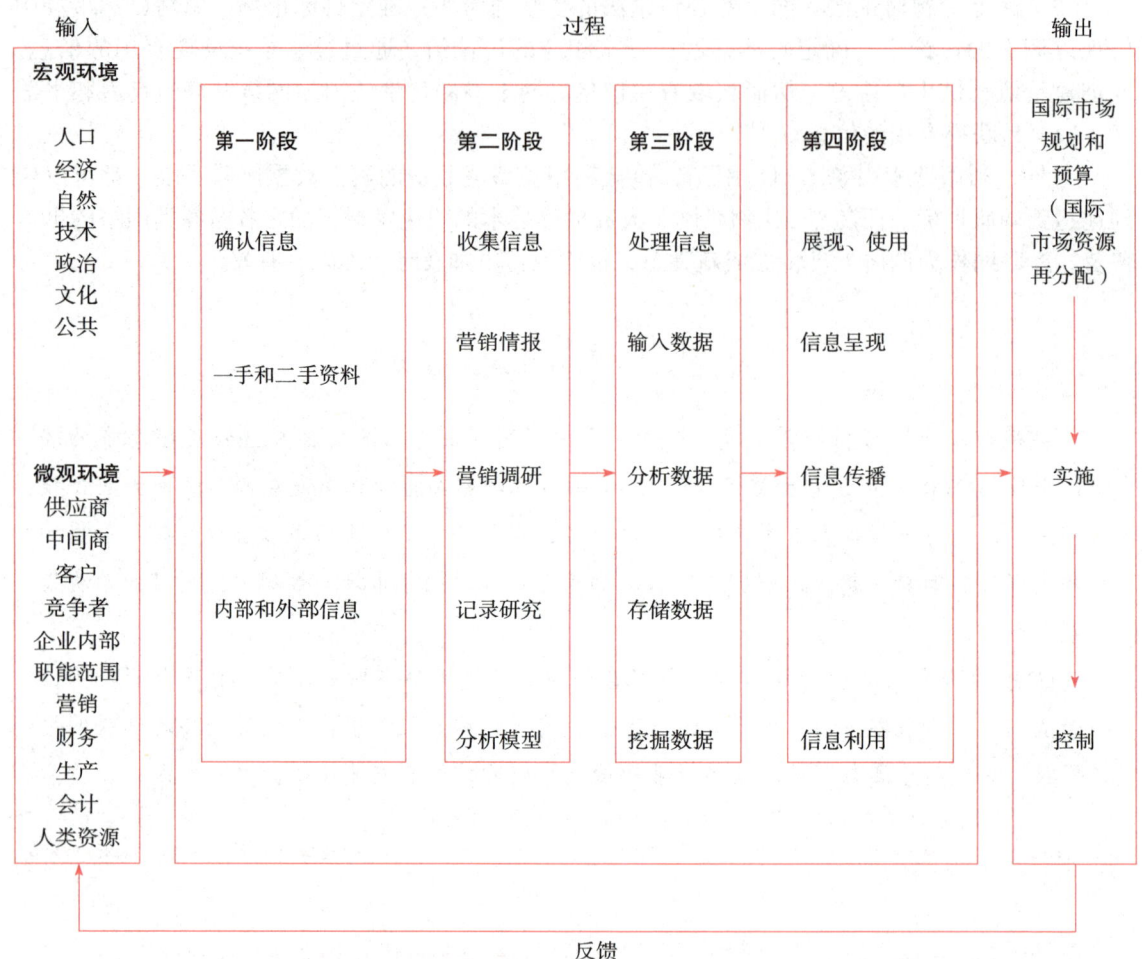

图 7-3　国际市场营销信息系统

资料来源：霍伦森. 国际营销：以决策为导向的方法［M］. 王永贵，等译. 北京：北京大学出版社，2016.

7.3.1　国际市场营销信息的组成要素（The Main Factors of International Marketing Information）

1. 内部报告系统信息（Internal Report）

内部报告系统是营销经理使用的最基本的信息系统。企业内部有大量的由各部门搜集和储存的各类信息，如会计账目、生产进度、原材料库存、销售记录、客户名单、年度计划等。决策者可以方便快捷地从企业内部各职能部门获得现成的信息。通过分析信息，营销经理能够发现重要的机会和问题。内部报告系统至少包括订单收款循环和销售报告系统。

订单收款循环是内部报告系统的核心。销售代表、经销商和顾客将订单送交公司后，订货部门准备多份发票副本，分送到各有关部门：存货不足的项目留待以后交付；需装运的项目则附上运单和账单，同时还要复印多份分送到各有关部门。为了更快、更准确和更有效地处理订单-收款循环,许多公司采用电子数据互换(EDI)软件。

销售报告系统则向营销经理提供当前销售的最新报告,信息来源于企业营销队伍。营销经理通过分析内部报告系统所提供的信息,能够发现重要的机会和问题。但应注意尽量避免该系统提供重复信息,以免造成营销成本上升和相关人员陷入烦琐的销售资料堆中。

2. 营销情报系统信息(Marketing Message)

内部报告系统为管理人员提供结果数据即事后的数据,而营销情报系统则为管理人员提供正在发生的即当前的数据。

营销情报是有关企业外部营销环境的信息,企业可以从多种来源搜集。企业自己的科研人员、销售人员以及与企业存在合作关系的供应商、中间商和客户等,都可能提供许多有用的信息,如企业所在行业采用的最新技术、顾客对产品的意见、市场的最新动态等。企业还可以系统地搜集报刊、书籍、年鉴上的相关信息,或向相关行业和地区信息中心以及一些专业调研咨询机构购买情报。

营销经理大多数自行搜集情报,比如通过阅读书籍、报刊和同业公会的出版物,与顾客、供应商、分销商或其他外界人员交谈,同公司内部的其他经理和人员谈话,但这些方法的偶然性可能会使一些有价值的信息被忽略。

3. 营销调研系统信息(Marketing Research)

营销调研系统的主要作用是为解决企业面临的某项具体营销问题,而对有关信息进行系统的搜集、分析及评价,并对研究结果提出正式的书面报告,供决策部门解决特定问题。它与上述两个系统的本质区别在于它的强针对性,即为了特定的具体问题而从事的信息搜集、整理和分析。营销调研系统包括:①营销调研资料的供应者;②营销调研的程序;③营销调研的特征;④克服对营销调研使用的阻碍。

4. 营销决策支持系统信息(Marketing Decision Support)

营销决策支持系统就是对内部报告系统、营销情报系统、营销调研系统三者提供的大量数据和信息进行统计处理、分析,最终形成有意义的、能为决策者所接受和理解的结果的一种机制。该系统又被称为专家系统。它由统计工具和决策模型构成,采用先进的技术对市场营销信息进行分析,并对相关问题做出决策方案,如图7-4所示。

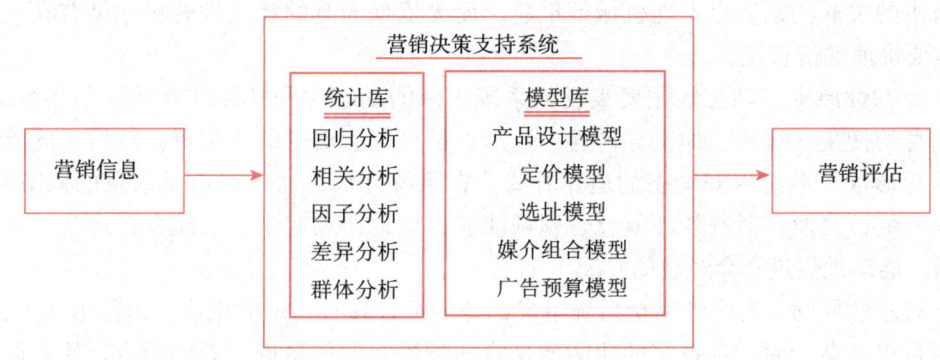

图7-4 营销决策支持系统

资料来源:逯宇铎,常士正.国际市场营销学[M].北京:机械工业出版社,2004.

7.3.2 建立国际市场营销信息系统的步骤和原则（The Steps and Principles of Setting the International Marketing Information System）

1. 建立和维护国际市场营销信息系统的基本步骤（Steps to Establish and Maintain an International Marketing Information System）

公司总部、区域办事处和设在各国的分部都需要信息，其中一些是战略性信息，另一些是操作性信息。这些信息可以分为市场信息、竞争信息、外汇信息、资源信息、说明性信息以及一般情况信息。

国际市场营销信息系统的基本步骤可参考图 7-5。

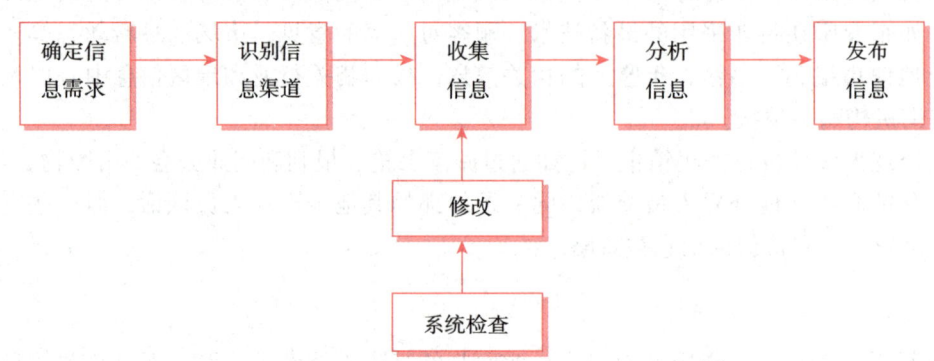

图 7-5　国际市场营销信息系统的基本步骤

资料来源：贾殷. 国际市场营销（原书第6版）[M]. 吕一林，雷丽华，译. 北京：中国人民大学出版社，2004.

2. 国际市场营销信息系统的组织原则（Principles to Organize an International Marketing Information System）

（1）整体性原则。国际市场营销信息系统不是人与设备及程序等要素的简单的、机械的拼凑，而是将各个构成要素有机地结合起来，形成一个相互作用、相互联系的有效的组织系统。

（2）相关性原则。系统内部各组成部分、各组织环节、各组成要素之间相互关联，这种关系相互作用、相互影响、相互依存，有时也互为因果。这就要求我们在实际操作时不能割裂这些有机的关联关系，也不能机械地汇总，而要依据固有的相关性有机地结合在一起，形成具有重要价值的信息流。

（3）动态性原则。动态性主要表现为系统内部的动态性和外部的能动性。在系统内部，通过对信息的搜集、输入、加工到传递、输出，最后到达信息的使用者，然后又反馈回系统之中，从而形成了系统内部动态的运作方式。在系统外部，通过对市场信息的调节和控制，使生产、分配、交换、消费各环节及各领域能够有机地协调起来，以减少各环节、各领域之间的矛盾，能动地促进社会经济的发展。

（4）有序性原则。有序性是指系统组成部分的组合具有一定的规律。国际市场风云变幻，市场信息也很复杂，而信息系统的功能就是将各种繁杂的信息进行有序组合，使它们遵循一定的规律，进而在动态过程中形成有序的组织形态。

（5）预决性原则。预决性就是目的性，也就是说在人们决定自己的行动之前应获得相应的信息。国际营销信息系统通过对实际信息的搜集、加工、整理并加以分析及判断，最终形成对未来的预测，从而为信息的使用者提供有力的指导。

7.4 国际市场营销调研的新趋势与挑战（New Trends and Challenges of International Marketing Research）

如前所述，国际市场营销调研是一个复杂的系统过程。在当前互联网高速发展的背景下，尽管以在线市场营销调研为代表的现代调研方式层出不穷，更为便利，受众更广泛，但传统的营销调研仍不可或缺。总体看来，不仅国际市场营销受目标国政治、法律、文化和社会环境等方面的约束，国际市场营销调研也面临同样的挑战，而其他具有共性的问题同样需要调研者的关注。

7.4.1 文化的挑战（Cultural Challenges）

国际市场营销调研需要对目标国的文化进行较全面的了解。目标国与本国在语言、宗教、教育等文化因素上的差异性对产品和服务影响很大。

1. 语言、句法与翻译（Language, Syntax and Translation）

在使用调查问卷进行营销调研时，语言成为国际市场营销调研的第一块绊脚石。第一，同一种语言（比如英语）在不同的国度（比如英美）可能产生误解。例如，"crackers"在英美就有不同的使用倾向。第二，专门用于研究句子组成部分和排列顺序的句法同样会干扰调查问卷的准确性。比如，简单地将英语和德语进行互译，句法会使译文难以被人理解。第三，由于对等性的缺乏，翻译常常成为调查问卷设计中的常见问题。虽然在当前的国际市场营销调研中，回译（back translation）的使用会有效减少沟通冲突，但如果不注意翻译信度和效度，常常会使调研结果陷入低效。

2. 文化规范（cultural norms）

文化规范是指某一团体的信念、价值、态度、仪式等相对隐性的规约。对国际市场营销调研而言，文化规范可能产生很多问题。比较明显的例子是麦当劳与肯德基在中国市场的竞争。作为世界快餐业的老大，麦当劳在中国市场所占的份额却一直位列肯德基之后。摒弃麦当劳的全球标准化战略，肯德基在调研和理解中国人口味的喜好上明显更胜一筹。

3. 时差与假期（Jet-lag and Vacations）

世界各国时差存在的客观性和假期的差异性，对营销调研的时间和成本来说无疑是一个挑战。

7.4.2 抽样（取样）的挑战（Sampling Challenges）

抽样调查是指从全部调查研究对象中，抽选一部分单位进行调查，并据此对全部调查研究对象做出估计和推断的一种调查方法。判断抽样调查结果是否准确的一个关键性因素就是样本是否具有代表性。但是，人口的多寡、地区的城镇化程度等因素会对抽样结果产生影响。而发展程度的不均衡，比如计算机的普及程度，也会使调研结果产生差异。

1. 目标国调研人员（Researchers from Target Countries）

在国际市场营销调研中，当地的操本国语言的调研人员会较好地保证调研质量，同时，对被访者来说也是一种尊重。

2. 调查问卷的长度（Length of the Questionnaire Designed）

当前，全球各地越来越多的人曾经遭遇过被调研的情形，这也理所当然地使得调研遭拒的绝对数和相对数上升。因此，在国际市场营销调研过程中，对时间的把握也应该成为调研的考虑因素。

3. 激励（Incentives）

在不同的文化中，激励产生的效果有所不同。激励有时会促生偏见，导致调研结果在一定程度上失真，而同样的激励方式，在有的国度甚至可能被视为对被访者的侮辱。

7.4.3 测量的挑战（Measurement Challenges）

在国际市场营销调研中，范围和测量的对等性非常重要。比如，同一种现象需要在本国和目标国均加以衡量，而且，这种衡量手段和方法必须是等同的，甚至两个不同国度抽样的对等性也需要加以认真考虑。[7]

7.4.4 基础设施的挑战（Infrastructure Challenges）

网络普及程度、可获得的媒体资料等基本条件对国际市场营销调研的成败具有很大的影响。汇率的波动也会导致调研成本的增加或减少。

7.4.5 信息收集的挑战（Data Collection Challenges）

国际市场营销调研在某种程度上，可谓费时、费钱、费力。在全球化背景下，寻求调查对象并与其合作并非手到擒来。被调研对象的资料保密性同样需要重视。

7.4.6 法律的挑战（Legal Challenges）

简而言之，各国法律的不同，使得调研者需要格外审慎地对待国际市场营销调研。因此，寻求调研公司的支持不失为一种明智之举。

7.4.7 数字时代下营销调研的挑战（Challenges of Marketing Research in Digital Era）

在大数据时代，需要考虑调研过程中涉及的客户隐私问题，人工智能时代营销调研中的伦理问题等。

> **营销透视 7-5　2023 年中国网络文明大会网络法治论坛在厦门举行**
>
> 　　2023 年 7 月 19 日，2023 年中国网络文明大会网络法治论坛在厦门举行。本次论坛以"数据法治与网络文明"为主题，旨在把握数字经济时代发展趋势，聚焦数据法治前沿理论和实践热点问题，推动法治服务数字经济发展和网络空间治理，广泛汇聚网络法治共识，助力网络文明高质量发展。最高人民检察院副检察长张雪樵，福建省人大常委会副主任檀云坤，中央网信办、国家网信办总工程师孙蔚敏，中国政法大学党委书记胡明出席论坛并致辞。
>
> 　　论坛上，与会嘉宾代表围绕"数据法治建设"议题进行主旨演讲，并聚焦数字检察工作进行对话交流，会上还发布了医保基金诈骗大数据法律监督模型和"非标油"大数据法律监督模型两个"优秀数字检察模型"。
>
> 　　本次论坛由中央网信办、最高人民检察院指导，最高人民检察院数字检察工作领导小组办公室、中国政法大学数据法治研究院主办，中国文明网、中国信息通信研究院协办。来自政府部门、检察机关、高校和研究机构专家学者、互联网企业、媒体记者等各界代表共 150 余位嘉宾参会。
>
> 资料来源：中国网信网. 2023 年中国网络文明大会网络法治论坛在厦门举行［EB/OL］.［2023-07-20］. http://www.cac.gov.cn/2023-07/20/c_1691506339223922.htm.

7.5　国际市场营销调研中需要注意的问题（Overall Problems in International Marketing Research）

　　相对于国内市场调研而言，国际市场营销调研内容广泛、方法复杂，而且遇到的问题更加特别。总体上看，在国际市场营销调研过程中，企业需要把握以下三方面的问题。

1. 必须收集多个市场的信息（Accumulate Data from Various Markets）

　　国际市场营销情报来源于多个国家和地区，而每个国家和地区的营销情报需求又千差万别，导致国际市场营销调研的成本和调研难度增加。

　　虽然对于部分市场属性较类似的同质国家和地区市场可以在一定程度上采取统一的模式或替代性研究，但这种调研有可能出现偏差。

2. 必须充分合理地利用二手资料（Utilize Secondary Data Adequately and Reasonably）

　　尽管某些国家和地区的二手资料较完备，资料收集和发布的渠道也相对规范，但大多数国家的二手资料缺乏体系。除此之外，相关的统计概念在各个国家和地区的解释口径不一，收集数据的精确性程度不同，加之二手资料提供者的态度可能存在偏见等，都有可能影响二手资料的权威性和可用性。

3. 必须收集和利用原始资料（Accumulate and Utilize Primary Data）

　　因为二手资料存在先天的局限性，所以最终的市场决策通常基于对原始第一手资料的收集和分析判断。[8]

本章小结

1. 市场营销调研的定义为：通过信息把组织及其市场联结起来的职能。这些信息用于界定和定义市场营销机会及问题，开展、改进和评估营销活动，控制市场营销业绩，改进人们对营销过程的理解。

2. 国际市场营销调研，是指从事国际市场营销活动的企业，针对企业所面临的国际市场营销决策问题，采用科学的方法，系统、客观地搜集、整理、分析、解释和沟通国际市场信息，为制定、评估和改进国际市场营销决策提供依据。

3. 按照调研目的划分，国际市场营销调研分为探索性调研、描述性调研、因果性调研、预测性调研。探索性调研，是指为探索市场机会，或探索解决营销中某一问题的思路和方法，抑或是探索营销中出现某一问题的原因而进行的营销调研。描述性调研，是指为如实反映市场营销客观状况而进行的营销调研。因果性调研，是指为调查研究某一营销现象产生的原因，并进一步研究分析两者之间的因果关系而进行的营销调研。预测性调研，是指专门为了预测未来一定时期内某一环节因素的变动趋势及其对企业市场营销活动的影响而进行的市场调研。

4. 当前的国际市场营销调研方法基本上可以划分为案头调研、实地调研、委托调研和互联网调研四种形式。案头调研，又称二手资料调研或文献调研，是指查找并研究与调研项目有关的资料的过程。实地调研，是指调研人员亲自搜集原始资料（即第一手资料）的过程。委托调研是指企业通过委托有关国际市场调研机构为其进行情报搜集与分析而开展的市场调研活动，是当前较常见的一种国际市场营销调研代理业务。互联网调研是利用科技手段进行市场调研，它具有更快捷、更方便、成本更低的特点。

5. 市场营销信息系统，是指由人、机器和程序构成的，系统地收集、整理、储存、检索、分析和说明市场营销数据资料的一个持续的过程和方法。国际市场营销信息系统就是为收集、整理、储存、检索和分析信息并据以制定国际市场营销决策而设计的一个持续的系统。

6. 国际市场营销调研面临着很多挑战。文化的差异，抽样的准确与否，测量的对等性，基础设施的发达程度，信息收集的难度和法律的制约，使得国际市场营销调研变得更加复杂。

7. 国际市场营销调研内容广泛、方法复杂。总体上看，企业必须收集多个市场的信息，充分合理地利用二手资料，且对原始材料进行收集、分析、利用。

 ## 案例分析

年轻人消费更精明

消费以自身需求为导向，不该花的"一毛不拔"，从"买买买"到消费"断舍离"，年轻人消费行为的改变为他们带来了哪些影响？2023 年 11 月，中国青年报社社会调查中心联合问卷网（wenjuan.com），对 1 000 名青年进行的一项调查显示，66.3% 的受访青年认为消费更理性，可以减少因过度消费造成的债务危机，64.3% 的受访青年指出能够避免陷入消费主义陷阱，有助于树立正确的金钱观。

1. 消费"断舍离"能促进自我成长

张韵果是辽宁的一名媒体从业者，现在她买东西经常会等"满减"活动，有计划的消费让她能攒下钱了。"我觉得现在的自己特别会精打细算，很有成就感，"她觉得在大促时购买一些必需品，也减轻了平时的消费负担，"不仅是资金方面，还包括时间和体力，能给生活带来一种安全感。"

山西太原的"90后"摄影师张立，现在很少会盲目跟风消费。张立说："现在年轻人挣钱不容易，生活成本高，经济压力不小。消费上'断舍离'有助于提升个人的理财能力，促进自我成长，更明确地知道自己想要什么，从而做出理性选择。"

当被问及这样是否会降低物质上的获得感时，张立觉得物欲的满足只是暂时的，远比不上精神层面的满足感重要。

张韵果对此也深有感触。她说："在用处不大的物品上节省一笔花销，可以用到满足精神层面的需要上，我现在时常会用一些多余的钱看画展、买网课，丰富自己的精神世界。"

消费上更加精明为年轻人带来了哪些改变？66.3%的受访青年感到能减少因过度消费造成的债务危机；64.3%的受访青年指出避免陷入消费主义陷阱，有助于树立正确的金钱观；50.7%的受访青年认为能获得更多正向情绪价值；48.8%的受访青年认为能降低物欲，重视丰富精神生活；32.1%的受访青年表示消费践行"断舍离"，提升了生活品质。

2. 年轻人专注于内心真实需求的消费观，为社会带来新风尚

北京师范大学经济与工商管理学院副教授、电子商务研究中心副主任李江予认为，年轻人多元的消费观能让社会更多元、更开放，"消费者更加专注于内心真实的需求，清楚地知道自己需要什么，这样不仅有助于自身的健康发展，也为社会带来新风尚。"现在年轻人中存在的一个普遍的消费现象是想节省一部分开销，同时又愿意把钱用到自己喜欢的事情上，"我觉得这对年轻人很有价值，也能让社会变得更加丰富多彩。"

这种消费行为还会影响未来商业模式的发展，"企业的产品不再是适用于所有的消费群体，而是变得越来越小众。"他分析，最近几年小众旅行景点、小众产品、小众生活方式等都开始走红，也体现了这一特点。"小众的东西被更多人看到，这对社会是一种积极的影响，也提示企业在做产品营销时，要更注重内在的价值和意义，不仅是人们买了产品后能吃、能玩、能用，还能有更深层次的享受，比如能帮助别人或让社会变好，我认为这是消费需求改变为企业、社会所带来的一个最大影响。"

在受访青年中，"05后"占2.7%，"00后"占23.1%，"95后"占27.6%，"90后"占28.5%，"85后"占18.1%；男性占39.0%，女性占61.0%；生活在一线城市的占38.2%，二线城市的占35.9%，三四线城市的占20.8%，县城或城镇的占4.3%，乡村的占0.8%。

资料来源：中国青年报．年轻人消费更精明 66.3%受访青年认为可减少因过度消费造成的债务危机［EB/OL］．［2023-11-10］http://news.youth.cn/gn/202311/t20231110_14900244.htm．

案例讨论

1. 请你描述一下现在青年群体的消费观念。
2. 通过对案例中调研数据的分析，企业针对青年群体应该制定什么样的营销策略？

复习题

1. 市场营销调研与国际市场营销调研有何异同？
2. 国际市场营销调研的主要内容有哪些？
3. 国际市场营销调研的程序是怎样的？
4. 什么是二手资料？其来源包括哪几个方面？
5. 国际市场营销实地调研的方法有哪些？
6. 委托调研应考虑哪些因素？
7. 市场营销信息系统的含义和作用是什么？
8. 国际市场营销信息系统的组成要素有哪些？
9. 建立国际市场营销信息系统的步骤和原则是什么？
10. 国际市场营销调研中有何比较常见的挑战？

 思考与实践题

亚马逊发行纸质玩具清单能否持续

玩具反斗城的口号是"全球最大的玩具公司"。但现在，玩具反斗城在美国的最后一家门店已经关闭，许多公司都希望能填补它在市场上这一空白，但很少公司像亚马逊一样有实力。

据报道，这家线上零售商正准备模仿玩具反斗城的做法，向美国消费者提供假日玩具的上百页纸质目录，它也会将该目录储存在旗下全食（Whole Foods）连锁店的目录上。

各大零售商都在抢占玩具市场"蛋糕"

尽管有财务困难、近几年的市场份额也有所下降，但玩具反斗城仍是一股不可忽视的力量。根据市场研究公司 IBISWorld 的数据，沃尔玛是美国最大的玩具销售商，其市场份额为 29.4%，亚马逊排名第二，市场份额为 16.3%，而玩具反斗城拥有 13.6% 的市场份额，排名第四，排在市场份额为 13.9% 的 GameStop 的后面。

玩具反斗城的破产似乎会让沃尔玛赢得领先地位，尤其是在沃尔玛已承诺 2018 年将扩大玩具货架空间的情况下。

这表明亚马逊可能会获得可观的份额收益，尤其是在陷入困境的 GameStop 正与第三方就收购事宜进行谈判之际。据报道，与 GameStop 进行谈判的第三方有私募股权公司 Sycamore Partners，在玩具反斗城的连锁企业选择清算之前，该公司也一直在与之谈判。

亚马逊发行纸质目录

考虑到在互联网搜索商品的方便性，纸质目录看起来可能像是回到了另一个时代，但是它对于零售商来说仍然非常重要。虽然玩具反斗城在 2007 年邮寄出的目录超过 190 亿份，达到巅峰，但是它 2016 年邮寄出去的目录仍有近 100 亿份。

亚马逊每年出版一份电子版的玩具目录，叫作"Holiday Toy List"（假日玩具清单），并表示这份目录展示了"在假日购物季被收藏最多、最受欢迎的新玩具"。这也是亚马逊第一次制作假日购物季的纸质玩具目录。但是印刷清单也给亚马逊带来了一些问题——亚马逊的定价不统一，对供求、市场需求、顾客所处的地区做出调整，而且亚马逊可能会将那些符合 Prime 条件的产品放到目录上，因为它们往往能推动亚马逊的销量。

玩具反斗城援引市场研究公司 NPD Group 的数据表示，美国玩具市场的规模仍然很大，而且还在增长，2017 年达到了 270 亿美元，比 2016 年增长了 2%。数据显示，截至 2018 年 4 月，美国的玩具销售额比 2017 年同期增长了 7%，达到 50 亿美元。

玩具反斗城的失败更多来自于其私募股权投资带来的沉重债务负担，而非亚马逊和其他竞争对手的竞争。玩具市场本身仍有利可图，许多零售商正在努力抓住这个机会。例如，KB Toys 公司正计划在"黑五"前后开设弹出式商店（pop-up store），而拥有万圣节弹出式商店市场的聚会用品零售商 Party City，也宣布将开设弹出式玩具商店。

亚马逊的纸质目录是否会每年都发行，该公司还没有发表评论，所以目前尚不清楚，但是 2018 年的版本可能会让它登上玩具市场的顶峰。

资料来源：刘彩燕. 玩具反斗城破产后，亚马逊能否成为世界上最大的玩具商店？[EB/OL].[2018-07-18]. http://www.cifnews.com/article/36541.

讨论题

1. 了解分析亚马逊制作假日购物季的纸质玩具目录的意图。这种做法的优缺点是什么？
2. 实地调查身边不少于三家不同类型的消费品企业，了解其是否仍然采用纸质宣传手段进行营销，分析促使其营销手段变化或没有变化的原因。

本章注释

[1] Keegan W J. 全球营销管理（原书第 7 版）[M]. 段志蓉，钱珺，等译. 北京：清华大学出版社，2004.
[2] 秦波. 国际市场营销学教程[M]. 北京：北京交通大学出版社，2007.
[3] 涂子沛. 大数据[M]. 桂林：广西师范大学出版社，2012.
[4] 田盈，徐亮. 国际市场营销：双语版[M]. 北京：人民邮电出版社，2013.
[5] 刘宝成. 国际市场营销[M]. 北京：机械工业出版社，2013.
[6] 钦科陶，龙凯宁. 国际市场营销学（原书第 10 版）[M]. 曾伏娥，池韵佳，译. 北京：中国人民大学出版社，2015.
[7] 崔新健. 国际市场营销[M]. 2 版. 北京：高等教育出版社，2011.
[8] 戴万稳. 国际市场营销学[M]. 天津：南开大学出版社，2012.

PART 3 第 3 篇
国际市场营销战略
International Marketing Strategies

第 8 章
国际市场细分战略
Strategies for International Market Segmentation

🌀 重点词汇

Marketing Strategy The marketing logic by which the company hopes to create this customer value and achieve these profitable relationships.⊖

Market Segmentation Dividing a market into smaller groups with distinct needs, characteristics, or behaviors who might require separate products or marketing mixes.⊜

International Market Segmentation The extension of market segmentation. It is also the applying and deepening of market segmentation theory in the international marketing. So-called international market segmentation is that the entire international market will be divided into a number of sub-markets with different characteristics by enterprises according to certain standards, and the customers in those sub-markets will have the same or similar characteristics of demand. Enterprises will choose one or more sub-market as its international target market based on it.⊜

Macro-International Market Segment Refers to the process in which an enterprise will subdivide the international market into a number of sub-markets with similar macroeconomic environment and market demands according to macroeconomic factors which will affect different countries.⊜

Micro-International Market Segment A process in which enterprises will further refine the market according to the individual factors which will impact the demand and

---

⊖ 科特勒，阿姆斯特朗，洪瑞云，等. 市场营销原理（亚洲版·原书第 4 版）[M]. 李季，赵占波，译. 北京：机械工业出版社，2021.
⊜ 王纪忠，方真. 国际市场营销 [M]. 北京：北京交通大学出版社，2004.
⊜ 王纪忠，方真. 国际市场营销 [M]. 北京：北京交通大学出版社，2004.

different purchasing behaviors on the basis of Macro-International Market Segmentation.

Market Targeting The process of evaluating each market segment's attractiveness and selecting one or more segments to enter.⊖

Market Positioning Arranging for a product to occupy a clear, distinctive, and desirable place relative to competing products in the minds of target consumers.⊖

导入案例

Starbucks and Nestlé form Global Coffee Alliance to Elevate and Expand Consumer Packaged Goods

Seattle, May 06, 2018-Starbucks Corporation today announced it will form a global coffee alliance with Nestlé S.A. to accelerate and grow the global reach of Starbucks brands in Consumer Packaged Goods (CPG) and Foodservice. With a shared commitment to ethical and sustainable sourcing of coffee, this alliance will transform, expand and elevate both the at-home and away-from-home coffee and related categories around the world.

As part of the alliance, Nestlé will obtain the rights to market, sell, and distribute Starbucks®, Seattle's Best Coffee®, Starbucks Reserve®, Teavana™, Starbucks VIA® and Torrefazione Italia® packaged coffee and tea in all global at-home and away-from-home channels. Nestlé will pay Starbucks $7.15 billion in closing consideration, and Starbucks—with a focus on long term shareholder value creation—will retain a significant stake as licensor and supplier of roast and ground and other products going forward. Additionally, the Starbucks brand portfolio will be represented on Nestlé's single-serve capsule systems.

"This global coffee alliance will bring the Starbucks experience to the homes of millions more around the world through the reach and reputation of Nestlé," said Kevin Johnson, president and chief executive officer of Starbucks. "This historic deal is part of our ongoing efforts to focus and evolve our business to meet changing consumer needs, and we are proud to work alongside a company that is committed to our shared values."

"This transaction is a significant step for our coffee business, Nestlé's largest high-growth category," said Mark Schneider, CEO, Nestlé. "With Starbucks, Nescafé and Nespresso we bring together three iconic brands in the world of coffee. We are delighted to have Starbucks as our partner. Both companies have true passion for outstanding coffee and are proud to be recognized as global leaders for their responsible and sustainable coffee sourcing. This is a great day for coffee lovers around the world."

This global alliance combines the strength and affinity of the Starbucks brand with the global reach of Nestlé and its iconic coffee brands, creating new growth opportunities in the established North American markets and unlocking expansion in international markets. In the United States, it

---

⊖ 科特勒，阿姆斯特朗，洪瑞云，等. 市场营销原理（亚洲版·原书第4版）[M]. 李季，赵占波，译. 北京：机械工业出版社，2021.

also enhances Nestlé's retail and foodservice presence in coffee, complementing its position in instant coffee and super-premium single serve with Starbucks strong presence in K-cup® pods. As part of this perpetual global license agreement, Starbucks will lead in sourcing, roasting and Starbucks global brand management for the alliance, while the two companies will work closely together on innovation and go-to-market strategies to bring the best coffee to customers around the world.

The agreement is subject to customary regulatory approval and is expected to close this summer or early fall. The agreement excludes ready-to-drink coffee, tea and juice products.

Starbucks intends to use the after-tax proceeds from this up-front payment primarily to accelerate share buybacks and now expects to return approximately $20 billion in cash to shareholders in the form of share buybacks and dividends through fiscal year 2020. Additionally, the transaction is expected to be earnings per share (EPS) accretive by the end of fiscal year 2021 or sooner, with no change to the company's currently stated long-term financial targets.

Starbucks will host a 30-minute investor conference call led by Kevin Johnson at 5 a.m. PDT on Monday, May 7, to provide further details. The conference call will be broadcast live over the Internet and can be accessed at http://investor.starbucks.com. A replay of the webcast will be available on the company's website until end of day Wednesday, June 6, 2018.

资料来源：https://news.starbucks.com/press-releases/starbucks-and-nestle-form-global-coffee-alliance.

星巴克的"小资"标记似乎难以摒弃，但是它与雀巢咖啡的部分合作，似乎也表明它放低身段进入了大众市场。

在数量与价格、规模与品质的权衡中，企业总是面临抉择。如何区分市场、掌握不同市场间的差异与联系，是取得国际市场营销成功的关键。因此，企业需要评估初步选定的市场，进行国际市场细分。

8.1 国际市场细分（The International Market Segmentation）

世界不同国家和地区的政治、经济、文化、地理等存在很大的差异，因此，企业必须按照一定的标准对不同的国家和地区进行市场细分，并根据自己的战略目标、现有的资源和竞争优势等权衡利弊，选择适合自身发展的目标市场，制定正确的营销战略，从而取得成功。

8.1.1 国际市场细分的含义与意义（Definition and Significance of International Market Segmentation）

1. 国际市场细分的概念（Definition of International Market Segmentation）

国际市场细分是市场细分的延伸，是市场细分理论在国际市场营销中的应用和深化。它是指企业按照一定的标准，将整个国际市场细分为若干个具有不同特征的子市场，其中，任何一个子市场中的消费者都具有相同或相似的需求特征。在此基础上，企业选择其中一个或多个子市场作为自己的国际目标市场。市场细分的理论依据是顾客需求的异质性——风俗、地理、经济等营销环境的差异，使不同国家和地区的消费者对产品的需求不同，对营销方式的反应也有差异。国际市场细分不是将市场进行简单的分类,而是把具有相同或类似需求特征或对营销方式具有相同反应的消费者划分为一群,在深刻认识这个群体的消费特征的基础上,企业选择与其资源相匹配的市场,制定相应的市场战略。因此,国际市场细分是企业确定目标市场和制定国际市场营销策略的前提。[1]

国际市场细分需要在两个层次上进行。第一个层次是国际市场的宏观细分,即在国家层面的市场细分。企业依据一定的标准,将国际市场划分为若干个国家和地区的市场,这些市场内可能只有一个国家或地区,也可能包含若干个国家和地区。第二个层次是国际市场的微观细分,即在国家市场内部的市场细分。例如,某外国企业先将中国和欧盟细分为两个细分市场,再将中国市场细分为东北、华北、西北、西南、华东、华南、华中七个子市场。

2. 国际市场细分的意义 (Significance of International Market Segmentation)

(1) 有利于满足消费者的需求。市场营销观念认为,能否满足消费者的需求是企业营销活动成功与否的关键。但在国际市场营销活动中,企业要面对众多不同国家和地区的消费者,不仅消费者的需求与偏好相差悬殊,各国的营销环境也各不相同,任何企业都无法同时满足所有国家和地区的消费者。只有对不同国家和地区的市场进行细分,企业才能根据消费需求的特点及自身的资源状况,选择相应的细分市场作为自己的目标市场,从而更好地满足这部分消费者的需求。

(2) 有利于企业发现并抓住国际市场的营销机会,确定目标市场。通过市场细分,企业可以了解消费者的特征和市场需求状况,知道哪些需求已被满足,哪些需求尚未满足,哪些潜在需求可转化为现实需求,从而发现市场机会,并决定是否将它作为自己的目标市场。

(3) 有利于企业集中资源,提升竞争力。企业资源是有限的,而且市场上存在着众多的竞争对手,通过市场细分,有利于企业把人力、物力、财力集中投到目标市场中,获得竞争优势,占领该目标市场。同时,企业也可以避开与强劲竞争对手在其他市场上的竞争。对于中小企业来说,市场细分的意义尤其突出,效果也更明显。

(4) 有利于企业制定和调整国际营销组合策略。通过市场细分,企业可以充分了解细分市场的规模、消费需求的特征及对营销策略的反应方式,从而有利于企业在制定产品、价格、渠道和促销战略时有的放矢,更具有针对性。同时,也有利于企业及时掌握市场信息的变化,及时调整营销组合策略,适应市场需求的变化。[2]

8.1.2 国际市场宏观细分 (International Market Segmentation Macroscopically)

国际市场宏观细分是指企业根据影响各国市场需求的宏观因素,将国际市场细分为若干个宏观环境相近、市场总体需求相似的子市场的过程。

理解国际市场宏观细分应注意以下两点:一是国际市场细分的依据是影响各国市场总体需求的宏观环境因素;二是进行宏观细分后的各子市场间在总体需求上存在较大差异,而各子市场内部则由于宏观环境相近而总体需求相似。国际市场宏观细分的方法主要有以下几种。

1. 按地理因素细分国际市场 (Geographic Segmentation)

通常来说,地理因素是国际市场细分最常用的变量。按地理因素,人们可以把全球市场大致划分为北美市场、亚洲市场、欧洲市场、拉丁美洲市场和大洋洲市场。其中亚洲市场又可分为东亚市场、西亚市场、南亚市场等；欧洲市场又可分为西欧市场、北欧市场、东欧市场等。按此因素细分国际市场既切实有效，又简便可行。具体来说，这种细分方法具有以下优点：一是地理上接近的市场便于营销管理，便于企业集中采用相应的营销策略；二是处于同一地理区域的各国具有相同的或相似的自然条件、文化背景、地缘特点，使这些国家的消费习惯较为接近，可以当作一个市场来开发；三是随着区域一体化经济的发展，形成了许多区域市场，进入一个国家的市场就等于进入了一个区域的市场。

按地理因素细分属于同一个子市场的国家，有时虽然地理位置相近，但经济、政治或文化环境可能存在较大差异。如北美洲的加拿大、美国、墨西哥这三个国家虽然地理位置接近，但经济发展水平有较大差距，尤其是墨西哥的经济水平与美国不可同日而语。

2. 按经济因素细分国际市场（Economic Segmentation）

按经济因素细分主要是根据经济发展指标将各国进行归类，如国民生产总值、人均国民收入、经济增长率、基础设施发展水平等。其中最常见的方法是经济学家沃尔特·W. 罗斯托（Walt W.Rostow）的"经济发展五阶段"理论，将世界各国分为五类：第一类为传统社会阶段；第二类为起飞前夕阶段；第三类为起飞阶段；第四类为趋于成熟阶段；第五类为大众高消费阶段。

按经济因素细分国际市场的优点是，同一个子市场的国家在经济发展水平或经济环境上比较接近，有利于企业按市场规模和质量来挑选目标市场及制定相应的营销策略。如英国联合利华公司曾根据不同国家的经济发展特点，开展有针对性的营销活动：在最低收入国家推出肥皂，在次低收入国家推出手洗洗衣粉，在较高收入国家推出机洗洗衣粉，在高收入国家推出纤维软化剂。

按经济因素细分国际市场的缺点在于，处于经济发展同一阶段的各国可能分布在世界各地，如果可供选择的目标市场较为分散，则不利于国际营销企业提高营销效率和加强国际营销管理。

3. 按文化因素细分国际市场（Cultural Segmentation）

文化对国际营销的影响是全面而深刻的，如语言、宗教、价值观念等都可导致消费需求的变化。文化的各项因素均可作为细分国际市场的变量，如按语言的不同，可把世界各国划分为英语国家、法语国家、阿拉伯语国家等，针对不同细分市场的语言习俗，在产品说明、市场促销等方面采取相应的营销策略。

营销透视 8-1　"出海"探路　抢占市场　中国快递来到华人家门口

据《人民日报（海外版）》2014 年 12 月报道，首家进入欧洲快递市场的中资公司"蜜蜂快递"在法国巴黎举行了开业典礼。蜜蜂快递业务包括快递、物流、仓储和电商，以"快捷、低价、优质、安全"为核心竞争力进军欧洲快递市场。

蜜蜂快递只是当下我国快递企业纷纷"出海"的一个缩影。为了满足在西班牙生活的华人的快递需求，西班牙首家华人邮局"易码头"于 2014 年 11 月 8 日开张。易码头和西班牙国家邮政合作，致力于为旅西华人提供贴心和人性化的服务，主要服务对象为各大中小型企业、代购服务店家及个人客户。

> 与海外本土快递行业相比，中国境外快递公司在速度、价格和服务上都有着无可比拟的优势，有效地迎合了海外华人的需求。
>
> 针对欧洲传统的快递公司价格高、效率低、服务意识淡薄等缺陷，"出海"快递企业以"中国速度"凸显优势。蜜蜂快递推出了"同城当日达""申根国隔日达"等产品，并做出"限时送达、超时免单"的承诺。
>
> 除了速度上的优势，蜜蜂快递另外一大亮点是它主打的服务意识。蜜蜂快递为欧洲的华人同胞提供全年无休的包裹快递服务，还提供巴黎范围内免费上门取件，节假日、周末、夜间取件服务不加价等服务。针对华人自身的需求，公司还推出了针对华人同胞的国际包裹服务和本地件服务。
>
> 为侨胞定制的华人邮局"易码头"同样致力于为有个性化需求的用户提供快递服务。它不仅每天会对寄出的货物进行跟踪，还会定时向顾客反馈。为了让更多的上班族能在休息时间寄送包裹，"易码头"将营业时间修改到下午以及晚上。
>
> 资料来源：吕文宝. "出海"探路 抢占市场 中国快递来到华人家门口［N］. 人民日报海外版，2014-12-22（6）.

除了案例中提到的蜜蜂快递和易码头，2014年11月5日，韵达快递欧洲快递物流服务中心在德国黑森州举办开业庆典，宣布正式扎根欧洲。这也是韵达快递继美国服务中心成立后的又一个海外转运平台。顺丰速运也在跨境快递领域持续发力。2014年下半年，顺丰分别进军欧洲和俄罗斯；针对海外跨境电商商家推出"全球顺"；更推出了名为"优选国际"的全球美食优选网购商城。此外，申通日本专线也于2014年12月17日正式上线。申通将与日本邮政等物流机构合作打造覆盖日本全境的物流网络，中日两地消费者通过跨境电商选购物品以及两国消费者相互寄递物品，都可以通过申通实现。[3] 2015年成立于印度尼西亚的J&T极兔速递，被很多中国人误以为是一家中国企业，在成功立足中国市场后，极兔已经布局中东、拉美地区，并且在向欧洲、北美市场挺进。2022年1月，极兔在中东两国起网运营快递，2月进入拉美市场，在短短几个月内极兔接连上线英国、德国、阿联酋、沙特阿拉伯、墨西哥等国的小包专线业务。目前，极兔的本地快递网络覆盖东南亚多国，以及阿联酋、墨西哥、巴西、埃及等13个国家[4]。包括中国在内的全球快递企业，面对全球范围内的跨境贸易的迅猛发展，跨境快递业务的暴增，都不同程度地加快了布局全球市场的步伐。

依此细分国际市场适用于文化性较强的产品和服务的营销。但相对于按地理因素细分市场而言，这一方法具有市场分散、不便于管理的缺点；相对于按经济因素细分市场而言，则可能产生同一细分市场中因不同国家之间经济差距较大而导致的营销活动差异，如共同信仰基督教的国家在经济发展水平上可能有较大差距。另外，由于文化因素是软性因素，不同市场的容量很难测定。

此外，在大数据时代下，企业可以借助大数据收集各类消费者的需求，了解消费者的购买动机，借助当前的网络营销理论，进行融合营销和直复营销的结合，在营销上实现软营销的模式，逐步建立系统营销的理念。这样，市场细分就可以按照多重标准将消费者划分为比较小的、同质性更高的群体。这主要是因为在大数据时代，数据采集的维度更为全面、更加细腻，数据采集更为实时，对行为数据的采集更是如此。而且，用大数据算法进行细分模型建模，可以吸纳更多的细分维度，而且数据更新快，计算速度快，市场细分模型更新速度更快，更能及时反映用户需求和变化。[5]

8.1.3 国际市场微观细分（International Market Segmentation Microscopically）

国际市场微观细分是指在国际市场宏观细分的基础上，企业再按照影响消费需求和购买行为的个体因素将市场进一步细化的过程。

1. 消费者市场的细分变量（Consumer Markets Segmentation Descriptors）

营销人员必须尝试采用各种不同的细分变量或变量组合进行市场细分，以便找到分析市场结构的最佳方法。我们在此主要考察地理、人口、心理和行为等变量。

（1）地理因素。要求把市场细分为不同的地理区域单位，如国家、地区、州、城市或地段。企业可选择在一个或几个地区经营，也可选择在整个地区经营，但要注意消费者需求和欲望的地区差异。

（2）人口因素。根据消费者的年龄、性别、职业、家庭规模、种族、宗教信仰等变量，可将市场分割成不同群体。人口因素是细分消费者群体最为流行的依据，因为消费者的需求、欲望及使用率经常随人口变量的变化而变化。此外，人口变量比绝大多数其他变量更容易衡量。即便用其他基础因素定义了一些子市场，如以个性或行为为基础的市场细分，借助对人口因素的进一步了解，也有利于企业评估目标市场的规模，高效率地开展市场营销活动。

（3）心理因素。用社会阶层、个性、生活方式来进行市场细分的方法越来越受欢迎，市场效果通常好于以人口或地理因素为细分依据。这些细分因素让营销人员能真正理解消费者的内心，然后有针对性地拟订营销组合方案。

（4）行为因素。行为因素是指按照消费者的使用情况、追求利益、品牌忠诚度等购买行为因素来划分市场。

1）购买时机。购买时机或情境也可以作为市场细分的基础。想象一下在购买一餐饭的过程中，可能影响购买决策的所有因素。一个学生在课间10min用以草草充饥的一顿饭与第一次约会时吃的大餐大不相同，与晚上一个人看电视时买来吃的一顿饭更不一样。每一种情境或购买时机都代表一个不同的细分市场，都可以作为目标市场。

有五种状态特征可能影响购买行为，因此可作为细分市场的描述变量。一是物理环境，如商店或销售人员是令人愉快的还是令人讨厌的；二是社会环境，如购买行为有没有被朋友或父母看到；三是时间情景，如做出决策的时间有多少；四是任务定义，即为什么购买产品和服务，如果是送人的礼物，是送女朋友、男朋友、父母还是上司；五是购买前的态度，如购买者的心情如何，高兴还是悲伤等。

2）追求利益。市场也可以以消费者对特定产品的性能或特征的偏好来细分。例如，超市的牙膏货架上，种类繁多的牙膏不仅有诸多的功能可供选择，如防止蛀牙、清新口气、控制牙垢、洁白牙齿等，还有不同的味道可供选择；航空服务分为头等舱、商务舱和经济舱；餐馆分为吸烟区和无烟区；邮寄分为普通快递和特快专递。在消费者偏好的基础上，企业能够拟订个性化的营销组合，以满足消费者的需求。

3）使用者情况。可以按使用者情况将消费者分成不同群体，如非使用者、未使用者、潜在使用者、首次使用者和经常使用者。对潜在使用者和经常使用者应采取不同的营销手段。一般来说,市场份额大的企业应注意吸引新的使用者,而市场份额小的企业则应将注意力放在吸引现有大企业客户上。

4)使用率。市场也可被细分为很少使用者、一般使用者和大量使用者。大量使用者只占市场的一小部分,但在总购买量中却占了很高的百分比。以啤酒为例,有数据显示,虽然41%被调查的家庭都会购买啤酒,但大量使用者消费了其中87%的啤酒,几乎是很少使用者的7倍。很明显,啤酒厂商会更愿意花力量使一个大量使用者喜欢它的品牌,而不愿意去吸引那些很少使用者。因此,多数啤酒厂商瞄准啤酒的大量使用者,使用类似Schaefer牌啤酒的广告宣传——"喝了几瓶时再喝一瓶"。[6]

5)品牌忠诚度。市场还可根据消费者的忠诚度进行细分。一些消费者绝对忠诚,他们只认同或购买唯一的品牌(碧浪)、商店(家乐福连锁店)或企业(通用电气公司);一些消费者是在一定程度上忠诚,即对一种产品的两三种品牌忠诚,或者最喜爱一种品牌,但有时也会购买其他品牌;还有一些消费者则对任何品牌都不忠诚,他们每次都想买些不同的东西,或者只要是有产品就买,并不分什么牌子。

2. 生产者市场的细分变量(Producer Markets Segmentation Descriptors)

生产者市场细分的标准如表8-1所示。

表8-1 生产者市场细分标准

细分标准	细分标准举例
产业或行业	农业、制造业、建筑业等,钢铁、汽车、食品、化工等
企业规模	大型、中型、小型
市场集中程度	绝对集中度高、绝对集中度低、相对集中度高、相对集中度低
地域—国家—地点	亚洲—菲律宾—马尼拉、欧洲—英国—伦敦、北美洲—美国—华盛顿等
基础设施	完善、不完善
购买中心	使用者、影响者、采购者、决策者等
购买规模	大、中、小
购买方式	直接重复型购买、更改重复型购买、新任务型购买
采购政策	不采购(租赁、服务合同)、系统采购、秘密招标采购等
购买标准	追求质量、注重价格、重视服务等

资料来源:王纪忠,方真. 国际市场营销[M]. 北京:北京交通大学出版社,2004.

3. 中间商市场的细分变量(Middleman Markets Segmentation Descriptors)

中间商市场也称"转卖者市场"。中间商市场的细分变量也包括生产者市场细分中的地域、购买中心、购买标准、购买方式等细分标准。同时,由于中间商对交货时间和价格比较敏感,非常重视现货交易、广告补贴、折扣、信用保证等因素,所以这些也可以作为中间商市场细分的标准。

4. 政府市场的细分变量(Government Markets Segmentation Descriptors)

政府市场购买的特点是产品多种多样,从工业用品到消费品几乎无所不包,且购买产品数量巨大。政府购买的主要方式是公开招标采购。世界各国政府都是本国货物和劳务的最大买主。政府市场细分的标准主要有地域、国家、产品、购买数量、购买标准等。在政府市场中，价格是最重要的因素。在政府市场上，非东道国企业一般缺乏竞争力；在一些市场体系不完善的国家，由于政府购买没有严密的组织、缺乏决策经验和有力的监督机制，因此贪污受贿和权势介入等"暗箱操作"现象严重。

5. 国际市场微观细分的要求（International Marketing Microscopic Segmentation Requirements）

与国内市场细分一样，国际市场微观细分也要求细分后的子市场符合以下几个要求。

（1）可衡量性。这是指细分后子市场的规模和购买力应是可以衡量的。如果按照消费者的个性将消费群体划分为追求浪漫生活的人，一个国家有多少这样的人往往是无法衡量的，因此这种细分就是不符合要求的。

（2）足量性。这是指细分后的子市场的规模应该足够大，这样企业才可能从市场上得到足够的利润，否则可能得不偿失。因此，有时不能将市场划分得很细，要让它保持足够的规模。

（3）可进入性。这是指企业可以达到并服务于该子市场，包括三层含义：一是是否允许外国企业进入，如军用品市场；二是企业能否将产品或服务传递到消费者手中，如有些国家的某些消费群体是不固定的，难以对之开展有针对性的营销活动；三是企业是否有能力进到该子市场，即企业在资金、技术、人才等方面是否具备进入该市场的条件。[7]

（4）实效性。这是指企业的营销活动是否能取得相应的效果，即企业进入该市场是否有利可图。

8.1.4 国际市场细分的步骤（Steps of International Market Segmentation）

美国营销学者詹姆斯·麦卡锡提出了市场细分的7个步骤（见图8-1），对于国际市场细分同样具有很高的指导意义。

1. 选定产品市场范围（Define the Scope）

产品市场范围应以市场需求而不是产品本身的特征来确定。例如，某房地产公司打算建造一幢简朴的公寓，若只考虑产品特征，如房间面积、装修程度等，则会以低收入家庭为目标顾客，但若从市场需求角度出发，那些在市区拥有高档住房，但又追求乡间宁静的高收入家庭也可能是这种公寓的需求者。

2. 列举顾客的基本需求（List Customers' Fundamental Demands）

企业应根据人文、心理、购买行为等因素，对潜在顾客的需求做大致的分析。比如房地产公司通过调查，了解消费者对上述公寓存在下列需求：遮风避雨、停放车辆、

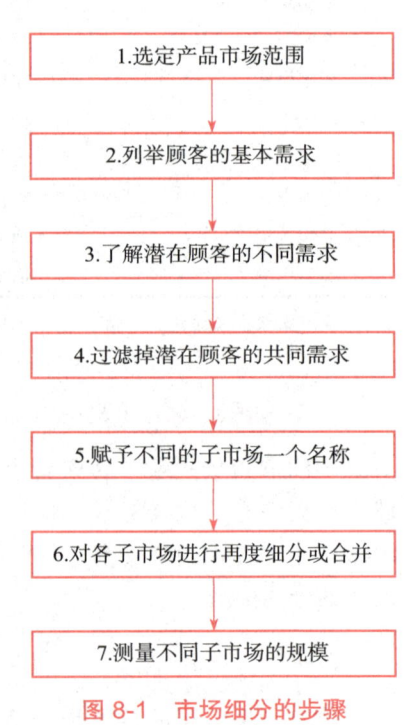

图 8-1 市场细分的步骤

经济、安全、方便工作和生活、设计合理、工程质量高、外来干扰小、物业管理齐全等。

3. 了解潜在顾客的不同需求（Understand Potential Customers' Differentiated Demands）

对于上述的基本要求，不同的顾客强调的侧重点也不相同。比如房地产公司发现，住宿在校外的大学生认为最重要的是遮风避雨、停放车辆、经济、方便上课和学习；新婚夫妇则把遮风避雨、停放车辆、外来干扰小、物业管理齐全作为重点；较大的家庭住户要求遮风避雨、停放车辆、经济、安全。这样，就可以把潜在顾客划分为三个不同群体，子市场也初步显现出来了。

4. 过滤掉潜在顾客的共同需求（Filter Potential Customers' Common Demands）

共同的需求虽然重要，但只能作为策划市场营销组合的参考，不能作为市场细分的标准，应以特殊需求作为细分标准。例如，遮风避雨、停放车辆、安全等是上述三类顾客群体的共同需求，因此必须过滤掉。

5. 赋予不同的子市场一个名称（Name the Different Sub-markets）

根据潜在顾客基本需求上的差异，将他们划分为不同的群体或子市场，结合群体特征，赋予每个子市场一个名称。例如，可把顾客分为好动者、老成者、新婚者、度假者等。

6. 对各子市场进行再度细分或合并（Re-segmentation or Merging the Different Sub-market）

企业要对各个子市场的特征做深入的调查研究，进一步分析潜在顾客群体的特点，以便决定对各子市场再度细分或加以合并，以不断适应市场的变化。例如，房地产公司发现，新婚群体和度假群体在心理、购买行为等方面差异很大，虽然同样的公寓都能符合他们的需要，但企业应当采取不同的营销策略，把潜在顾客变为现实的顾客。因此，原来属于一个子市场的，现在就应分为两个单独的子市场。

7. 测量不同子市场的规模（Measure the Scale of Different Sub-markets）

把每个子市场与人口因素相结合，计算各个子市场中潜在顾客的数量，推断出各个子市场的市场规模和营销潜力，从中选择有利于企业发展的细分市场。对于那些规模较小、差异性不是特别明显的子市场，可以考虑将它们合并到与它们最相近的一个子市场；对于那些市场规模较小而差异性又很大的子市场，企业要在充分考虑成本收益的基础上再决定是否进入该市场。

8.2　国际目标市场战略（The Strategy of International Target Market）

8.2.1　评估国际目标市场的标准（The Standard for International Target Market Appraisal）

企业在进行国际市场细分后，要选择一个或几个细分市场作为自己的目标市场。所选择的细分市场应符合以下四个标准。

1. 可衡量性（Measurable）

细分的市场必须是可衡量的，即用来划分市场大小和购买力的特征程度，应该是能够测定的，包括市场范围及市场容量的大小。某些细分变量很难衡量，如按心理变量进行细分时，测量具有"依赖心理"的青年人的数量，便会相当困难，于是这个细分市场的大小就很难测量出来，市场细分也就失去了意义。

2. 可进入性（Approachable）

可进入性指的是企业能有效到达细分市场并为之提供服务的程度，即企业通过努力，能够在该细分市场上把自己的产品或服务推销出去的能力。一方面，企业的产品通过一定的分销渠道能到达市场。例如，公用事业一般都存在高度垄断，企业很难进入这些市场。另一方面，有关产品信息能通过一定的媒介被该市场的消费者接收到。

3. 可盈利性（Profitable）

可盈利性指的是企业能从所选定的细分市场获利的程度，即细分市场必须达到一定的规模，使企业能从该市场上获得一定的利润。如果细分市场规模过小，市场容量有限，而相应的生产成本和销售费用又较高，那么企业获利的机会很小，甚至可能亏损，企业也就失去了进入该细分市场的意义。例如，如果在某大学专门开设一个西餐馆满足少数学生对西餐的偏好，则可能由于面向的细分市场太小而得不偿失。

4. 差异性（Differentiated）

差异性是指细分市场在观念上能被区别，并且对不同的营销组合因素和方案有不同的反应。进行市场细分的假定前提是不同细分市场的需求是异质的，而在某一细分市场内则是同质的，如果对同一营销组合方案，各细分市场的反应是相同的，那么，这样的市场细分对企业来说毫无价值。例如，如果在已婚的和未婚的两个人群中，对香水销售的反应基本相同，该细分就不必再继续下去了。

营销透视 8-2　　"画像"出境游客：寻找中国出境游的关键驱动力

未来中国出境游客群体画像可能不会超过八个类型，但具体比例将会发生很大的变化。

中国人出境旅游只是为了"买买买"？不，他们喜欢体验式旅游，也对异域美食充满兴趣。

随着中国人出境游经验的丰富，跟团游将减少？不，跟团游仍然流行。

2018年9月26日，国庆黄金周前夕，在深入定量调查了两千多名中国游客后，麦肯锡发布《迷思与真相：中国出境游市场深度观察》，推翻了业界对中国出境游客行为和偏好的几个传统印象。

报告首次将中国出境游客按偏好和行为的显著差异划分为八个类别，包括看重性价比的观光客、旅购一族、个性先锋、背包客、都市风情追随者、旅游达人、减压一族和旅行新手，其中看重性价比的观光客和旅购一族占比最多，分别约为两成。

三年前，麦肯锡的这项研究在对中国出境游客进行类型划分时，还只有价格导向型、品质导向型及便捷型三类。

"出境游市场在增长，旅游消费在提高，游客的偏好和行为也在不断演变。"麦肯锡全球董事合伙人陈洸在接受《21世纪经济报道》记者专访时表示，针对特定游客细分群体，旅行社、旅游零售商和酒店等应精准定位，把握机遇。

报告指出，出境游线下零售市场高度分散、不成体系，有进一步整合的空间。陈洸表示，中国出境游市场仍处在高速增长、高速分化的过程中，还会有很多商业机会，但未来会存在两股趋势的角力过程，一方面平台集中度会越来越高，另一方面品类会不断分化和细化，这就要看平台能不能跟上不同品类的变化。

麦肯锡全球副董事合伙人余子健对《21世纪经济报道》记者表示，要想在中国出境游市场抢占一席之地，企业需要快速找到其最有机会抓住并有价值的细分客群，此外还要通过并购等方式进行从渠道、产品到资源端的全链条整合，以提高自身竞争力。

资料来源：徐维维．"画像"出境游客：寻找中国出境游的关键驱动力［EB/OL］．［2018-10-15］．http://epaper.21jingji.com/wap/html/2018-10/15/content_94593.htm.

8.2.2 影响国际目标市场选择的因素（Factors Influencing International Target Market Choices）

1. 国际目标市场的规模和潜量（Scale and Potential）

目标市场规模太小，企业无法发挥资源优势，无法实现规模经济效益；目标市场规模过大，企业则无法有效控制或占有市场，反而为竞争对手的进入创造了条件或提供了缺口。

2. 目标市场的竞争结构及竞争强度（Competitive Structure and Intensity）

企业应避免进入竞争激烈或已经被竞争对手控制的子市场，而应选择那些竞争对手力量薄弱，或竞争尚未充分受到重视而自身又拥有相对竞争优势的细分市场作为自己的目标市场。根据迈克尔·波特的分析，一个市场的竞争由供方、买方、现有竞争者、潜在进入者及替代品生产者五种力量组成，这五种竞争力量决定市场的竞争强度及盈利水平。企业在确定国际目标市场时，必须认真分析市场的竞争结构及竞争强度，避免和对手造成两败俱伤的局面。

3. 目标市场应符合企业的经营目标和资源条件（Complying with the Enterprise's Operational Objectives and Resource Conditions）

在目标市场的规模、潜量、竞争强度都较理想的情况下，企业还须考虑自身的情况。某些目标市场虽然潜力很大,但与企业的战略目标相背离,或者可能分散企业的资源而致其无法实现战略目标,对于这些目标市场只能放弃。此外,即使目标市场符合企业的战略目标,企业还须在该市场具备一定的竞争优势,如低成本、产品差异性等。企业不能选择自身无竞争优势的细分市场作为自己的目标市场。

8.2.3 选择国际目标市场的策略(Strategy of Choosing International Target Market)

在对不同子市场进行评估后,企业必须决定进入哪些市场和为多少子市场服务。企业一般有五种策略可以选择,如图 8-2 所示。

1. 选择单一子市场(Choosing a Single Sub-market)

选择一个子市场,提供一种非常有特色的产品和服务——很多中小型企业选择这种策略(见图 8-2a)。在避免激烈竞争的同时,企业可以集中优势兵力在很小的范围内或市场上专注经营,以形成竞争优势,如北大方正的中文电子排版系统和金利来的男士职业服装。

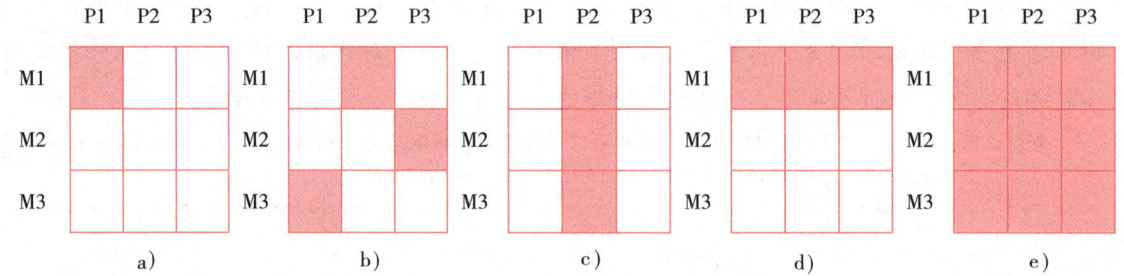

图 8-2 选择国际目标市场策略图

注:P 代表产品种类,M 代表市场种类。
资料来源:科特勒. 营销管理:分析、计划、执行和控制(原书第 8 版)[M]. 梅汝和,梅清豪,张桁,译. 上海:上海人民出版社,1999.

企业通过专注单一市场,能够深入了解子市场的需要,树立特别的声誉,建立和巩固市场地位。另外,企业通过生产、销售和促销的专业化分工,可以使总成本大大降低。

选择一个单一子市场的风险较大,一旦该子市场不景气,企业的整体状况就会急剧恶化。20 世纪 50 年代,日本九州地区由于煤炭业的蓬勃发展而异常景气,该地区人们都很富有,索尼公司的磁带录音机曾经在这一地区非常畅销。但是,随着煤矿的纷纷破产,整个地区经济情况的恶化,索尼的产品随即出现滞销。索尼公司作为当时一个刚起步的小公司,全部业务和收入严重依赖于该地区的市场销售,突然的销售滑坡使公司一时之间不知如何应对,后来终于通过提高其他地区的销售渡过了这个难关。

2. 有选择的专门化(Purposeful Specialization)

这是选择几个子市场,提供不同的产品和服务(见图 8-2b)。各个子市场之间联系很少或没有任何联系,然而每个子市场都可能赢利。选择多个子市场可以分散企业的风险,即使在某个子市场失败了,企业仍可在其他子市场获取利润。

放弃一些市场,侧重一些市场,以便向主要的目标市场提供有特色的产品和服务,能够避免正面冲突和恶性竞争。对于大型集团企业来说，则可分成若干相对独立的实体，分别服务于不同的客户群。如以"微笑服务"为理念，以打造"宾至如归"的奢华舒适体验为目标的希尔顿集团，其酒店遍及90个国家和地区，包括希尔顿酒店、华尔道夫酒店、康莱德酒店、希尔顿逸林和希尔顿花园酒店等10大品牌的近5 000家酒店。

3. 产品专门化（Product Specialization）

企业集中生产一种产品，向几个子市场提供这种产品（见图8-2c）。通过这种战略，企业在某个产品方面树立起很高的声誉。销售传统相机而不提供其他产品的企业便是如此，但是，当传统相机被数码相机代替，企业就会发生危机，甚至破产。因此，虽然产品专门化战略见效快，但风险也比较大。故随着企业资源的不断丰富，一般都应扩大经营范围，以分散投资风险。

4. 市场专门化（Market Specialization）

企业选择一个子市场，提供这个子市场的顾客群体所需要的各种产品（见图8-2d）。例如，企业可以为大学实验室提供一系列产品，包括显微镜、化学烧瓶及试管等。企业专门为这个顾客群体服务而获得良好声誉，并成为该群体所需各种新产品的代理商。其风险在于，如果大学实验室突然削减经费预算，企业就会陷入危机。

5. 完全市场覆盖（Complete Market Coverage）

企业通过提供各种产品满足各个子市场的需求（见图8-2e）。只有大企业才能采取完全市场覆盖策略，如通用汽车公司（汽车市场）、微软公司（计算机操作系统市场）。大公司可用两种方法达到覆盖整个市场的目的，即无差异市场营销和差异市场营销。

（1）无差异市场营销。企业不考虑细分市场的区别，仅推出一种产品来追求整个市场，致力于顾客需求中的相同之处，而非他们的不同之处。为此，企业仅设计一种产品和制订一个营销计划来迎合最大多数的购买者。企业凭借广泛的销售渠道和大规模的广告宣传，旨在树立该品牌的超级形象。可口可乐公司早期的营销就是无差异市场营销的例子。

制造业中的标准化生产和大批量生产，可以降低生产、存储和运输成本；无差异的广告方案可以缩减广告成本；而不进行细分市场的营销调研和计划工作，又可以降低营销调研和产品管理的成本，因此，无差异市场营销具有成本较低的优点。

当同行业中有几个企业都采用这种策略时，就会使整个市场内竞争加剧，而较小的子市场的需求得不到满足。这种追求整个市场的倾向被一些研究者称为"多数的谬误"。认识到这一谬误，能使企业增强进入较小的、被人忽视的子市场的兴趣。

（2）差异市场营销。企业同时经营几个细分市场，并为每个细分市场设计不同的产品。例如，德国大众汽车公司为"财富目的和个性"各不相同的人生产不同的轿车。

差异市场营销一般要比无差异市场营销创造更大的总销售额。然而，差异市场营销也会增加经营的成本，包括生产成本、管理成本、存储成本和促销成本。

某些企业因为过分地细分了市场，结果并不划算，它们转向"反细分化"或拓宽顾客基础，如强生公司把洗发水市场从婴儿产品扩大到成人产品。

我们有时会听到或看到这样的高论："全国各地都是我们企业的市场，所有人都是我们的用户和潜在用户。"此话听起来很有企业家气魄，但恰恰是违背市场细分这一最重要的市场经济原则的具体表现。它体现在大量重复建设、一窝蜂上同样或类似项目，最后会导致恶性竞争、造成资源浪费。在21世纪初的国内消费品市场上，由于产品差异性很小，所以价格战、广告战在所难免。与此同时，很多用户的深层次需求无人去研究、去关注，产品的创新速度很慢，往往是跟在别人后面走。[8]

因此，聪明的企业家必须要重视市场细分，要在子市场中选出用户需求最强烈、购买动力最大、有明显回报和影响的子市场，并分辨出谁是第一目标用户群，谁是第二、第三目标用户群，谁是相应的竞争对手，从而更有效地制定市场战略与战术，达成企业的经营目标。

营销透视8-3　健怡可乐在美国推出四种新口味且更换了新包装

2018年1月10日，可口可乐公布了健怡可乐的四种新口味和全新的包装。

除了保留原味健怡可乐，推出的新口味是樱桃、芒果、姜汁柠檬、血橙。

这是健怡可乐35年来首次发布新的口味。新口味经过了1万人以上的小组测试，重点是找到千禧一代吃什么、喝什么，历经两年时间挑选而出。

更大也更引人注目的变化是内部称之为"High Line"的包装，银灰色罐身中央有一道醒目的彩条。

这一设计并非出自大型的国际设计机构，而是来自英国的一家小型设计机构Kenyon Weston，由Matthew Kenyon和Chris Weston两人经营。据报道，可口可乐26岁的设计主管Elyse Larouere主导了这个设计项目，设计副总裁James Sommerville则评论称新包装提供了一个新的视角。

健怡可乐于1982年推出，最初针对的客群是新兴雅皮士——城市职业阶层中那些需要有氧运动的年轻专业人士。面市后借着可口可乐的品牌号召力，一年内就在美国的减肥饮料市场得到了将近20%的份额，成了排名第四的畅销软饮。但由于健怡可乐的银色包装以及名字里的"diet"让一些男性消费者觉得这是为女性设计的饮料，所以可口可乐又在2005年推出了黑色包装的零度可乐。

但健怡可乐面临的是比当年更加尴尬的状态。一方面，年轻消费者的偏好正从碳酸饮料往能量饮料、风味水等新品倾斜；另一方面，2017年8月可口可乐公司决定全线下架零度可乐，改为全新的"无糖可乐"（Coke Zero Sugar）——无糖可乐的市场定位显然和健怡可乐更加重合。根据可口可乐2017年第三季度的最新财报，健怡可乐的销量依然在下滑。

值得一提的是，新版健怡可乐将全面使用安赛蜜作为甜味剂，它比蔗糖甜200倍，因此只需要极少的量就可以达到相同的甜度。

资料来源：健怡可乐在美国一口气推出四种新口味，还换了新包装［EB/OL］.［2018-01-13］. http://www.sohu.com/a/216487091_139533

8.3 国际市场定位（The International Market Positioning）

8.3.1 国际市场定位的含义（The Implication of International Market Positioning）

所谓国际市场定位，是指企业在国际市场细分的基础上，根据目标消费者的要求来给产品确定一个适当的位置。市场细分与产品市场定位是营销活动中不可分割的一对孪生兄弟。市场细分的目的是区别对待有着不同需求的消费者，把需求相同的消费者分为一组，以便企业选择适合自身发展的目标市场并为目标市场消费者提供合适的产品。而产品市场定位则是通过研究这些不同组的消费者对某品牌产品的感知、认知、态度、需求等特性，根据他们的需求充分优化产品中他们更为喜欢的方面，从而更加突出自己产品这些方面的特征，使自己的产品与自己别的产品不同，也使自己的产品与竞争对手的不一样。因此，市场定位所塑造的不是产品在市场中的物理位置，而是心理位置，它取决于购买者如何来认识这种产品。市场定位是企业营销活动的重要组成部分，其正确与否直接关系到营销的成败。

8.3.2 国际市场定位的因素分析（The Analysis of International Market Positioning）

准确的市场定位是建立在对企业内外部环境因素认真、准确的分析基础之上的。企业在进行产品的市场定位时，应主要分析以下因素。

1. 市场分析（Market Analysis）

企业的生产经营活动是在一定的市场环境下进行的，市场条件的变化会对企业的产品定位产生重要的影响。因此，对于某一产品市场或将要参与竞争的市场，企业的经营者必须对以下几点做到心中有数。

- 全局观念的市场到底有多大？
- 这个市场的增长率是多少？
- 当前的市场是如何被细分的？
- 当前的市场趋势是否能指明近期细分市场的主要变化？
- 目前企业参与竞争的是哪一细分市场，所占份额有多大？
- 竞争者所占有的市场份额有多大？

2. 竞争者分析（Competitors' Analysis）

在市场定位中，对竞争对手的分析，从来都是企业格外重视的因素。特别是同行业中的竞争对手，其产品、价格、渠道、促销策略会直接影响到本企业产品的市场地位。因此在分析了市场之后，企业还要进一步审视站在对面的竞争对手，看它的本事如何，同时在心里掂量自己是不是能竞争得过它。一个好的市场定位无非是要让自己的产品胜过竞争者，不断地扩展自己的市场占有份额。在市场定位营销策划时，企业经营者要尽可能多地了解对方，这样才能立于不败之地。

3. 本企业分析（Analysis of the Enterprise Itself）

要想在竞争中取胜，除了了解企业的外部环境外，还应对本企业的情况有客观准确的把握，只有这样才能真正做到知己知彼，才能做出正确的市场定位决策。分析本企业的关键问题包括以下几点。

- 从企业规模、市场份额、资金来源、历史记录和现行市场定位的记录看，企业在市场中所处的地位如何？
- 企业在市场中是处于领导地位还是仅能做一个追随者？
- 企业的管理目标和策略是什么？
- 与竞争者相比，企业的优势和劣势是什么？
- 为实现目标，有哪些资源可供利用？
- 企业所处行业的关键性成功因素是什么？

8.3.3 国际市场定位的程序（The Process of International Market Positioning）

国际市场定位的具体步骤主要包括以下几点。

1. 确认潜在的竞争优势（Define Potential Competitive Advantage）

企业在进行国际市场定位时，首先应利用自己的竞争优势，提供比竞争对手更能满足消费者需求的产品和服务。实际上，只有两条可能的产品竞争途径：成本比对手低；或消费者认同的产品功能或特性比对手高，从而能抵消高价带来的不利。在第一种情况下，企业应重点寻求降低产品成本的途径；在第二种情况下，企业则应重点开发产品的独特功能，赋予产品特色。

2. 选择适宜的竞争优势（Select Proper Competitive Advantage）

在多种竞争优势并存的情况下，企业必须运用一定的方法评估并选择出对自身最适宜的竞争优势，据以建立市场定位战略。企业通常会采用打分法，就是比较本企业同竞争对手在各项目上的得分，从中选出最适宜企业竞争的项目作为有效市场定位的依据。

3. 传达精准的市场定位（Convey Accurate Market Positioning）

完成正确的国际市场定位后，企业还必须通过一定的方式把产品的市场定位观念准确、及时、有效地传播给目标市场上的消费者。加大产品宣传力度是企业通常采用的方式。

8.3.4 国际市场定位的战略（The Strategy of International Market Positioning）

1. 国际市场定位的依据（International Market Positioning Rules）

（1）依产品特色定位。如果企业的产品在某个方面相对于国际竞争者的同类产品具有明显的差异性，则可以把它作为广告宣传的诉求点，进行市场定位。依产品特色定位，强调的是其他产品所不具有的、能填补市场空白的某种产品属性，往往较容易被消费者接受。例如，北京全聚德烤鸭依靠其独特的风味而获得广大消费者的喜爱。

（2）依消费者利益定位。如果企业产品可以给目标国消费者带来新的利益，或者解决消费者关心的某些问题，则可以以消费者利益为诉求点进行市场定位。依消费者利益定位，让消费者感受到实实在在的实惠，因而更能打动消费者。例如，当年柯达公司向全球推出的全自动傻瓜照相机,解除了许多消费者不会操作相机的烦恼,"只要一按快门,其余工作由我完成"的消费者利益诉求深入人心。

(3)依消费者类型定位。企业针对目标国不同类型消费者的需求和偏好,对产品及其营销组合因素进行改进,使之符合消费者的需求和偏好,并以此作为市场定位的诉求点。依消费者类型定位,企业的产品能更好地满足不同类型消费者的需求和偏好,对消费者的营销刺激作用也更大,因此较容易实现预期的营销目标。例如,宝洁公司推出"海飞丝""飘柔""潘婷"三种洗发水,分别满足消费者去头皮屑、柔顺及护发的要求。

(4)依竞争者的产品定位。依国际竞争者的产品定位,企业可以有两种方法。①可以通过与竞争产品进行针锋相对的对抗进行定位,把与竞争产品相同的特征作为定位依据,如可口可乐和百事可乐之争。②也可以与竞争产品进行回避定位,把与竞争产品在某一属性或特征上的不同作为定位依据。如统一冰红茶强调自己是一种含茶的饮料,从而与其他饮料区别开来。

营销透视 8-4　贸易战下中国服务业的应对与发展

在美国青少年中很火的音乐短视频社交平台 Musical.ly,最初是由两位中国互联网软件资深人士——阳陆育和朱骏去美国创立的,2017 年被今日头条以 10 亿美元收购。2018 年 8 月 2 日,Music.ly 改名为 TikTok(也就是抖音的国际品牌)。这个举动被看作今日头条进军美国市场的一个重大举措。

资料来源:贸易战下中国服务业的应对与发展[EB/OL].[2018-08-31]. http://www.ftchinese.com/story/001079193?adchannelID=&full=y&archive.

2. 国际市场定位策略(International Market Positioning Strategies)

(1)对抗定位。对抗定位是指企业在目标市场上选择与竞争对手接近或相同的定位方式,在产品、服务、宣传、价格等方面展开针锋相对的竞争。例如,前述的可口可乐与百事可乐的竞争、麦当劳与肯德基的竞争等。对抗定位是一种以强对强、强强对话式的市场定位方法,适用于实力雄厚的大企业。当市场已存在地位牢固的大企业时,这种策略具有一定的风险性,如汉堡王(全球第二大快餐连锁企业)在与麦当劳(全球第一大快餐连锁企业)的对抗中败下阵来。采用这种定位策略需要具备三个条件:企业产品总体上优于竞争对手,或至少和竞争对手相同;目标市场具备相当的规模或潜量;这个市场定位能充分发挥企业的资源条件和竞争优势。

(2)回避定位。回避定位是指企业避开与对手直接竞争,而选择竞争对手忽略的市场空白作为自己的定位依据。这种策略能使企业迅速占领市场,并在消费者心目中树立企业形象,风险较低,成功率较高,因此为大多数企业所采用。回避定位的经典案例是七喜的定位。由于可口可乐在市场中占据支配地位,与其进行正面竞争非常困难,于是七喜反其道而行之,把自己定位成"非可乐"的汽水,从而取得了巨大的成功。

(3)反向定位。反向定位是指企业主动说出自己的差距或缺陷,从而增加消费者对它的信任。反向定位具有较大的风险,如果消费者喜欢最好的产品或服务,这种策略会让企业的愿望落空。因此，在使用这种策略时，要强调存在的差距并不影响消费者的利益。反向定位的经典案例是美国的 Avis 汽车租赁公司，它公开承认自己只是汽车租赁业的老二，但强调自己更加努力。在实施反向定位策略后，该公司扭亏为盈。

（4）重新定位。重新定位是指企业为了改变产品在消费者心中的原有形象，采取一定的措施，重新建立产品在消费者心目中的新形象的行为。当企业原有的市场定位出现偏差或者当消费者的需求偏好发生变化时，需要重新对产品进行定位。重新定位是企业适应市场环境变化的必要手段。

（5）"高级俱乐部"定位。"高级俱乐部"定位是指企业把自己与行业中公认最强的几家企业划分为一个档次，借这几家企业来提升自己的地位。例如，克莱斯勒公司提出美国三大汽车公司的概念，把自己和通用、福特并列为三大汽车生产商，从而吸引消费者的注意力。这种战略适用于在行业中无法取得第一位置的企业。

（6）间接定位。间接定位是指通过对竞争对手的产品进行定位，而事实上达到为自己的产品定位的一种策略。这种策略适用于当消费者无法分清企业产品和竞争对手产品的时候。例如，Rapnael 是法国生产的一种葡萄酒，而 Dubonnet 是美国生产的一种葡萄酒，Rapnael 公司通过"每瓶少花 1 美元，你可以享受进口产品"的广告诉求，让消费者知道了 Dubonnet 是美国的产品，间接达到了明确自己纯正法国葡萄酒的市场定位的目的。

另外，随着互联网和类似的传播渠道的发展，当前市场上还流行三种国际市场定位方法，分别是全球消费者文化定位、外国消费者文化定位和当地消费者文化定位。

（7）全球消费者文化定位。全球消费者文化定位是指认同相近文化且处于不同国家、不同地域的个人共享某些和消费相关的符号。当这些符号和具体的产品类型产生关联时，营销经理就能以具有某些特征的人们在全球各地都在消费某个品牌的产品进行定位，比如星巴克的定位对应着"磨制咖啡和体验式营销"的全球消费者文化。

相对而言，高科技和高情感产品更适于全球消费者文化定位。这是因为高科技产品的技术高端复杂，消费者的购买动机相对理性全面。而高情感产品的诉求点比较感性，强调了产品所体现的自我形象和社会地位以及认可度。

（8）外国消费者文化定位。外国消费者文化定位是将品牌的使用者、使用的场合或原产地与某个国家或某种外国文化联系起来。比如，李维斯牌牛仔裤、苹果手机等所传达的"美国文化"，赢得部分消费者的青睐，并获得以外国消费者文化定位的机会。而中国的佰草集同样将自己定位为东方美容哲学的代表品牌。以它在法国市场反响最好的太极泥面膜为例，佰草集将该款产品设计为黑白泥相配的组合，并以太极八卦的造型将它置于内圆外方的绿色容器中。产品中的黑泥用于深层清洁，白泥用于营养滋补，既体现了中医美容"君臣佐使，先清后补"的配方理念，又提升了产品的效用；太极八卦的造型以及体现了中国天圆地方概念的包装，能给予消费者较强的视觉冲击，使他们感受到中国的阴阳平衡文化。

（9）当地消费者文化定位。当地消费者文化定位是指将品牌和当地的文化含义相联系，反映当地的文化准则，使品牌具有当地人按本地文化消费的品牌形象，或表明该品牌是在当地为本土消费者生产的。通常说来，在食品、个人非耐用消费品和家庭非耐用消费品中，当地消费者文化定位通常占主导地位。更关注责任义务的消费者也更倾向于当地消费者文化定位。比如韩国产品，早在 2013 年，就有数据显示 85% 的韩国人都在使用本国生产的手机。[9]

3. 常见的几种市场定位失误（Common Positioning Problems）

（1）定位过低。定位过低又称定位不足。定位过低导致消费者对企业产品印象模糊，与竞争产品相比显示不出明显差异，或者这种差异被顾客认为不具有实质意义。例如，百事可乐公司在1993年推出某款清爽饮料时，消费者并不清楚它在软饮料中的重要性在哪里，对这种饮料也没有特别的印象。

（2）定位过高。定位过高又称定位过窄。定位过高会导致无法吸引足够数量的消费者。例如，蒂芙尼公司由于定位过高，使消费者认为该公司只生产5 000美元的钻石戒指，而事实上，它也生产人们可承受的900美元的钻石戒指。

（3）定位混乱。定位混乱导致消费者对产品印象模糊不清，感到无所适从。定位混乱的原因包括企业定位主题太多、重点不突出、定位依据相互矛盾、频繁变换产品定位等。例如，史蒂夫·乔布斯的NeXT桌面计算机，首先定位于学生，然后是工程师，再后来是商人，结果都没有成功。

（4）定位怀疑。企业的定位不符合实际，提出的定位目标难以实现，导致消费者不相信企业在产品特色、价格或制造商方面的宣传。[10]

本章小结

本章主要阐述了国际市场细分的相关概念和要素、如何进行国际目标市场细分、国际目标市场战略以及如何进行国际市场定位等问题。国际市场细分是市场细分的延伸，是市场细分理论在国际市场营销中的应用和深化，可分为宏观细分和微观细分两大类。选择国际目标市场的策略主要包括：选择单一子市场、有选择的专门化、产品专门化、市场专门化、完全市场覆盖等。国际市场定位策略主要包括对抗定位、回避定位、反向定位、重新定位、"高级俱乐部"定位和间接定位等。

案例分析

酱香拿铁：年轻人的第一杯茅台

人生的"第一杯茅台"来自瑞幸的酱香拿铁？有不少人在微信朋友圈分享喝到酱香拿铁的感受：有人微醺，有人上头，也有人评价"口感奇葩，喝不下去"。

"美酒加咖啡"冲破壁垒

自2023年9月4日瑞幸咖啡和贵州茅台联合推出"酱香拿铁"后，社交媒体被刷屏了。配合着"中国人的第一杯酱香拿铁""美酒加咖啡，就爱这一杯"的宣传语，越来越多的消费者涌进全国各地的瑞幸咖啡门店。

美酒加咖啡，一杯又一杯。原价每杯38元的酱香拿铁，使用优惠券后到手价每杯19元，刷新了单品纪录。据瑞幸咖啡小程序显示，其单品首日销售量突破542万杯，首日销售额突破1亿元。

年轻人的第一杯茅台

"满杯茅台,去咖啡液",有网友在点酱香拿铁外卖时这样备注。更有人调侃,这可能是年轻人的第一杯茅台,也是中老年人的第一杯咖啡。

随着瑞幸咖啡与贵州茅台的"酱香拿铁"成为爆款,一张蜜雪冰城与五粮液合作的海报引发网友讨论。该海报显示,蜜雪冰城将推出与五粮液联名的浓香柠檬水,并配文"年轻人的第一杯五粮液,从蜜雪冰城开始"。2023年9月5日下午,蜜雪冰城官方客服回应媒体,暂时没接到通知,如果有合作,会在官网和公众号公示。

狂欢过后,瑞幸如何走好下一步,在诸多咖啡品牌争锋中扎稳根基,还需要时间。

资料来源:海报新闻. 酱香拿铁:一场添加了飞天茅台酒的狂欢[EB/OL].[2023-09-06]. https://new.qq.com/rain/a/20230906A09QN800.

案例讨论
1. 请描述茅台酒的目标市场。
2. 请描述瑞幸咖啡的目标市场。
3. 你认为在这次联名营销中,双方的收益分别是什么。

 复习题

1. 国际市场细分的意义是什么?
2. 阐述国际市场微观细分的具体要求。
3. 选择国际目标市场时需考虑哪些因素?
4. 如何进行国际市场定位的因素分析?
5. 国际市场定位的策略有哪些?

 思考与实践题

小众"洋"品牌在华突然受热捧

近年来,户外运动服饰品类在整体轻微下行的情况下,部分细分赛道出现了逆势增长。冲锋衣裤、防晒衣、防晒袖套、功能内衣裤以及运动羽绒服等细分品类均出现了明显的增长。

20世纪80年代末创立于加拿大的始祖鸟(ARC'TERYX),其产品主要用于徒步、攀登以及冰雪运动等户外项目。作为一家专注于高性能户外装备和服饰的品牌,始祖鸟以独特的设计理念和卓越的产品质量在户外领域赢得了全球消费者的青睐,其产品以实用为主,谈不上时尚。

2018年,安踏成为亚玛芬体育最大股东,把更多的精力放在了高端市场。始祖鸟的目标消费群体是追求挑战、探索自然和追求高品质的户外爱好者。始祖鸟将先进技术融入产品中,如防水透气技术、轻量级面料技术等,以确保产品在各种环境中表现出色,能够在极端气候和环境下提供保护与便利。始祖鸟只用短短几年时间的改变,就逐渐在中国高端户外装备市场站稳脚跟,并成为该领域的代表品牌之一。

始祖鸟的成功与当下中国中产消费群体的购物观改变有很大关系。伴随着近年来徒步、露营、滑雪、钓鱼等户外活动爱好出圈，这些户外品牌也开始备受追捧。"爱好户外就穿始祖鸟，喜欢健身就穿 Lululemon"，高端专业的装备成为流行趋势。2022 年 Amer Sports 实现了被收购后的首次盈利。

资料来源：1. 网易新闻. 又土又贵，收割一波中年人的钱包！小众洋品牌在华突然受"吹捧"［EB/OL］.［2023-08-10］. https://www.163.com/dy/article/IBPU42J40519EF7K.html.
2. 蓝鲸财经. 爆火的"中年三宝"，收割中产钱包［EB/OL］.［2022-11-14］. https://www.163.com/dy/article/HM4J6IQ705198R91.html.

讨论题
1. 什么是市场细分？
2. 结合始祖鸟的案例，谈谈市场细分的标准有哪些。
3. 结合本案例，谈谈什么是企业的市场定位。

本章注释

［1］逯宇铎，常士正. 国际市场营销学［M］. 北京：机械工业出版社，2004.

［2］凯特奥拉，格雷厄姆. 国际市场营销学（原书第 12 版）［M］. 周祖城，赵银德，张璘，译. 北京：机械工业出版社，2005.

［3］吕文宝."出海"探路 抢占市场 中国快递来到华人家门口［N］. 人民日报海外版，2014-12-22（6）.

［4］叶成杰. 大数据时代下市场营销的机遇与挑战［J］. 中国商论，2016（20）.

［5］网易新闻. 快递混战出海，谁能突出重围［EB/OL］.［2022-09-26］. https://www.163.com/dy/article/HI67E2JP0531MRZO.html.

［6］王纪忠，方真. 国际市场营销［M］. 北京：北京交通大学出版社，2004.

［7］李强. 市场营销学教程［M］. 大连：东北财经大学出版社，2004.

［8］科特勒. 营销管理：分析、计划、执行和控制（原书第 8 版）［M］. 梅汝和，梅清豪，张桁，译. 上海：上海人民出版社，1999.

［9］傅慧芬，孟繁怡，赖元薇. 中华文化特色品牌成功实施外国消费者文化定位战略的条件和要素研究：第三届"中国企业管理创新案例研究前沿论坛"论文集［C］. 中国工业经济，2014.

［10］刘重力，邵敏. 国际市场营销学［M］. 天津：南开大学出版社，2015.

第 9 章
国际市场进入战略
Strategies for Entering International Markets

🔴 重点词汇

B-O-T Project　Build-Operate-Transfer is a form of project financing, wherein a private entity receives a concession from the private or public sector to finance, design, construct, and operate a facility stated in the concession contract. This enables the project proponent to recover its investment, operating and maintenance expenses in the project.①

Contract Manufacturing　Process of outsourcing manufacturing to other firms to reduce the amount of a firm financial and human resources devoted to the physical production of its products. Companies are finding many reasons why they should be outsourcing their production to other companies. However, production outside of the company does come with many risks attached. Companies must identify what their core competencies are first before deciding whether or not they should contract manufacture. A company's core competencies are what make them competitive in the market place. If a company allows another company to take control of them, it loses control over that advantage.②

Exporting　The selling of products made in one own country for use or resale in other countries. Exporting activities often are divided into two groups. One group of activities is trade in goods-tangible products such as clothing, computers, and raw materials.The other group of activities is trade in services-intangible products such as banking, travel, and accounting activities.

Foreign Direct Investment (FDI)　FDI is direct investment by a company in

---

　　① http://en.wikipedia.org/wiki/Build-operate-transfer.
　　② http://en.wikipedia.org/wiki/Contract_manufacturer.

distribution located in another country either by sharing a company in the country or by expanding operations of an existing business in the country. Foreign direct investment is done for many reasons including to take advantage of cheaper distribution costs in the country, special investment privileges such as tax increase offered by the country as an incentive for investment or to gain tariff-free access to the companies of the country. Foreign direct investment is in contrast to portfolio investment which is a passive investment in the securities of another country such as stocks and bonds.①

Franchising　A specialized form of licensing occurs when a firm in one country (the franchisor) authorizes a firm in a second country (the franchisee) to utilize its operating systems as well as its brand names, trademarks, and logos in return for a royalty payment.If you are looking to start a business, buying into a franchise can be a good alternative to starting a unique venture. Similarly, if you are planning to expand your business, a well managed franchising agreement can be an effective way of moving into new markets.②

Indirect Exporting　Sales of a firm products to a domestic customer, which in turn exports the product, in either its original form or a modified form.

Joint Venture　A special form of strategic alliance created when two or more firms agree to work together and jointly own a separate firm to promote their mutual interests.③

Licensing　A contractual arrangement in which a firm in one country licenses the use of its intellectual property (patents, trademarks, brand names, copyrights, or trade secrets) to a firm in a second country in return for a royalty payment. In particular a license may be issued by authorities, to allow an activity that would otherwise be forbidden. It may require paying a fee and/or proving a capability.The requirement may also serve to keep the authorities informed on a type of activity, and to give them the opportunity to set conditions and limitations.④

Management Contract　Agreement between investors or owners of a project, and a management company hired for coordinating and overseeing a contract. It spells out the conditions and duration of the agreement, and the method of computing management fees.⑤

Strategic Alliance　Business arrangement in which two or more firms choose to cooperate for their mutual benefit.⑥

Turnkey Project　Contract under which a firm agrees to fully design, construct, and equip a facility and then turn the project over to the purchaser when it is ready for operation.Turnkey is often used to describe a home built on the developer's land with the developer's financing ready for the customer to move in.⑦

---

　　① http://en.wikipedia.org/wiki/Foreign_direct_investment.
　　② http://www.business.gov.au/BusinessTopics/Franchising/Pages/default.aspx.
　　③ http://www.investopedia.com/terms/j/jointventure.
　　④ http://en.wikipedia.org/wiki/License.
　　⑤ http://www.businessdictionary.com/definition/management-contract.html.
　　⑥ http://en.wikipedia.org/wiki/Non-tariff_barriers_to_trade.
　　⑦ http://en.wikipedia.org/wiki/Turnkey.

🔖 导入案例

合作共赢：小米的国际化进程

从发布第一款手机，到超越几家老牌手机品牌，跃居全球第二，并在欧洲市场登顶第一，小米仅用了10年时间。从0到1，从1到N，再到进入世界500强并实现连续3年排序逐年上升，小米只用了9年时间。小米是如何做到的？

小米的国际化进程始于2014年。当年3月，小米进入印度市场，这一年，恰好是亚马逊和印度电商平台Flipkart为抢夺市场份额而疯狂补贴的一年。小米和Flipkart合作举办了一系列闪购活动，其中10月的一场红米1S的预售有超过40万人参与，4s即宣告售罄。通过在线抢购模式，小米打开了印度市场，并很快辐射到东南亚和其他新兴市场。

2017年3月15日，小米正式在越南发布产品。这也是继印度、俄罗斯等国际市场之后的又一个新市场。小米选择与越南本土信息技术领域拥有超过20年市场扩张经验的Digiworld Corporation（以下简称DGW）合作。

DGW会帮助小米高度创新的产品在越南销售，同时也会提供产品售后的支持。小米的产品包括智能手机和生态链产品，在越南全国范围内主要的线下店销售，同时在线上销售巨头Lazada网站中小米官方店里销售。

此外，小米还进入了其他国际市场。据悉，2017年1月小米手机的销量约占俄罗斯智能手机市场份额的2%。2017年2月10日，小米开始在印度尼西亚本土生产手机，该工厂年产量可达100万台，产品主要供应印度尼西亚市场。

和越南市场一样，小米也是通过分销商伙伴Smart Link Technologies进入巴基斯坦的。据小米方面介绍，除了分销商伙伴，小米也将Daraz.pk作为线上销售伙伴，Zong作为4G网络伙伴。Smart Link Technologies会提供售后服务给小米用户。2017年2月22日，小米在迪拜举行了发布会，小米手机携手代理商TASK FZCO在中东市场正式亮相，将在中东和北非分销小米手机。

小米的业务已经进入全球超过100个市场。根据Canalys的数据，2021年二季度小米在65个国家和地区的智能手机市场份额排名前五，在其中22个排名第一，包括西班牙、意大利、法国、俄罗斯、希腊、印度、马来西亚、泰国等国家。2021年6月，在BrandZTM发布的最具价值全球品牌100强榜单中，小米连续第三年入选，排名提升至第70位。

外界一直认为小米出海的一大难题是专利问题。但是一位手机专家认为，专利诉讼是中国品牌走向海外常态，谈不上遇阻或陷阱。关于专利问题，雷军此前也提出，专利是中国企业出海必然遇到的世界贸易的游戏规则问题。小米也已经与世界巨头达成支持产权的交叉授权。

小米的国际化之路遇到的问题很多。雷军提出："全球化急不得，一着急里面就全都是坑，所以需要有10年、20年的长期打算，一个市场一个市场做。我觉得没有两三年，进入一个国家想迅速成功几乎是不可能的。"初始阶段小米比较着急，一上来开拓了7个市场，遇到各种各样的困难，损失也非常惨重。此前，小米进入巴西市场后，由于当地的税收政策问题，短时间后又退出了该市场。

资料来源：1. 封面新闻. 小米进军越南市场，为了不跳进坑，雷军是这么做的［EB/OL］. ［2017-03-15］. https://www.thecover.cn/news/276923.
2. 知乎. 小米国际化现状-印度，东南亚，拉美，欧洲［EB/OL］. ［2021-11-04］. https://zhuanlan.zhihu.com/p/429177039.
3. 澎湃新闻. 小米国际化，离全球第一还有多远［EB/OL］. ［2021-12-23］. https://www.thepaper.cn/newsDetail_forward_15972617.

中国人口众多，市场潜力巨大，改革开放以来，许多国际企业来华投资。在国际化进程中，中国企业持续向国际企业学习交流，共享共生，协调发展，中国也变得越来越开放，越来越包容，进而有更多的中国企业走向国际化。

国际化的商业活动为企业提供了新的机遇。通过迈克尔·钦科陶和伊卡·龙凯宁的国际化进入与扩张模型（见图9-1），可以较好地理解国际化扩张的促进和制约因素。

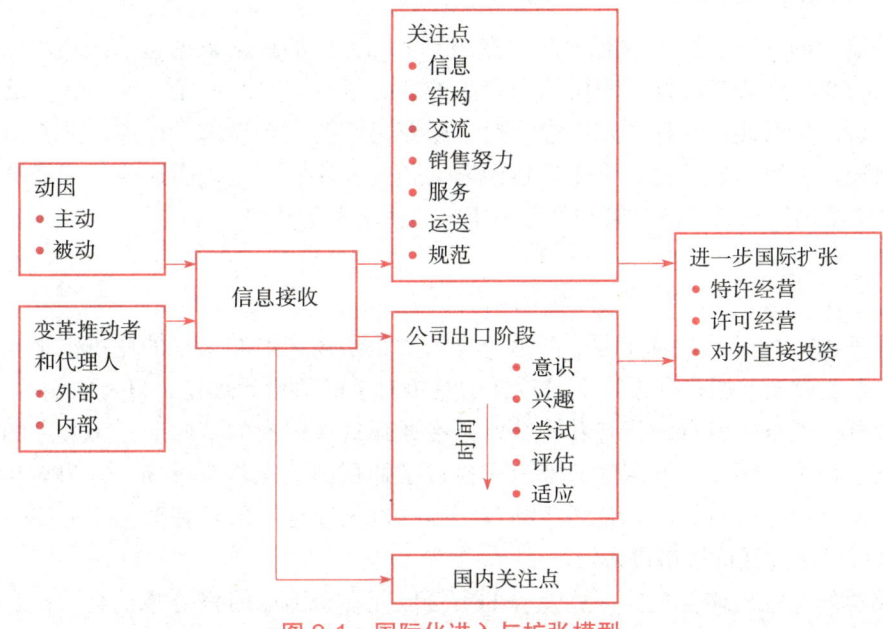

图 9-1　国际化进入与扩张模型

资料来源：钦科陶，龙凯宁. 国际市场营销学（原书第 10 版）[M]. 曾伏娥，池韵佳，译. 北京：中国人民大学出版社，2015.

由图9-1可见，推动企业走向国际化的有主动动因和被动动因。从主动动因来看，企业参与国际市场营销最大的动因是获取利润。独特的产品或技术优势会给企业带来竞争优势，进而促使企业在国际市场上获得成功。此外，国际化的主动动因还有可能是企业独享市场信息。规模经济能够使企业提高产量、增加产出，并且有助于减少国内生产成果，这也构成了企业走向国际化的主动动因。[1]

被动走向国际化的原因具有很深的复杂性。生产过剩和产能过剩是原因之一。稳定的或逐渐减少的国内销量或市场份额也能促使企业进行国际扩张。此外，接近消费者或港口也是被动动因之一。靠近国外市场能够促进企业的国际业务，比如中国北部与俄罗斯的贸易往来便享有地利之便。

无论是主动还是被动走向国际化，国际化通常都是循序渐进发生的。总体而言，走向国际化需要全面考虑国外市场的基本情况，选择合适的出口战略和进入模式。

9.1　评估可选择的国外市场（Assessing Alternative Foreign Markets）

企业国际化的第一步，就是要选择一种市场进入战略。市场进入战略的选择应与企业的战略目标相一致，这不仅是企业的首要选择，而且是企业着眼于长远发展的选择。企业进入国际市场有两种方式。一是以较少的投资进入国外市场。通过有限的、不经常的出口，可以较好地控制市场开发的投入。二是通过大量的资本投资和管理投入，来获取并保持世界市场长久的、特定的份额。国际市场进入的战略选择应反映企业对于下列因素的分析。

9.1.1　市场潜力（Market Potential）

对市场潜力的评估有主观和客观两种方法。客观方法的评估依据包括人均收入、能源消耗、人口、GDP、公共基础设施和耐用消费品的拥有量等信息。但是，该类数据反映的是过去，而不是将来。因此，在评估发展潜力时，企业仍需要进行考虑。比如，随着中欧和东欧国家的计划经济退出历史舞台，许多发达国家的企业关注的不是表明这些国家经济负增长的数据，而是这些国家在新经济政策和规划下未来经济增长的趋势。

9.1.2　竞争水平（Levels of Competition）

在选择外国市场时，企业要考虑的另一个因素是市场当前和未来的竞争水平。为了评估竞争环境，企业应该掌握目标市场上已存在的竞争对手的数量和规模，以及它们的市场份额、价格策略和营销策略、各自的优势和劣势，并在通观这些因素的基础上考虑实际的市场状况和自己的竞争地位。例如，韩国的起亚汽车挤进了拥挤的北美汽车市场，因为它相信，尽管通用、福特、丰田、大众等汽车公司已拥有牢固的市场地位，但是韩国工厂劳动力成本相对低廉，所以可以通过低价策略进入市场。

许多成功的企业始终会关注一些主要的市场以便在合适的时候寻找机会，这对于不断进行技术或常规变革的工业企业尤为重要，电信行业便是一个很好的例证。在全球范围内，电信行业曾经是效率低下、发展迟缓的国有垄断行业，现在却成了各种新技术的集中点，如光缆、手机服务、卫星网络等。许多这类企业，尤其是欧洲和拉丁美洲的企业，都已经或正在被私有化。与此同时，过去那些阻止市场进入和创新的障碍的消除，也为企业进入新的区域市场和产品市场提供了有利条件。

9.1.3　政治和法律环境（Political and Legal Environment）

一个企业在进入国外市场之前也需要了解东道主国家的贸易政策及总体的法律和政治环境。企业往往会尽可能地避开税收高、贸易限制多的国家，而青睐开放的、壁垒少的国家。同时，严格的贸易政策或较高的贸易壁垒可能会迫使企业选择FDI方式进入市场，例如，福特、通用、奥迪、奔驰等在巴西建立工厂以避免目标国的高税收。在评估国际市场时，政府的稳定性也是一个重要因素，如军事突变或骚乱频发的国家和地区是企业需要规避的高风险市场。政府对价格的规制和对营利性活动的管理也是需要考虑的因素之一。例如，许多政府禁止为香烟和酒精产品做广告，所以，生产者必须清楚这在多大程度上影响他们打开市场的能力。企业还应慎重地避开东道国的政治敏感问题。

9.1.4　社会文化影响（Socio-cultural Influences）

企业评估外国市场时还必须考虑社会文化因素的影响。由于社会文化因素具有很大的主观性，较难量化，为了减少这些因素带来的不确定性，企业通常选择与其本国文化传统相似的国家作为海外目标市场。

在社会文化因素中，第一个要考虑的因素就是与消费者有关的因素。任何对于目标市场中消费者需求和意向的忽略，都会使企业的市场营销活动陷入麻烦。

如果企业想采用对外直接投资模式进入外国市场，还应考虑到与员工有关的社会文化因素，如企业中的奖励机制、工作时间和薪水的规定、工会的作用等。通过雇用当地管理者，听取他们的意见和建议，外国企业通常可以避免或者减少与当地的文化冲突。

> **营销透视 9-1　　从"智慧厨房圈"到"食联网"：落地生态模式**
>
> 物联网时代加速到来，经过云计算、大数据以及人工智能技术近几年的快速发展，智慧家庭领域的产业瓶颈已不再是某项技术，而是生态体系的建构与融合。
>
> 此前，海尔代表中国的智慧家庭站上世界舞台。德国先进工业科技研究院（IAIT）理事会主席托马斯·诺尔廷（Thomas Nolting）在德国柏林消费类电子展（IFA）点赞："中国海尔的智慧家庭在全球领域来看都是创新的，代表了行业创新趋势。"
>
> 海尔智慧家庭发布的"4+7+N"全场景定制化智慧成套方案，解决了传统智能家居行业产品难互通、不主动、未成套、服务碎片化的痛点。如今，食联网、衣联网、空气圈等生态圈持续完善壮大。
>
> 食联生态作为海尔智慧家庭战略的重要一环，是基于物联网的健康美食服务平台。基于厨房场景中枢"冰箱"，实现冰箱与烤箱、油烟机等厨房电器的互联互通是此前海尔"智慧厨房圈"版本。如今，海尔在家庭内场景互联互通的基础上，接入营养师、农场、生鲜冷链等七大类上百家资源方打造的食联生态平台，可以看作"食联网"生态版本。
>
> 资料来源：海尔食联网为用户定制健康　为"食物链"定制转型方案［EB/OL］.［2018-09-14］. https://www.sohu.com/a/253857922_481021.

9.1.5　成本、收益和风险（Costs，Benefits and Risks）

评估外国市场还要仔细衡量在特定目标市场从事商务活动的成本、收益以及风险。

（1）成本，即直接成本和机会成本。直接成本是企业进入海外目标市场所需的费用，包括机构的建立（如租用或购买办公设备）、经营管理人员的支出、装备和货物的运输费用等。然而，成本并不是影响进入战略决策的唯一因素。例如，即使在自己的国家加工能够更廉价地供应目标市场，很多企业还是决定投资国外市场来加工，这是因为它们进入目标市场时，常被"正式或非正式的关税壁垒或类似壁垒的威胁"所阻碍。

（2）收益。进入一个新的市场会给企业带来很多潜在的收益，最显著的潜在收益就是可期待的销售量和市场收益。其他的收益包括较低的取得成本和加工成本，以及采用新技术，通过其他活动取得协同的机会等。

（3）风险。很少有不用承担一定风险就能得到的利益。一般来说，进入新市场的企业要承担汇率波动的风险。而附加操作的复杂性、对潜在市场评估的不准确性等也可能造成直接经济损失。在极端的情况下，还要面对由于战争或恐怖主义而遭遇财产损失、财产扣押等风险。

9.1.6 选择进入模式（Choosing a Mode of Entry）

很多因素影响着企业选择在本国生产，还是在国外生产。除了考虑一个国家的相对工资水平和土地获得成本以外，企业还要考虑盈余或未利用的建造工厂的容量、引进研究与开发的设备、消费者的需求，以及额外的管理国外机构的行政成本。政治风险也是必须考虑的，国内战争、官员腐败、政府政策不稳定等也会阻止许多企业向东道主国家投入重要资源。影响进入模式选择的因素主要包括以下几个。

（1）政府政策。高关税政策在鼓励国内生产的同时会阻碍出口；对外国公司征收高额税费会抑制投资；政府的不作为也会影响企业的投资选择。

（2）交易成本。如果成本偏高，公司很可能采用对外直接投资或合资公司模式。如果成本较低，公司会采用设立子公司、授权或合同加工的方式。

（3）企业的全球总战略。像福特这种在国内和国际活动中寻求规模经济和协同效率的企业，更看重以所有权为主导的进入模式。相反，像微软和耐克这样竞争力在于其灵活性和对变化市场的快速反应的企业，更喜欢采用东道国当地状况所保证的进入模式。作为全球战略的一部分，保证所有市场活动相协调的需要也会影响企业的选择。

（4）其他因素。企业在国外市场中会面临或多或少的不确定性。为了减小因不确定性而导致的风险，一些企业往往选择原始的进入模式，以保证较强的控制力；资本缺少或者行政能力薄弱的企业因为不能或不愿承受大额资本投资，所以更愿采用那些节省资本和简化管理模式的进入方式，如许可经营；拥有现金较多的企业更喜欢对外直接投资，它们相信这种方式有高收益的潜力，以及培养年轻的国际化经理人的机会。

总之，和大多数商业活动一样，市场进入模式的选择是对许多因素权衡的结果。这些因素包括市场的风险程度、市场的潜在利润、有效竞争所必需的资源、责任的重要性以及企业对控制程度的要求。[2]

进入国际市场的模式主要包括出口进入模式、投资进入模式、契约式进入模式和战略联盟进入模式等。

9.2 出口进入模式（Exporting Entry Modes）

也许使国内贸易国际化最简单、最传统的方式就是出口，因为它承担最小的责任和风险。企业通常通过出口来测试市场，进而采用其他战略来维持并扩展市场。出口承担着国外环境最低限度的政治和其他风险，能帮助企业获取经验，并为未来采取其他战略和进一步对外扩张积累经验。

出口有多种形式，包括间接出口、直接出口、企业内部转让及电子商务等。

1. 间接出口（Indirect Exporting）

间接出口是指一个企业将其产品卖给国内消费者，而该买主又将该产品以原始或其他变化的形式出口。间接出口与其他战略相比投资较少，风险也较小，因为企业不必为海外销售而投资。在间接出口中，企业将产品卖给国内市场的中间人，中间人与国外市场或买主订立合同。间接出口适合那些资源有限以及没有出口经验或经验较少的企业。间接出口风险性较低，使得企业只需对自己的资源承担很小的责任便可以测试市场。中间人负责提供国外市场的相关信息，并降低了企业的信用风险和用于员工及广告的开支。

企业选择间接出口的原因有：不需要国际化的专门技能；可避免向国际市场和未开发市场调拨财力、人力；在对国际市场承担更多责任之前，对其产品进行市场测试，并提高其商品名称和商标的知名度；促进现金流动，扩大经济规模，通过增加销售量提高经济容量；通过杠杆作用影响销售网络和与他人的合作；有望成为一种在国外储存待售货品的方式，而没有附加的费用和义务。

2. 直接出口（Direct Exporting）

直接出口是指企业的产品直接销售到海外的销售商或者最终用户。通过直接出口，企业获得了宝贵的国际化经营的专业知识，以及对个别国家运作的具体知识。一次出口的成功往往孕育着另一次出口的成功。出口经验的增长使得企业在开拓新的国际市场时会更有信心。如果该企业未来继续从事外国直接投资，这些经验也往往有用。

直接出口渠道包括以应用外资为基础的分销商或代理商，或者在国外设立经营单位以及分支机构或子公司。直接出口便于企业控制产品，并对不断变化的市场条件做出灵活的反应。在直接出口的条件下，企业可以决定产品分布的渠道、促销手段、价格以及所需的服务等。

3. 企业内部转让（Transfer within the Company）

企业内部转让是指一个企业将产品销售到其在国外的子公司。由于跨国公司规模的增大，这种转让变得更为重要。举例来说，英国石油公司将其原油从科威特的石油储备设施中运送到其在澳大利亚的子公司，科威特就是出口方。

4. 电子商务（E-commerce）

电子商务目前已经成为各企业销售产品的首选，其中一个重要的途径就是建立公司网站。除此之外，企业还可以通过一系列企业对客户或企业对企业的论坛实现出口，从而进入电子商务领域，如 eBay、阿里巴巴等。

9.3 投资进入模式（Investment Entry Modes）

当企业具有较丰富的国际市场营销经验，企业实力较强且国际市场潜力较大时，可以通过选择对外投资的方式进入国际市场。对外投资的基本形式是合资经营和独资经营。

9.3.1 合资经营（Joint Venture）

合资企业是指由两家或多家企业共同创造一个在法律上独立、有别于母公司的新企业。合资企业作为一个独立的法人实体，必须拥有自己的管理人员和董事会。其存在方式通常有三种：第一，与母公司主要管理人员共同管理；第二，母公司承担主要责任；第三，聘请独立的管理团队进行经营。第三种方法通常是首选方法，因为独立管理人员会把重点放在合资企业的发展而不是讨好母公司上。

合资经营具有很多优点：
- 当地伙伴对东道国的政治、文化、商业体制和竞争状态比较了解。
- 企业可以与当地伙伴均摊可能存在的高成本和高风险。

- 与当地合作伙伴建立的合资企业受国有化运动和其他形式政府干预的影响较小。

但合资经营也有一些重大的缺陷：
- 合资可能使本企业失去对技术的控制权。
- 不利于企业执行全球统一协调战略，使企业难以获得为协调全球竞争所需要的对外国子公司的控制权。
- 合资双方常会因投资决策、市场营销、财务控制等问题而产生利益冲突。

营销透视 9-2　　阿里巴巴与俄罗斯三巨头合作，成立合资公司

阿里巴巴与俄罗斯直接投资基金（RDIF）、Mail.Ru 集团、MEGAFON 宣布建立新的战略合作伙伴关系，成立新合资公司 AliExpress Russia，其中阿里巴巴拥有 48% 的股份。MEGAFON 将以它在 Mail.ru 10% 的股份交换 24% 的 AliExpress Russia 的股份。Mail.ru 将提供 Pandao 电子商务业务和现金，以换取 AliExpress Russia 15% 的股份，RDIF 将收购 AliExpress Russia 13% 的股份。

在普京企业家圆桌会上，俄罗斯总统普京表示，支持阿里巴巴在俄罗斯的发展。

资料来源：阿里与俄罗斯三巨头合作，成立合资公司［EB/OL］．［2018-09-12］．http://www.sohu.com/a/253363223_323461.

9.3.2　独资经营（Sole Proprietorship）

独资经营是指投资者在目标国通过新建或兼并等手段拥有一个自主经营、自担风险、自负盈亏的企业的投资方式。

独资经营的主要优点包括：
- 可以降低对技术失去控制的风险。
- 可以使企业严密地控制它在各个国家的生产经营活动。
- 有利于企业对它的价值链进行合理安排。

独资经营的主要缺点包括：
- 容易受目标国的政治、经济、文化等不确定因素的影响。
- 投资额高且周期长，成本效益差且即期利润少。
- 难以掌握当地的人文风俗和设立一套符合当地情况的营运组织及管理制度。

9.4　契约式进入模式（Contractual Entry Modes）

契约式进入模式包括国际许可证模式、国际特许经营模式、合约制造模式、管理合同模式、交钥匙工程承包模式。

9.4.1　国际许可证模式（International Licensing）

国际许可证模式虽然不是中小型企业的专利，但却是它们最喜爱的模式。这种模式是指本国企业（授权人）允许外国企业（被许可人）使用其无形资产，如专利、商标、企业名称等，同时获得版权费或其他回报。通常这些无形资产的转移都伴随一定的技术服务，以确保资产的适当使用。使用国际许可证模式有可能受本国政策的影响。企业如位于知识产权保护意识薄弱的国家，则不适合使用国际许可证模式，因为它们在本国可能难以实施许可证协议。另外，使用国际许可证模式可能面临高关税和非贸易壁垒，这将妨碍进口，还可能面临目标市场国对外国直接投资和利润收回的限制。在某种意义上，许可证可谓"知识和有价值产权的输出"。

国际许可证模式不如出口模式灵活，而且企业对被许可人的控制力不及对本企业的海外出口或生产的控制力。但是，当市场不稳定，授权企业在进入外国市场遭遇财政和营销难题时，国际许可证模式将非常适用。

进入外国市场时，国际许可证模式之所以流行，原因在于它几乎不含付现成本。企业在获得知识产权许可证时，已经发生了相关费用，因此，通过许可证协议获得的收入经常直接成为企业的财务收入。许可证模式还允许企业利用外国生产的地区优势，而不必承担任何所有权、管理或投资责任。

因为企业策略、竞争程度、产品特性、授权人与被许可人的利益等不同，所以几乎所有的国际许可证安排都是独一无二的。通常来说，许可证协议属于具体的法律合同文本。

9.4.2 国际特许经营模式（International Franchising）

企业国际化的另外一个常见策略为国际特许经营，实际为国际许可证模式的一个特殊形式。特许经营模式使得特许经营方（franchisor）对加盟方（franchisee）的控制与支持要优于授权人与被许可人之间的关系。特许经营是当今发展最快的国际企业模式之一。特许经营协议允许独立企业家或企业（加盟方）通过会费的方式以特许经营方的名义运作企业。特许经营方提供商标、运作系统和产品名誉，包括源源不断的广告、培训、食宿和质量保证支持。

1. 国际特许经营模式中的几个基本要求（Fundamental Rules）

第一，特许经营方在国内因为产品的独特性或运作程序和系统的优势而获得成功。特许经营的前提是国内成功的元素可以移植到国外去。麦当劳的繁荣是因为"美国式"食品也深受其他国家的欢迎，全球消费者都重视其效率和低廉的价格，而且外国游客似乎大都光顾麦当劳餐厅。

第二，特许经营方在其国内市场的特许经营已经获得成功。这是个非必选条件。比如，麦当劳在国外拥有加盟商之前，在美国国内已经拥有数百家特许经营店。

第三，外国投资者必须对特许经营协议有足够的兴趣。

和许可证协议类似，特许经营协议也是以正式合同形式存在的，条款方式很有特点。特许经营方通常获得固定费用，并可获得加盟方出售特许经营方名称、商标、形式和运作模式权利的"版税"。而且，加盟方通常必须遵守特许经营方对外形、财务报表和运作模式的要求。但是，特许经营可能为迎合地方风俗习惯和品位，允许加盟商存在一定程度的灵活性。实际上，就像许可证安排一样，加盟方的服务之一就是向特许经营方提供地方市场的文化和风俗习惯。最后，特许经营方几乎总是会帮助加盟方建立新企业，提供专业技术人才，发布广告，建立公司形象，而且通常会为供应商做出最有利的安排。

2. 国际特许经营的优势和劣势（Advantages and Disadvantages）

国际特许经营中存在特许经营方和加盟方。在特许经营模式中，特许经营方与加盟方各自获得一定的模式收益，也承担着模式不足所带来的挑战。

（1）特许经营方的优势。

- 特许经营方能够在实行集中控制的同时保持较小规模。
- 可以实现在较小资金投入下的高速增长，同时规避了自身风险。增设加盟店时，利用加盟方的财力资源，可降低财务风险。特许经营方并不拥有加盟方的资产，经营风险由加盟方自行负责。
- 由于加盟方对所属地区有较深入的了解，往往更容易开拓新的业务领域。
- 对加盟方的人员管理不予干预，因此，本身所必须处理的员工问题较少。
- 由于有共同的利益，从理论上说，每个加盟方都会努力提高业绩。
- 通过加盟方各自向顾客提供服务，确保了特许经营方的整体业务，巩固其整体在市场中的地位。

（2）特许经营方的劣势或不足。

- 如果加盟方的业务发展顺利，部分加盟方会逐渐产生一种独立感，从而导致离心力，或向特许经营方提出更有利于自己的要求。更有甚者，加盟方可能自立门户，成为特许经营方的业务劲敌。
- 由于加盟方的经济独立性以及分散性，特许经营方和加盟方之间的沟通困难，特许经营方不可能随时了解加盟方的状况并提供有益的帮助。
- 如果加盟方从事的是局部特许经营权业务，两种业务可能产生摩擦，给特许经营业务带来损害。
- 如果加盟方以总收入的一定百分比支付特许经营权的使用费，则可能不愿意彻底披露自己的总收入。
- 寻找合适的特许经营加盟方可能比较困难。

（3）对加盟方的好处。

- 减少创业风险。一个创业者可以不加入特许经营体系而采取自我创业的方式，但由于资金有限、缺乏经验，面对激烈的市场竞争时很难生存；但是若选择一家实力雄厚、信誉好的特许经营企业并加盟其中，其成功的概率将大大提高。
- 可以迅速地获得良好的市场信誉。加盟方由于承袭了特许经营方的商誉，在开业之初就拥有了良好的市场信誉，易给予顾客亲切感，许多方面都可以在一个好的品牌和制度下得到推动。
- 分享规模效益。特许经营企业一般实行联购分销，进货成本低，而且总部的快捷配送使得各加盟方的库存商品降到最低，削减了库存成本。总部进行集体广告宣传，遍布于各地的加盟方本身也是一种广告和促销，这些带来了广告宣传的规模效益。加盟方无须自设技术研究和开发部门，即可分享总部的技术开发成果。
- 加盟方可以从总部那里获得其他许多方面的支持与服务。

（4）对加盟方的不利之处。

- 由于总部对全体加盟方的一致性严格要求，各加盟方的经营自主权受到很大限制。

- 由于合约期限受制于总部，一旦合同到期，各加盟方又要面临新的选择，在一定程度上会影响其投资和经营。
- 由于加盟合约有条文，限制特许经营业务的转让，这使转让或转移加盟店铺比较困难。
- 总部的经营能力对加盟方的影响很大。加盟方对总部有很大的依赖性，总部一旦做出错误的经营决定，会使加盟方受到牵连。
- 尽管总部统一的管理能够使各加盟方享受规模效益，但这也会使一些地区加盟方错失良机。

总之，特许经营虽然有其独特的优势，但并非十全十美，特许经营方和加盟方都需要清醒认识和分析这些优缺点，双方博弈才能最终达成双赢的局面。

9.4.3　其他契约式进入模式（Other Contractual Entry Modes）

任何一家公司都可能采用多个专门的策略参与国际市场营销，而不必进行长期投资。这样的专门化模式包括合约制造模式、管理合同模式和交钥匙工程承包模式。

1. 合约制造模式（Contract Manufacturing）

合约制造模式是指企业将其多数或全部的制造需要外包给其他企业。当地方市场较小，出口进入受阻，无法被许可进入时，合约制造常常成为首选。[3] 该策略可减少企业所需的用于产品实体生产的财务和人力资源。以耐克为例，它选择把企业的精力投注于营销产品，并且和东南亚若干工厂签约生产运动鞋。通过这种方法，国际性企业可以重点关注价值链中其特色能力，并从产品生产国的地方优势中获益。但是，这些企业也同时失去了对生产过程的掌控，导致质量等问题的产生。

合约制造尤其适合低市场潜在需求量、高关税保护的国家。地方性生产可以避免高关税，但地方市场对该产品的需求量并不足以支持建造一家工厂。中美洲、非洲和亚洲的小国比较符合这些条件。当然，国际企业是否采用这一模式进入市场，还取决于其产品。通常来说，在生产技术可以大规模使用，并且营销努力对于产品的成功"至关重要"的条件下，比较适合采取合约制造模式。

2. 管理合同模式（Management Contract）

管理合同是指一家企业在约定时间内向另一家企业提供管理支持、技术指导或专门化服务，以获得资金补偿。[4] 因为提供服务，第一家企业可以获得第二家企业的销售提成，有时还可以以特定价格购买后者的股票。管理合同还可以根据盈利、销售增长或质量措施约定绩效奖。管理合同使企业可以获得额外收入而不会引起投资风险和投资义务。该模式主要见于工程承包模式或合资企业合约之中。比如，希尔顿酒店向拥有希尔顿徽标但并非企业所属的酒店提供酒店管理和预订服务。

管理合同的益处在于：对于供应方而言，管理合同意味着参与国际性企业，但不需要承担产权资本的风险。供应方虽然不需要投入资金，但可以通过成为内部成员代表影响企业在一系列领域的决策，获得对企业大量的业务控制权。很明显，成为内部成员代表可以影响在一系列领域的决策，而这对企业的发展具有长远的意义，现存的知识早已在以往的大量投资基础上得以确定，此时可以商业化。

这种模式还具有人力资源方面的优势。例如，某企业正在失去大量国内市场。此时，它不必解雇经验丰富的工作人员，而是通过让这些工作人员完成海外的管理合同来赚取利润。

3. 交钥匙工程承包模式（Turnkey Project）

交钥匙工程是一种比管理合同提供更进一步的无形资产输入的合同进入方式。该模式是指在合同条件下，某企业同意设计、建造、配备设备，完成后把工程交给购买方。承包合同的价格可能是固定的，因此，企业需要把成本控制在该固定价格之下。合同还可以根据成本加成约定付费，这样可以把超限成本风险从承包商转移到购买方。

国际工程承包通常是大型、复杂且历经数年的工程，如建造核电站、飞机场、钢铁厂、石油化工提炼和处理设备、旅游胜地和住宅等，管理这样的建筑工程要求很高的专业技术。

承包工程如今越来越多地以所谓的 B-O-T 工程为人们所熟知。这是一种建设－经营－转让的方式，即政府将一个基础设施项目的特许权授予承包商。承包商在特许期内负责项目设计、融资、建设和运营，并回收成本、偿还债务、赚取利润，特许期结束后将项目所有权移交政府，同时，政府不承担合同期内的金融风险。

9.5　战略联盟进入模式（Strategic Alliances Entry Modes）

企业可独资经营、收购一个企业或进行连锁经营。相比之下，战略联盟是两个或多个企业之间的合作。在战略联盟中，每家企业都以自身利益为出发点，以合作作为实现自身目标的最佳方式。

国际企业之间的合作可以采取交换产品专利权、共享生产设施、联合资助研究项目和利用现有的分销网络等多种形式。这些合作的形式统称为战略联盟，也就是两个或多个企业选择促进它们彼此利益的商业活动。战略联盟的合作企业也可能采用联合研发、营销和管理的形式。[5]

最著名的战略联盟多以航空业为代表。美国航空公司、国泰航空公司、英国航空公司、日本航空公司、墨西哥航空公司、西班牙国家航空公司、澳洲航空公司、马来西亚航空公司和卡塔尔航空公司等约 30 家航空公司都是寰宇一家（Oneworld）航空联盟的成员，该联盟融合了时刻表和里程计划。与之竞争的是以美国联合航空公司、汉莎航空公司、北欧航空公司、新加坡航空公司、中国国际航空公司等近 30 家公司组成的星空联盟（Star Alliance）。

9.5.1　战略联盟的特征与属性（Characteristics and Attributes）

建立战略联盟与其他市场进入模式存在着较大的差异。比如，许可经营并不要求在伙伴间不断地转让技术或技能，因此这种协议不能算作战略联盟；合资企业则基本上是针对一国市场或针对某一具体问题而构成的结合体。而战略联盟的伙伴关系则不同，其属性表现如下。

（1）两个或两个以上的企业制定一个短期或长期的联合战略，以期通过追求成本领先、差异化或二者兼顾的手段取得全球领先地位。

（2）这种关系是互利互惠的，各方都拥有可以与另一方共享的特定优势。

（3）各方的视野和努力是全球性的，超越本国或本地的界限。

（4）这种关系是沿水平方向组织起来的，要求各方不断进行资源的横向转让，其准则是技术共享和资源统一配置。

（5）各参与方在伙伴关系之外的市场竞争时，仍可保持各自的民族特点和价值理念。[6]

9.5.2 战略联盟的好处（Benefits of Strategic Alliances）

进行战略联盟的企业通常希望能够从一方或多方获益。国际化企业通过战略联盟可从四个方面获益：缓解市场准入、风险分担、知识和技术共享、协同合作和竞争优势。[7]

1. 缓解市场准入（Easing Market Access）

企业想要进入一个新的市场，常常面临着诸多障碍，如根深蒂固的竞争或对方的政府规章制度。与当地企业建立合作关系，往往能帮助国际化企业摆脱这些障碍。许多国家也都很关注外国企业对它们经济的影响，所以如果这些外国企业想在这些国家经营，政府规定跨国企业需要与当地企业合作。

合资企业可以与东道国政府建立更加有效的关系来淡化外商的身份。因此，这种形式的战略联盟将减少国有化的风险，符合当地的法律规定拥有本地所有权。

2. 风险分担（Sharing the Risk）

当前，工业竞争激烈，任何企业进入一个新的市场，都没有百分百成功的保证。战略联盟可以减少或控制单个企业的风险。例如，作为成功的商用飞机制造商，波音公司在研发、设计和安全测试一个新机型中会花费数十亿美元，而且其中的大部分费用发生在获得市场收益之前。为了减轻财务负担，波音公司与日本的一些企业建立了战略联盟来生产波音777。通过与日本三家企业（富士、三菱和川崎）合作，由它们来完成20%的波音777机身，波音得以减少前期支出，同时通过这一联盟，帮助打开了新飞机在日本的大客户销售，如日本航空公司和全日空航空公司。

当企业进入了一个刚刚开放的市场，或者是这个市场有很大的不确定性和不稳定性时，风险分担是一个特别重要的考虑因素。

3. 知识和技术共享（Sharing Knowledge and Technologies）

进行战略联盟的另一个原因是有可能为缺少知识和技术的公司带来它所需要的科技力量。在一个不同的环境信息背景下，合作可以帮助企业获取更多有关如何产生或获取一定资源、如何应对当地政府的法规和政策的信息及经验。

营销透视 9-3　　　　　国际企业战略联盟案例分析

2010年4月7日，雷诺－日产联盟与德国戴姆勒集团官方对外宣布两家正式建立大战略联盟。两大汽车巨头将在一系列实质性的项目上进行广泛的战略合作，将以经验共享的形式寻求合作利益最大化的快速实现，而双方在资本运作上也以交叉持股的形式进行合作。全球汽车业界两大巨头的战略结盟无疑是在尚处于金融危机阵痛中的车市投入了一枚重磅炸弹——强势挤入全球汽车行业前三位的汽车联盟，仅次于不久之前组合的大众－铃木联盟和丰田集团。随着雷诺－日产和戴姆勒联盟的形成，全球汽车行业格局将很可能迎来一次大规模的重新洗牌。

战略联盟是为了实现优势互补、提高竞争力及扩大国际市场的共同目标而制定的双边或多边的长期或短期的合作协议,两公司合并的主要原因有三。一是经济全球化的推动。经济全球化浪潮的冲击让两家企业明显感觉到21世纪汽车行业的竞争压力,这迫使它们不得不走上强强联合的道路。二是扩大市场占有份额。面对汽车市场供大于求的现状,通过借助彼此的现有市场,利用生产和销售领域的互补优势,可以进一步拓宽自己的市场。三是降低生产成本,提高竞争力。通过两家企业的合并来实现大规模生产,创造规模效应。联盟将在采购、营销、技术协作以及零部件互换方面开展协作,降低营销成本,方便研究与技术开发,发展生产并促进销售,赚取更多的利润,提高竞争力。

资料来源:腾讯汽车. 不只是抱团取暖 简析戴姆勒和雷诺日产结盟[EB/OL].[2010-04-14]. http://auto.qq.com/a/20100414/000220.htm. 有改编。

4. 协同合作和竞争优势(Ensuring Cooperative and Competitive Edge)

企业的战略联盟是为了获得协同合作和竞争优势,从而使每一个参与合作的企业拥有(相对单独进入一个新市场或行业而言)更多的机会,更有竞争力。

营销透视 9-4　"一带一路"数字化经济战略联盟成立　中外企业抱团"走出去"

"一带一路"数字化经济战略联盟于2017年11月2日在山东正式成立。这也是中外科技巨头联合发起成立的首个"一带一路"融合式平台。未来这一联盟将创新和整合全球科技与金融资源,助力"一带一路"相关国家信息化建设。

在两百多名中外嘉宾的共同见证下,中国企业浪潮集团与思科、IBM、迪堡多富、爱立信四家国际科技巨头在山东济南结盟,共同成立"一带一路"数字化经济战略联盟。联盟发起方、浪潮集团董事长孙丕恕说,中外企业抱团合作,携手国家政策性金融机构一起"走出去",是该联盟的一大亮点。

孙丕恕说:"中国企业加上IT业巨头IBM、思科、迪堡多富、爱立信,就是中国企业跟国外企业一块抱团出去,从总体上提高能力,赢得所在国家信任。光有技术还不够,还要有资金。所以,我们又联合中国进出口银行、中国国家开发银行、中国出口信用保险公司,是技术加资金形成的一个大联盟。"

据介绍,"一带一路"数字化经济战略联盟将可以为"一带一路"相关国家信息化建设提供"数据中心+云服务"、智慧金融、智慧家庭、智慧税务、智慧城市等领域世界一流的整体技术解决方案和金融资金支持。

美国思科公司全球高级副总裁陈仕炜表示,目前思科正在和中国多个地方政府合作推进智慧城市建设,比如粤港澳大湾区、广州番禺等。他认为,这个联盟的成立将有助于它们获得更多智慧城市项目的机会。陈仕炜说:"合作伙伴关系很重要,我相信我们一起共同关注和创新,可以主导数字化转型,助力产业转型和政府的信息化建设。思科非常有幸成为联盟的一员,在这里可以得到一个生态系统的支持,将有助于我们参与'一带一路'建设,开辟新的市场。"

来自赞比亚、坦桑尼亚等十多个国家的驻华使节、海外客户当天也表示,欢迎联盟各方积极到本国投资,推动当地信息化建设。尼日利亚卡诺州州政府代表卡毕汝说:"在智慧城市、安全城市、超级计算机这些领域,尼日利亚都将可以从中受益。这个倡议非常棒,联盟旨在在全球或世界范围发挥作用,包括尼日利亚在内的很多发展中国家都会从中受益,受益于你们的经验、支持和合作。"

另据透露,这一联盟将率先在泰国、孟加拉国、马来西亚、赞比亚、肯尼亚等亚洲、非洲国家开展项目,打造样板工程,继而在"一带一路"相关国家全面推广。联盟也将吸引更多IT和互联网企业、金融机构加入,打造更完整、更先进的信息化整体解决方案,让"一带一路"各国享受数字经济发展红利。

资料来源:肖中仁. "一带一路"数字化经济战略联盟成立 中外企业抱团"走出去"[EB/OL]. [2017-11-03]. http://www.sohu.com/a/202074635_115239.

9.5.3 战略联盟的局限性(Limitations in Strategic Alliances)

战略联盟存在以下五个方面的局限性:合作企业不相容、信息获取受限、收益分发方面的矛盾、自主权丧失以及环境的不断变化。

1. 合作企业不相容(Incompatibility of Cooperative Enterprises)

结成战略联盟的合作企业不相容,是战略合作的缺陷,也是战略合作失败的主要原因。企业文化、目标和宗旨的差异,或任何其他与双方有关的基本问题分歧,都会导致这种不相容。不相容可能导致直接矛盾冲突或者企业执行力不佳。

2. 信息获取受限(Limited Access to Information)

对于很多的战略联盟,获得信息受限是导致失败的另一个原因。为了双方有效地开展工作,其中一方(或双方)可能不得不提供需要保密的资料给另一方,而信息提供的范围和需求往往很难提前确定并以协议的形式予以确定。因此,在现实的合作中,信息的提供与否可能会危及合作的顺利进行。

3. 收益分发方面的矛盾(Income Distribution Problems)

战略联盟易引发收益分配矛盾。合资公司共享利润,也共担风险和费用。除了基本的利润分配,财务上的其他问题也会引起双方的分歧,例如,合作公司是按比例分发共同获得的利润,还是将这些利润进行再投资,以及收入或利润计算、转让定价等问题。乐柏美(Rubbermaid)公司不得不结束它在整个欧洲、北非和中东地区制造和销售橡胶、塑料家居产品的合资企业，因为它在当地的合作伙伴——荷兰帝斯曼（DSM）集团反对利润再投资，而乐柏美公司却要再投资以开发新产品，扩大合资企业的销售额。

4. 自主权丧失（Loss of Autonomy）

战略联盟易导致自主权的丧失。由于共享风险和利润，它们也共享控制权，从而限制了单家企业的权利。雀巢公司和通用磨坊的合同规定，如果双方的合资终止，雀巢公司至少10年不能进入北美谷物市场。

在极端的情况下，战略联盟甚至可能成为收购的第一步。战略联盟的结束可能是因为公司接管了其非合作公司。在另一些情况下，合作伙伴可能会互相指责对方的机会主义行为，换句话说，就是试图不公平地利用彼此。

5. 环境的不断变化（The Constantly-changing Environment）

不断变化的环境也可能会影响战略联盟的发展。曾经刺激合作的经济条件可能不再存在，而技术进步可能会使该协定失效。

营销透视 9-5　　华为国际化进程中不同阶段的跨国联盟战略

华为是中国高科技企业。华为的研发、生产、销售在全球悄悄布下据点，在2014年已达到五十多个办事处，海外市场员工三千多人，其全球客户涉及国内外八十多个运营商。华为在美国达拉斯、印度班加罗尔、瑞典斯德哥尔摩、俄罗斯莫斯科，以及北京、上海等地建立了研究所。华为在俄罗斯和巴西成立的合资公司已经分别向当地的客户提供了成套通信设备。

华为国际化战略选择上的联盟路径实施方式表明：华为在探索期主要选择功能性协议改进管理体系，在发展期则主要以合资形式进一步扩展国外市场，在突破期以退为进地应对来自欧美国家的贸易壁垒。整个国际化竞争环境要求华为取得的国际化绩效与企业依靠自身优势资源和能力达到的创新目标之间存在一个缺口，这个战略缺口的存在在不同程度上限制了像华为这样的企业依靠优势资源实现自我发展的道路。华为本身具有的技术、人力等方面的优势资源与投入互补资源的能力，决定了华为国际化道路的联盟路径选择，最终实现优势互补和技术能力提升，扩展国外市场的国际化战略目标。

资料来源：1. 华为国际化调查报告［R/OL］.［2004-09-24］. http://net.blogchina.com/blog/article/45775.
　　　　　2. 王芳. 中国3C企业跨国战略联盟路径选择案例研究［D/OL］. http://cdmd.cnki.com.cn/Article/CDMD-10173-1014184901.htm.

本章小结

1. 企业在选择国际市场进入战略时应着重分析市场潜力，竞争水平，政治和法律环境，社会文化影响，成本、收益和风险，选择进入模式等。

2. 出口是将商品或服务从一个国家发往另一个国家使用或销售。出口形式主要包括间接出口、直接出口、企业内部转让和电子商务等。
3. 进入国际市场的模式主要包括出口进入模式、投资进入模式、契约式进入模式和战略联盟进入模式等。
4. 战略联盟是指两个或多个企业选择促进它们彼此利益的商业活动。战略联盟的合作企业也可能采用联合研发、营销和管理的形式。

案例分析

安踏的国际化征途

2018年9月12日,安踏发布公告称,董事会确认公司连同私募股权投资基金方源资本,已向芬兰体育集团 Amer Sports 发出无约束力初步意向,拟按每股40.00欧元的价格以现金方式收购 Amer Sports 的全部股份,共计46.6亿欧元,约合371亿元人民币。

这是安踏近年来最大手笔的一起并购。在过去数年,安踏频繁收购,FILA、DESCENTE、SPRANDI、KOLON SPORT、KINGKOW 等品牌悉数加入安踏的多品牌矩阵,但上述交易大多限于品牌在中国经营权的收购。而若完成对 Amer Sports 的收购,安踏的国际布局才将真正切换到并购国际体育集团全球业务的轨道。这对于这个先前声称要开启全球化战略布局的国产运动品牌而言,才是真正意义上的走向海外。

并购背后,是安踏踏上海外征程的野心与宏图。2021年,安踏发布了"新十年战略",其中有关全球化的内容引发了外界的关注。据了解,安踏旗下以高端户外品牌为主的 Amer Sports 是其全球化布局的重要棋子。成为世界领先的多品牌体育用品集团是安踏未来十年的愿景:到2025年,通过多品牌布局,安踏将力争在市场份额方面做到中国市场第一,到2030年力争做到全球领先。Amer Sports 集团2021年上半年营收突破10亿欧元的数据也提振了企业国际化的信心。

资料来源:1. 中国商网. 向"全球化"进发,30岁的安踏准备好了吗 [EB/OL]. [2021-12-24]. https://new.qq.com/rain/a/20211224A07AUF00.
2. 财经涂鸦. 多品牌联动下的DTC数字化转型:安踏如何跑通国际化 [EB/OL]. [2022-02-07]. https://new.qq.com/rain/a/20220207A091A300.2022-02-07;
3. 国产第一的国际化征途 安踏371亿元收购跃龙门 [EB/OL]. [2018-10-09]. http://finance.sina.com.cn/stock/hkstock/hkstocknews/2018-10-09/doc-ihkvrhpt1965071.shtml

案例讨论
1. 结合安踏,谈谈中国企业海外并购的好处?
2. 安踏收购了许多海外品牌,你认为最成功的是哪个?成功的原因是什么?
3. 你认为以安踏为代表的中国企业在海外并购中应该注意哪些问题?

复习题

1. 从国际化进入与扩张模型可以看出公司出口基本包括哪些阶段?
2. 在选择进入模式时,成本发挥了哪些作用?

3. 合资经营具有哪些优缺点？
4. 独资经营具有哪些优缺点？
5. 国际特许经营的优势和劣势是什么？
6. 契约式进入模式主要包括哪些路径？

 思考与实践题

吉利成为阿斯顿·马丁第三大股东

继 2022 年收购阿斯顿·马丁 7.6% 的股份后，吉利又对这个来自英国的超豪华汽车品牌下手了。吉利控股大手笔再投入 20 亿元人民币，完成对阿斯顿·马丁的股份增持，股份占比达到了 17%，一跃成为阿斯顿·马丁的第三大股东。

对于阿斯顿·马丁来说，吉利增持股份后，有望凭借其丰富的企业转型经验，以及在电动和智能万联领域的技术积累，助力阿斯顿·马丁加速电动化转型。众所周知，如今电动化是大势所趋，豪华品牌和超豪华品牌都纷纷加入新能源战局，包括宾利、劳斯莱斯等在内的品牌都给出明确的停售燃油车时间表，纯电动车型的推出也被提上了日程。

而阿斯顿·马丁无疑也在跟上电动化转型的步伐，虽然首款 SUV DBX 帮助它提升了销量和利润，但毫无疑问，未来还是属于电动化的，超豪华品牌也不能免俗。基于这一点，吉利在电动化领域的经验确实能给阿斯顿·马丁一些帮助。

而吉利方面通过与阿斯顿·马丁合作，也能获得不少好处。一方面，阿斯顿·马丁虽然有些落魄，但百年豪华汽车品牌的底蕴和长期积累的 F1 技术，都是宝贵的资本。因此，借助阿斯顿·马丁的技术能够帮助吉利提升产品设计、性能等，进一步开拓高端产品线。另一方面，阿斯顿·马丁在国际上更具品牌影响力，吉利成为阿斯顿·马丁的第三大股东，对其全球战略布局和品牌形象提升都会有所助益。

在入股和增持阿斯顿·马丁之前，吉利的"买买买"能力已经全球闻名，其中最经典的案例莫过于收购沃尔沃汽车。

吉利将这个来自北欧的豪华汽车品牌收入麾下仅花费了 18 亿美元，13 年之后，沃尔沃市值飙升至 220 亿美元，吉利可谓大赚特赚。不但如此，沃尔沃的技术输送也让吉利获益颇丰，吉利旗下的中高端车型大多出自吉利和沃尔沃合作的 CMA 平台，领克品牌可以迅速站稳脚跟，也与 CMA 平台密不可分。

除了沃尔沃，吉利还收购了宝腾汽车、极星、路特斯等品牌。路特斯曾经被国人熟知的名称是"莲花"，但进入中国市场时因商标被抢注，被吉利"救活"后只能以路特斯之名重新回归。如今路特斯正在积极转型电动化，推出了百万级纯电动超跑路特斯 Eletre。

从沃尔沃到路特斯，看起来吉利尤为青睐豪华品牌，这或许与其此前品牌方面多番受阻有关。吉利清楚地意识到，高端需要依赖于被世人认可的豪华底蕴，而全球知名的豪华汽车品牌无疑是帮助吉利快速获得认可的捷径。

讨论题

1. 谈谈你了解的吉利公司。
2. 你认为吉利公司的海外收购过程中，影响企业成功与否的因素有哪些？企业要如何应对？

本章注释

[1] 钦科陶,龙凯宁. 国际市场营销学(原书第10版)[M]. 曾伏娥,池韵佳,译. 北京:中国人民大学出版社,2015.

[2] 逯宇铎. 国际市场营销学[M]. 3版. 北京:机械工业出版社,2017.

[3] 康枫. 企业生产组织形式的选择:一体化还是外包?——基于不完全合约视角的分析[D/OL]. 上海:上海交通大学,2012.

[4] 张远堂. 合同管理:操作指南与风险防范[M]. 北京:法律出版社,2015.

[5] 凯特奥拉,吉利,格雷厄姆,等. 国际市场营销学(原书第17版)[M]. 赵银德,沈辉,钱晨,译. 北京:机械工业出版社,2017.

[6] 安静. 国际营销学:原理与实践[M]. 北京:中国人民大学出版社,2014.

[7] 吉野,朗甘. 战略联盟企业通向全球化的捷径[M]. 雷涯邻,张龙,吴元元,等译. 北京:商务印书馆,2007.

PART 4 第4篇

国际市场营销组合

International Marketing Mix

第 10 章
国际市场营销的产品策略
International Product Strategy

重点词汇

Marketing Mix　The mix of controllable marketing variables that the firm uses to pursue the desired level of sales in the target market. The most common classification of these factors is the four-factor classification called the "Four Ps (4Ps)"—price, product, promotion, and place (or distribution).㊀

Product Mix　The full set of products offered for sale by an organization. The product mix includes all product lines and categories. It may be defined more narrowly in specific cases to mean only that set of products in a particular product line or a particular market.㊁

Product Assortment　The collection of products (items, families, lines) that comprise the offering of a given seller. Though sometimes thought to be only a collection of categories of products, more common usage makes the term similar to product mix. Product assortment is used more by resellers; product mix more by manufacturers.㊂

Product　A bundle of attributes (features, functions, benefits, and uses) capable of exchange or use; usually a mix of tangible and intangible forms. Thus a product may be an idea, a physical entity (a good), or a service, or any combination of the three.㊃

Standardization Strategy　To sell the same product without change in the international marketplace.

Adaptation Strategy　To modify product for different target markets to meet the local customer's needs.

Brand　A name, term, design, symbol, or any other feature that identifies one seller's goods or service as distinct from those of other sellers. The legal term for brand is

---

㊀㊁㊂㊃　http://www.marketingpower.com/.

trademark.A brand may identify one item, a family of items, or all items of that seller.If used for the firm as a whole, the preferred term is trade name.⊖

导入案例

Huawei Mate 20 Pro vs. Apple iPhone XS Max: Which Is Best

On the hunt for a big, beautiful smartphone this autumn? You've got plenty of options, certainly, and two of the boldest are the Apple iPhone XS Max and Huawei Mate 20 Pro.

The iPhone XS Max builds off of last year's iPhone X foundation and then goes larger, delivering an expanded 6.5in edge-to-edge display that's a stunner in action. Toss in the ultra-speedy A12 Bionic chip, an improved dual-camera setup, and other high-end perks, and you have a serious super-phone… with a supremely high price, to match.

The newlyannounced Huawei Mate 20 Pro arrives at a lower asking price, but packs in no fewer features: it has a huge, high-resolution screen, sleek design, plenty of power, and the new class-leading triple-camera module.

Can Huawei upset Apple's latest and greatest with its own iPhone-esque flagship? Here's what we think, now that we've fully reviewed both handsets.

The iPhone X was the first headline phone to carry a screen notch and kick bezel to the curb, and the iPhone XS Max just does a larger rendition of that approach. It's roughly the size of the iPhone 8 Plus, but the screen feels so much larger thanks to the lack of big borders around it.With stainless steel along the sides and sleek glass on the back, it's a phone that looks and feels as premium as the price tag suggests.

The Mate 20 Pro certainly is very close in overall design. It has a comparably-sized notch atop its screen (which you can " hide " with black software bars on either side), but also has a small chin of bezel at the bottom; Android makers haven't quite nailed the same kind of seamless approach as Apple so far. The sides are a more common aluminium, but the phone still looks super sleek and attractive. It's also a bit curvier than Apple's handset, if you like that sort of thing.

In fact, the backing has a leg up on the iPhone XS Max. Whereas Apple just has plain backing colours, the Mate 20 Pro comes in an alluring Twilight gradient finish (like the P20 Pro), plus there are "Hyper Optical Pattern" versions with etching on the glass for a grippier feel.

One wins the front, the other wins the back—we'll call it a draw.

It's a very close call here. The iPhone XS Max has one of the best screens on the market today, with that 6.5in OLED display packing more dynamic range than last year's iPhone X, along with a slight resolution bump (2 688 × 1 242) to keep the same level of clarity as the smaller iPhone XS.

The Mate 20 Pro, on the other hand, goes even higher-resolution at 1 440p for its 6.39in panel, which is also an OLED and likewise looks fantastic. Even with the resolution bump, there's no clear leg up on the iPhone XS Max here: they're both phenomenal screens.

⊖ http://www.marketingpower.com/.

Note that the Mate 20 Pro has the unique capability of an in-display fingerprint sensor, as well, which augments the facial security option. That's a bonus feature, though—not something indicative of the visual performance of the display.

资料来源：Hayward A. Which huge, feature-packed phone should be in your pocket？［EB/OL］．［2018-10-29］． https://www.stuff.tv/．

苹果旗下的 iPhone 一度成为整个智能手机行业的标杆，很多生产商坚信"只要跟着 iPhone 走，销量自然不会差"。然而，2018 年华为 P20 Pro 以其惊艳的产品设计、独创的三徕卡摄像头、超高的性价比，被 Haymarket 旗下科技媒体 *Stuff* 誉为"今年（2018 年）发布的、目前为止最令人兴奋的手机"。"在外观设计上，华为 P20 系列正面采用了新一代全面屏的双面玻璃机身设计，背面则采用渐变结构色设计，其设计灵感来源于彩虹之光，并将应用于首饰领域的 DLC 钻石粉末渐镀色技术在手机中实现，使得结构色首次在玻璃材质中呈现，完美展现了取自自然光谱中的一段颜色变化，极佳的层次感让人赏心悦目。"世界级权威评测机构 DXOMARK 表示，华为 P20 Pro"三摄像头设置是我们在移动成像领域所见到的最大的创新之举，堪为名副其实的游戏规则革新者"。[1]

在中美贸易摩擦的大背景下，苹果与华为的较量，可能不仅仅在于单个产品的比拼，更在于产品背后的核心科技之争、创新能力之争、国家品牌之争。中国改革开放 40 年，在经济高速发展的同时，企业层面乃至国家层面的产业转型升级、品牌塑造、技术创新等成为企业参与并赢得国际竞争的关键所在。

与此同时，在企业的国际化竞争中，产品策略还涉及在一个国家或区域市场大获成功的产品，是否可以推而广之到其他海外市场，乃至全球市场；在市场拓展中，是否需要对产品做出修改和调整，怎样修改，修改的程度有多大；还是推出适合目标市场的全新产品；产品应该采用什么样的品牌策略，以及采用怎样的产品包装策略以适应目标市场的法律、法规和标准要求并赢得消费者的认同和喜爱。除此之外，企业还要考虑基于产品策略上的价格策略、渠道策略和促销策略，即营销组合策略的制定和实施。

因此，对于从事国际市场营销的企业而言，更广阔的国际市场，更复杂多变的市场环境，更多元化的消费者需求和更激烈的竞争态势，体现在企业营销组合（marketing mix）策略的制定上，需要考虑的因素更多，决策过程更复杂，面对的挑战也更艰巨。

营销策略组合包括产品策略（product strategy）、定价策略（pricing strategy）、渠道策略（place strategy）和促销策略（promotion strategy），也就是我们通常所说的 4P 策略。在国际市场营销组合中，产品是最核心和最重要的要素。离开了产品，定价、渠道和促销便失去了意义。具有竞争力的产品，是企业成功开拓国际市场的前提。产品策略是国际市场营销策略的基础，是制定其他策略的核心和出发点。

10.1 产品及相关概念（Product and Related Concepts）

10.1.1 产品（Product）

产品是指任何能够提供到市场，供消费者关注、获取、使用或消费，并可以满足其需要或欲望的东西。广义而言，产品包括物理形体、服务、事件、人物、地点、组织、创意或这些实体的组合。[2] **市场提供**（market offerings）一词，可以更好地阐明广义的产品概念，也可以清晰地区分广义的产品概念和狭义的产品概念。但为了保持4P的一致性，在大多数的情况下，营销学中仍旧沿用产品的提法，本书亦是如此。

10.1.2 产品的构成（Product Components）

站在消费者的角度，产品是消费者获得的一系列的满足或效用，不仅包括产品的功用、外形、质地、包装、标签，还包括品牌提供的信心、制造商的声誉，拥有和使用产品时所获得的其他效用以及服务。如图10-1所示，整体产品有三个层次：核心产品、形式产品和附加产品。

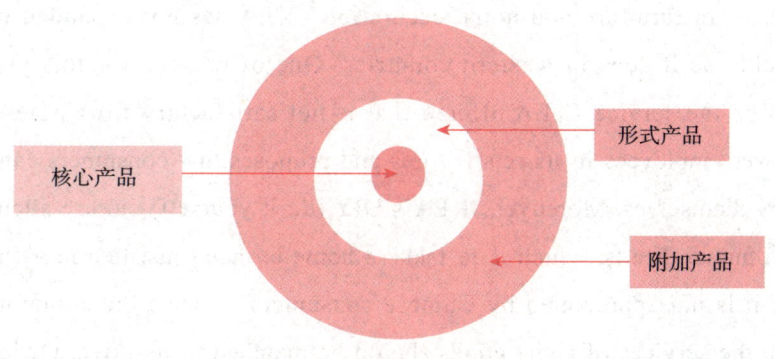

图10-1 整体产品的概念

1. 核心产品（Core Product）

核心产品是企业产品概念形成的出发点，是产品提供的核心功用，是消费者购买产品时所追求的基本利益。就像露华浓广为人知的一句话："在工厂，我们生产化妆品；在商店，我们出售希望。"人们购买化妆品，所希望获得的最基本的、最核心的利益是可以变得更加美丽。

2. 形式产品（Physical Product）

形式产品又称"有形产品"，是产品核心利益得以实现的物质载体，主要包括质量、设计、规格、品牌和包装等。例如，人们购买汽车，追求的最基本利益是代步工具，而满足消费者需求的产品可以是来自德国的奔驰S500，也可以是中国自主设计制造的吉利自由舰；可以是两门的高尔夫，也可以是微型车尺寸、轿车配置的奇瑞QQ。在竞争日益激烈的国际市场，形式产品的差异化成为企业提升产品竞争力的重要手段和方法。

3. 附加产品（Augmented Product）

附加产品又称"外延产品"或"延伸产品"，是企业提供给消费者的所有附加服务或利益的总和，是消费者所期望的无形利益。附加产品主要包括咨询服务、提供信贷、送货服务、安装保养、产品保证、售后服务和技术支持。哈佛大学教授西奥多·莱维特曾经说过："未来竞争的关键，不在于能生产什么产品，而在于产品提供的附加价值，安装、服务、广告、用户咨询、购买信贷、及时交货和人们以价值衡量的一切东西。"这正是对附加产品内容、功能在竞争中重要作用的真实描述。

产品整体概念提示我们，企业之间产品的竞争，已经不仅仅局限于核心产品的竞争，更多的是来自形式产品和附加产品的竞争。识别和把握消费者对于产品核心功能以外的消费期望，开发满足消费者潜在需求的产品，对于从事国际市场营销的企业来说尤其复杂而艰巨。只有真正满足消费者需求的产品，才可能成为成功的产品。

营销透视 10-1　　　　　　**IKEA Management in China**

In 1998, IKEA opened the first retail store in Shanghai. As a worldwide private company, IKEA specializes in furniture and home decoration. IKEA has not expanded its markets in China as quickly as it does in western countries. One of reasons for this phenomenon is considered to be the service IKEA offered that is not satisfactory for Chinese consumers. IKEA uses fewer employees in its retail stores and proposes that consumers can choose their products all by themselves. Moreover, IKEA's DIY (do it yourself) culture attempts to evoke a sentiment in human hearts, which is to make a home by hand just like in a child's dream. Nevertheless, it is not appreciated by Chinese consumers, at least the common Chinese. In Chinese mind, the services of some goods should be matched to its price. Owing to the high prices of IKEA products, the consumers expect the according services, such as transportation, carriage and assembling work. But these services should be paid by the consumers, which can not be accepted by Chinese consumers. In China, any firm or store which provides all-round services can be tendency to become popular among common Chinese consumers. Hence, the solution to these kinds of problems is to endeavor to offer considerate services to cater to consumers.

In a word, while IKEA keeps its own ideas and management in China, it needs to take China's situation into consideration. It can make a compromise to absorb some Chinese traditional features into its management.

资料来源：Case Review of Ikea Management in China［DB/OL］.［2014-04-26］. www.baidu.com.

10.1.3　国际产品生命周期（The International Product Life Cycle）

1. 产品生命周期理论（Product Life Cycle，PLC）

产品生命周期理论是美国哈佛大学教授雷蒙德·弗农 1966 年在其《产品周期中的国际投资与国际贸易》一文中首次提出的。在产品生命周期理论中，一个产品的销售历史好比人的生命周期一样，经历从出生、成长、成熟、老化到死亡等阶段。就产品而言，则要经历一个开发、引进、成长、成熟、衰退的阶段。产品生命周期是产品的市场寿命或经济寿命。典型的产品生命周期一般可以分成四个阶段：**导入期**（introduction stage）、**成长期**（growth stage）、**成熟期**（maturity stage）和**衰退期**（decline stage）。在整个产品生命周期中，企业的销售、利润呈现出由弱到强，又由盛及衰的过程（见图10-2）。

2. 国际产品生命周期（International Product Life Cycle, IPLC）

为了延长产品的生命周期，赚取更多的利润，企业需要不断进行产品创新和市场创新。产品创新是指通过不断的产品研发、改进、改良等措施，尽可能地缩短产品导入期，延长产品成熟期，推迟产品衰退期，从而达到增加销售额、提升利润的目的；而市场创新是指企业将产品引入其他新兴市场，实现产品的市场转移，从而在全球市场范围内延长产品的生命周期。

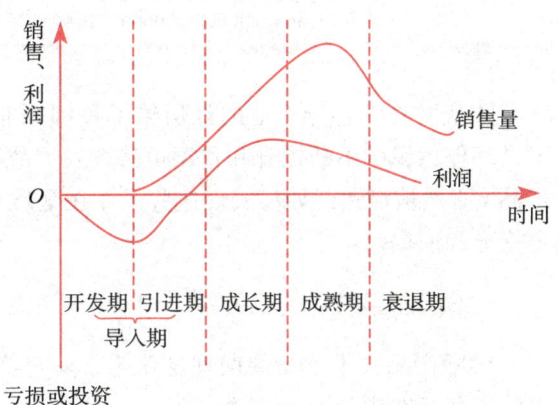

图 10-2 产品生命周期（PLC）

营销透视 10-2   海外，确有一片蓝天

进入21世纪以来，在全国170多个大中城市刮起的"禁摩""限摩"之风，对中国摩托车生存环境造成显著影响，使得中国很多摩托车生产企业为了自身发展的需要，不得不将目光盯在广阔的国际市场上，在那同样充满竞争的国际摩托车市场打拼、开拓，在那里创造着属于中国摩托车生产企业的一个又一个奇迹。

重庆摩帮就是海外奇迹创造者中的一支强大生力军。据重庆海关提供的资料显示，重庆市的摩托车出口一直呈现量质齐增的良好势头。重庆市2005年累计出口摩托车173.3万辆，较2004年同期增长19.7%；价值5.9亿美元，增长18.7%。私营企业是出口的主力军，2005年私营企业出口124.6万辆，增长78.1%，占同期重庆摩托车出口总量的71.9%。2005年，重庆市有摩托车出口业绩的企业多达96家，其中重庆力帆实业（集团）进出口有限公司出口27.8万辆，几乎与2004年持平；隆鑫集团进出口有限公司出口22.4万辆，增长20.6%；重庆宗申集团进出口有限公司出口19.4万辆，增长4.3%；重庆劲隆科技集团进出口有限公司出口18.1万辆，增长1.6倍；嘉陵集团对外贸易发展有限公司出口10.4万辆。以上出口数量排名前五位的车厂总共出口摩托车98.1万辆，占全市出口总量的56.6%。

据中国海关统计，2006年上半年，我国摩托车出口433.3万辆，比2005年同期增长39.2%；出口金额达15.5亿美元，同比增长54.2%，再创我国摩托车出口的历史最好水平。同时出口平均单价也从2005年同期的322.59美元增长到357.5美元，增长10.8%。重庆市汽车办一位负责人介绍说，2006年上半年重庆生产摩托车356.4万辆，销售356.5

万辆,同比增长50%和50.7%,超出全国平均水平15个百分点。上半年,重庆摩托车出口109.1万辆,同比增长58%。重庆生产的摩托车近1/3行销海外。

资料来源:重庆摩帮在行动之三 为了海外那一片蓝天[EB/OL].[2006-09-28]. http://www.mtuo.com/News/html/200609/2006092810445274.htm.

重庆摩托车生产企业的经历给了我国企业很多启示。在全球环境问题日益突出的大背景下,环保意识的不断提升和我国可持续发展战略的实施,使得一些产品(如不利于环境保护的产品)必然被淘汰。如何实现这些产业在全球范围内的转移,国际产品生命周期理论给出了一个指导和依据。

3. 国际产品技术生命周期(International Product Technology Life Cycle)

国际产品技术生命周期理论认为,一个产品的技术发展阶段大致可分为新产品阶段、成熟阶段和标准化阶段。

(1)新产品阶段。技术上的新发明是知识密集型产品,需要大量的研发费用和技术资源,因此,少数拥有创新优势的发达工业国家往往是新产品的生产国和出口国。

(2)成熟阶段。随着技术日渐成熟,市场需求增加,原来的产品进口国迅速掌握了技术,使大量生产成为可能,产品从技术知识密集型向技能密集型和资本密集型转变,生产国和出口国转向其他发达国家。

(3)标准化阶段。技术的老化和生产过程的标准化,使比较优势转移到拥有低廉的劳动力成本的国家中,发展中国家取代发达国家成为主要的生产国和出口国。

4. 国际贸易生命周期(International Trade Life Cycle)

站在国际贸易角度,与国际产品技术生命周期相对应的是国际贸易生命周期。在新产品阶段,少数拥有创新优势的发达工业国家是主要的生产国和出口国;在技术成熟阶段,生产国和出口国转向其他发达国家;到了技术标准化阶段,发展中国家又取代发达国家成为主要的生产国和出口国(见表10-1)。贸易出口国呈现出由少数发达工业国家向其他发达国家,再向发展中国家转移的趋势。

表10-1 国际贸易生命周期

贸易出口国	国际贸易生命周期		
	新产品阶段	技术成熟阶段	技术标准化阶段
少数发达工业国家	生产国 出口国		
其他发达国家		生产国 出口国	
发展中国家			生产国 出口国

5. 国际产品生命周期理论的现实意义(The Practical Application of IPLC)

(1)立足国际市场营销,研发全球产品。国际市场营销中,产品在生命周期的不同阶段不可避免地发生区位转移。国际化企业为了最大限度地开发国际市场,应该在产品研发之初就着眼于全球市场,开发全球产品,以满足产品生命周期不同阶段中不同目标市场的需求。

福特公司于 1998 年、1999 年分别在欧洲和美国市场上市的新版福克斯，在产品的设计上差异很小，而且福克斯的生产平台还可以应用于新一代的马自达 323、沃尔沃 S40 以及沃尔沃 V40 的生产，这是立足于全球市场、进行全球产品设计的很好例证，也是企业应对越来越短的产品生命周期、适应快速竞争的必然选择。[3]

（2）增强企业创新意识，主动占据市场。根据国际产品生命周期理论，任何一种产品都有市场寿命，都不可能畅销不衰。只有不断创新，适时地推出新产品或开发产品新的功能属性，加快产品升级换代，延长产品的生命周期，才能使产品和企业在激烈的国际市场竞争中取得主动。素有"雷布斯"之称的小米掌门人雷军曾自豪地表示，小米每星期发布一个系统开发新版本，而苹果的更新是一年一次，谷歌则是一季度发布一个版本。

（3）延长产品生命周期，抢占国际市场。延长产品生命周期，除了不断创新以外，还可以通过区位转移实现。由于同一产品在不同的国家往往处于生命周期的不同阶段，所以调整产品出口的市场结构也可以实现产品生命周期的延长，从而为企业获取更多利润。我国摩托车产业在"禁摩""限摩"政策出台之后，迅速转向海外市场，目前已成功立足欧洲、非洲和东南亚市场。

（4）抓住产业转移时机，拓展发达国家市场。由于各个国家和地区在技术水平、资金、人力资源、生产资源、环境资源等方面的差异，同一产品在世界上的不同国家和地区经常会处在不同的技术阶段，各个国家和地区在国际贸易中也扮演了不同的角色。依据国际产品技术生命周期理论，中国企业既可以抓住发达国家成熟产业向海外转移的有利时机，发挥自身制造优势，尽快加入国际产业链条中，又可以通过积极的海外市场拓展，延长产品生命周期，获取更大的市场机会。

10.2 国际市场营销的产品决策（The International Product Decisions）

产品决策是国际市场营销组合决策的核心，是制定其他营销决策的出发点。与国内产品决策相比，国际市场营销的产品决策所涵盖的范围更广，要考虑的问题更多，面对的市场环境和消费者更复杂。

国际市场营销的产品决策包含两个层面：一个是公司层面的涵盖全部产品的决策，即产品组合决策；另一个是单个产品层面的决策，即是在全球市场销售标准化产品，还是为每一个目标市场设计、提供差异化产品。

10.2.1 国际市场营销的产品组合决策（International Product Mix Decisions）

1. 产品组合概念（The Concept of Product Mix）

- **产品组合**（product mix），又称**产品搭配**（product assortment），是一个企业生产经营的全部产品线、产品项目的集合，或者说是一个企业生产经营的全部产品的构成。
- **产品线**（product line），又称产品大类。企业按照一定的分类标准对企业生产经营的全部产品进行划分，每一组密切相关的产品构成一个产品大类或产品线。在图 10-3 中，每个纵列代表一条产品线。因此，联合利华（中国）有限公司在中国市场上共有 3 条产品线,即3大类产品,分别是家庭及个人护理用品、食品及饮料和冰激凌。

- **产品项目**(product item),指的是产品线中不同规格、型号、款式、档次、特色、价格水平的具体产品,例如,金纺、立顿红茶、和路雪等都是产品项目。
- **产品组合**(product portfolio)。构成产品组合的4个基本因素或4个基本特征是产品组合的宽度、长度、深度和相关度。
- **产品组合的宽度**(product width),是指一个企业生产经营的产品线的多少。一个企业生产经营的产品线越多,产品组合也就越宽;反之产品组合就越窄。在联合利华的例子中,公司拥有3条产品线,因此产品组合的宽度为3。
- **产品组合的长度**(product length),是指产品组合中所有产品项目的总数。图10-3中联合利华的产品项目数为25。
- **产品组合的深度**(product depth),是指产品线中的每一产品项目有多少品种,例如,多芬沐浴系列分为多芬柔肤乳霜系列、多芬清透盈润系列、多芬活肤乳霜系列、多芬紧肤乳霜系列,每个系列又有不同的规格、型号、款式,因此产品的深度为12。
- **产品组合的相关度**(product consistency),又称产品组合的密度,是产品组合中各个产品线在生产条件、分销渠道、最终使用或其他方面相关联的程度。这种相关联的程度越高,产品组合的相关性越大,各条产品线之间可以共享的资源也越多。

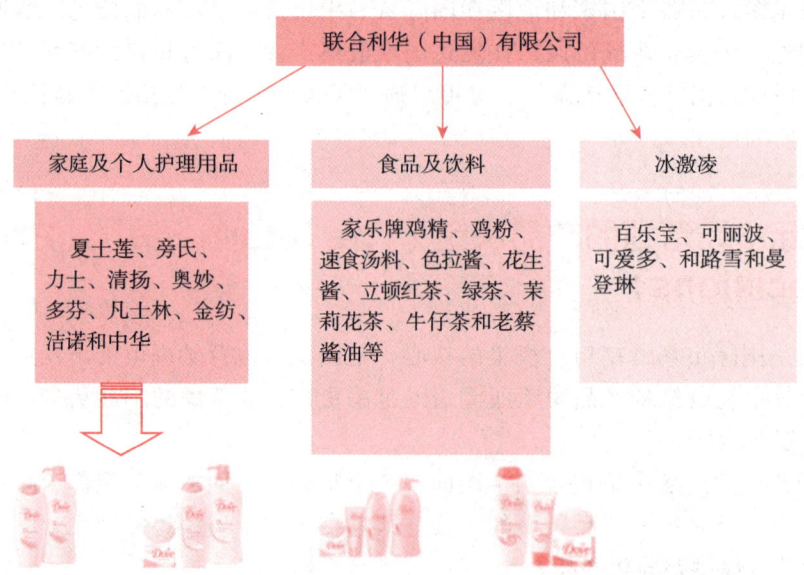

图10-3 联合利华(中国)有限公司在中国市场的产品组合

资料来源:http://www.unilever.com.cn.

通常来说,致力于多元化的企业产品组合的相关度较小,各条产品线之间的资源共享性较差。例如,全球知名的家电企业海尔集团在中国的业务已经拓展到了保险业、金融业和物流业。而与之对应的,发达国家的著名企业基本上都是专业化的(通用电气是例外),产品相关度较高。

产品组合四个基本因素的构成决定了企业的产品组合情况。在国际市场营销中,面对复杂多变的市场环境、需求多样的消费者和更为激烈的市场竞争,企业应结合自身的发展目标和资源状况,确定适合自己的产品组合,并经常对自己的产品组合进行分析、评估和调整,以保持最适当和最优的产品组合。

2. 产品组合决策(Product Mix Strategy)

企业的国际产品策略在产品组合层面,主要包括产品组合宽度的增加和产品线的延伸。产品组合宽度的增加是指增加新的产品大类,即新产品策略,我们会在本章后面提及。

产品的延伸策略一般有三种:向上延伸策略、向下延伸策略和双向延伸策略。

(1)向上延伸策略,即企业将原来定位于中低端市场的产品线向上延伸,增加产品项目以进入高端产品市场。2009年提出战略转型的吉利公司,继早年有着"本土版丰田"之称的吉利帝豪挺进中国乃至欧洲的中高端汽车市场之后,又联手沃尔沃打造"生而全球,开放互联"的领克汽车。国内自主汽车品牌奇瑞,"为满足全球购车者的需求和期望而设计制造"的EXEED系列,融合了奇瑞捷豹路虎和观致汽车的技术实力,致力于进军包括欧洲市场在内的国际主流市场。[4]华为在高端手机市场力推Mate系列和P系列,Mate 20系列已稳坐2018年安卓旗舰机皇宝座。[5]2023年8月,华为旗舰机型Mate60 Pro在华为商城未发先售,引发市场热议。采用向上延伸策略的考虑主要源于以下几点:高端市场的快速增长率和高利润的吸引力,企业自身提升品牌资产价值、改善品牌形象的需求,以及通过完善产品线成为全线制造商的自身发展需求。

营销透视 10-3　　　　品牌重塑　路虎一分为三

在2023上海国际车展上,捷豹路虎携捷豹F-TYPE 75周年典藏版、捷豹XFL鎏金版、全新揽胜星脉以及卫士、发现、揽胜、捷豹全系车型亮相展台,以强大产品阵容奉上"新现代豪华主义"的魅力盛宴。除了亮相多款新产品外,捷豹路虎还宣布开启品牌重塑。

捷豹路虎首席执行官阿德里安·马德尔做出了一个让外界意外的决定,弃用"路虎(Land Rover)"品牌,将原属于路虎品牌的三个系列:揽胜、卫士、发现独立成为品牌,新家族将由揽胜(Range Rover)、卫士(Defender)、发现(Discovery)、捷豹(JAGUAR)四大品牌组成。

据了解,三大产品系列独立成为品牌后,将有着不同的市场定位,例如揽胜(Range Rover)专注豪华,卫士(Defender)专注硬派越野,发现(Discovery)则专注打造"生活方式"的跨界车。捷豹路虎中国总裁及首席执行官潘庆表示,通过品牌重塑,可以为四个独立的品牌强化其个性化的表达,从而打造品牌的独特性,同时在市场上与其他品牌做到更加清晰的差异化呈现,而差异化则是当下摆脱市场内卷、赢得用户认同的最有效方式。

在路虎品牌方面,坚持以探险精神为纽带与消费者产生共鸣,维持揽胜、发现和卫士三大家族的经典产品组合,延续其全地形SUV领军者的地位。未来5年间,路虎将推出6款纯电产品。在捷豹品牌方面,未来将升级成为电动化豪华品牌。

改变是要有勇气的,特别是在中国市场竞争的大环境下,面对新能源、智能化的浪潮，以及中国品牌 SUV 高端化趋势，捷豹路虎的变招一定会遇到新的挑战。捷豹路虎中国总裁及首席执行官潘庆表示，品牌重塑是一个艰巨的任务，"我们的方针是'小步快跑'，不断试错，不断迭代升级。"

资料来源：1. 新浪财经. 大变革！路虎品牌一分为三［EB/OL］.［2023-04-28］. https://finance.sina.com.cn/wm/2023-04-28/doc-imyrxzvp4047529.shtml.
2. 搜狐汽车. 中年男人最爱的路虎，没了［EB/OL］.［2023-04-30］. https://cj.sina.com.cn/k/article/author_article/2389641745.

（2）向下延伸策略，即企业以高端品牌推出中低端产品，通过品牌向下延伸策略扩大市场占有率。一般来讲，采用向下延伸策略的企业可能是在高端产品市场受到打击，试图通过拓展低端产品市场来反击并打压竞争对手；或者是为了填补自身产品线的空缺，防止竞争对手的攻击性行为；也可能是因为中低端产品市场存在空隙，销售和利润空间较为可观。以奶粉为例，自 2009 年开始，已经在高端市场拥有 70% 市场份额的外资品牌，不断加大对三四线城市的运作，低端产品高调上市，其中包括多美滋的贝乐嘉和美赞臣的培乐。[6]

（3）双向延伸策略，即产品线同时向上、下延伸，也就是将定位于中端的品牌，向高端和低端市场做向上和向下两个方向的延伸。通常，企业在原有的市场平稳立足并取得一定的知名度之后，在考虑到企业发展目标、自身资源和市场竞争状况等因素后，会做出同时向两端延伸的决策。通过延伸策略，丰富产品线，加大产品市场覆盖，抢占市场空间，扩大企业规模，实现企业发展。

10.2.2　国际市场营销的单个产品决策（Individual Product Decisions）

国际市场营销是国内市场营销在地理范围上的拓展，但绝不是单纯地将产品由国内市场推向国际市场的拓展。国际市场营销面临的第一个决策就是到底直接将国内的产品不做任何修改地推向国际市场，还是为每一个特定的国际市场提供差异化或定制化的产品。前一种策略是**标准化策略**（standardization strategy），而后一种是**定制化策略**，或称**差异化策略**（adaptation strategy）。

1. 国际市场营销的产品标准化策略（Standardization Strategy）

国际市场营销的产品标准化策略是指企业向全世界不同国家或地区的所有市场都提供相同的产品。标准化的内容包括品牌名称、产品的物理特性和包装。实施产品标准化策略的前提是市场全球化，消费者需求日益趋同。相似的需求构成了一个统一的世界市场，企业通过标准化产品或服务获取规模效益。星巴克就是这样的一个例证。"在地球的任何地方，上千万杯咖啡按同样的焙烧方式，同样的口味进入千万个口腔。还有同样的时尚背景音乐、同样的绿色标志、同样的棕色沙发，同样可以自由搬动组合的咖啡桌，全球化且标准化的侍者表情，同样一个细节可能会重复上万次……对了，还有全球化的眼神。西雅图、伦敦、巴黎、开普敦、北京、上海、广州……皮肤的颜色变得模糊，文化差异被忽略，属于星巴克的大同世界正缓缓降临。"[7]哈佛大学教授西奥多·莱维特是产品标准化营销的坚定支持者，"世界已逐渐变成一个人们需求相同产品与生活形态的共同市场——不论他们居住在何处，全球性公司应该放弃国际与文化间差异的营销手法，而集中精力满足全球普遍性的需求。"

（1）产品标准化策略的优点包括以下几方面。

- 有利于企业规模经济的实现。企业可以通过扩大规模，大幅度降低产品在研究、开发（分摊研发成本）、原材料采购（大宗采购以获取折扣）、生产（增加产量以分摊固定成本）和营销（人员培训、广告设计、销售推广）等各个环节的成本而提高利润。
- 有助于全球统一品牌的建立。全球范围内的产品标准化，意味着产品的外观、性能和包装等特征，在世界的每个市场中都是一样的。统一的形象既强化了企业的声誉，提高了企业的知名度，也有助于消费者对企业产品的识别，培养消费者的品牌忠诚度。
- 有利于企业对全球营销进行有效的控制和管理。产品标准化一方面降低了企业营销管理的难度，另一方面便于企业集中营销资源，有效实施营销控制。

（2）影响产品标准化策略选择的因素包括以下几类。

- 产品的属性特征。相对于生活消费品而言，工业消费品更适合标准化，如钢材、煤炭、石油产品、生产设备、汽车零部件等；而在生活消费品中，耐用品较非耐用品更适合标准化，例如，德国的奔驰汽车等多采用标准化的产品策略。
- 产品技术的标准化程度。电视机、录像机、音响、计算机硬件和软件等研究开发成本高的技术密集型产品，基于技术标准化的产品标准化，既是对产品研发的巨额投资的补偿，也有利于产品的全球推广与升级，如微软公司的软件、波音公司的飞机等产品。
- 产品的地方和民族特色。如我国的丝绸、中药材、京剧及东巴文化，法国的香奈儿香水和美国的星巴克咖啡等特色产品，均有与众不同的品牌及内涵。特色就是产品的竞争力，必须保持并且无须改动。
- 竞争环境。如果在国际目标市场上没有竞争对手出现，或市场竞争不激烈，企业可以采用标准化策略；或者市场竞争虽很激烈，但本公司拥有独特的生产技术，且这种独特之处是其他公司无法效仿的，也可采用标准化策略。
- **原产国效应**（country-of-origin effect）。原产国效应是产品附带的"某国制造"的标签对顾客产生的影响，或者说是某一品牌的产品或服务的制造国家对顾客所产生的影响。当原产国效应形成了一种特殊的国别优势时，采用产品的标准化策略会更加适合。如中国的青岛啤酒，在美国市场主要通过餐馆渠道销售，并被认为是"最适合与中国菜一起饮用的啤酒"。

尽管产品标准化策略对从事国际营销的企业有诸多有利的一面，但缺陷也是非常明显的，即难以满足不同市场消费者不同的需求。当忽略了差异性存在的标准化产品不能够被国际市场接受时，企业应该考虑放弃标准化，转而采用产品差异化策略。

2. 国际市场营销的产品差异化策略（Adaptation Strategy）

国际市场营销的产品差异化策略，又称产品定制化策略，是指向不同国家或地区的市场提供不同的或者经过调整改进的产品。与标准化策略的全球一体化实施前提不同，差异化策略的理论依据是不同国家或地区在需求和营销环境上存在差异。例如，世界著名的汤料公司坎贝尔（Campbell）在中国市场推出经过口味调整的汤谱，主要包括豆瓣汤、鸭肫汤、扇贝肉汤、萝卜汤、胡萝卜汤以及时令汤等；[8]在日本市场采用更昂贵但是更干净的易拉罐包装替代其他市场的罐头包装，因为日本人认为罐头是肮脏的。[9]

（1）产品差异化策略的优点。产品差异化策略的最大优势在于：产品的研发、生产和修改，都是以目标市场的环境要求和消费者需求为出发点的，是为每一个特殊的目标市场而定制的。因此，在市场进入过程中，较少遭遇政策、法规的限制，同时由于产品可以充分满足当地市场的特殊需要，所以很容易赢得消费者的认同和喜爱。

（2）影响产品差异化策略选择的因素。影响产品差异化策略选择的因素包括政府政策、法律、法规因素，经济因素和消费者收入水平，社会和文化倾向，自然环境因素，公用设施和产品适用条件因素以及产品的特性。

- **政府政策、法律、法规因素**。每个国家和政府都会通过法律、法规、标准制定等规范企业生产和产品进出口，设置贸易壁垒，保护消费者。这种因为法律、法规和标准的限制而对产品做出的强制性修改和调整，是企业实施差异化策略的重要原因之一。例如，海尔为满足国际社会对环保的要求而推出的超级无氟冰箱达到了德国 A 级能耗标准。在德国，凡购买海尔这一款冰箱的消费者均可得到一定的政府补贴。[10] 海尔还专门针对美国市场设计和生产了海尔酒柜，凭借着其体贴入微的功能、雍容典雅的外观，迅速成为各大商场争相经销的家电产品。

- **经济因素和消费者收入水平**。处于不同经济发展阶段的市场，人们的收入水平不同，文化、受教育程度不同，消费观念及消费习惯不同，对于产品的需求也不同。如在人均收入高的国家，消费者追求高档产品和休闲享受，注重产品的款式与包装。而在人均收入低的国家，消费者更愿意选择耐用与实用的产品。微软自 2003 年开始实施差异化产品策略——在泰国推广仅售 20 英镑的 Windows XP 简化功能修订版，2007 年在中国销售低价 Windows Vista 操作系统中文版彩包，被视为满足特定目标市场需求的、能够反映一个国家生活成本的定制化产品。[11, 12, 13]

- **社会和文化倾向**。世界各国在语言、宗教、风俗、习惯、价值观念等方面的差异，影响着消费者的观念和消费需求。因此，识别消费者真正的需求很重要。例如，哈根达斯在中国除了不失时机地推出自己的系列月饼，还推出了中华美食冰激凌，包括冰激凌制作的年糕、叉烧包、小笼包和春卷等。[14]

- **自然环境因素**。地理环境、气候环境、人口密度、居住环境等也影响着人们对于产品的需求。海尔的"小小神童"洗衣机和嵌入式酒柜，是两款专门为日本市场设计的产品。"小小神童"洗衣机以其小巧时尚的外观、轻松易用的人机界面，深受日本单身贵族的青睐；而海尔嵌入式酒柜则因符合日本家电向开放式厨房的发展趋势而大受欢迎。[15] 1987 年，法国最大的食品公司达能进军中国，成为中国市场上第一个生产酸奶的企业。该企业很快遭遇惨败，原因在于其酸奶在销售中需要保持冷藏，而当时"中国最繁华的商业街——上海南京路，从东头跑到西头，所有的食品商店只有一家有冰柜，达能酸奶的惨淡命运从这个细节就已经注定了"。[16]

- **公用设施和产品适用条件因素**。基础设施的不同会对产品的使用产生影响。最鲜明的例子是各个国家的电压制度是不同的，如我国是 220V，而日本、美国等国家均为 110V。因此，我国出口的电器产品必须要在电源配置上做出相应的调整。还有我们习以为常的左舵驾驶和右侧行驶的交通规则，在英国则正好相反。无论是出口的汽车还是进口的汽车，对产品的适当改动和修正是必需的。

- **产品的特性**。一般来说，非耐用消费品比耐用消费品更需要差异化，耐用消费品比工业消费品更需要差异化。例如，于 1996 年进入中国市场的奥利奥，用了 9 年的时间，在大量市场调研的基础上，通过减少奥利奥饼干中的含糖量以适应中国人的口味，通过减小包装、降低价格以匹配中国消费者的消费能力和消费习惯，终于成为中国市场上的畅销饼干。[17]

3. 标准化策略与差异化策略的选择（The Choose between Standardization and Adaptation Strategy）

事实上，无论是标准化策略还是差异化策略，都有各自的适用范围和应用弊端，过分强调哪一种战略都有失偏颇。在国际市场营销中，究竟应该采用标准化策略还是差异化策略，以及将策略应用到何种程度，取决于很多因素。首先，产品的特征影响产品的决策。相对于工业用品而言，生活消费品更需要差异化；在生活消费品中，非耐用品较之耐用品更需要差异化；需要大量售后服务的产品，适合采取标准化策略，如汽车维修中大量使用的配件；生命周期短的产品，差异化策略会加大产品成本，不适合采取产品差异化策略。其次，各个国家的政策、技术标准、社会和文化倾向、经济水平和收入水平、基础设施、自然环境、目标市场的竞争激烈程度也影响产品策略的选择。若存在强劲的竞争对手，为了使产品与众不同，企业应采取差异化策略，以更好地满足目标消费者的需求。

企业在标准化策略或差异化策略的选择中，有两个分析方法非常实用：一是根据自身特点，进行系统的跨文化分析与研究，扬长避短，选择最适合的策略；二是通过成本－收益分析，权衡收益与成本，做出最优选择。事实上，很多企业灵活运用标准化策略和差异化策略：将几个相近市场合并为同一市场，采取地区性标准化策略；在另外一些市场，则采取差异化策略，从而在国际市场营销中大获成功。例如，研究发现，在北美、欧洲及日本三个市场上出现了一个新的顾客群，他们具有相似的受教育程度、收入水平、生活方式及休闲追求等，企业可将不同国家相似的细分市场作为一个总的细分市场，向他们提供标准化产品或服务，如可口可乐的饮料、麦当劳的快餐、苹果的 iPhone、好莱坞的电影等，以满足遍及世界各地的消费者。

10.2.3 国际市场营销的新产品策略（The International New Product Strategy）

国际市场营销的新产品策略包括全新产品的推出和已有产品向新市场推出两个方面的决策。在国际市场中，企业采取新产品策略的原因有以下几点。

（1）有效满足目标市场国的差异性需求。例如，肯德基在中国市场推出了"老北京鸡肉卷"，被认为是"北京烤鸭"的复制品，"海鲜蛋花粥"和"香菇鸡肉粥"则是为中国早餐市场定制的差异化产品。

（2）力争国际市场主动的抢先战略的需要。例如，上海通用汽车公司依靠强大的研发能力和生产能力，为中国市场提供 4 大品牌（凯迪拉克、别克、雪佛兰以及萨博）、18 大系列近 60 个品种的汽车产品。[18] 早在 2001 年，海尔已在欧洲推出了满足欧洲市场需求的 58 个门类 159 个规格品种的新产品。现在的海尔，产品已销往海外上百个国家和地区，累计已售出数以亿计的差异化、高品质的家电产品，平均每分钟就有 125 位海外消费者成为海尔用户。[19]

（3）与本土企业竞争的需要。宝洁公司曾于 2002 年 6 月推出了一款专为中国市场创立的沐浴品牌——激爽，市场目标直指"六神冰凉超爽沐浴乳"，试图在夏季沐浴露市场切出一块蛋糕。[20]

（4）寻找新市场的需要。信息技术的飞速发展，全球化趋势带来的市场范围扩大，为产品的国际市场转移提供了前提条件。我们在前文提到的重庆摩托车生产企业转而开拓国际市场，正是这样的例证。

无论是在国际市场，还是在国内市场，产品在研发程序上没有区别，唯一需要国际化企业给予额外重视的是：在消费者需求的分析和满足环节上，国际市场的新产品设计要更多地考虑国际消费者需求的多元化和差异化，目标市场国的法律、法规限制，文化与社会因素制约和消费者的支付能力等。

创立于 2006 年的卡萨帝是海尔旗下国际高端家电品牌。该品牌独立运作，致力于服务"为爱不凡"的高端消费者。卡萨帝在全球拥有 14 个设计中心、28 个合作研发机构，以及来自不同国家和地区的由几百位设计师组成的团队，融聚了全球设计和创新精华。卡萨帝有着清晰的目标市场和品牌定位，2021 年在继续蝉联国际高端份额第一的基础上，实现了 40% 的高增长，收入达到 129 亿元。2022 年第一季度，在整体行业零售额下降 16.9% 的背景下，卡萨帝再次实现 32.3% 的高增长。[21]

营销透视 10-4　　卡萨帝　国际高端品牌之路

卡萨帝（Casarte），源自意大利语，是家（casa）与艺术（arte）的组合，意为家的艺术。品牌基因是"为爱而生"，以极致高端原创技术，打造精致产品，将科技与艺术完美结合。

卡萨帝坚信卖给消费者的不只是有形的产品，更多的是无形的、高端的生活方式。品质是产品层面的，品位是生活方式，品格是品牌灵魂。卡萨帝现有以下四个高端成套产品。

一是"指挥家"套系。这是卡萨帝目前最高端的产品。指挥家套系产品是为了帮助用户成为家庭的指挥者，对智慧家电拥有随心所欲的掌握权。指挥家面向的是 40～50 岁的时代精英，他们追求的是高端、智慧、有格调的生活。

二是"鉴赏家"套系。做人生的鉴赏家，品味生活的艺术。此套系产品采用了极具东方文化魅力的颜色——锡兰青。鉴赏家套系的目标用户是 40～45 岁的成功新锐，他们追求的是优雅的艺术，有品位的生活。

三是"设计师"套系。此套系充分体现了卡萨帝品牌的一个理念：前置的、嵌入式的成套家电，让家电、家具和家完全融合到一起。目标群体是 35～40 岁的时尚新贵，他们追求的是精致、个性化、有品质的生活。

四是"银河"套系。此套系产品追求天人合一、智慧养护的人生理念，瞄准 25～35 岁的年轻翘楚，他们追求的是科技、健康、舒适的生活。

这些高端产品基本上覆盖了一个用户从参加工作一直到退休的全部人生阶段，丰富的产品可以满足用户全生命周期的需求。海尔互联、智慧的产品把家变成了一个个智慧的空间，让用户在这个空间里得到智慧体验。

资料来源：科特勒营销战略．孙鲲鹏：卡萨帝，打造高端生态品牌［EB/OL］．［2022-05-30］．https://mp.weixin.qq.com/s/MEsqry5vPZ_p4Gu1G3ZqCw．

10.3 国际市场营销的品牌决策（The International Branding Strategy）

10.3.1 品牌的概念（Concepts of Brand）

1. 品牌的概念和构成（Concept of Brand）

（1）**品牌**（brand）。品牌是用以识别某个销售者或某群销售者的产品或服务，并使之与竞争对手的产品或服务区别开来的商业名称及其标志，通常由文字、标记、符号、图案和颜色等要素组合构成。品牌包括品牌名称和品牌标志两个部分。

品牌名称（brand name）是品牌中能够使用语言称谓表达的部分，例如联想、中国石油、舒蕾、可口可乐、奇瑞QQ、东芝等。

品牌标志（brand mark）是品牌中可以被识别和认识的，且不能用语言称谓表达的部分，如特殊的符号、图案、术语、字体造型及其他元素等。图10-4为我们非常熟悉的一些品牌标志。

苹果公司

海尔集团

图10-4 著名的品牌标志

资料来源：http://image.baidu.com.

营销透视 10-5　　　　海尔新标志的内涵

海尔的新标志由中英文组成，与原来的标志相比，新的标志延续了海尔20年发展形成的品牌文化，同时，新的设计更加强调了时代感。

英文标志每笔的笔画比以前更简洁，共9笔，"a"减少了一个弯，表示海尔人认准目标不回头；"r"减少了一个分支，表示海尔人向上、向前的决心不动摇。海尔英文新标志的设计核心是速度，因为在信息化时代，组织的速度、个人的速度都要求更快。英文标志的风格是简约、活力、向上。英文新标志整体结构简约，显示海尔组织结构更加扁平化，每个人更加充满活力，对全球市场有更快的反应速度。

海尔的汉字新标志是中国传统的书法字体，它的设计核心是动态与平衡，风格是变中有稳。两个书法字体的"海尔"，每一笔都蕴含着勃勃生机，视觉上有强烈的飞翔动感，

> 充满了活力，寓意着海尔人为了实现创世界名牌的目标而不拘一格，勇于创新。《孙子兵法》上说，"能因敌变化而取胜者，谓之神"，在信息时代全球市场变化非常快，谁能够以变制变，先变一步，谁就能够取胜。海尔在不断打破平衡的创新中，要保持相对的稳定，所以，在"海尔"这两个字中都有一个笔画是在整个字体中起平衡作用的，"海"字中的一横，"尔"字中的一竖，"横平竖直"，使整个字体在动感中又有平衡，寓意变中有稳，企业无论如何变化都是为了稳步发展。
>
> 资料来源：http://www.hudong.com/wiki.

在国内外企业中曾经掀起一场换标热，例如腾讯和英特尔。其中既有商标在海外市场遭遇抢注而不得不进行的被动换标，也有企业为了树立国际化品牌形象，顺应企业走向国际市场的需要而采取的主动换标，更有企业为实现"超越未来"的战略需求而实施的换标之举，如图 10-5 所示。[22, 23, 24]

（2）**注册商标**（trade mark）。注册商标是指经营者在商品或服务项目上使用的，将自己经营的商品或提供的服务与其他经营者区别开来的一种商业专用识别标志，是商品的归属标记。注册商标是一个法律范畴的概念，是经政府相关部门依法注册的品牌或品牌的一部分。在国际范围内，商标的申请、注册和使用应遵循《保护工业产权巴黎公约》《商标国际注册马德里协定》《商标注册条约》等国际公约。这些公约对商标的国际注册、商标权利在不同国家互不牵连、驰名商标的保护、商标的转让以及不能作为商标注册的内容等问题都做出了明确的规定。

图 10-5　企业换标示例

据不完全统计，我国一些商标特别是知名商标被抢注的事件屡屡发生。"王致和""狗不理""同仁堂""全聚德""王老吉""女儿红"等都曾遭遇海外抢注。老字号频频遭遇抢注，严重地阻碍了国内企业进军海外市场的步伐，同时也影响了老字号的海外声誉和企业权益。[25, 26]

在保护传统品牌、坚守文化与信仰的同时，如何向世界传播中华文化，塑造富含深厚文化底蕴的中国品牌，是中国企业参与世界竞争的重要任务。

（3）品牌资产和品牌价值。**品牌资产**（brand equity）是与品牌、品牌名称和标志相联系的，能够增加或减少企业所销售产品或提供服务的价值和（或）顾客价值的一系列品牌资产与负债。品牌资产包括**品牌忠诚度**（brand loyalty）、**品牌知名度**（name awareness）、**品质认知度**（perceived quality）、**品牌联想**（brand association）和品牌资产的其他专有权——专利权、商标、渠道关系等。

品牌价值（brand value）是品牌资产的市场价值，即消费者对品牌的认可、信赖与忠诚。品牌价值评估权威机构 GYbrand 全球品牌研究院独家编制的 2023 年《世界品牌 500 强》研究报告中涵盖了 33 个国家的 500 个品牌。其中，美国有 186 个品牌上榜，占比 37.2%，继续以较大优势稳坐世界品牌强国第一宝座；中国（含港澳台）有 70 个品牌上榜，较 2022 年增加 3 个，占比 14.0%，占据世界品牌大国第二位置；日本（38 个）、法国（34 个）、德国（28 个）、英国（26 个）分列三至六名（见表 10-2）[27]。

表 10-2 2023 年度 GYbrand《世界品牌 500 强》排名前十

排名	变化	品牌名称	国家	行业	品牌价值（亿美元）
1	/	苹果	美国	科技	3 302.78
2	+2	微软	美国	软件	2 815.32
3	−1	谷歌	美国	互联网	2 723.50
4	−1	亚马逊	美国	零售	2 376.14
5	/	华为	中国	通信	1 531.61
6	+1	沃尔玛	美国	零售	1 180.29
7	−1	三星	韩国	多元化	1 019.03
8	+1	中国工商银行	中国	银行	830.86
9	+1	丰田	日本	汽车	704.45
10	+1	奔驰	德国	汽车	687.97

2023 年 6 月，世界品牌实验室发布了 2023 年《中国 500 最具价值品牌》分析报告，国家电网以 6 268.71 亿元的品牌价值位居本年度最具价值品牌榜首，中国工商银行、海尔、中国石油、中国人寿进入前五（见表 10-3）。

世界品牌实验室编制中国品牌报告已是第 20 个年头，2004 年入选门槛仅为 5 亿元，前 500 名品牌的平均价值为 49.43 亿元。2023 年，入选门槛已经提高到 35.27 亿元，而前 500 名品牌的平均价值高达 686.62 亿元，增加幅度为 1 289.08%。2023 年《中国 500 最具价值品牌》的总价值为 343 311.81 亿元，比 2022 年增加 33 583.74 亿元，增加幅度为 10.84%。在过去的 20 年中，整个世界目睹了中国品牌的快速成长，有的已经具有强大的世界影响力。"[28]

表 10-3 2023 年《中国 500 最具价值品牌》前 10 名

排名	品牌名称	品牌价值（亿元）	主营行业
1	国家电网	6 268.71	能源
2	中国工商银行	5 516.92	金融
3	海尔	5 123.06	物联网生态
4	中国石油	4 877.52	石油化工
5	中国人寿	4 855.67	金融
6	腾讯	4 653.83	信息技术
7	中化	4 421.45	化工
8	华润	4 408.56	多元化
9	中国一汽	4 291.57	汽车
10	中国平安	4 145.61	金融

资料来源：世界品牌实验室（W0rld Brand Lab.com）。

2. 国际市场营销的产品品牌命名（Brand Naming）

国际产品品牌的命名方式和商标的设计应遵循产品品牌和商标设计的一般性原则，如易于记忆、便于识别、简单易懂、方便发音、代表产品的利益或特性、易于引发消费者对产品质量的正面联想、构思独特新颖、引人注目、便于商品宣传等。著名的国际汽车品牌奔驰、饮料品牌可口可乐等都是消费者耳熟能详且朗朗上口的名字。中国企业中的立信会计、同仁堂制药也是非常成功的命名。

此外，由于语言的差异、文化的不同，以及目标市场国的法律、法规限制，国际市场营销中产品的命名还应特别注重以下设计原则。

（1）品牌名称不会引起消费者的误解，进一步的要求是能够产生正面联想。当企业将产品推向国际市场的时候，直接使用原有品牌名称或原有品牌名称的外文翻译时，易产生歧义，而恰当的名称翻译，是对好品牌的锦上添花，如我们熟知的可口可乐（Coca-Cola）、韩国的厨房用品乐扣乐扣（LOCKLOCK）保鲜盒等。

营销透视 10-6　　　　Lux，一个近乎完美的品牌名称

英国联合利华公司的力士（Lux）是当今世界最有名的香皂品牌。力士品牌今天之所以在全球风行，除了它大量利用影视明星做广告树立国际形象外，其品牌名称典雅高贵的优美含义也为它的发展起了很大的推动作用。

联合利华公司19世纪末向市场推出了一种新型香皂，一年中先后采用过猴牌（Monkey）与阳光牌（Sunlight）作为品牌名称。前者与香皂没有任何联系，显得不伦不类，且有不洁的联想；后者虽有所改进，但仍落俗套。Lux 作为拉丁字母品牌命名的经典之作，它几乎能满足优秀品牌的所有优点。首先，它只有三个字母，易读易记，简洁明了，在所有国家语言中发音一致，易于在全世界传播。其次，它的词源 luxe 具有典雅高贵的含义，在拉丁语中是"阳光"之意，用作香皂品牌，令人联想到明媚的阳光和健康的皮肤，甚至可以使人联想到夏日海滨度假的浪漫情调。此外，它的读音和拼写会令人联想到另外两个英文单词 Lucky（幸运的）和 Luxury（精美华贵）。无论做何种解释，这个品牌名称对产品的优良品质均起到了很好的宣传作用，它本身就是一句绝妙的广告词，至今尚无其他品牌能在命名内涵上超过它。

资料来源：杨文京. 全球著名品牌的产品命名案例［EB/OL］.［2005-11-07］. http://www.emkt.cn.

（2）品牌名称应符合目标市场消费者的文化传统、风俗习惯和宗教信仰。充分认识和了解各国消费者对颜色、数字、动物、花卉、图案、语言等方面的喜好与禁忌在国际市场营销中非常重要。

（3）品牌名称不可违反相应的法律、法规。我国的三枪（Three Gun）内衣在出口美国的时候，美国海关以"枪"是危险物品为由，不准以"枪"为品牌的内衣进入美国。

（4）企业还必须充分了解和遵守目标市场中有关商标的法律法规，以保证商标可以注册登记，并获得法律保护，同时避免商标等的法律纠纷和由此蒙受经济损失。如我国遵循"商标注册在先"的法律原则，而美国采用"商标使用在先"的法律原则，法律的差异曾导致我国一家玩具公司因不了解美国"商标使用在先"的法律原则而在该国市场上蒙受损失。

10.3.2　国际市场营销的品牌决策（Brand Decisions）

在国际产品策略中，品牌决策包括有品牌决策与无品牌决策，制造商品牌决策与中间商品牌决策，个性品牌决策与统一品牌决策。国际市场营销中的品牌决策主要体现在制造商品牌决策与中间商品牌决策层面上，我们也把侧重点放在这个层面上。

1. 有品牌与无品牌（Brand or No Brand）

无品牌策略主要适用于以下几类产品：①不会因生产经营者不同而不同的产品或未经加工的产品，如农、牧、矿业初级产品，电力和煤炭等；②品种繁多且技术含量不高的小商品，如盐、糖等，消费者在购买时通常不去辨认品牌和商标或认为没必要选择品牌和商标。无品牌策略的好处在于，由于没有品牌推广、品牌相关包装、渠道和促销上的过多费用，产品成本可以降低，从而获得价格上的优势。但是，无品牌策略的缺点也肇因于此，因为价格是产品相互之间竞争的主要因素，甚至是唯一因素，最终的结果是，价格上的激烈竞争会大大压缩企业的利润空间。

与无品牌策略对应的是有品牌策略。有品牌策略的好处在于：①使企业能更方便地处理订单和解决贸易问题；②企业的品牌名称和商标对产品独特之处提供法律保护；③有助于企业形象的建立；④有助于企业获得竞争优势；⑤有助于建立顾客忠诚度。有品牌策略和无品牌策略的选择除了要考虑产品自身的属性以外，策略实施的成本和收益也是重要的衡量因素。有品牌策略收益大，成本也大；反过来，无品牌策略成本少，收益也小。可以说，有品牌策略和无品牌策略各有其优势和使用情境，也各有弊端，企业在营销实践中还应结合其长远发展目标和自身资源状况做出选择。

2. 制造商品牌与中间商品牌（Manufacturer Brand or Distributor Brand）

制造商品牌（manufacturer brand）又称**全国品牌**（national brand），是与中间商品牌相对应的说法。制造商品牌是指产品在市场上以制造商的品牌销售。例如，我国的海尔电器，在欧洲和美国市场上均采用制造商品牌。联想集团也是制造商品牌的采用者。

中间商品牌（distributor brand）是相对制造商品牌而言的。制造商将产品卖给零售商或者称中间商，中间商再以零售商或者商店的品牌出现，所以它也称分销商品牌、**零售商品牌**（reseller brand）、**私人品牌**（private brand）或**商店品牌**（store brand）。

零售业中私人品牌的壮大，对制造商品牌形成了巨大挑战。以欧洲为例，私人品牌占据了法国和德国超过 20% 的市场份额，在英国和瑞士，私人品牌更是达到了 30%。[29]

事实上，在国际市场营销中，很多企业都采用制造商品牌和零售商品牌并举的品牌策略。格兰仕，全球知名的微波炉生产企业，在中国和世界市场中既销售格兰仕（制造商品牌）品牌的微波炉，也销售 GE（中间商品牌）品牌的产品。在 2007 年 10 月 17 日宣布合并美国捷威（Gateway）公司之后，Acer（宏碁）计算机公司已经成为全球第三大 PC 提供商，而 Acer 计算机除了使用其制造商品牌 Acer 以外，还为 IBM、戴尔和日立（HITACHI）贴牌生产 PC。奇瑞 QQ 则代工克莱斯勒道奇（DODGE）汽车。

在企业决定使用制造商品牌之后，将面临两个决策：第一个是在企业层面的，针对所有产品的品牌决策，即所有产品的品牌是否采用统一的决策；第二个是在单个产品层面的，每一个产品在不同的市场是否采用相同的品牌的决策，即全球品牌和地区品牌的决策。

3. 统一品牌与个性品牌（Company Brand or Individual Brand）

品牌统分决策是指国际化企业确定品牌数量的决策，即企业所生产的不同种类、规格、质量的产品是否采用同一个品牌（统一品牌）或者分别使用不同的品牌（个性品牌）。

（1）统一品牌，又称**家族品牌**（family brand）或**公司品牌**（corporate brand），是指企业生产经营的所有产品都使用同一个品牌。很多知名企业，如中国的海尔、联想、TCL，日本的索尼（SONY），荷兰的飞利浦（PHILIPS），都采用统一品牌策略。统一品牌策略的最大优势在于，企业的资源可以集中用于塑造企业形象，显示企业实力，宣传企业品牌；同时可以降低企业单个产品的广告宣传费用，尤其是新产品在新目标市场中的广告推广费用；采用统一品牌还可以帮助企业节省品牌管理费用。统一品牌策略的劣势在于，如果企业的某个产品或某类产品出现问题，会牵连、影响到整个企业的声誉以及企业其他产品的形象和销售；如果企业不同产品之间在档次和质量上差别较大，采用统一品牌策略还会混淆消费者对产品质量的识别，从而影响企业的品牌形象和产品的整体销售。在国际市场营销中，统一品牌策略被大型国际性企业，尤其是品牌知名度高、市场占有率高的企业广泛应用。

（2）个性品牌，又称**单个品牌**（individual brand），是指企业对其所生产的不同产品使用不同品牌的策略。开创品牌管理先河的宝洁公司将此策略应用得炉火纯青。宝洁公司旗下的洗发水品牌就有飘柔、海飞丝、潘婷和伊卡璐等，品牌之间因不同的利益提供而各有所长，相互竞争。"头屑去无踪，秀发更出众"的"锌"生海飞丝，"洗护二合一，让头发飘逸柔顺"的飘柔，"每一刻，绽放你独特的光彩""令头发健康，加倍亮泽"的潘婷，以及"引发活力，让秀发起舞吧"的伊卡璐草本精华，共同构建了宝洁"毫无拘束、品牌自由的国度"。

个性品牌策略适用于拥有多个品牌的企业。在市场定位、质量、价格等方面存在较大差异的情况下，企业会在高端、中端和低端市场分别推出不同品牌的产品。例如，全球排名第一的化妆品公司欧莱雅，在中国市场有"巴黎欧莱雅""美宝莲""兰蔻""薇姿""卡尼尔""赫莲娜""理肤泉""小护士"等十余个品牌。其中，兰蔻和赫莲娜等锁定高端市场；中档产品是包括通过专业发廊销售的欧莱雅专业美发产品，以及通过专业药房销售的薇姿和理肤泉；小护士、美宝莲和卡尼尔则瞄准了低端、大众产品市场。

个性品牌策略与统一品牌策略在优势和劣势上形成互补。个性品牌策略的优势在于各品牌之间相互独立，互不影响，不能"一荣俱荣"，也不会"一损俱损"。但是，个性品牌策略不利于企业品牌的建立，在品牌建立和品牌管理上产生的费用比统一品牌策略高出很多，同时在新产品的推广上难度也较大。为了综合两种策略的优势，很多企业采取"统一品牌＋个性品牌"的组合策略。

4. 统一品牌与个性品牌并列（Corporate Brand Combined with Individual Brand）

统一品牌与个性品牌并列，是公司品牌和单个产品品牌相结合的品牌策略。这种策略既有效利用了企业声誉，又保证了品牌自身的特点和相对的独立性，如我国一汽公司旗下的"一汽解放""一汽宝来""一汽捷达"；美国通用汽车公司旗下的通用别克（GM-Buick）、通用凯迪拉克（GM-Cadillac）和通用雪佛兰（GM-Chevrolet）。

10.4 国际市场营销的产品包装策略（The International Packing Strategy）

包装具有保护产品、保护消费者、便于携带使用、吸引消费者注意等功能。国际市场营销对于包装在传达产品信息上的要求更高一些。

在国际市场上，对于产品包装、设计，除了依据基本的美观、经济、实用的要求以及准确传递商品信息、彰显商品品质的原则外，还应考虑到营销环境因素、社会文化因素、消费者因素和灰色市场的影响。以下因素在国际市场营销中尤为重要。

1. 国家政策、法规和相关标准的限制（The Limitation of Policy）

世界各国一般根据自己的需要出台不同的包装法规，对产品的包装做出明确的规定。

仅以儿童玩具为例，2017年上半年，欧盟RAPEX系统对中国产的六批次玩具产品由于包装袋不符合标准要求进行通报召回，其中五批次召回原因均为塑料包装过薄，存在造成儿童窒息的危险；一批次召回原因为产品PVC包装材料中含有镉，包装材料不符合欧盟REACH法规有关《包装及包装废弃物指令》的要求。[30]

2. 经济收入因素（Economic Factors）

对于低收入国家市场，国际化企业需要考虑适当减小产品的包装，以适应目标市场相对较低的经济收入和消费水平。例如，百事公司在进入中国市场初期时曾推出15g迷你包装的"奇多"小食品，并将价位定在1元人民币，约为16美分，使中国的小孩子能买得起。

3. 环保的要求（The Requirement of Environment Protection）

相对而言，以欧洲为代表的很多发达国家对于环保的关注程度比其他国家或地区要高。对于包装的环保要求一方面来自国家法规、条例的规定；另一方面来自消费者的认同和选择。有数据显示，欧洲消费者更倾向于购买对环保有益的产品，并且愿意为环保产品付出比普通商品多出15%的价格。

欧盟委员会颁布了生态商标指导原则，并于1992年开始施行。虽然现在还没有任何国家的法律要求产品必须具有生态标签才能出售，但是，Hoover洗衣机作为最早获准使用生态标签的产品，这个标签使得它在德国市场上的占有率增加了两倍，在英国洗衣机市场的高档产品中的占有率翻了一番。[31]

4. 社会、文化因素的影响（Social-Cultural Factors）

社会、文化因素包括颜色、形状、图案、文化禁忌、宗教信仰等多种因素。我们仅以颜色为例，红色在中国多象征火红和喜庆，而在英国却让人联想到血腥。白色在西方国家是纯洁、高雅、庄严的象征，只有黑色才与死亡相伴；在我国白色却被认为是丧事的颜色。在我国常常用于春联的大红色加黑墨的搭配，在俄罗斯通常用于宣布丧事。

5. 气候和自然条件因素（Weather and Natural Condition Factors）

炎热、潮湿、寒冷、干燥、多雨等气候环境会影响产品的质量保持，因此在产品包装设计中应着重考虑气候和自然条件的不同,在包装材料选取、包装工艺等方面做出相应调整。

6. 基础设施的不同(The Difference of Infrastructure)

国际产品包装还要考虑国际运输的特殊性,各个国家、地区的储运条件的差异,分销时间的长短和销售条件的不同。如在非洲和拉丁美洲一些国家,由于道路状况不太理想,用玻璃作为包装材料就不太适用;如果消费品在分销渠道中滞留时间较长,对包装质量的要求也会更高。

7. 灰色市场的存在(The Exist of Grey Market)

灰色市场(grey market)是指通过未经制造商授权的渠道分销商品的市场。在灰色市场中,通过非法渠道进入国际市场的产品,我们称之为"水货"。国际市场营销中,企业常常会遭遇水货的干扰。防止水货干扰的最好办法是针对不同的市场采用差异化的包装,从而帮助目标市场国的消费者轻松识别水货,不给它以可乘之机。

本章小结

1. 国际市场营销策略组合,是企业为特定的目标市场而制定的具体营销手段的组合,内容包括产品策略、价格决策、渠道策略和促销策略(4P策略)。产品策略是营销策略的核心和出发点。
2. 产品是指由企业提供的、用于满足需求的任何东西。产品可以是创意,也可以是有形实体,还可以是一种服务,甚至可以是以上三者的混合。产品整体概念为企业更好地满足国际市场需求提供了理论依据。
3. 产品生命周期理论是指任何一款产品在市场中都要经历从导入、成长、成熟到衰退四个阶段。企业通过持续的产品创新,可以延长产品的生命周期,为企业赢得更多利润。国际产品生命周期理论既能帮助企业准确地辨认技术引发的产业转移,抓住由此带来的市场机会,又能帮助企业及时地调整产品出口结构和国际市场方向。
4. 国际市场营销的产品策略分为标准化策略、差异化策略和新产品策略。标准化策略是指将产品不做任何修改地推向国际市场,目的是获取研发、采购、生产、营销和品牌管理的规模效益。差异化策略是为了更好地适应目标市场的需求而对产品做出调整的策略。新产品策略则是针对目标市场需求而研发生产新型产品或将已有产品向新市场推广。
5. 国际品牌策略分成三个递进式的决策:有品牌或无品牌决策,制造商品牌或中间商品牌决策,统一品牌或个性品牌决策。在品牌策略决策中,国际市场营销和国内市场营销的区别主要体现在制造商品牌与中间商品牌的决策上,而影响品牌决策的因素包括企业的目标、资源情况,制造商与中间商在品牌声誉等方面的优劣势比较,目标市场的宏观环境、竞争格局以及目标市场的消费者因素等。
6. 国际产品策略的最后一个方面是国际产品包装策略。在国际市场上,文化社会因素、地理气候因素、法律政策因素和消费者收入等都是影响企业包装策略制定和实施的关键因素。

案例分析

哈根达斯：从小众向大众的品牌渗透策略

1961 年，哈根达斯冰激凌的创始人鲁本·马特斯正式将自己生产的冰激凌命名为"Häagen-Dazs"，一个出自北欧语系的品牌名称从此开始了它的"哈根达斯一刻"。虽然传统意义上的冰激凌并非起源于美国，但哈根达斯俨然成为最"正宗"的冰激凌的代名词。如今，在全球 55 个国家和地区拥有 700 多家专卖店和几万个零售点的哈根达斯冰激凌，已经成为全球最具人气的顶级冰激凌品牌。

从 1996 年进入中国市场，哈根达斯将其品牌定位于倡导"尽情尽享，尽善尽美"的生活方式，鼓励人们追求高品质的生活享受。一句"爱我，就请我吃哈根达斯"，像"爱情流行语"一样迅速在北京、上海、广州、深圳等城市蔓延开来。一时间，哈根达斯冰激凌成了城市时尚一族竞相追求的时尚食品。围绕"爱情"，哈根达斯可谓做足了文章。

产品方面，哈根达斯以非凡的创意调制出绝妙的"冰火奇缘"、洋溢着英伦风情的"悠然一刻""心花怒放""黑色迷情""爱琴海之舟"等；原料方面，采用象征思念和爱慕的马达加斯加香草、象征甜蜜和力量的比利时纯正香浓巧克力等；环境方面，让消费者围坐在浪漫红烛旁，伴着若隐若现的爵士音乐，在精致杯盘叉碟轻轻碰撞的优雅氛围中，细细品味一款款弥漫着各色情韵的冰激凌；在细节的关注方面，无论是产品设计、手册、海报，还是选址、装修、灯光、线条、色彩等都力求传递愉悦的体验。总之，让哈根达斯成为情感的代言物，这样卖的就不仅是冰激凌，还是"甜蜜一刻"，是象征浪漫的体验。

在这个世界上，也许很多人没能力为爱情一掷千金，但谁会介意让自己的爱情在能力许可的范围内"奢侈"一下呢？毕竟约见在哈根达斯，已经是一种很好的表白。

资料来源：黄江伟. 星巴克与哈根达斯：从小众向大众的渗透 [J]. 企业科技与发展，2008（5）：14-15.

案例讨论

1. 哈根达斯的品牌定位是什么？
2. 消费者购买哈根达斯的目的何在？
3. 如何划分哈根达斯整体产品的三个层次？其核心产品是什么？

复习题

1. 什么是产品的整体概念？
2. 什么是产品生命周期？产品生命周期理论对企业的国际市场营销有什么指导意义？
3. 什么是国际产品技术生命周期？它对企业的产品策略有何影响？
4. 什么是产品组合？产品组合的宽度、深度和相关度对企业营销活动的意义是什么？
5. 请举例说明什么是企业国际市场营销中的产品标准化策略和差异化策略，各自使用的情境是怎样的，两个策略的优势和劣势分别是什么。

6. 什么是企业的国际产品品牌策略？影响企业国际产品品牌决策的因素有哪些？
7. 在国际市场营销中，影响产品包装策略的因素有哪些？

思考与实践题

宏碁计算机

世界著名的宏碁计算机在1976年创业时的英文名称叫Multitech。在全世界，以"tech"为后缀的信息技术公司不胜枚举，因为大家都强调技术（tech），这样的名称没有差异化，又因雷同性太高，在很多国家都不能注册，导致无法推广品牌。因此，当宏碁加速国际化脚步时，就不得不考虑更换品牌。

宏碁选择Acer作为新的公司名称与品牌名称，出于以下几方面的考虑。

（1）Acer源于拉丁文，代表鲜明的、活泼的、敏锐的、有洞察力的，这些意义和宏碁所从事的高科技行业的特性相吻合。

（2）Acer在英文中，源于词根Ace（王牌），有优秀、杰出的含义。

（3）许多文件列举品牌名称时，习惯按英文字母顺序排列，Acer第一个字母是A，第二个字母是C，取名Acer有助于宏碁在报章媒体的资料中排行在前，增加消费者对Acer的印象。

（4）Acer只有两个音节，四个英文字母，易读易记，比起宏碁原英文名称Multitech显得更有价值感，也更有国际品位。

宏碁为了更改品牌名称和设计新商标共花费近100万美元。应该说宏碁没有在法律诉讼上过多纠缠而毅然决定摒弃平庸的Multitech，改用更具鲜明个性的Acer，是一项明智之举。

讨论题

1. 国际市场营销中，品牌的命名有哪些基本原则？
2. "在不良名称上只有负的财产价值"，结合本章内容，谈谈你对这句话的理解。

本章注释

［1］ 极客网．新欢and旧爱 相比iPhoneXS外媒为啥更看好华为P20？［EB/OL］．［2018-10-30］．https://fromgeek.com/latest/202419.html.

［2］ 科特勒，阿姆斯特朗，洪瑞云，等．市场营销原理（亚洲版·原书第3版）［M］．李季，赵占波，译．北京：机械工业出版社，2013.

［3］ KEEGAN W J，GREEN M C. Global marketing［M］. 4th ed. New Jersey：Pearson Education，2005：267.

［4］ 何欣．领克和WEY之后，奇瑞的高端品牌EXEED真的被低估了吗？［EB/OL］．［2018-10-24］．http://sohu.com.

［5］ 华为Mate 20问鼎年度机皇［EB/OL］．［2019-01-29］．https://www.sohu.com/a/260033861_100111157.

［6］ 刘壮志．国产奶粉怎样应对外资品牌进军三四线城市？［EB/OL］．［2010-08-16］．

[7] 美国星巴克咖啡：一种生活风格的全球读本［EB/OL］.［2005-02-24］. http://info.food.hc360.com.

[8] 逯宇铎，常士正. 国际市场营销学［M］. 北京：机械工业出版社，2004.

[9] 凯特奥拉，格雷厄姆. 国际市场营销学（原书第12版）［M］. 周祖城，赵银德，张璘，译. 北京：机械工业出版社，2005.

[10] 荣晓华. 消费者行为学［M］. 2版. 大连：东北财经大学出版社，2006.

[11] 微软计划在马来西亚再推低价软件：源代码是主因［EB/OL］.［2004-03-03］. http://tech.tom.com.

[12] 迫于各国政府压力：微软拟修改全球统一定价制度［N］. 南方日报，2004-10-02.

[13] 微软中国证实微软产品将先在中国等亚洲国家调价［N］. 北京娱乐信报，2004-03-02.

[14] 黄江伟. 星巴克vs哈根达斯：从小众向大众的渗透［J］. 商界（评论），2007（4）110-117.

[15] 海尔在日本［EB/OL］. http://www.haier.com.

[16] 吴晓波. 激荡三十年：中国企业1978—2008（上）［M］. 北京：中信出版社，2007.

[17] Sanette Tanaka. What's Selling Where：Oreo Cookies［J］. The Wall Street Journal, May 1, 2008：B1, B7.

[18] http://www.shanghaigm.com.

[19] http://www.haier.com.

[20] 沈玮. 宝洁"激爽"品牌黯然退市［EB/OL］.［2005-09-05］. http://www.sh360.net.

[21] 中国经营网. 卡萨帝"换道"场景品牌的"周年答卷"2022年一季度营收同比劲增32.3%［EB/OL］.［2022-07-05］. https://finance.eastmoney.com/a/202207052435238625.html.

[22] 车时代周刊. 汽车LOGO遭遇中国式尴尬：误读还是恶搞？［J/OL］.［2007-06-07］. http://www.cheshi.com.cn.

[23] 解元利. 2007年盘点：召回合并重组换标［N］. 大河报，2007-12-28.

[24] 唐文龙. 换标：品牌的"进化"运动［EB/OL］.［2007-11-18］. http://www.boraid.com.

[25] 老店困境突围：中华老字号加速全球出击［N］. 市场报，2007-12-10.

[26] 中国还有多少文化遗产将会被"抢注"［N］. 浙江日报，2006-10-15.

[27] GYBrand（Global Yearly Brand Institute）. 2023年全球品牌价值500强榜单发布 最新世界品牌500强报告解读［EB/OL］.［2023-01-29］. https://zhuanlan.zhihu.com/p/601586512.

[28] 人民网. 世界品牌实验室发布2023年中国500最具价值品牌［EB/OL］.［2023-06-15］. http://finance.people.com.cn/n1/2023/0615/c1004-40014455.html.

[29] Millward Brown Optimor. BrandZ Top 100 Most Valuable Global Brands 2018［EB/OL］. http://www.brandz.com/.

[30] 我国出口玩具因包装袋不合标准被欧盟通报召回［EB/OL］.［2017-08-18］. http://news.pack.cn/show-332946.html.

[31] 凯特奥拉，吉利，格雷厄姆，等. 国际市场营销学（原书第17版）［M］. 赵银德，沈辉，钱晨，译. 北京：机械工业出版社，2017.

第 11 章
国际市场营销的定价策略
International Pricing Strategy

🔸 **重点词汇**

Adaptation Pricing Strategy (policy)　A pricing for the rest of the world of adapting home country prices to local competitive and market circumstances. It also is known as polycentric pricing policy.㊀

Anti-Dumping Duties　According to GATT's Article 6, to be imposed on goods that are deemed to be dumped and causing injury to producers of competing products in the importing country. These duties are equal to the difference between the goods' export price and their normal value, if dumping causes injury.㊁

Dumping　Occurs when goods are exported at a price less than their normal value, generally meaning they are exported for less than they are sold in the domestic market or third-country markets or at less than production cost.㊂

Extension Pricing Strategy (policy)　A pricing policy that requires that the price of an item be the same around the world and that the customer absorb freight and import duties. This is also known as ethnocentric pricing policy.㊃

Invention Pricing Strategy (policy)　A pricing policy in which the company neither fixes a single price worldwide nor remains aloof from subsidiary pricing decisions, but strikes an intermediate position.㊄

Parallel Imports　Occurs when a product made legally (i.e. not pirated) abroad is

---

㊀ http://www.marketingpower.com/.
㊁ http://www.wto.org.
㊂ http://www.wto.org.
㊃ http://www.marketingpower.com/.
㊄ http://www.marketingpower.com/.

imported without the permission of the intellectual property right-holder (e.g.the trademark or patent owner). Some countries allow this, others do not.①

Penetration Pricing Strategy　A pricing policy that sets a low initial price in an attempt to increase market share rapidly.This policy is effective if demand is perceived to be fairly elastic.②

Price　The value of what a consumer exchanges in return for products.It is the formal ratio that indicates the quantities of money goods or services needed to acquire a given quantity of goods or service.③

Skimming Pricing Strategy　A method of pricing that attempts to first reach those willing to buy at a high price before marketing to more price-sensitive customers.④

Transfer Pricing　The pricing of goods and services that are sold to controlled entities of the same organization, e.g., movements of goods and services within a multinational or global corporation.⑤

导入案例

Sony's PlayStation 4 Heads to China

Sony will begin authorized sales of the PlayStation 4 video game console in China on January 11, 2015.This follows a 14-year ban on video game systems in the country.

The PS4 will go on sale for ￥2 899 or about $468.That's, once again, $100 less than Microsoft Xbox One, which went on sale in September 2014 for ￥3 699 or $568. It's an interesting parallel to the domestic launch of both systems.The Xbox One originally retailed for $499, $100 more than the $399 PS4.

This time Microsoft has a few months head-start over the competition, but Sony has the crucial price edge.Both systems face stiff competition from the already-established PC gaming market and the popular free-to-play business model in China, as well as challenges from rampant piracy.

Microsoft will be forced, yet again, to lower prices in the face of competition.But both consoles will face an uphill battle in China.Revenue model challenges, however, may provide insight for both console manufacturers and game makers to experiment even more with F2P models, for better or worse.

This is also a great opportunity for Nintendo to release something undercutting the competition and promote its iconic first-party line of games in China, though both Nintendo and Sony face cultural barriers here, where decades-old resentments still linger.

资料来源：Sony's PlayStation 4 Heads To China In January ［EB/OL］.［2014-11-12］. www.forbes.com.

尽管非价格因素在市场竞争中的作用越来越显著，但是在产品和服务同质化程度越来越高、竞争日趋激烈的国际市场上，价格仍是很多企业制胜的重要法宝。十几年后重新回到中

---

① http://www.wto.org.
② http://www.wto.org.
③ http://www.marketingpower.com/.
④ http://www.marketingpower.com/.
⑤ http://www.marketingpower.com/.

国市场的索尼，以同样的价格策略，对抗早前入市的"Microsoft Xbox One"，仍旧是100美元的价格优势，仍旧是真金白银的价格厮杀。

价格是消费者为获得一定数量的产品或服务所须付出的货币数量，或者说是产品或服务价值的货币表现。价格还是营销组合中唯一能产生收入的因素，其他因素均表现为成本。因此，价格直接决定着企业市场份额的大小和盈利率的高低。

价格策略是企业营销组合策略的重要构成部分。随着国际贸易的不断增长，国家和地区间合作与竞争态势的演变，国际营销环境变得日益复杂，定价决策的难度也越来越大。既要考虑成本问题（资源成本、人力成本、流通成本、税收成本等）、市场竞争状况和消费者接受能力，又要考虑由汇率、通货膨胀等因素引起的资金成本变化，还要考虑目标市场的社会文化因素和法律法规因素的影响以及由此产生的成本变化。

价格策略是市场营销中最具弹性的一个策略。企业可以通过价格策略快速、及时地修正基本定价，应对消费者和竞争者的变化，其他策略的调整则相对较难，费时、费力、成本高、见效慢。

11.1　国际产品价格的构成（The Composition of International Price）

产品价格由四个部分构成：生产成本、流通成本、税金和利润。在国际市场营销和国内市场营销中，产品价格的四大构成部分没有区别，只是在每个部分中的具体构成要素（例如，国际市场营销中的关税、国际运费是国内营销所没有的）和各个部分在价格构成中所占的比例上有所不同。

1. 生产成本（Production Costs）

成本是产品价格的主要组成部分，它给定了产品价格的底线；也就是说，产品的售价至少要涵盖全部的制造费用，即**固定成本**（fixed costs）和**可变成本**（variable costs）。但是在国际市场营销中，当企业的战略目标定位在快速进入国际市场或在新的国际市场上迅速推广产品、赢取市场份额、抢占市场地位时，企业可能采用**变动成本定价法**（variable-cost pricing），以低于国内市场净价的价格打击竞争对手。除此之外，国际市场营销与国内市场营销在成本上的差异还体现在由于产品差异性策略所导致的制造成本的不同，如为了适应目标市场在度量衡制度上、基础设施上的不同而做的修改会带来产品成本的增加，也可能因为产品简化（如删除部分功能）而带来成本的减少。

2. 流通成本（Distribution Costs）

在国际市场营销中，由于流通渠道的加长，牵涉到长途运输、装卸、货运储存、保险、申请进（出）口许可证和保管纳税等国际市场营销中特有的程序，会带来流通成本的明显增加，从而抬升产品的最终价格。

3. 税金（Taxes）

在国际市场的价格构成中，税金主要由关税和一般流转税组成。其中，关税是国际市场营销所特有的，是对商品从一国进入另一国所征收的税费，是当地政府为了保护本国市场或增加政府收入而征收的特殊形式的税。此外，出口商品在目标市场国仍须缴纳一般流转税（包括增值税、消费税、零售税和营业税等）。自 2015 年 6 月以来，我国已连续四次降低部分消费品进口关税，平均降幅 55%。自 2017 年 12 月 1 日起，我国以暂定税率方式降低部分消费品进口关税。[1]

> **营销透视 11-1　　2018 年消费品关税调整新动向**
>
> 　　自 2018 年 7 月 1 日起，我国降低 1 449 个税目的日用消费品进口关税，占到所有进口消费品总税目的七成之多，平均降幅更是达到了 55.9%。此次降税商品涵盖食品、服装鞋帽、家具用品、日杂百货、文体娱乐、家用电子、日化用品、医药健康等八类日用消费品。
> 　　在这次降低进口商品关税的税目当中，品类最多的是服装鞋帽。以棒球帽为例，此前的关税税率为 20%，而从 2018 年 7 月开始降到 8%，降幅达 60%。药品类税目数量虽然不多，但是降税幅度却高达 91.6%，因此受到消费者最广泛的关注。品类主要涉及老百姓日常看病需要的抗生素，包括糖尿病患者用的胰岛素，平均税率由 3%～6% 降为 0，实施降税以后，北京口岸将减税 7 500 万元。
> 　　此次日用消费品降税的规模达到了前四次降税总数的 7 倍。连续多次的系列降税政策，是国家实实在在地让利给市场，然而在终端的消费者能从中得到多少实惠呢？
> 　　以汽车行业减税为例，自 2018 年 7 月起，我国降低汽车整车及零部件进口关税。政策实施后，1 年至少有 450 亿元减税规模让利给市场。同时，汽车零部件年降税规模也达到了 78 亿元左右，为价格下调提供了空间。
> 　　关税只是促进价格下降的因素之一，而流通环节影响汽车价格的因素还有很多，最终要由市场流转周期而定，因此整车进口的终端价格短期内可能不会有大的变化。而在日用消费品降税方面，消费者或许也不能马上看到终端价格的变化。
>
> 资料来源：商务部官网．一图看懂消费品关税调整新动向 [EB/OL]．[2018-07-05]．http://mofcom.gov.cn．

4. 利润（Profit）

利润分成两个部分：一部分为中间商提取的利润，另一部分为制造商的利润。在国际市场营销中，由于产品在国际市场中要经历更多的销售环节、更长的销售时间，中间商承担的风险损失也相应增加，所以中间商的利润加成比重增加，有些情况下，中间商的毛利甚至可能会超过制造商的毛利。中间商利润分成的增加，增加了国际产品的成本，进而提高了产品最终价格。

11.2　影响国际定价的因素（The Elements Influencing International Pricing）

　　产品定价是企业一项复杂而重要的决策，因为价格既是产品在市场中竞争能力的体现，又是关系企业利润的重要因素。价格制定得合适与否,关乎企业的生存和发展。在国际市场营销活动中,企业的定价受到比国内市场更多因素的影响和制约,定价过程也更复杂;同时,企业的国际定价也比国内定价更为敏感,体现在过高定价引发的转移定价质疑或过低价格可能招致的反倾销诉讼甚至制裁。

在国际市场营销中,影响与制约产品定价的因素有六大类:政府因素、经济因素、国际价格协定、市场竞争、消费者因素和企业因素。

1. 政府因素(Governmental Factors)

政府对价格进行调控的主要方法包括规定最低限价和最高限价、限制价格变动水平、规定零售价格、实施价格补贴、直接参与国际市场竞争和买卖行为以及采取反倾销措施等。在价格过高、过低或者价格协定违背了公平交易或消费者利益时,政府常常通过关税、配额、限价和禁止价格协定等手段,干预、限制企业的定价自由。当跨国公司为逃避税收、转移利润而采用转移定价策略时,政府也可以通过以上手段防止企业利润大量向海外转移,避免国家税收流失,同时保护本国企业免受低价格的冲击和损害。

2. 经济因素(Economic Factors)

影响企业定价的经济因素主要为目标市场的收入水平和消费者的购买力。2004年,微软推出为亚洲市场定制的产品,采用了"反映一个国家的生活成本"的价格制定策略;2007年8月,微软中国正式宣布 Windows Vista 操作系统中文版彩包产品价格大幅度调整,一款产品的最高降幅超过千元。截至2007年8月,Vista 已经在全球销售了6 000万套,成为微软史上销售最快的产品。[2, 3, 4]麦当劳的定价策略异曲同工,理解麦当劳的定价,只需要知道一个人购买一个巨无霸汉堡须工作的时间(McDonald's price can be understood in tems of the length of time a person must work to earn enough money to buy a Big Mac)。[5]2014年11月苹果专门针对中国大陆地区的 App Store 推出了1元促销政策,在国内消费者中引发"正版狂潮",应用下载量几乎相当于前一周的12倍。[6]

国际市场营销中影响企业定价的另一个经济因素是汇率因素。汇率直接影响国际营销企业的出口成本和进口成本,从而影响企业的销售额和利润,进而影响一个国家的贸易顺差和逆差。

3. 国际价格协定(International Price Agreement)

国际价格协定是同行业之间为避免国际市场中的恶性竞争(尤其是降价竞争)而采取的价格联盟。协定可以是企业自行达成的,也可以是由政府推动的。欧佩克是众所周知的国际卡特尔(cartel)组织,掌控全球石油产量的67%,实际上控制了全球油价的走势。国际价格协定主要有以下几种形式:国际协定、同业公会(trade associations)协定、卡特尔、联合协定和专利授权协定。

4. 市场竞争(Market Competition)

供求关系的不平衡(供大于求)和激烈的市场竞争限制了企业的定价自由。全球化条件下的跨国公司,常常不得不以竞争对手的价格作为定价的参考和依据,甚至追随竞争对手的定价，以顺应行业价格。宝马与奥迪、麦当劳与肯德基、伊利与蒙牛的价格竞争是彼此竞争的重要手段之一。

> **营销透视 11-2　　　　特斯拉打响汽车降价第一枪**
>
> 2022年10月24日，特斯拉官网显示，在售Model Y及Model 3全系车型下调售价，降价幅度为1.4万元～3.7万元。其中，入门级的Model 3后驱版，降价1.4万元，补贴后售价为26.59万元；入门级的Model Y后驱版，降价2.8万元，补贴后售价为28.89万元。降价幅度最大的是Model Y长续航版，售价为35.79万元，降价达到3.7万元。特斯拉降价的原因有以下几点。
>
> 首先，特斯拉面临着完成销量目标的压力。2022年特斯拉的全球销量目标是150万辆，截至Q3的交付量为91万辆，还有60万辆的缺口。从2022年前三季度的销量情况来看，特斯拉市场增速明显下滑。而特斯拉在中国市场却增长迅猛，2022年8月、9月的销量均达到了8万辆。特斯拉要想完成剩下60万辆销量的目标，没有理由不在中国市场发力，特斯拉使出降价大招也在情理之中。
>
> 其次，新能源汽车购置补贴结束。国家新能源汽车购置补贴政策于2022年12月31日终止，之后上牌的车辆不再享受补贴。本来Model Y不在新能源补贴范围内，但特斯拉通过本轮调价把它的价格降到了299 988元，比30万元的补贴门槛低了12元，这样就能享受到1.11万元的国家新能源汽车购置补贴。
>
> 最后，市场需求减弱，特斯拉的订单不足。数据显示，特斯拉在华积压的订单在减少，2022年7月、8月、9月的订单分别为18万辆、8.6万辆、1.6万辆。到了2022年10月初，这一数字变成了1.08万辆。
>
> 如何刺激市场需求？降价无疑是最有效的手段。
>
> 资料来源：东方财富网. 车市众生相：特斯拉拿起降价屠刀，到底谁最受伤［EB/OL］.［2022-10-26］. https://caifuhao.eastmoney.com/news/20221026190045107123930.

特斯拉降价有高毛利率作支撑。2022年Q1季度，特斯拉的毛利率已经达到32.9%，主要原因有三个：①它搭建的零部件自研模式有效地降低了生产成本；②全球累计超过300万辆的汽车规模化生产，摊薄了生产成本；③特斯拉通过不断优化生产工艺，持续降低成本。

5. 消费者因素（Consumer Factors）

消费者因素是影响价格决策的重要因素之一。消费者因素包括消费态度与行为、消费者的购买意愿、消费者的购买力和消费者的**价格敏感度**（price sensitivity）等。

在消费者态度中，消费者对某个国家或地区的态度影响消费者对产品价格的接受度。例如，在中国，西方国家的商品价格一般比市场价格高出20%～30%。除了高额进口税所导致的外国商品价格升高以外，还有一个原因就是中国消费者对外国商品刮目相看的消费态度。因此，较高的价格成为很多来自发达国家的跨国公司在发展中国家所实施的市场品牌策略中非常重要的一环。[7]与之相对应的，我国制造的产品在较长一段时间内以价格低廉著称，"MADE IN CHINA"在很大程度上等同于低质廉价，这样的消费者态度和认知对中国企业的海外营销非常不利，严重地限制了企业的定价空间，影响了企业的盈利能力。

6. 企业因素（Enterprise Factors）

（1）企业目标。它包括企业的全球目标和企业在某个市场的具体营销目标。通常来说，致力于全球市场的企业，较之将海外市场看作国内市场补充的企业，定价策略更具雄心，目标更长远。具体到某个海外市场中，企业的营销目标可能是立足生存、追求利润、迅速占有市场、快速回笼现金或者致力于品牌树立。不同的目标会影响企业定价的高低，以立足生存和迅速占有市场为目标的企业倾向于采取低价格策略，而追求利润和致力于品牌树立的企业则更多地采用高价策略。2001年，长虹提出"强占低端与抢占高端市场并举"的市场战略，在利用自身的规模优势最大限度地挤占全球低端产品市场份额的同时，开发出300多项新产品，抢滩高科技家电产品出口市场。长虹先后推出的数字高清彩电、数字高清背投彩电、LCD彩电、PDP彩电、彩电+DVD以及彩电+DVD+VCR、DVD+VCR组合产品、数字家庭影院、数字变频空调、数字卫星接收机等一系列数字化产品，受到国际市场客户的普遍欢迎，高附加值产品的出口比例已占长虹海外营业收入的60%以上。[8,9]

（2）企业成本因素。在国际市场营销中，产品的制造成本可能受益于全球生产基础上的规模效益和海外生产基地的低资源成本因素而有所下降，也可能因为产品差异化策略而发生变化（研发和改动导致的成本上升，功能减少而导致的成本下降）。此外，流通成本也会因为流通渠道的延长、运输距离的加大、关税和相关进出口费用的产生而上升。

国际市场营销中由于汇率变动和币值变动而导致成本变动的情况也很常见。跨国公司在长期合同中或当付款有可能推迟好长一段时间的情形下，应充分考虑汇率波动、币值变动以及目标市场国的通货膨胀或通货紧缩等因素引起的风险。20世纪90年代，我国国有感光企业汕头公元厂与日本富士公司签订了320亿日元引进设备的合同，签字时美元兑日元的汇率是1∶260。等到支付时，由于日元兑美元的大幅升值，中方付给日方的320亿日元，已从原来的1.25亿美元，变成了2.5亿美元，加上利息，债务共计40亿元人民币。[10]

尽管影响国际定价决策的因素有很多，包括定价目标、成本、竞争、消费需求、政府干预和国际价格协定，但总体上来说，企业目标是定价的出发点和指导方针，成本是依据，其他的是影响和限制定价的因素。实证研究还表明，总成本是影响定价的最重要因素，竞争者竞价策略次之，接着是企业的出厂成本、投资收益政策和消费者购买力。[11]

11.3 国际市场营销的定价方法（The Approaches to International Pricing）

影响国际市场营销中产品定价的主要因素可归结为两点：成本和市场。成本给定了产品价格的底线，市场给定了价格的高限，即产品既不能低于成本，也不能高于市场接受能力。如果再加上竞争的因素，产品的定价方法有三种：成本导向定价法、市场导向定价法和竞争导向定价法。

11.3.1　成本导向定价法（Cost-Oriented Pricing）

成本导向定价法是以产品的成本为基础来确定产品价格的定价方法，即以成本为基础，加上适当的期望利润。具体的成本导向定价法有**成本加成定价法**（cost-plus pricing）、**目标利润定价法**（target-return pricing）和**边际成本定价法**（marginal-cost pricing）。

边际成本定价法，又称**变动成本定价法**（variable-cost pricing），是以变动成本为基础，不计算固定成本的定价方法。由于是不计固定成本的不完全成本定价，产品的价格较低，所以适用于企业将价格作为主要市场竞争手段以打击或排斥竞争对手的情况；在国际市场营销中，尤其适用于企业在将产品打入国际市场的初始阶段，致力于尽快赢得市场份额的情形。

成本导向定价法由于易于掌握和运用而为企业所广泛采用。但是，这种定价方法的缺点在于：成本的界定和计算可能很麻烦（成本中应包括所有的成本）；没有从消费者的利益出发考虑产品的定价，忽略了市场竞争。因此，这一定价方法在强调成本的同时，可能会制约定价的灵活性。

11.3.2　市场导向定价法（Market-Oriented Pricing）

市场导向定价法是一种根据消费者对产品价值的认知和需求的强度，即消费者的价值观来决定价格的方法。通常来说，消费者对企业产品的价值认同越高，产品的定价越高；市场对产品的需求强度越高，产品的定价越高。这正是在国际市场上具有较高品牌知名度的国际化企业，通常可以给产品定一个很高价格的原因所在。市场导向定价法包括价值认同定价法和需求差别定价法。

11.3.3　竞争导向定价法（Competition-Oriented Pricing）

竞争导向定价法是以市场上相互竞争的同类产品价格作为定价的主要依据，确定自己产品价格的定价方法。虽然主要以竞争状况的变化确定和调整价格水平，但这一定价方法兼顾了产品的成本和市场的需求，因此是企业应用较多的定价方法。

蒙牛是将竞争导向价格策略运用得炉火纯青的企业之一。面对国外竞争对手，蒙牛采用"第一的品质，第二的价格"策略。以北京市场为例，在几乎所有超市中，蒙牛选择消费者熟悉的帕玛拉特（Parmalat，意大利前乳品巨头）作为定价的参考，不仅产品紧贴帕玛拉特摆放，价格也总比帕玛拉特低 0.1 元，以致有人惊呼"草原的帕玛拉特来了"。在香港市场，蒙牛则以保利（Pauls）为定价参照，价格始终低于保利。面对国内竞争对手，尤其是伊利的挑战，蒙牛则坚持"贵 0.1 元"的定价策略，在收获更大利润的同时，树立了"东西好自然卖得贵"的品牌形象。[12] 通过竞争导向的定价策略，蒙牛击败了国内外的强大竞争对手，迅速抢占国内市场。

11.4 国际市场营销的定价策略（The International Pricing Strategy）

给产品制定一个恰当的价格是企业市场营销成功的关键——合适的产品、恰当的渠道和正确的促销，还需要正确的价格。国际市场营销的定价策略包含两个方面的内容：一个是产品的价格制定；另一个是产品在国际市场竞争中的价格调整，主要是指企业在某一个特定市场中的价格应对。例如，应对竞争者的价格调整、不同季节和时段的价格调整、针对零售商的折扣定价以及地区的差异定价。在国际定价决策中，与国内市场营销的主要区别体现在第一个方面的决策，我们也将重点放在新产品的定价策略上。

11.4.1 统一定价策略、多元定价策略与协调定价策略（Extension Pricing Strategy，Adaptation Pricing Strategy and Invention Pricing Strategy）

企业在国际市场营销中会遇到这样一个问题：同一种产品在世界各国市场上是保持一致的价格，还是针对各国的不同情况，制定不同的价格？如果考虑文化、经济发展水平、消费者因素、市场竞争和政府政策、法律和法规等环境因素，企业会针对不同的市场制定不同的价格，即多元定价策略；与此对应的，则是忽略所有的环境因素，忽略各国的生产成本、竞争、分销渠道及分销成本等因素的差异，在不同的市场采用完全相同的价格策略，即统一定价策略。由于两种定价策略均有各自的优势和适用情境，也有相应的缺点，协调定价策略正为更多的跨国公司所重视和采用。

1. 统一定价策略（Extension Pricing Strategy）

统一定价策略是指企业的同一产品在国际市场上采用同一价格的策略。这里的同一价格是指母公司与各国子公司的同一产品，其出厂价折合为同等金额的母国货币或同等金额的可兑换货币。

统一定价策略适用于拥有垄断或差异化寡头垄断优势的公司，如波音公司出售给全球所有国家的喷气式飞机，都是统一定价的；统一定价策略还适用于产品导入阶段，市场仅局限于少数创新使用者的情形；另外，采用直销方式的产品也可以采用全球统一定价策略。

统一定价策略的好处在于：简单易行，企业可以忽略甚至不需要调研和掌握目标市场国的环境、市场和消费者等信息；有利于企业建立全球统一的公司形象和产品形象；有利于公司的价格管理和营销管理，避免平行进口（parallel imports）现象的发生。

与统一定价策略的优势一样，这一策略的劣势也很明显。在国际市场中，产品的成本因不同市场中税赋水平、中间商利润、汇率变化等因素的差异而很难统一。加上不同国家的市场状况差异、竞争程度差异和竞争对手的情况差异，统一定价在不同的市场中可能会因为价格过低而失去获取最大利润的机会，也可能会因为价格过高而失去竞争力，从而影响企业在不同市场的利润水平甚至竞争力。

统一定价策略的弊端使得这一策略越来越少地为跨国公司所使用，取而代之的是多元定价策略。

2. 多元定价策略（Adaptation Pricing Strategy）

与统一定价策略相反，多元定价策略是指企业在不同的市场中允许采用不同价格的策略。多元定价策略的最大优势是充分考虑了各国市场竞争、市场条件和消费者的具体情况，体现了各国市场实际存在的差异，能够更好地满足各国市场的实际需求。

营销透视 11-3　　1 元促销的力量　十倍下载的增加

美国一家名为 Flurry 的移动数据分析平台跟踪了 2014 年智能手机应用的使用量，发现 2014 年智能手机应用使用量较 2013 年增长了 76%，其中购物和生活方式类应用的使用量增速达到 174%，是平均水平的 2 倍还多，位列各大类之首。

早前有数据显示，中国大陆目前已成为全球 App Store 下载的第二大市场，然而付费率只有全球的 3%，苹果的计划就是要依靠 1 元政策来改变中国大陆 App Store 的付费市场。

2014 年 11 月，苹果专门针对中国大陆地区的 App Store 推出了 1 元促销政策，即应用或软件的价格最低降至 1 元人民币，这一政策在国内消费者中掀起了"正版狂潮"，一时间"买买买"的声音不绝于耳。根据应用分析机构 App Annie 公布的数据，中国大陆地区的 App Store 开启 1 元促销之后的当周，应用下载量几乎相当于前一周的 12 倍。

虽然促销结束的后一周 App Store 下载量急剧下滑，但由于苹果已经宣布在中国大陆地区 App Store 永久保留 1 元和 3 元的定价，因此这一周的下载量比起促销之前仍然大幅领先。据了解，虽然促销当周一些应用的价格由几十元降至 1 元，但由于下载量成倍上涨，开发者的收益并没有因此降低。

资料来源：1. 1 元促销的力量：App Store 下载增长近 11 倍［EB/OL］.［2014-12-15］. http://www.feng.com/.
2. 张轶骁. 手机 App 去年用量增七成　购物应用最火爆［EB/OL］.［2015-01-09］. http://www.bjnews.com.cn/.

决定企业是否采用多元化定价策略的因素有很多。如 2003 年微软曾在泰国推广仅售 20 英镑的 Windows XP 简化功能修订版，原因除了"反映一个国家的生活成本"以外，还迫于政府源代码的压力和亚洲市场大量盗版软件的冲击。当企业在不同的国家或市场具有不同的战略目标和营销目的时，多元化定价策略也是一个很适用的定价方法。

多元化定价策略的最大弊端在于由不同市场的价格差异而导致的平行进口。当产品在不同国家或市场的价格差异很大，大到足以涵盖国际运费和中间商利润，且仍有利可图时，平行进口就发生了。

3. 协调定价策略（Invention Pricing Policy）

在统一定价策略中，跨国公司的定价决策权集中在母公司层面，而多元定价策略的定价决策权却在子公司层面，介于两者之间的是协调定价策略，即跨国公司对同一产品既不采用统一价格，也不完全放手各个子公司独立定价的策略。协调定价策略既综合了统一定价策略和多元化定价策略的优点，又克服了两者的缺点；既考虑了母公司的整体利益，又兼顾了子公司的特殊利益；既维护了定价的计划性，又保持了定价的灵活性。因此，该策略为更多的跨国公司所奉行和采用。

11.4.2 撇脂定价策略与渗透定价策略（Skimming Pricing Strategy and Penetration Pricing Strategy）

跨国公司向国际市场推出新产品时，有两种策略可供选择——撇脂定价策略和渗透定价策略。

1. 撇脂定价策略（Skimming Pricing Strategy）

撇脂定价策略是指在新产品进入目标市场的初期，制定较高的价格，在竞争对手推出相似产品之前，最大限度地、迅速地赚取利润，收回产品投资。20世纪90年代末的中国，随着人们购买能力的提升和国家政策的鼓励，汽车成了新的消费热点。进口汽车通过高价格撇脂定价策略赚取市场暴利，同等性能的汽车，其价格在中国市场与美国市场差异极大，如大众甲壳虫在中国的售价是美国的3.36倍，别克是2.36倍，丰田花冠是2.8倍。[13]

撇脂定价策略适用于以下几种情境。

- 专利保护产品、高新技术产品或独家经营的产品、没有或很少有竞争对手的产品。
- 产品具有较高的品牌认知度或很高的质量，消费者愿意为此付出高价。颇受诟病的奢侈品在中国的高定价引发了人们对于中国奢侈品税的大讨论。其实，除了税收导致的产品价格飙升以外，消费者对国外产品的品牌与质量的认同，以及愿意为此付出的高价格，才是"国际化"品牌能够实施撇脂定价策略的真正动因。以一瓶兰蔻的"小黑瓶"为例，在中国的兰蔻官方网站上，我们看到一瓶50mL的兰蔻"精华肌底液"售价为1 080元人民币，而在韩国仁川机场的免税店里，100mL的兰蔻"精华肌底液"仅售175美元，约合人民币1 103.02元。容量加倍，价格却基本等同，这意味着国内消费者为了购买同样的产品要付出双倍的价格。
- 市场有足够的需求，且需求缺乏弹性，也就是说消费者对产品的需求不会因为价格高而大量减少。

与汽车企业类似，当大批消费品跨国公司以品牌为武器进入中国市场时，撇脂定价策略常被采用，如嘉士伯啤酒、桂格食品、联合利华、可口可乐等。

营销透视 11-4　　　可口可乐在中国的价格策略

In 1979, when Coca-Cola entered Chinese market, it captured just a sliver of the market at its first by offering its high-profile (and pricy) soft drink. Twenty years later, Coca-Cola reduced expenses by manufacturing locally, setting up 34 bottling plants and forming partnerships with three bottling groups to create a low-cost, efficient distribution network. It now sells more than 20 different drinks for about 25 cents a can and 12 cents a returnable glass bottle, only slightly more than local brands. Even its marquee Coke brand sells for only 10% to 15% more than the most popular local brands. As a result, Coke sells more than half of all carbonated soft drinks in China and generated more than $2 billion in revenue in 2003.

资料来源：http://bbc.icxo.com。

2. 渗透定价策略（Penetration Pricing Strategy）

与撇脂定价策略相反，渗透定价策略是在产品进入新市场时，尽可能地压低产品的价格，在迅速打开市场的同时，通过低价格防止竞争者的进入，保持并不断扩大企业的市场份额。或者市场新进入者为了迅速抢夺原有市场领导者的市场份额，低价销售高质量产品，以牺牲短期利益换取领先的市场地位。

2022年9月，（拼多多海外版Temu）率先闯入北美市场，凭借超低价策略在与亚马逊和沃尔玛的竞争中杀出一条血路。2023年7月1日，Temu在日本上线，一举成为日本App Store"购物"类第一。同年7月25日，Temu韩国站正式上线，拼多多的低价风暴一路从北美卷到了东亚，已进入了全球27个国家和地区。

营销透视 11-5　　拼多多跨境出海　处处砍一刀

2022年9月1日，Temu在美国上线以后，连续半年持续霸占App Store下载榜首。截至2023年6月，Temu在美国的月活跃用户数达到4 200万。

打开北美市场之后，Temu在2023年4月先后上线了英国、德国、意大利、法国、荷兰、西班牙六个欧洲站点；紧接着又于7月1日上线日本站；7月25日，Temu韩国站正式上线，拼多多的低价风暴一路从北美卷到了东亚。

海外市场上线一年之际，Temu的脚步不停，开放中东站点，从欧美等发达国家和地区进一步拓展到东南亚等发展中国家和地区。

打开Temu刚刚上线的韩国站网页，首页置顶跳动的字符直接告诉用户——已经"砍"掉了商品原价的90%。在这里，你可以用500韩元（约2.8元）左右的价格买一个针线包，也可以花不到2万韩元（约110元）买一个空调扇。

"拼多多日本站的宠物梳子售价328日元（约17元）一把还包邮。我们自己发货邮费就要600～700日元（约30～35元），这还不含梳子成本价、平台佣金、关税和消费税。"来自深圳的卖家汪明（化名）向时代财经展示了同行的抱怨。

资料来源：时代财经. 拼多多出海狂飙，低价风暴卷到日韩，所到之处都是"砍一刀"[EB/OL].［2023-07-29］. https://finance.sina.com.cn/stock/relnews/us/2023-07-29/doc-imzeipay1226140.shtml.

采用渗透定价策略的企业应具备雄厚的实力，足以承担由于低价策略所导致的新产品进入期的亏损；同时具备迅速扩大生产和销售的能力，以规模弥补低价格带来的损失；或者拥有较低的土地成本、资源成本、人力资源成本等。我国企业采取低价渗透策略基本上是基于这样的优势的。

20世纪80年代，温州打火机生产商以大规模的生产、低廉的价格、多样的款式，使温州成功地取代了20世纪60年代以来的世界三大打火机生产基地——日本、韩国和中国台湾地区，成为世界的打火机王国；[14]日本的爱华音响在中国市场采用了薄利多销的定价策略，以更接近中国品牌的价格销售高保真音响（质量不比日本的索尼逊色多少），而避开同样来自日本的、昂贵电子消费品牌索尼的竞争。[15]

撇脂定价策略和渗透定价策略各有各的优劣势和使用情境。企业在实际应用中，应充分考虑企业的市场目标、企业的资源状况、产品的需求弹性以及目标市场的竞争状况等因素，选择最适合企业的定价策略。同时，应根据情况的变化及时转换定价策略。在进入中国市场的最初阶段，可口可乐采用撇脂定价策略，最大限度地获取利润。随着时间的推移和公司的不断发展，大规模的本土化支撑了可口可乐的成本降低，定价策略随之转向低价策略。

11.4.3　国际市场营销中的价格调整策略（The Pricing War in International Marketing）

企业在制定了相应的价格策略之后会发现，由于市场竞争的动态性，不得不时时调整价格。这样的调整有可能是主动的价格调整，也可能是因竞争者的价格变动而做出的被动调整。就价格的调整方向，可以分为降价策略和提价策略。

1. 降价策略（Price-cut Strategy）

自 1996 年长虹在中国市场掀起价格战高潮以来，很多中国企业或主动或被动地把降价当作最主要的竞争手段。从行业来看，价格战波及家电领域、服装行业、零售业、民航业、运输业、国产汽车业、通信业、餐饮业、图书市场以及生产资料领域；[14]从市场范围来看，价格战由中国蔓延到世界的每一个角落。2000 年左右，许多国外家电品牌酝酿将生产线搬迁至中国，为与中国家电企业在未来全球市场中的价格战做准备。[16]随着中国经济的发展和人均收入的提升，劳动力成本不断攀升，包括中国在内的世界企业又将制造和生产向具有更低劳动力成本的国家和地区转移，中国企业进入微利时代，亟待转型以谋求生存和发展。

2002 年，科特勒教授在名为"微利时代与全球化时代的营销策略"的演讲中，着重强调了全球"微利时代"的概念与中国市场在全球"价格战"和"微利时代"中的重要作用。美国女作家萨拉·邦焦尔尼在《离开"中国制造"的一年》一书中，描述了一个美国家庭抵制"中国制造"近一年后终于发现："没有中国产品的生活一团糟。"该书生动有趣地揭示了中国制造带给全球的方便和低价格以及"中国制造"的不可或缺。

降价不会是长期的竞争手段。当价格降到一定程度时，无论是主动降价的企业还是被动跟随的企业都很难从中受益。价格战也不等同于降价战，以差异化的产品、高端的定位和较高的价格参与竞争同样是价格战的手段和方法。在全球市场不断推出低价位一次性刀具的情况下，吉列以差异化的产品 Sensor 和产品的高端定位赢得了另一片天空。

2. 提价策略（Price-increase Strategy）

近年来越来越多的中国企业向高端市场高歌猛进：2011 年 5 月，娃哈哈的"爱迪生"奶粉高调入市，直击高端市场；维维集团也联合澳大利亚塔图拉乳业公司，定制原装进口奶粉进军高端市场；[17]吉利汽车借帝豪进入欧洲市场，收购沃尔沃冲击国内汽车中高端市场。[18]除了针对单个产品的定价决策外，企业还需要对企业所生产的所有产品（即产品组合）做出相应的定价决策，包括**产品线定价法**（product-line pricing）、**任选产品定价法**（optional-product pricing）、**副产品定价法**（by-product pricing）和**附属产品定价法**（captive-product pricing）。由于产品组合定价策略不是国际市场营销所特有的定价策略，本书在这里不多讲述。

11.5 国际定价中可能遇到的几个问题（Some Problems Related to International Pricing Strategy）

11.5.1 倾销与反倾销（Dumping and Anti-Dumping）

依据 WTO 协议规定，**倾销**（dumping）是指某成员国商品以低于其国内贸易正常价值的价格进入进口国市场。倾销有三个必要条件：产品以低于正常价值或公平价值的价格销售；这种低价销售的行为对进口国产业造成了损害；损害与低价之间存在因果关系。只有同时具备了上述三个条件的低价销售行为，才能够依据反倾销法采取反销售措施，征收**反倾销税**（anti-dumping duty）。

营销透视 11-6　　　反击贸易霸凌主义，维护和捍卫中国利益

中美经贸关系一直是中美两个大国关系的"压舱石"和"稳定器"。但是自 2018 年以来，美国采取单边主义措施，挑起贸易战，导致中美之间贸易摩擦和争端不断升级。2018 年 3 月，美国炮制出所谓 301 调查报告。7 月 6 日，美国不顾多方反对，对中国 340 亿美元输美产品加征 25% 关税。8 月 23 日，美国对另外 160 亿美元中国输美产品加征关税。

美方加征关税，歧视性给予中国产品高税率，罔顾最惠国待遇原则，是对世贸组织原则的违背。根据最惠国待遇规定，各世贸成员对来自不同成员的产品应"一视同仁"，将优惠关税等待遇普遍、无条件、立即和非歧视地给予全体世贸成员。而美方采取的一系列行动，使得中国产品被单方面加征高关税，将中国产品排除在与其他世贸成员享受同等税率水平之外，失去公平公正的竞争地位，公开违反了最惠国待遇原则。

美国为维护其绝对霸主地位，不惜破坏世界贸易秩序，肆意挥舞关税大棒，予取予求、唯我独尊，其强权霸道的嘴脸暴露无遗。人间自有公道在。面对经贸摩擦，中方承诺不打第一枪，但为了捍卫国家利益和人民群众利益，不得不被迫作出必要反击。中国不是独自在战斗，也不只是为了自己而战斗，中国坚决反击贸易霸凌主义，既是维护和捍卫中国利益，也是维护和捍卫全世界人民共同利益。

资料来源：人民网. 人民要论：理性认识当前的中美贸易摩擦［EB/OL］.［2018-08-29］. http://opinion.people.com.cn/n1/2018/0829/c1003-30257035.html.

但是，针对我国企业的反倾销措施很大一部分是因为"不可持续的"贸易逆差。欧盟贸易专员彼得·曼德尔森（Peter Mandelson）曾经警告：如果中国不能帮助减少（欧盟对华）"不可持续的"贸易逆差，欧盟可能将被迫采取反倾销举措，以保护自身免受中国出口产品的冲击。[19] 这里的"不可持续的"贸易逆差被归因于中国的汇率政策，2018 年前三季度，中国进出口总额为 3.43 万亿美元，增长 15.7%。其中，出口 1.83 万亿美元，增长 12.2%；进口 1.61 万亿美元，增长 20.0%；顺差 2 214 亿美元，收窄 25.1%。[20]

11.5.2 国际转移定价（The International Transfer Pricing）

国际转移定价是跨国公司在母公司与各国子公司或各国子公司之间转移产品和劳务所采用的内部交易价格，是国际化企业为谋求利润最大化而采取的一种手段。这一定价策略制定的出发点是减少关税和所得税支付，规避风险（将资金从高通胀率、严格外汇管制或政治、军事动荡的国家和地区尽快转出，减少滞留）。

企业在利用转移定价规避风险、获取最大利润的同时，对子公司所在国不可避免地造成利润和税收的损失。2000年在华的外资企业自报亏损额竟达1 260亿元，60%的在华外商直接投资企业自称是亏损的。隐藏在背后的定价转移直接造成了我国巨额的税收流失。[14] 为了应对国际化企业的这一策略，有的国家制定了相应的法律、法规，要求国际企业制定内部转移价格时能遵守公平交易的原则，减少目标市场国损失，保护目标市场国的正当利益。

11.5.3 平行进口（Parallel Imports）

平行进口是指未经相关知识产权权利人授权的进口商，将由权利人自己或经其同意在其他国家或地区投放市场的产品，向知识产权人或独占被许可人所在国或地区的进口。[21] 从渠道角度来看，平行进口是指进口商将从一个国家的经销商手中购买的产品转售给另一个国家未经授权的经销商的交易行为。在交易中，至少有一个未经授权的人或机构的参与。平行进口发生于采用差异化定价策略的跨国公司中，也可能发生于存在进口配额限制或者实施高关税政策的国家或地区市场——当企业的产品在不同的两个市场中存在价格差异，且差异大于产品在两个市场之间转移所发生的关税、运输成本和国际中间商利润等全部费用的总和时，平行进口就会发生。

灰色市场是介乎正当的"白色市场"与非法的"黑色市场"之间的一种称谓，这一用语表达了人们对平行进口合法性的怀疑态度。尽管平行进口和灰色市场在概念的内涵和外延上并不完全相同，但是大部分情形下，人们往往忽略两者的差异，将它们视为同一个概念。

平行进口既侵犯了正规分销渠道的利益，也损害了消费者的合法利益。跨国公司在面对平行进口时，可以从渠道的建立和管理入手，实施授权经营，加强渠道监视控制系统。

2014年商务部对原《汽车品牌销售管理实施办法》进行修订，平行进口合法化曙光初现。2016年，商务部等八部门印发《关于促进汽车平行进口试点的若干意见》，深化平行进口汽车强制性产品认证改革：进一步提高汽车平行进口贸易便利化水平；优化平行进口汽车报关、通关、查验等流程，提高通关效率，降低通关成本；优化平行进口汽车审价机制；在经批准进行汽车平行进口试点的自贸试验区，允许试点企业在海关特殊监管区域内开展汽车整车保税仓储业务，期限为3个月，不得延期。[22]

本章小结

1. 在营销组合中，价格是唯一涵盖成本并且产生收入的因素。价格也是营销组合中最灵活的因素。定价决策是企业管理层面临的最重要也是最复杂的决策问题之一。

2. 除了进出口关税和进出口过程中发生的相应费用以外,国际产品价格的构成要素与国内产品的构成要素基本相同。国际市场上的产品定价方法分为成本导向定价法、市场导向定价法和竞争导向定价法。
3. 国际市场营销的定价策略依据产品在不同的市场采用同一价格还是不同价格,分为统一定价策略、多元定价策略和协调定价策略。在国际市场的新产品策略中,企业可以采用撇脂定价策略以最大限度地赚取利润,也可以采用渗透定价策略,迅速地占领市场,取得市场领导地位。
4. 在国际市场营销定价决策中,企业会因为不同的定价策略而遭遇不同的问题。平行进口可能发生在差异化定价策略的跨国公司中,也可能发生在实施进口配额限制或高关税政策的国家或地区市场。
5. 国际转移定价是跨国公司在母公司与各国子公司或各国子公司之间转移产品和劳务所采用的内部交易价格。国际转移定价在降低国际市场运营中目标市场国不稳定所带来的风险,帮助企业最大限度地赚取利润的同时,可能对目标市场国的税收造成非常大的损失,因此转移定价法会受到目标市场国的调查和制止。

案例分析

35元的星巴克与5元的蜜雪冰城区别在哪儿

你平时购买一杯现磨咖啡,大概要多少钱?德勤2021年的《中国现磨咖啡白皮书》报告显示,以中杯拿铁为例,目前市面上的现磨咖啡的单杯价格几乎集中在20～40元。星巴克、Costa、太平洋、Seesaw的普通现磨咖啡价格是30～40元;瑞幸、Manner的现磨咖啡,单杯均价约20元;便利店咖啡相对便宜,全家湃客咖啡、便利蜂咖啡均价在10元左右;而蜜雪冰城的子品牌"幸运咖"则把现磨咖啡价格降到了5元。

为什么蜜雪冰城的咖啡价格能便宜到个位数,但星巴克的咖啡却要三四十元一杯呢?它们的区别到底在哪儿?

首先,咖啡豆是咖啡价差的核心要素。咖啡豆的品质决定了咖啡的风味,也是咖啡定价的基本轴。

其次,咖啡的价格差别也是商业逻辑的差别。一杯咖啡不仅是不同咖啡豆、牛奶和水的混合物,其背后包含着企业不同的商业逻辑。为一杯咖啡定价,总共分几步?

第一步:选择定价目标。像星巴克这类实体店精装修的咖啡馆,它们贩卖的是咖啡背后的"第三空间"体验,其定价目标建立在对高利润的长期追求上;而像蜜雪冰城"幸运咖"这类品牌,实体店极为简约,几乎不适合"堂食",多数消费者就是来买一杯"能拎了就走"的咖啡,它是以追求合理利润为目标进行薄利多销,从而提高销售额。

第二步:确定目标群体及其需求。星巴克一直将目标客户定位在中高端人群,整体而言这类客群对价格变化相对不敏感,大幅度降价也不会增加多少客流量;而蜜雪冰城"幸运咖"布局的城市多是三四线小城,撬动的是"小镇青年"群体的消费力,客群的需求价格弹性相对大一些，低价策略可以奏效。

第三步：估算成本。精品咖啡店的成本大头都在精品咖啡豆、精密高价设备和知名咖啡师，因此咖啡的成本弹性非常高，有可能高到没有上限。星巴克这类中高端商业咖啡，其成本多投入在一二线市中心门店房租、一线城市高昂人力成本和原料设备的运输贸易上，这些很难压缩的成本都会被算进每杯咖啡里；而蜜雪冰城"幸运咖"走的是极致性价比路线，能节省的成本都节省，门店多选择在三四线城市以降低租金和人力成本，再通过选择高性价比的咖啡豆和牛奶、共享蜜雪冰城供应链、选用高性价比的设备等各种方式来缩减成本。

第四步：选择定价策略，确定最终价格。市场上绝大多数的精品咖啡厅和中高端连锁咖啡厅，采用的定价策略都是"感知价值定价法"，根据消费者对商品价值的认知程度，或是对商品价值的主观判断来定价。简单来说，一杯咖啡卖多少钱不只因为它值多少钱，还要看消费者认为它值多少钱。不少咖啡品牌都在提高消费者感知价值上努力良多，比如选址在市中心高级商场，提高店内装修格调，提升冲泡仪式感，以及花大把力气进行品牌营销，而品牌的这些努力最终都会体现在咖啡的定价上。

对于一杯单纯的咖啡粉、水和牛奶的混合液体，消费者的意愿价格可能是2～3元/杯；但当它是空间体验价值、品牌情绪共鸣和小资生活符号时，消费者就愿意为它付出20～30元/杯。综上所述，一杯咖啡的最终价格，是由客观上的经济成本（原料、人力、门店租金等）与主观上的价值感知（品牌价值、空间体验等）联合决定的。咖啡价格参差不齐也是市场产品丰富的表现，这给了不同消费水平和价格敏感度的消费者酌情选择的空间。

资料来源：凤凰网．星巴克35元的咖啡和蜜雪冰城5元的咖啡，区别在哪［EB/OL］．［2022-03-25］． https://news.ifeng.com/c/8Efs99NcG8w．

案例讨论

1. 决定产品价格的因素有哪些？
2. 企业的定价策略有哪些？
3. 结合本课程知识，谈谈营销战略与定价策略之间的关系。

复习题

1. 影响企业国际定价的因素有哪些？
2. 讨论政府干预对国际定价的影响。
3. 国际市场定价的依据是什么？
4. 简述成本导向定价法与市场导向定价法的差别。
5. 支持国际市场营销中差异化定价的理论是什么？
6. 在何种条件下，统一定价策略是有效的？
7. 什么是平行进口？平行进口产生的原因有哪些？企业如何应对或管制平行进口？
8. 什么是国际转移定价？如何看待跨国公司内部的转移定价问题？其主要目的是什么？
9. 什么是撇脂定价策略与渗透定价策略？它们各自的优缺点及使用条件是什么？

思考与实践题

大行其道的新奢侈主义

新奢侈主义正在中国出现，主流消费价值观是体验奢侈、占有LOGO、透支信用卡、享受快乐，反消费者被边缘化，成为弱势群体。越是众所周知的消费符号，越容易被误读。作为全球化时代的"文盲"的分支，"消费文盲"崇拜LOGO，但常因消化不良而误读品牌内涵，热衷购买但屡屡靠价位来获取优越感，追求身份认同但身份并不匹配，热爱国际化但只想在本土扮演优越阶层的角色。

1998年进入上海，1999年进入北京，2005年进入广州的IKEA家居，以其DIY的设计风格及昂贵的售价，一时间成为白领与小资理想的高端家居品牌。而美国人的评论是"cheap IKEA"，他们买家具就像买衣服，好看就买，买来就用，腻了就换，许多家具的命运不是被换、被卖就是被扔。

讨论题

1. 结合以上资料，分析产品国际市场定价的方法有哪几种。
2. IKEA公司在全球市场采用了怎样的定价策略？依据是什么？你认为他们的定价策略是成功的吗？

本章注释

[1] 一图看懂消费品关税调整新动向［EB/OL］.［2018-07-05］. http://mofcom.gov.cn.

[2] 微软计划在马来西亚再推低价软件：源代码是主因［EB/OL］.［2004-03-03］. http://tech.tom.com.

[3] 迫于各国政府压力：微软拟修改全球统一定价制度［N］. 南方日报，2004-03-02.

[4] 微软中国证实微软产品将先在中国等亚洲国家调价［N］. 北京娱乐信报，2004-03-02.

[5] KEEGAN W J, GREEN M C. Global Marketing［M］. 4th ed. New Jersey: Pearson Education, 2005.

[6] 1元促销的力量：App Store下载增长近11倍［EB/OL］.［2014-12-15］. http://www.feng.com/.

[7] 宜家低价策略抢得中国市场［EB/OL］.［2006-03-08］. http://blog.icxo.com.

[8] 罗清启. 长虹背投攻略：中国家电的国际化变法［EB/OL］.［2001-11-12］. http://www.emkt.com.cn.

[9] http://www.changhong.com.cn.

[10] 袁卫东. 跨越：柯达在中国［M］. 北京：中信出版社，2005.

[11] 贾殷. 国际市场营销（原书第6版）［M］. 吕一林，雷丽华，译. 北京：中国人民大学出版社，2004.

[12] 张治国. 蒙牛内幕：首次全面揭开蒙牛高速成长之谜［M］. 3版. 北京：北京大学出版社，2007.

[13] 吴晓波. 大败局［M］. 杭州：浙江人民出版社，2001.

［14］何佳讯，卢泰宏．中国营销25年：1979—2003［M］．北京：华夏出版社，2004．

［15］凯特奥拉，格雷厄姆．国际市场营销学（原书第12版）［M］．周祖城，赵银德，张璘，译．北京：机械工业出版社，2005．

［16］逯宇铎，常士正．国际市场营销学［M］．北京：机械工业出版社，2004．

［17］刘壮志．国产奶粉怎样应对外资品牌进军三四线城市？［EB/OL］．［2010-08-16］．http://www.emkt.com.cn/．

［18］李书福借帝豪进欧洲　沃尔沃开始反哺吉利［EB/OL］．［2012-01-11］．www.emkt.com.cn/．

［19］http://www.ftchinese.com．

［20］中国对外贸易形势报告（2018年秋季）［EB/OL］．［2018-11-13］．http://www.gov.cn/xinwen/2018-11/13/content_5339805.htm．

［21］王春燕．平行进口的含义、特点、表现形式［N］．中国知识产权报，2002-12-20．

［22］商务部等八部门关于促进汽车平行进口试点的若干意见（商务法规）［EB/OL］．［2016-02-22］．http://www.mofcom.gov.cn．

CHAPTER 12

第 12 章
国际市场营销的渠道策略
International Place Strategy

重点词汇

Agent　A company or individual that represents a company in a particular market. Normally an agent does not take title to goods.①

Channel of Distribution (also called distribution channel)　An organized network (system) of agencies and institutions which, in combination, perform all the functions required to link producers with end customers to accomplish the marketing task.②

Direct Marketing　The total of activities by which the seller, in effecting the exchange of goods and services with the buyer, directs efforts to a target audience using one or more media (direct selling, direct mail, telemarketing, direct-action advertising, catalog selling, cable selling, etc.) for the purpose of soliciting a response by phone, mail, or personal visit from a prospect or customer.③

Distributor　A wholesale middleman, especially in lines where selection or exclusive distribution is common at the wholesale level and the manufacturer expects strong promotional support. It is often a synonym for wholesaler.④

E-commerce (also named as e-business)　A term referring to a wide variety of Internet-based business models. Typically, an e-commerce strategy incorporates various elements of the marketing mix to drive users to a Web site for the purpose of purchasing a product or service.

Exclusive Distribution　A form of market coverage in which a product is distributed through one particular wholesaler or retailer in a given market area.⑤

Grey Market　A market where a product is bought and sold outside of the

---

①②③④⑤　http://www.marketingpower.com/.

manufacturer's authorized trading channels.①

Intensive Distribution　A form of market coverage in which a product is distributed through all available wholesalers or retailers who stock and sell the product in a given market area.②

International Logistics　It is the design and management of a system that controls the flow of materials into, through, and out of the international corporation.It encompasses the total movement concept by covering the entire range of operations concerned with goods movement, including therefore both exports and imports simultaneously.③

Logistics　A single logic to guide the process of planning, allocating, and controlling financial and human resources committed to physical distribution, manufacturing support, and purchasing operations.④

Middleman (also called intermediary)　An independent business concern that operates as a link between producers and ultimate consumers or industrial users.There are at least two levels of middlemen：wholesalers and retailers.⑤

Selective Distribution　A form of market coverage in which a product is distributed through a limited number of wholesalers or retailers in a given market area.⑥

导入案例

Will eBay Face Heat from Alibaba

　　eBay has long dominated the U.S. online marketplace business.But with Alibaba's recent successful IPO, will the e-commerce giant feel the competitive pressure? There are clear indications that Alibaba, which once shied away from competing against eBay is becoming strong enough to challenge the company on its own turf.

　　Alibaba's business model is lean, and the company has been gaining financial muscle due to strong growth in revenue and a rapidly increasing EBITDA margin (earnings before interest, taxes, depreciation and amortization).We note that Alibaba's revenue has jumped from $1.57 billion in calendar year 2010 to $8 billion in calendar year 2013 primarily driven by expansion in China.The increase in the number of active buyers, as well as growth in average spend per buyer, has fueled this growth.During the same period, Alibaba's EBITDA margin increased from 16.7% to 58.8%. The gain in operating leverage is huge due to the low incremental cost of expanding business. The company also raised additional cash of more than $8 billion in its recent IPO in the U.S. Considering its dominance in China, we believe that Alibaba is likely to use this additional capital to expand its business overseas, and it has more than enough cash to do so, considering that its business model is not capital intensive.

---

　　①　http://www.investopedia.com/.
　　②　http://www.marketingpower.com/.
　　③　Czinkota M R, Ronkainen L A, Moffett M H. International Business ［M］. 7th ed .Thomson Learning：509-510.
　　④　http://www.marketingpower.com/.
　　⑤⑥　http://www.marketingpower.com/.

Alibaba has mentioned that the U.S. is among its key foreign markets, others being Russia and Brazil.With its recent IPO, the company has already made its presence felt in the country and will leverage this opportunity to market itself more.Over time, we believe that eBay will feel the impact of Alibaba's growing influence.

资料来源：Will eBay Face Heat From Alibaba?［EB/OL］.［2014-09-25］.http://www.forbes.com/.

阿里巴巴在美国上市成为轰动全球的重大事件，原因有三：第一，阿里巴巴所代表的互联网行业是 21 世纪发展最迅猛的热门行业；第二，受益于互联网发展的电商渠道，对营销理念提出了新的挑战，展现了营销最新的发展动向和趋势；第三，作为全球最大的经济体和最大的进出口贸易国，中国市场和中国企业一样令人瞩目。

当然，阿里巴巴在国际化的道路上并非坦途一片。2014 年 12 月 3 日，多家美国零售商呼吁美国国会终止阿里巴巴公司以及此前的亚马逊和 eBay 公司的特别税收政策，堵住在线零售商的税收漏洞。[1]2016 年，美国证监会正式对阿里巴巴进行会计调查，加上之前启动的对阿里巴巴是否违反联邦证券法的调查，阿里巴巴在全球范围内取得辉煌业绩的同时，国际化征途依旧漫漫，挑战和机遇并存。但是无论如何，网络技术发展带来的渠道变革不可阻挡。[2]

国际营销渠道（international distribution channel）是将产品实体及其所有权从一国的生产者转移到国外消费者或最终用户手中所经过的各种通道和中间机构的总和，即产品由一个国家的生产者流向国外最终消费者所经历的路径。通道以生产者为起点，以消费者或最终用户为终点。中间环节包括出口商、进口商、代理商、批发商和零售商。

国际营销渠道承担着商品的两种转移：一是通过交换而发生的产品所有权在国际市场上的转移，称为商流；二是伴随着商流，还有在适当的时间、通过适当的运输工具和运输方式，将产品运送到适当地点的产品实体的空间转移，称为物流。商流与物流相结合，使产品从生产者到达最终消费者手中。

分销渠道策略是企业对产品进入目标市场的路径选择，它关系到企业在什么时间、什么地点、由什么组织向消费者提供产品和服务。分销渠道的决策包括渠道长短与宽窄的决策以及中间商选择的决策。

在互联网经济下，商业逻辑发生了根本性的改变。基于互联网尤其是移动互联网的电商风起云涌。传统的销售中介（渠道）被抛弃，出现了"渠道消亡，产品为王"的局面。

12.1 国际营销渠道（International Distribution Channels）

12.1.1 国际营销渠道模式（The Patterns of International Distribution Channels）

与国内营销相比，国际营销渠道的层次更繁复，选择更多样，决策更复杂。因为要实现产品的国际流通和转移，至少要经过出口国和进口国两个市场的销售渠道，而每个国家的分销结构及分销渠道中，中间商的职能和角色都因其经济发展水平、市场特点和竞争状况的差异而不同。一般来说，国际市场上的分销渠道模式有 10 种，如图 12-1 所示。

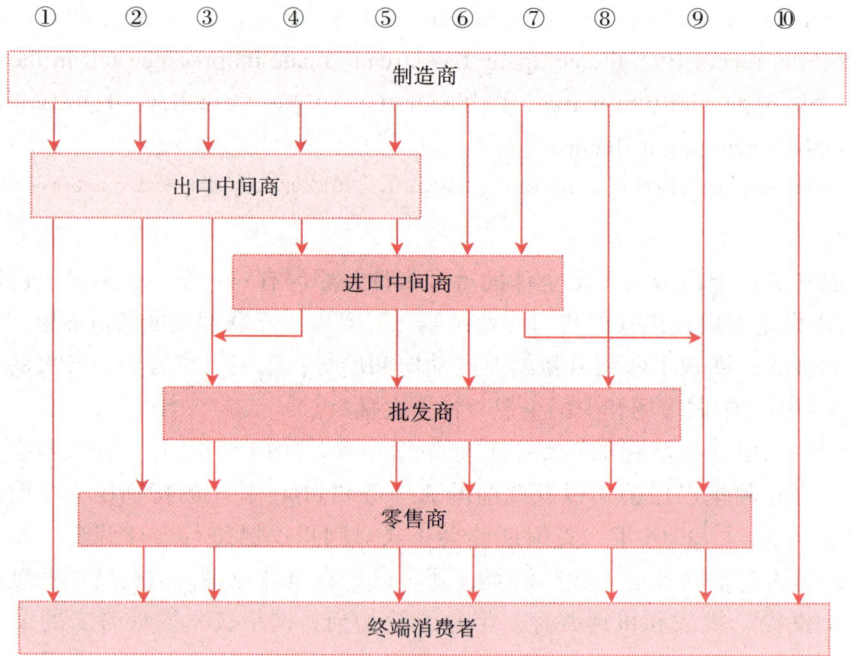

图 12-1　国际营销渠道模式

图 12-1 中的出口中间商（export intermediary）、进口中间商（import intermediary）、批发商（wholesaler）和零售商（retailer）统称渠道中间商（middleman）。渠道中中间商的层级数量决定了渠道的层次（channel level），从没有中间商介入到一个中间商、两个中间商再到多个中间商介入，渠道层次分别为零级渠道（zero-level channel）、一级渠道（one-level channel）、二级渠道（two-level channel）和多级渠道（multi-level channel）。

在图 12-1 中，前 5 种渠道均需要通过企业所在国的中间商环节实现产品的国际转移，我们将这 5 种渠道统称为"间接渠道"。其中，第 5 种渠道所经历的中间环节最多，包括出口中间商、进口中间商、批发商和零售商，是 10 种渠道中最长的渠道。在后 5 种渠道模式中，企业省去了国内的中间商环节，直接将产品销往国外市场。其中，在第 10 种渠道模式中，产品直接由制造商销售给终端消费者，销售层次最少，渠道最短。

在第 2、3、8、9 渠道中，批发商和零售商也兼营了进口业务。

12.1.2　国际营销渠道成员（The Members of International Distribution Channels）

国际营销渠道的中间商（intermediary 或 middleman）是指渠道的中间环节，包括所有参与分销活动的个人和组织。中间商在国际贸易中承担着企业与终端用户之间中介和桥梁的作用。国际市场营销中对中间商的划分有以下几种。

依据中间商所在地分为：进口国中间商和出口国中间商。

依据中间商从事贸易的类型分为：出口中间商、进口中间商和国外经销商。

依据中间商是否获得产品的所有权分为：经销商、代理商。

依据经销商的业务性质分为：批发商、零售商。

（1）**经销商**（distributor）。经销商又称**商人中间商**（merchant middleman），是指先买断商品的所有权，再将商品转售出去的中间商。经销商通常具有较大的营销自主权，也承担着一定的经营风险。国际市场营销中的经销商主要包括进出口公司、出口行、国外经销商。

（2）**代理商**（agent）。代理商是指接受委托人的委托，寻找客户，同顾客谈判，从中赚取代理费的中间商。与经销商不同，代理商并不取得商品的所有权。他们的身份可以是经纪人、制造商代理人和销售代理人等。

（3）**批发商**（wholesaler）。批发商是指从事批发活动的中间商。批发商的职能包括买入、卖出、运输、储存、融资、信息收集、生产计划、风险管理甚至管理咨询等。

（4）**零售商**（retailer）。零售商是指从事零售业务的中间商，它位于国际分销渠道的最终环节，从所有其他中间商手中购得产品，再将产品转卖给消费者或工业用户。

近年来，随着全球零售业的迅猛发展和零售模式的不断创新，全球零售业呈现经营规模多极化和零售企业国际化的趋势，全球零售企业也越来越多地履行和分担了批发商的职责和任务。但批发商与零售商的根本区别在于：批发商将产品转卖给零售商用于再销售，或者卖给生产企业用于再生产；而零售商将产品卖给终端消费者消费使用，产品不再用于生产和赚取利润。

零售商的类型包括**百货商店**（department store）、**专业商店**（specialty store）、**超级市场**（supermarket）、**便利商店**（convenience store）、**折扣商店**（discount store）、**仓储大卖场**（warehouse market）以及**连锁商店**（chain stores）等。

12.2 影响国际营销渠道选择的因素（Factors Influencing Channels' Choices）

在国际市场营销中，可供选择的分销渠道通常有很多。为了找出直达企业目标市场的最佳途径，企业通常要考虑6个具体因素，它们分别是**成本**（cost）、**资本**（capital）、**控制**（control）、**市场覆盖面**（coverage）、**特点**（character）及**连续性**（continuity）。这6个具体决策因素被称为"渠道决策的6个C"。

1. 成本（Cost）

成本是指渠道成本，即开发渠道的投资成本和保持渠道的维持成本。通常，开发渠道的投资成本是一次性支出，而维持渠道的成本是长期的、主要的、经常性的支出。后者包括本企业推销人员的一切费用、各中间商的佣金、商品流转过程中的储运装卸费用、各种单据和书面工作费用、广告宣传费用和洽谈买卖等各种业务行为费用。

渠道成本构成了企业的销售成本。渠道成本过大，会严重影响企业开拓国际营销渠道的能力和效益。但是取消中间商，企业则需要承担中间商的全部职能。评价渠道成本可以借助**渠道效率**（channel efficiency）这一指标，即在完成渠道必备职能的前提下，在减少成本的同时更好地发挥渠道作用的能力。衡量渠道成本的第二个指标是它是否能最大限度地扩展其他5个"C"的利益。

2. 资本（Capital）

这里的资本是指建立渠道的资本要求。如果自建渠道，企业能够拥有自己的营销队伍和营销力量，但是需要大量的现金投入；如果使用中间商，则可以大大减少企业一次性的现金投资。因此，除了财力雄厚的企业有能力投入大量现金，建立自己的营销渠道之外，一般中小企业受资源的限制，更适宜通过中间商间接出口。

3. 控制（Control）

对于分销渠道的控制力度是选择国际营销渠道时的重要考量因素。不同的渠道安排，对应着不同的营销控制程度。通常，企业通过自建渠道可以实现对分销的较强控制。在市场变化和消费者需求变动时，可以及时感知，并迅速做出相应的策略调整——产品的调整、价格的调整以及促销策略的调整。反之，如果采用中间商进行分销，企业对渠道的控制力度相对较弱，为了达到有效分销的目的，企业就必须投入资本以激励和控制中间商。此外，大量中间商的采用还会导致企业对市场变化反应迟缓，以致因此错失良机。最后，渠道的长短也影响渠道的控制力度，渠道越长，企业对于售价、销售量、推销方式等的控制能力越弱。

4. 市场覆盖面（Coverage）

市场覆盖面是指企业在国外销售产品的市场区域。市场覆盖面的选择，以取得最大经济效益为前提，并不是越大越好。许多国家的主要购买力常常集中在某几个人口密集、购买力强的中心区域或者城市，如将产品成功打入这几个区域，就可以以相对较少的分销成本获取较大的销售收益。例如，一些国际奢侈品品牌在进入中国市场时，最先锁定中国的东部沿海地区，如广东、上海等地，而不是经济、文化发展水平远远落后的西部地区，就是看中了东部沿海地区的较高经济收入和较强的消费能力。

与此同时，为了达到足够的市场覆盖面，在中间商的选择上，企业应尽可能与大批发商（或大代理商、大经销商）合作，配合各种适当的促销手段，推动企业产品销售，树立企业形象和产品形象。

营销透视 12-1　　　　　宜家中国开店"加速跑"

从 2012 年起，宜家在中国市场开始"加速跑"，在华的开店速度变为一年三家，对二线城市的市场发掘正在深入。2012 年之前，宜家在中国一共只有 9 家门店；到 2018 年 2 月 8 日，宜家家居在中国大陆的第 25 家门店于广州番禺正式开业。进入中国 30 年来，宜家越来越能把握中国城市的发展节奏。"宜家希望能更快地进入各省会城市，也加大对中心城市的市场渗透。"

在考虑进入某一城市的相关调研中，除了普遍会考虑的城市人口数量、城市 GDP、购买力趋势、发展潜力和地块交通状况等因素外，对于要拿地自建的宜家商场来说，更需要当地政府的支持。"宜家对选址的性价比要求比较高，而政府对宜家带动地块的整体吸引力比较有信心，因此也会在政策和基础设施建设上提供协助。"

宜家商场的单店面积平均在 3.5 万 m^2 以上，这一空间需求也让宜家在一线城市的选

> 址多为远离核心商圈的郊区。不过对二、三线城市的选址,并没有设置这个前提,发展潜力、交通便利以及当地政府的支持是最主要的考虑因素。
>
> 资料来源:陈茜. 宜家中国下沉 扩张增速全球第一[J]. 商学院,2018(4):44-46.

5. 特点(Character)

选择和开拓国际市场营销渠道,既要考虑本企业的资源状况、产品特点,也要考虑目标市场国的市场特点和环境特点。

(1)企业的资源状况。如果企业具备足够的财力、销售资源和管理经验,而销售规模又比较大的话,就可以自建渠道或自派销售人员进行销售工作;如果企业实力较弱,则宜采用间接分销渠道,借助中间商实现分销。此外,如果企业能够与中间商进行良好的合作,或者能够对中间商实施有效的管理和控制,也可以选择间接分销渠道。反之,若中间商不能很好地合作或者不可靠,不利于产品的市场开拓和经济效益的实现,则企业不如选择直接销售渠道。

(2)产品特点。产品自身的特点也影响营销渠道的选择。通常来说,标准产品、低价产品宜选用长渠道;单价高的产品,应注意减少流通环节,否则会造成销售价格的提高;过重或体积过大的产品,以及不易多次搬运的产品,应尽可能选择最短的分销渠道,以减少运输和储存等费用;技术要求高,需要安装和经常维修服务的产品,如计算机,最好由企业直接销售给终端用户或选择尽量少的中间商,以便提供及时良好的销售技术服务;鲜活、易腐、市场寿命短的产品和时尚产品,宜选用较短的渠道;原料、初级产品宜直接销售给进口国的生产企业;最后,在新产品销售中,为尽快将新产品投入市场,扩大销路,生产企业一般组织自己的营销队伍,直接销售给消费者,当然,也可以考虑采用有良好合作关系的中间商分销。

(3)市场特点。市场特点包括以下两点:渠道结构、消费者特征。

每个国家的市场都有其固有的或传统的渠道结构。在渠道结构中,各式各样的中间商及其职能、活动和服务,反映着各个国家的文化社会传统、经济发展水平、市场特点和竞争状况。如日本拥有世界上最复杂的多层次分销渠道;美国的分销渠道相对来说比其他国家短;德国的分销渠道多种多样;而中东国家的分销渠道较为简单。在进入不同国家市场时,应考虑当地的特点而选用相应的渠道。

消费者的购买习惯也影响渠道的选择。沃尔玛发现"中国是一个以市中心为居住和消费主体的国家","便利消费"是人们的"首要选择",而且"中国消费者对会员店及其他的超市业态的接受程度不高"。于是,在新店选址上,沃尔玛以在市中心开设购物广场作为中国业务发展的重点,而不是传统的美式折扣店。[3]

总体来说,如果市场范围广,潜在顾客数量大,消费需求多,需要通过中间商提供服务来满足消费者需求时,企业宜选间接分销渠道。若市场范围小,潜在需求少,企业则可以抛开中间商,选择直接销售。

6. 连续性(Continuity)

渠道的连续性是保证企业国际营销渠道顺畅的前提条件。这里的连续性包含两层意思:稳定性和灵活性。稳定性是指渠道中的中间商,只要符合本企业营销目标的要求,就不宜轻易变更,因为它们已经具有了经营本企业产品的经验。灵活性是指随着竞争的需要和营销环境的变化,一家企业的国际营销渠道是可以改变的,灵活的渠道要比僵化的渠道更有效益。

在企业进行营销渠道选择时,只有全面、均衡地考虑以上的6个"C",才能建立起符合企业长期营销目标和渠道方针的分销渠道。但需要注意的是,在国际市场营销实践中,由于各种分销渠道互有长短、各有利弊,很多企业采取复合型的分销模式,即几种分销模式混合使用。

营销透视 12-2　　　　如何在迪拜市场做中国生意

迪拜有为数不少的专业产品批发市场,诸如汽配、服装、纺织品、鞋类箱包、手机配件、建材五金等,而建材五金批发市场无疑是众多市场中最为活跃的市场之一。不同于国内的专业市场,迪拜所有的市场都是自发形成的,在沿迪拜湾的一片狭小空间里,每条街面都可以成为联结两国的货物场,每个店面都可以成为中转交易平台。

在经营方式上,印巴商人喜欢代理制,喜欢在市场里转悠。随处可见的英国的涂料、意大利的锁具、德国的工具、日本的电机等,这些国际品牌都由各自独立的经销商运作,有些品牌可能还不止一个经销商运作。

中国商人喜欢自销形式,以现货对现金。很多企业抛开中间商环节,直接来到迪拜设立门面或办事处。这种方式极大地刺激了整个市场的神经,因为厂商自销所具备的价格优势,直接影响了整个市场价格的稳定性。当然中国商人中运用代理制的也不乏其人。但这种代理仅为一般代理或者是形式上的代理,受代理条款的约束程度很低,更多的仅为松散型合作方式。如果产品是普通常规产品或技术含量较低的产品,代理的生存空间就比较脆弱,任何自销形式都会对其造成正面冲击。

如何平衡这两者之间的关系,还要根据企业的具体目标而定。国内曾有一家锁具工厂,在众多地区有一般代理,但价格一直被压得很低。在迪拜进行考察后发现市场利润空间比想象中的要大,最后决定直接入驻设点。这样一来,原代理的部分客户放弃代理而主动从该工厂进货,门面与代理形成一种竞争关系,最后致使代理转向其他国内供应商。最后该工厂只得适时调整政策,在价格上区别对待,才挽回了一些主要的代理客户。

宁波一家灯具工厂为更好地利用代理的销售网络,尽管已经进驻迪拜,但主动避开正面冲突,以办事处的方式经营,取得代理的信任并开始推广其产品,花费较少的时间将产品打入了这个市场。

资料来源:刘明娜. 在迪拜市场如何做中国生意 [N]. 中国经营报,2005-06-10.

12.3　国际营销渠道决策(International Distribution Channels Decisions)

渠道决策在整个市场营销战略中占有极其重要的地位。这是因为,第一,渠道的选择直接制约和影响着其他营销策略的运用。例如，渠道成本会成为产品价格的重要组成部分，渠道决策会影响企业产品在市场上的竞争地位，渠道的选择也会影响广告和促销决策的选择。第二，渠道决策是一项长期的决策。渠道模式一经确定，即使市场环境发生一定变化，改变或替代原有的渠道关系也很困难。第三，由于在企业和最终消费者之间存在多个相对独立的渠道中间商，所以企业对渠道的控制受到一定程度的限制，在实际效果上可能会出现严重的"时滞"。第四，渠道决策需要中间商的密切合作，才能得到贯彻执行。

国际市场营销的渠道决策由两个层面的决策构成。第一，企业渠道标准化与差异化的决策，即企业在全球市场是采用统一的渠道模式，还是针对不同国家和市场设计不同的渠道模式。第二，企业在某个特定市场的渠道决策，包括新建渠道与利用原有渠道的决策、渠道长度决策和渠道宽度决策。

有关渠道标准化和差异化的决策是国际市场营销中特有的决策，而有关渠道长度和宽度的决策以及新建渠道与利用原有渠道的决策则是市场营销所共有的。

在国际市场营销中，由于生产企业与终端消费者处在不同的国家，政府因素、市场因素、基础设施因素和消费者因素的影响相对来说更复杂，企业决策时需要考虑的因素更多，制定策略的难度因此加大。

12.3.1 国际营销渠道的标准化与差异化决策（Standard Distribution Channel and Adapted Distribution Channel）

依据企业在不同的市场是否采用相同的渠道模式，可将国际市场营销的渠道策略分为标准化分销渠道和差异化分销渠道。

1. 标准化分销渠道（Standard Distribution Channel）

标准化分销渠道是指企业在全球市场上采用相同的营销渠道模式，即在国外市场上直接采用与国内市场统一的营销渠道模式。营销渠道标准化基于这样一个前提：国际需求的不断趋同。工业品和部分消费品的营销模式在许多国家和地区已经出现了标准化和统一化的趋势。麦当劳是将特许经营模式运用得最成功的全球化品牌之一。截至2017年底，麦当劳已经在全球100多个国家和地区开设了37 000多家分店，每天为100多个国家和地区的6 900万名顾客提供高品质的食品与服务。截至2018年5月，中国内地有超过2 700家麦当劳餐厅，员工人数超过15万。2017年，麦当劳中国服务顾客超过13亿人次。[4]

采用标准化渠道策略，有利于企业利用经验曲线效应实现规模效益，降低企业成本。标准化渠道策略还方便跨国流动的消费者寻找和购买到他们熟悉与喜爱的国际品牌，增强消费者对品牌的忠诚度。但是由于各个国家的市场环境各不相同，甚至差异很大，实施标准化渠道策略往往困难重重，所以越来越多的企业倾向于采用差异化的分销渠道策略。

2. 差异化分销渠道（Differentiation Distribution Channel）

差异化分销渠道又称多样化渠道策略或地区化渠道策略，是指企业在不同的市场中，依据不同国家或地区的具体情况，有针对性地采用不同的分销渠道，肯德基在中国对特许经营零售模式的改变就是一个差异化策略的很好例证。[5]

> **营销透视 12-3   肯德基的连锁经营**
>
> 　　200 万元就能拥有一家肯德基？这是肯德基所属的中国百胜餐饮集团特许加盟发展部总监在 2006 年 4 月 20 日"2006 中国特许展"上公布的消息。肯德基自 1999 年在中国市场开放特许加盟业务以来，加盟费保持在 800 万元人民币左右，这次将加盟费门槛降至 200 万～800 万元人民币。中国连锁经营协会会长郭戈平指出："这次调整后，肯德基将进一步加快发展速度。"
>
> 　　该总监告诉记者，从 2000 年实施"直营连锁"与"特许连锁"两头并进的战略开始，肯德基平均每年接受 1 000 份以上的申请，作为面试官，他发现随着市场发展成熟，合格的人越来越多，"人才是特许加盟选择的关键，有了好的人才，也就成功了一半"。据介绍，目前肯德基的加盟者很大一部分是从海外归来，在国外感受到肯德基加盟模式的成功，回国后寻找机会实践的人才。
>
> 　　1987 年 11 月 12 日，肯德基在北京前门繁华地带设立了在中国的第一家餐厅，也是当时北京第一家经营快餐的中外合资企业。以北京作为发展的起点，肯德基在中国的发展就如同"燎原之火"。2010 年 6 月，中国肯德基第 3 000 家餐厅在上海开业，同时发布全新品牌口号"生活如此多娇"。2012 年 9 月，中国肯德基在大连开出了第 4 000 家餐厅。2015 年，中国肯德基更是突破 5 000 家餐厅，遍及中国的所有省、自治区和直辖市，1 200 多个城市和乡镇。随着时间的推移，这一数字还在更新中。
>
> 资料来源：钟旭东. 市场营销：价值的认识与实现 [M]. 北京：机械工业出版社，2007.

　　肯德基和麦当劳在进入中国之初都摒弃了国际主流的特许加盟策略，转而采用直营。但是在数年之后，肯德基有了更灵活的尝试——在中国内地采取"不从零开始"的特许经营模式，即肯德基将一家成熟的、正在营运的餐厅转让给加盟者，避免加盟者的自行选址、开店、招募训练员工等大量繁复的工作。与麦当劳侧重于全球标准化渠道策略相比，肯德基更侧重本土化的发展战略，其"中国加速"也正如火如荼地进行中。[5]

　　国际市场营销企业采用差异化分销渠道的主要原因包括以下几点。

　　（1）营销环境。目标市场国的分销渠道结构、基础设施、人口分布、商品储存条件等，都影响跨国公司在特定市场中的渠道选择。例如，宝洁公司在美国等发达市场主要依赖沃尔玛等大型零售商，而省略经销商。但在中国，很多时候，要实现销售目标，就不能摆脱经销商，尤其是在三、四级市场，经销商的作用更为重要。[6]

　　（2）消费者特点。不同国家或地区的消费者在消费习惯和消费模式上各不相同，消费者往往选择自己熟悉的特定渠道购买产品。

　　（3）竞争对手的渠道策略。跨国公司进入海外市场时，通常选用和竞争对手相同的渠道模式，因为消费者已经习惯了这一购买模式。

　　（4）政府的政策、规定与限制。与安利的遭遇类似，自 1998 年以后，世界最大家居用品制造商——特百惠，不得不改变公司不进入零售市场的计划，在中国转型为"店铺＋推销员"

的单层直销模式。

虽然渠道建设相对于营销组合中的其他三个决策来说是一个相对长期的决策，但是渠道的选择仍旧需要不断调整和变化，如瑞典IKEA在对法国家庭居住面积调查的基础上，将家具样板间搬进了法国地铁。

12.3.2　新建渠道与利用原有渠道的决策（Establishing Channels and Working with Channels Intermediaries）

1. 新建渠道（Establishing Channels）

新建渠道，又称自建渠道，是指企业在进入国际市场后，为本企业的产品营销建立自己专门的网络或通路。自建渠道的优势非常明显：保证企业对分销渠道的有效控制，从而提高企业的服务质量；根据及时的消费者信息反馈，迅速调整产品线，适应市场需求。从长远发展角度来看，自建渠道能为跨国企业进一步开拓国际市场积累丰富的国际市场营销经验。

新建渠道的投入资金大、耗费时间长、风险高，通常只适用于规模大、实力强的跨国企业，且跨国企业在目标市场有长期的发展计划和长远的发展目标。新建渠道在刚刚进入目标市场国时，由于对当地市场的不熟悉和渠道的经验积累很少，开拓起来相对较难。而利用原有渠道则因为投资小、见效快、渠道的变革和调整比较容易等优势，为更多的企业所选择。

2. 利用原有渠道（Working with Channels Intermediaries）

利用原有渠道是指企业在目标市场上委托该国原有的中间商经营产品。在国际市场营销中，企业选择与原有渠道中间商合作的原因在于：首先，利用原有渠道不需要一次性的大量资金投入；其次，原有渠道对目标市场非常熟悉，消费者对于渠道的认同度也很高，能发挥原有营销渠道的作用，可以帮助企业迅速进入目标市场；再次，渠道的调整相对灵活；最后，选择与目标市场国内原有渠道合作，可以有效绕开进入壁垒。例如，在TCL进入欧洲市场时，选择与在欧洲和北美洲市场已经建立了相对完善的营销网络的汤姆逊合作；海尔则借助当时的家电生产商——三洋的销售网络进入日本市场；[7]中国的"好孩子"童车利用沃尔玛、西尔斯和凯马特等美国主流商业渠道迅速占领美国市场，跻身世界三大童车制造商；[8]谷歌通过签约三家授权代理商（相当于在中国市场平添近万人的销售队伍），加快向中国本土企业特别是中小企业渗透的速度，提高竞争力。[9]

利用原有渠道的劣势在于：企业对分销渠道的控制力差，不利于国际化企业的长期发展；终端零售商对产品的专注程度可能不如自有渠道，造成企业产品在分销中与其他产品竞争有限的分销资源，甚至发生冲突。

新建渠道和利用原有渠道各有利弊。衡量和选择的标准主要有以下几个。

（1）目标市场国的政治和社会文化因素。对于政局不稳、社会冲突与骚乱频发的地区，由于新建渠道需要大量的投资和长时间的运作积累，为了最大限度地降低风险，利用原有渠道是最好的选择。另外，如果政府对某种商品的分销商有相应的规定和限制，企业也不可能建立自己的渠道。2007年1月1日起在中国市场施行的《成品油市场管理办法》和《原油市场管理办法》，首次对外开放了中国国内原油、成品油批发经营权。而在此之前，我国原油资源一直是由国家统一配置的，成品油也只能由中国石油、中国石化两大集团集中批发。据不完全统计，截至2017年4月，商务部累计审批（含在申请）石油经营资质申请企业625家，包括成品油批发 394 家，成品油仓储 166 家，原油经营资质包括原油仓储 32 家及原油销售 33 家。其中，成品油批发企业中，"四桶油"占比 18.8%，其他国有及民营企业占比高达 76.1%，合资/外资企业仅有 5.1%。[10]

（2）目标市场的竞争状况。产品具有独特性、市场竞争较弱时，可以采用与原有渠道合作的模式；如果竞争激烈，且现有渠道大多被竞争者占据，企业就不得不建立自己的渠道。

（3）企业对渠道的控制力度的要求。当希望对分销渠道有很强的控制力时，企业应选择新建渠道；反之，则可以选择与原有渠道合作的模式。

（4）企业的因素，包括企业的目标和企业的资源状况。致力于长期国际市场营销的企业或实力强的企业，有必要、也有资金实力建立自己的渠道，同时企业在分销方面的经验、人力资源也是支持企业新建渠道的因素之一。

12.3.3 国际营销渠道的长度决策（The Length of Distribution Channel）

在某一特定市场中，企业渠道决策的主要内容是渠道设计决策，即渠道的长度和宽度决策。

渠道的长度决策涉及是否使用中间商、使用哪些类型的中间商以及每种类型中间商的数量问题。依据渠道中间商的层级多少和每一层级中间商数量的多少，可将分销渠道分为直接渠道与间接渠道。

1. 直接渠道（Direct Marketing Channel）

直接渠道是指生产企业不通过中间商环节，将产品直接销售给消费者的渠道模式，又称零级渠道。在直接渠道中，没有任何中间商的介入，节省了分销所产生的一切成本，从而降低了产品的价格。直接渠道包括电视购物、网络销售、上门销售和制造商商店等几种模式，也包括国际范围的博览会、展销会、交易会、订货会。例如，中国进出口商品交易会，即广州交易会（以下简称广交会），创办于 1957 年，是我国目前历史最长、层次最高、规模最大、商品种类最全的综合性国际贸易盛会。广交会加强了中国与世界的贸易往来，展示了中国形象和发展成就，是中国企业开拓国际市场的优质平台，被誉为中国外贸的晴雨表和风向标，是中国对外开放的窗口、缩影和标志。截至第 123 届，广交会累计出口成交约 13 237 亿美元，累计到会的境外采购商约 842 万人次。目前，每届广交会展览规模达 118.5 万 m^2，境内外参展企业近 2.5 万家，210 多个国家和地区的约 20 万名境外采购商与会。[11]

2. 间接渠道（Indirect Marketing Channel）

间接渠道是指生产企业通过中间商环节把产品传送到消费者手中的渠道模式。依据渠道中中间商的层级数量，可将间接渠道分为一级渠道、二级渠道和多级渠道。间接渠道是消费品（如化妆品、饮料、食品等）的主要分销途径。

通常来说，渠道层次越多，渠道越长，企业对分销的控制力越弱。同时，由于成熟的市场是微利的市场，过多的销售环节会摊薄利润，造成企业利润降低，或者迫使企业抬高产品的终端价格以保持利润。因此，很多企业通过精简渠道层次、加强渠道控制，同时削减渠道成本来降低产品价格，保证企业利润。

12.3.4 国际营销渠道的宽度决策（The Width of Distribution Channel）

国际营销渠道的宽度是指渠道每个环节所使用的同类型中间商的数目多少。企业的渠道宽度决策限定了企业在营销渠道每个层次上能够采用的中间商数量。依据中间商数量的多少，企业的渠道决策可分为三种：密集分销策略、选择分销策略和独家分销策略。

1. 密集分销策略（Intensive Distribution）

密集分销又称广泛分销，是指在同一分销层次上尽可能多地使用中间商，以拓宽分销渠道。密集分销策略的优点在于产品的高市场覆盖率，最大限度地便利消费者购买的同时，有利于企业迅速占领市场，提升销售额。密集分销最适用于便利品和工业用品中供应品的销售。不足之处在于，密集分销加剧了经销商之间的竞争，不利于形成经销商对生产商的忠诚度，经销商的服务水平也较难保证和控制。

2. 选择分销策略（Selective Distribution）

选择分销策略是指在一定时间内的特定市场中，精选少数中间商分销本企业的产品。选择分销策略，既便于企业与中间商建立良好的合作关系，也能保证企业获得适当的市场覆盖面。消费品中的选购品（如服装）、特殊品（如家电）和工业品中的零部件比较适合采用选择分销策略。与密集分销策略相比，采用选择分销策略的企业对渠道的控制力较强，成本也较低。

很多企业在进入国际市场之初，为了迅速覆盖市场，往往采用密集分销策略，待取得了一定的市场份额之后，再逐步淘汰一些作用小、效率低的中间商，转而采用选择分销策略。1996—1997年，宝洁在中国市场执行以密集分销为主的拓展计划，但是到了2005年，宝洁在中国全面推动"强化专营专注和整合区域分销商"的经销商整改行动，力图"寻找忠诚度更高和资金实力更强的经销商，对渠道控制得更加彻底"。[6, 12, 13]

3. 独家分销策略（Exclusive Distribution）

企业在特定地区只选择一家中间商销售自己产品的分销策略称为**独家分销**策略。通常生产企业与分销企业之间要签订协议，规定在一定的地区、时间内，经销商不得再经销其他竞争者的产品，生产商也不得再找其他中间商经销该协议中的产品。

采用独家分销策略，生产商在中间商的销售价格、促销活动、信用和各种服务方面拥有较强的控制力，并通过独家分销形式取得经销商强有力的销售支持。独家分销的不足之处在于产品的覆盖面较小，导致顾客在购买地点的选择上感到不便。独家分销适用于产品的市场竞争程度较低或者服务要求较高的专业产品或高档产品。当企业想与中间商建立长久而密切的关系时，独家分销策略是一个很好的选择。

企业的渠道宽度决策受到以下几个因素的影响。

（1）产品特性。通常来说，便利品适合采用密集分销策略；选购品和特制品宜采用选择分销策略；购买频率高、消费者品牌忠诚度低的产品，宜采用密集分销策略；高档产品或服务性要求较高的产品则最好采用独家分销策略，如汽车的专营店和奢侈品的专卖店（LV、Prada 的专卖店）。

（2）市场覆盖率。市场覆盖率始终是影响企业渠道宽度决策的核心因素。提高市场覆盖率，有利于企业扩大市场，增强销售能力，提升销售额。但是，市场覆盖率的提高往往伴随着成本的增加，企业需要在扩大市场覆盖面与控制成本之间权衡比较，做出最有利于企业长期战略目标实现的选择。

（3）控制能力。对终端销售点的失控，不仅会使企业的分销效益下降，还可能毁掉整个产品市场。一般来说，希望对终端具有较强控制力的企业，不宜采取密集分销策略，而独家分销策略和选择分销策略可能是更好的选择。事实上，企业无论选择哪一种分销方式，都要遵循一个重要的标准和前提，即必须保持企业对分销网络的良好控制能力。

国际市场营销实践中，在国际分销渠道的选择上，更多的跨国企业会针对不同的产品、不同的市场，选择不同的渠道策略，甚至对同一个产品、同一个市场，也会采用两种或多种渠道模式。

在明确了以上的渠道战略安排和策略设计后，企业还面临着店铺的选址和店内的设计、装潢等问题。进入中国的跨国企业在这方面借助完善的系统和体系设计、成熟的创业和管理经验，表现卓越，堪称典范，如众所周知的麦当劳和肯德基，还有我们将在"营销透视12-4"中介绍的星巴克和哈根达斯。

营销透视12-4　　"苛刻"地选择店铺构成一份美好食品的要素

除了本身的品质外，在什么样的环境中食用、与谁共同享用、要以怎样的心情面对等问题十分重要。因此，在专卖店的选址、装修等方面，星巴克、哈根达斯等企业投入了很大的精力。

星巴克以年轻消费者为主，因此在拓展新店时，会费尽心思去找寻具有特色的店址，并结合当地景观进行设计。濒临黄浦江的滨江分店，透过花园玻璃帷幕表现出了宫殿般的华丽。对于黄金路段，星巴克更是"不惜代价"：从上海淮海中路"东方美莎"到"中环广场"，短短1 000m的距离内，星巴克就开了四家店。星巴克连锁店外观单纯从店周围的环境来考虑，但是其内部装修却要严格地服从连锁店统一的装饰风格。每一家店本身就是一个形象推广，这是星巴克商业链条上的一环。星巴克专门在美国成立了一个设计室，为全球每一家新店创造丰富的视觉元素和统一的风格，从而使顾客和过路客赏心悦目，达到推广品牌的目的。这种推广方式被称为"Tie-in"，就是把咖啡馆形象和顾客紧密联系起来。

哈根达斯在选址时，甚至还要特别聘请专业的、熟悉当地生活形态的房产代理来挑选旗舰店的地址。所有门店一律设在城市最繁华的地段，人流量大，广告效果也明显。在上海，哈根达斯有22家店铺，几乎最繁华的地段都没能逃脱哈根达斯的"慧眼"。在杭州，哈根达斯将烟雨江南的西湖美景作为专卖店的背景，中西合璧的创意成为吸引消费者光顾的一大动力。虽然哈根达斯的店面一般都不大，但对所有的旗舰店都不惜重金装修，竭力营造一种轻松、悠闲、舒适、具有浓厚小资情调的氛围。

资料来源：黄江伟. 星巴克与哈根达斯：从小众向大众的渗透［J］. 企业科技与发展，2008（5）：14-15.

"细节决定成败",延伸到营销领域,就是细节营销被不断提及。事实上,很多跨国公司在中国市场的成功,源于对细节的关注和把握,源于"面对"而非"背对"消费者需求的细节关注;源于品牌塑造中点点滴滴的积累,源于"用平视、友善的目光"去建立的信任;源于"用温暖的双手、肩膀"去获得的信赖;源于对文化与品牌的"苛刻"追求。

2022年中国网络零售市场发展报告(商务部电子商务和信息化司发布)显示:2022年全国网上零售额13.79万亿元,同比增长4%;实物商品网上零售额11.96万亿元,同比增长6.2%,占社会消费品零售总额的比重为27.2%,较上年提升2.7个百分点,拉动消费作用进一步显现。海关总署数据显示,2022年全年跨境电商进出口额(含B2B)2.11万亿元,同比增长9.8%。其中,出口1.55万亿元,同比增长11.7%;进口0.56万亿元,同比增长4.9%。[14]

12.4 国际物流(International Logistics)

物流(logistics)是物品从供应地向接收地的实体流动,是保证正确的商品在正确的时间、以良好的状态和合理的成本转移到正确的地点的企业活动。从供应链角度来界定,物流是供应链活动的一部分,是为了满足客户需要而对商品、服务以及相关信息从产地到消费地的高效、低成本流动和储存所进行的规划、实施与控制的过程。[15]物流的职能包括**订单处理**(order processing)、**仓储**(warehousing)、**运输**(transportation)和**库存管理**(inventory management)。

国际上有多种对于物流概念的界定。其中,美国物流管理协会的定义最具影响力和代表性。

2003年,美国物流管理协会重新修订了物流的定义,明确将"物流"改成了"物流管理":物流管理是供应链管理的一部分,是对货物、服务及相关信息从起源地到消费地的有效率、有效益的正向、反向流动和储存进行计划、执行和控制,以满足顾客的要求。

欧洲物流协会1994年的定义为:物流是在一个系统内对人员或商品的运输、安排及与此相关的支持活动的计划、执行与控制,以达到特定的目的。

2022年全国科学技术名词审定委员会公布的对物流的定义是:物品从供应地向接收地的实体流动过程。根据实际需要,将运输、储存、装卸、搬运、包装、流通、加工、配送、信息处理等基本功能有机结合。物流产业属于广义的服务业范畴。根据三次产业分类法,可以将物流产业归为第三产业范围。

国际物流是产品实体在不同国家之间的转移,是国内物流的延伸和进一步扩展。有效的国际物流管理,适时、适地、保质、按量、低成本地将国际市场需要的产品运送到目的地,是企业不断开拓国际市场的重要保证,是国际市场营销得以成功的重要支撑。

20世纪90年代以来,国际物流的概念和重要性已经为各国政府和全球跨国公司所普遍接受。国际贸易和跨国经营的发展,实物和信息在世界范围的大量流动和广泛交换,促使物流国际化成为国际贸易和世界经济发展的必然趋势。物流国际化的要求已经拓展到物流设施的国际化、物流技术的国际化、物流服务的国际化、货物运输的国际化、包装的国际化和流通加工的国际化。只有广泛的国际物流合作,才能促进世界经济共同繁荣,这已经成为业界的共识。

自 2011 年"一带一路"倡议提出后，中欧班列历经 10 年的时间，取得了辉煌的成绩。2021 年中欧班列全年开行 1.5 万列、同比增长 22%，发送货物 146 万标箱、同比增长 29%，为确保国际产业链、供应链稳定畅通，构建新发展格局做出积极贡献。尤其是在全球重要港口拥堵和延误，亚欧货运市场的大量需求和全球航运受阻的背景下，中欧班列安全、稳定、高效的运输优势进一步凸显。铁路部门不断完善国内外协调机制，提高口岸通过能力，加强运输组织，提升运营效率，为畅通中欧贸易往来持续发挥战略通道作用。中欧班列已成为当前国际物流陆路运输的"黄金通道"，助推中国经济迈入高质量发展快车道[15]。截至 2024 年 12 月，中欧班列累计开行超过 10 万列；截至 2024 年 12 月，我国已同 150 多个国家、30 多个国际组织签署共建"一带一路"合作文件，共建"一带一路"朋友圈继续扩大[16]。

12.5　互联网下的电子商务与渠道重塑（E-Commerce and Channel Reconstruction）

在本书的第 5 章中我们曾经提到电子商务，事实上，进入网络时代之后，尤其是移动网络的大范围覆盖和互联网应用软件的大量开发使用，令互联网改变甚至颠覆了原有的渠道模式。这具体体现在两个方面：第一，互联网的应用，克服了不同国家、地区和市场在时间、空间上的差异，形成了一个真正意义的全球统一市场，各国经济之间相互依存、相互依赖的程度不断加深，全球已经变成一个不可分割的整体，国际贸易全方位提速，交易更加快捷、通畅；第二，基于互联网技术而衍生出的车联网、聚联网、物联网、移动互联网，从根本上改变了人们的生活方式和消费习惯，变革了企业的营销方式，原有的实体渠道被削弱，全新的商业理念和商业模式诞生。在传统企业的渠道策略和传播策略发生革命性改变的同时，新兴行业、新兴企业层出不穷。

电子商务是利用计算机技术、网络技术和远程通信技术，实现整个商务（买卖）过程中的电子化、数字化和网络化。它是借助网络，通过网上琳琅满目的商品信息、完善的物流配送系统和方便安全的资金结算系统进行交易的。2019 年 1 月 1 日实施的《中华人民共和国电子商务法》将电子商务界定为通过互联网等信息网络销售商品或者提供服务的经营活动，将电子商务经营者明确定义为通过互联网等信息网络从事销售商品或者提供服务的经营活动的自然人、法人和非法人组织，包括电子商务平台经营者、平台内经营者以及通过自建网站、其他网络服务销售商品或者提供服务的电子商务经营者。

即使各国或不同的领域对电子商务有不同的定义，但其关键依然是依靠着电子设备和网络信息技术进行的商业模式。随着信息技术的发展，电子商务的内涵和外延也在不断充实和扩展，并不断被赋予新的含义，开拓出更广阔的应用空间。它已不仅仅包括其购物的主要内涵，还应包括物流配送等附带服务，涵盖了电子货币交换、供应链管理、电子交易市场、网络营销、在线事务处理、电子数据交换（EDI）、存货管理和自动数据收集系统。在此过程中，利用到的信息技术包括互联网、外联网、电子邮件、数据库、电子目录和移动电话。电子商务活动涵盖的范围很广，一般可分为**企业对企业**（business-to-business，B2B）、**企业对消费者**（business-to-consumer，B2C）、**消费者对消费者**（consumer-to-consumer，C2C）、**企业对政府**（business-to-government，B2G）、**线上对线下**（online to offline，O2O）、**商业机**

构对家庭（business to family，B2F）、**供给方对需求方**（provide to demand，P2D）、**门店在线**（online to partner，O2P）等 8 种模式。近年来，主打"生活服务平台"的 P2C 电商模式（production to customer）越来越多地被人提起。与传统的电商模式不一样的是，P2C 力图把老百姓日常生活当中的一切密切相关的服务信息，如房产、餐饮、交友、家政服务、票务、健康、医疗、保健等聚合在平台上，实现服务业的电子商务化。阿里巴巴、腾讯所宣称的"新零售"时代，也正是这一思路的体现——依托庞大的用户群体和互联网脉络，覆盖生活的每一处。[17]

在以互联网技术为支撑的数字时代，渠道策略经历了由传统的单渠道向互联网技术支撑的多渠道，社会化媒体驱动的跨渠道，以及全渠道的演进，电商渠道不再是原有渠道的补充，而是数字化背景下的渠道融合、升级与变革，如图 12-2 所示。

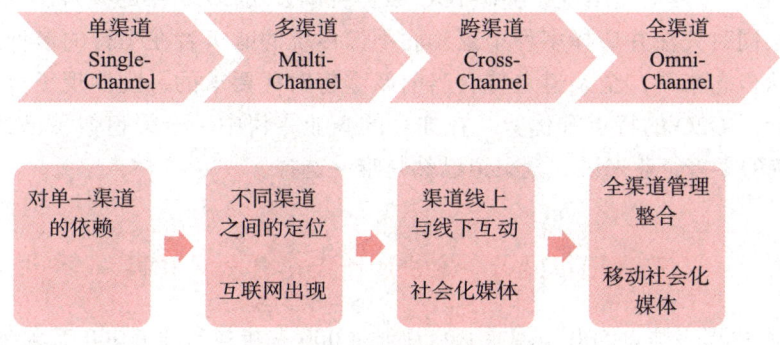

图 12-2　渠道策略演进图

资料来源：科特勒咨询集团。

1. 单渠道（Single-Channel）

单渠道是传统的零售渠道，企业选择一条渠道，将产品和服务从销售者手中转移到顾客或者消费者手中。渠道可以是实体渠道，也可以是网络渠道，例如 B2C 模式。

2. 多渠道（Multi-Channel）

多渠道是指企业采用两条及两条以上完整的零售渠道进行销售活动。通过不同类型的可触达消费者的渠道或平台，在每一个单一平台中和消费者进行互动。从技术的层面来看，多渠道是多个单渠道的组合，每条渠道完成渠道的全部而非部分功能。每条渠道战略通常面对不同类型的客户。从范围和规模的层面来看，多渠道是单渠道质的提升，它帮助品牌开放市场，使品牌在营销活动中能够触达更广泛、更多样化的受众，并可以在不同渠道利用不同的营销活动策略抓取潜在的消费者需求[18]。

3. 跨渠道（Cross-Channel）

跨渠道是指消费者选择在多个不同的渠道上完成同一购物过程的不同阶段的购物行为，比如 O2O 模式。

O2O 是指将线下的商务机会与互联网结合，让互联网成为线下交易的前台，这个概念最早来源于美国。2013 年 O2O 进入高速发展阶段，开始了本地化及移动设备的整合，于是 O2P 商业模式横空出世，成为 O2O 模式的本地化分支。O2O 电子商务模式须具备五大要素：独立网上商城、国家级权威行业可信网站认证、在线网络广告营销推广、全面社交媒体与客户在线互动、线上线下一体化的会员营销系统。

4. 全渠道（Omni-Channel）

全渠道是指消费者同时采用多条渠道进行跨渠道消费，以满足其购物、娱乐和社交的体验需求。这些渠道包括有形店铺（实体店铺、服务网点）和无形店铺（上门直销、直邮和目录、电话购物、电视商场、网点、手机商店），以及信息媒体（网站、呼叫中心、社交媒体、电子邮件、微博、微信）等。企业为了满足消费者任何时候、任何地点、任何方式购买的需求，采取实体渠道、电子商务渠道和移动电子商务渠道整合的方式销售商品或服务，提供给顾客无差别的购买体验。

"全渠道零售"一词最先出现在美国 IDG 数据咨询公司 2009 年的零售研究报告中。这种新型的购买者会同时关注并选择多种渠道，而不像传统的购买者在平行的多种渠道中只选择其中的一种。从概念来看，全渠道是符合当前新零售时代要求的，既体现了重视消费者体验的宗旨，也融合了 O2O 的特点和优势。在如今的企业零售中，全渠道似乎已经成了必选项，尤其对一些传统的零售企业来讲，全渠道已然是唯一选择。

营销透视 12-5　　你还记得最近一次逛屈臣氏是什么时候吗

"屈臣氏在中国大陆逾 500 个城市拥有超过 4 000 家店铺和逾 6 000 万名会员，是大众所熟知的线下及线上保健及美妆产品零售商。"屈臣氏在官网介绍中提到。据屈臣氏集团 2022 年中期财报显示，上半年，屈臣氏中国区营收为 96.85 亿港元，同比下滑 17%；税息折旧及摊销前利润（EBITDA）为 6.23 亿港元，同比下滑 60%。

从屈臣氏的发展来看，2015 年正是其发展的转折点。在这一年，屈臣氏在中国大陆的业务首次出现负增长。在同一时期，网购这种消费方式已经被大多数消费者接受。截至 2015 年 12 月，我国网络购物用户规模达到 4.13 亿，超六成网民进行网购。大批美妆品牌投身于电商的黄金时代中，"90 后"熟知的膜法世家、御泥坊等美妆品牌便起家于电商渠道。反观屈臣氏，并没有主动拥抱电商，反而加大了线下布局的力度。

2017 年，屈臣氏展开自救行动，与美团、京东等大型线上平台合作，开展线上下单、门店自提或者 1h 闪电送服务；同年，屈臣氏还联合俏猫 App，推出了彩妆师线上预约和到店服务。自 2018 年起，屈臣氏还推出新业态 Colorlab 彩妆概念店，彼时，屈臣氏首家药店、屈臣氏+网易严选概念店、高端护肤体验店 Liberte 也相继落地于华南地区。

易观千帆数据显示，屈臣氏 App 自 2017 年上线以来，活跃人数在 2017 年 12 月达到历史峰值 78.75 万后便一路下滑，最新的活跃人数数据仅为 11.95 万。易观千帆数据显示，关联到屈臣氏 App 的小程序有两个，分别为"屈臣氏官方云店"和"屈臣氏会员中心"。但在易观千帆"移动购物"领域中，两个小程序的排名分别为 31 名和 128 名。

由于市场竞争激烈，屈臣氏过去引以为傲的品牌优势、渠道优势统统失灵，屈臣氏亟须就如何提升竞争力交出一份答卷。

资料来源：新浪财经．谁还逛屈臣氏．[EB/OL]．[2022-10-22]．https://finance.sina.com.cn/tech/csj/2022-10-22/doc-imqqsmrp3394950.shtml?cre=tianyi&mod=pchp&loc=18&r=0&rfunc=48&tj=cxvertical_pc_hp&tr=12.

据艾媒咨询数据，2021年中国化妆品行业市场规模达4 553亿元，预计2023年可突破5 100亿元，中国化妆品市场规模呈现稳定增长态势。与美妆赛道的火热形成鲜明对比的是正走下坡路的屈臣氏，屈臣氏也只是众多行业、众多企业中的一个缩影。互联网、数字经济带给所有企业的不只是挑战，更多的是机会。如何把握互联网时代多变的国际市场是企业需要在营销战略和策略上思考的重要问题。

本章小结

1. 渠道策略（分销策略）同产品策略、促销策略和定价策略一样，是企业成功地将产品打入国际市场，实现企业经营目标的重要手段。国际营销渠道是将产品实体及其所有权从一国的生产者转移到国外消费者或最终用户手中所经过的各种通道和中间机构的总和。分销的目的是确保正确的商品，在正确的时间，以合理的价格转移到正确的地点，提供给正确的消费者。

2. 国际营销渠道中中间商的种类和数量的不同，构成了国际营销渠道的10种基本模式。

3. 国际营销渠道的决策包括标准化渠道决策和差异化渠道决策、新建渠道决策和利用原有渠道决策、渠道长度决策和渠道宽度决策。其中，渠道宽度决策包括密集分销策略、选择分销策略和独家分销策略。

4. 影响国际营销渠道选择的因素有很多，概括为6个"C"，分别是成本、资本、控制、市场覆盖面、特点和连续性。除此之外，政府因素也影响渠道的选择。

5. 电子商务是利用计算机技术、网络技术和远程通信技术，实现整个商务（买卖）过程中的电子化、数字化和网络化。它是借助网络，通过网上琳琅满目的商品信息、完善的物流配送系统和方便安全的资金结算系统进行交易的。电子商务活动涵盖的范围很广，一般可分为企业对企业（B2B）、企业对消费者（B2C）、消费者对消费者（C2C）、企业对政府（B2G）、线上对线下（O2O）、商业机构对家庭（B2F）、供给方对需求方（P2D）、门店在线（O2P）等8种模式。

6. 随着信息技术的发展以及互联网、大数据、移动设备的应用，电子商务的内涵与外延不断充实和扩展，电子商务不再是一个补充渠道，而是对传统业务模式的颠覆，是对营销渠道的升级改良，全渠道营销概念应运而生。

7. 国际物流是相对国内物流而言的，是产品实体在不同国家之间的转移。系统有效的物流管理，可以实现货物实体运输的成本最优化，有利于保持企业在国际市场中的高效率和低成本，从而提高产品在国际市场的竞争力。

 案例分析

Lululemon 快速崛起：社群营销 + 用户体验

2022 年在北京冬奥会开幕式上，加拿大代表队身穿 Lululemon 运动服入场，借助着冬奥会的热度，Lululemon 奥运系列产品卖出了一波高潮。

Lululemon 定位在中高端，其用户画像为 24～35 岁的"新型中产阶级"女性，单身或已订婚，无子女，受过高等教育，热爱运动，专业性强，年收入约 8 万美元，追求时尚。这类人群收入高、购买力强，更注重生活品质，品牌忠诚度也更高，对时尚的需求较高，这些特征都决定了 Lululemon 的独特定位。Lululemon 并没有将品牌定位局限于瑜伽运动，它同时也是一种时尚的日常穿着，瑜伽裤外穿也确实变成了一种潮流。

让 Lululemon 实现快速增长的关键是互联网商业时代备受推崇的一种打法——社群营销 + 用户体验。Lululemon 的快速崛起离不开它以线下为核心、线上辅助的独特社群营销模式。与其他运动休闲品牌的营销策略不同，Lululemon 较少签约明星等作为代言人，而是以 KOL 进行精准的社区营销，并且围绕门店的消费体验（比如店内设立瑜伽课程等）、瑜伽运动本身，推出品牌大使、生活理念等元素，让社群营销变成一种人人都可以参与的活动。

通过这些方式，Lululemon 与消费者建立了买卖关系以外的情感联结，促使消费者成为 Lululemon 的粉丝，愿意在 Lululemon 持续消费。这样的营销方式让 Lululemon 在短时间内积累了大量粉丝，Lululemon 也成为一种社交工具。

此外，在渠道方面，自 2011 年开始 Lululemon 全面取消了加盟店，聚焦线下直营和电商，通过直营门店、DTC（直面消费者）渠道和其他渠道经营销售产品。以直营门店和 DTC 渠道为核心的垂直零售模式为 Lululemon 合计贡献了 90% 以上的营收。与通过经销商进行销售的批发模式不同，没有了"中间商"环节，直接面向终端消费者，Lululemon 的方式显然更加贴近消费者。这是 Lululemon 能够推行独特的社群营销的重要条件，也加强了 Lululemon 对终端产品的定价能力。

案例讨论

1. 什么是社群营销？
2. 你认为 Lululemon 的渠道策略对于中国本土的休闲、运动品牌有什么值得借鉴和学习的地方？

复习题

1. 什么是国际营销渠道？国际营销渠道包括哪些组成部分？
2. 国际营销渠道的基本模式有哪些？
3. 简述国际营销渠道选择的影响因素。
4. 如何对营销渠道的长度和宽度进行决策？

5. 什么是密集、选择和独家分销？如何选择？
6. 企业应该如何选择国际营销渠道？请举例说明。
7. 什么是国际物流？国际物流系统是如何构成的？

思考与实践题

宝洁的渠道困境

1998年进入中国市场的宝洁，由于生产的日用化工品属于低值易耗品，因此需要建立高渗透、高覆盖的市场分销网络。起步阶段宝洁在全国有三百多家分销商，但各家生意规模都比较小，而且竞争激烈，"窜货"现象严重，各分销商与宝洁的票据结算费时费力等问题突出。此外由于连锁零售终端大量出现，零售市场希望和宝洁公司直接合作。2006年宝洁开始了渠道调整，砍掉众多的分销商，仅保留较少的大户经销商，并同时进行信息系统整合，这引起了众多分销商的反对和不满。

资料来源：钟旭东. 市场营销：价值的认识与实现［M］. 北京：机械工业出版社，2007.

讨论题

1. 宝洁刚刚进入中国市场时，选择了怎样的渠道策略？为什么？
2. 宝洁调整中国市场渠道策略的原因是什么？你认为会成功吗？为什么？
3. 如果你是宝洁公司的市场营销人员，请针对宝洁营销中出现的问题给出相应的渠道解决方案。

本章注释

［1］ 多家美零售商联名警告：阿里巴巴威胁本土企业生存［EB/OL］.［2014-12-03］. http://world.people.com.cn.
［2］ 接受会计调查的阿里巴巴，到底哪里惹怒了美国证监会［EB/OL］.［2016-06-06］. http://www.sohu.com.
［3］ 2005年零售业大盘点［J］. 商业经理人，2006-01-02：35.
［4］ 麦当劳官网。
［5］ 肖可，刘伟勋. 大幅降低加盟门槛 肯德基特许经营加速度［N］. 经济观察报，2006-04-24.
［6］ 伯倩. 宝洁双头鹰战略雏形凸现［EB/OL］.［2005-08-28］. http://www.sh360.net.
［7］ 邱小立. 重组汤姆逊 TCL绕道国际市场［J］. 成功营销，2004-02-09.
［8］ 逯宇铎，常士正. 国际市场营销学［M］. 北京：机械工业出版社，2004.
［9］ 汪瑞林. 搜索百度李彦宏：搜索百度幕后［M］. 北京：经济日报出版社，2006.
［10］ 商务部：七家企业申请2017年首批成品油批发资质 民企为主［EB/OL］.［2017-04-13］. http://www.sohu.com.
［11］ https://www.cantonfair.org.cn.

［12］徐春梅，等．宝洁整改分销商［EB/OL］．［2005-08-22］．http://www.sh360.net．

［13］宝洁经销商整改运动全国蔓延［N］．中国经营报，2005-08-21．

［14］商务部电子商务和信息化司．2022年中国网络零售市场发展报告．

［15］张海燕，吕明哲．国际物流［M］．大连：东北财经大学出版社，2006．

［16］一带一路官网．https://www.yidaiyilu.gov.cn/dataChart．

［17］军情研报室．中国电商发展史：未来我们会青睐什么？［EB/OL］．［2018-05-28］．http://baijiahao.baidu.com．

［18］搜狐网．新零售模式：单渠道到全渠道的进化史［EB/OL］．［2017-09-29］．https://www.sohu.com/a/195441536_99998982．

第 13 章
国际市场营销的促销策略
International Promotion Strategy

🔴 重点词汇

Advertising　The placement of announcements and persuasive messages in time or space purchased in any of the mass media by business firms, nonprofit organizations, government agencies, and individuals who seek to inform and/ or persuade members of a particular target market or audience about their products, services, organizations, or ideas.①

Content Marketing　Any marketing that involves the creation and sharing of media and publishing content in order to acquire and retain customers. This information can be presented in a variety of formats, including news, video, white papers, e-books, infographics, case studies, how-to guides, question and answer articles, photos, etc.②

Direct Marketing　A form of nonstore retailing in which customers are exposed to merchandise through an impersonal medium and then purchase the merchandise by telephone or mail.③

Integrated Marketing Communication (IMC)　A planning process designed to assure that all brand contacts received by a customer or prospect for a product, service, or organization are relevant to that person and consistent over time.④

International Advertising　The advertising phenomenon that involves the transfer of advertising appeals, messages, art, copy, photographs, stores, and video and film segments (or spots) from one country to another.⑤

Promotion Mix　The various communication techniques such as advertising, personal selling, sales promotion, and public relations/product publicity available to a marketer that are combined to achieve specific goals.⑥

Public Relations　That form of communication management that seeks to make use of

---

① ③ ④ ⑤ ⑥ http://www.marketingpower.com/.
② http://en.wikipedia.org/.

publicity and other nonpaid forms of promotion and information to influence the feelings, opinions, or beliefs about the company, its products or services, or about the value of the product or service or the activities of the organization to buyers, prospects, or other stakeholders.①

Sales Promotion　The media and nonmedia marketing pressure applied for a predetermined, limited period of time at the level of consumer, retailer, or wholesaler in order to stimulate trial, increase consumer demand, or improve product availability.②

Social Media　is defined as a group of Internet-based applications that build on the ideological and technological foundations of Web 2.0, and that allow the creation and exchange of user-generated content.Social media are computer-mediated tools that allow people to create, share or exchange information, ideas, and pictures/videos in virtual communities and networks.③

导入案例

Meet U in China

东方航空以中、英、日、韩、泰、意、德等多语种，采用互动活动、主题海报、系列视频等形式在多个海外社交媒体平台账号发布"Meet U in China 东航＋城市"文旅传播策划，触达超千万目标受众，传播量近 6 000 万。

1. 向海外网友展示中国魅力

全年 12 个月选取中国 12 个省市的特色风情和重大事件，与当地职能部门和媒体合作推出的"梦想起航的地方""巴西机长带你逛吃武汉""天府机场首航幕后""象往的云南""东航海南分公司成立"等内容，吸引近 3 600 万海外网友关注，带动了全球游客线上"中国游"的风潮，推动中国城市和央企品牌共同讲好中国城市故事，引发"云旅游"热潮。

"透过舷窗打卡中外同款美景"以航空视角将中国贵州黄果树瀑布和加拿大尼亚加拉瀑布、中国四川九寨沟和瑞士因特拉肯、中国新疆喀纳斯湖和意大利多洛米蒂湖等海内外相似景点搭配推介（见图 13-1），同时联合多地文旅官方账号联动推广，将企业品牌与城市文旅相融合，获得了超百万次互动量，多国网友留言"太美了""想飞去中国"。

图 13-1　"透过舷窗打卡中外同款美景"之中国新疆喀纳斯湖与意大利多洛米蒂湖

---

①② http://www.marketingpower.com/.
③ http://en.wikipedia.org/.

2. 对全球媒体传播中国声音

东航内容产品引发全球媒体广泛关注。其"解码100个中国最美乡村瞬间"国际摄影征集活动，通过摄影征集、投票评选和实地探访等互动手段，将主旋律话题巧妙融入"消除贫困""乡村生活"等海外受众的日常讨论之中，以"他镜头"客观展现我国脱贫攻坚和乡村振兴取得的成果及实现全面小康的繁荣景象。

3. 扣国际议题提出中国方案

东航把握主场传播平台，接连承办行业国际盛会，积极参与国际事务、提升国际民航话语权。参与2021北外滩国际航运论坛并首次承办国际航空平行论坛，邀请国际民航高层代表共议行业可持续发展之道，以全球多语种图文直播，在"第一落点"向国际航空业提出中国方案、发起中国倡议。2022年，东航还承办了第78届国际航空运输协会（以下简称"国际航协"）年度大会和世界航空运输峰会，国际航协76年来首次修改相关章程，将中文列入官方语言。

围绕绿色飞行、民航业"双碳"等话题，紧扣国际气候应对热点，东航牵头发起航空碳减排研究，受到中意两国大使及多位国际专家学者赞誉。中意大使继G20罗马峰会后，首次云对话共同见证东航与意大利政治、经济与社会研究所及中国社会科学院联合发布的《中国与意大利民航业碳减排路径与合作前景研究》。

4. 为中外交流建立云端桥梁

中意高校在东航直播间"云互动"，海外网友参加"云游东航""云逛进博会""云写中国字"等线上活动。东航综合创新运用互动游戏、创意海报、趣味漫画、Vlog等载体打破地理空间限制，以灵活、高效的传播模式持续展示中国央企魅力。

2023年东航继续在海外推出第三期策划"Meet U in C919"，将全球首架C919飞机打造成为全新的国际化IP，以搭乘C919打卡中国美好山河为主线，展现"中国服务"与"中国标准"双效融合下的中国城市经济活力与人民美好生活。

资料来源：1. 新浪网．东航连续三年获中国公共关系行业最佳案例大赛"讲好中国故事"金奖［EB/OL］．［2023-01-11］．https://news.sina.com.cn/sx/2023-01-11/detail-imxzvcvm8974104.shtml.
2. 航空圈．中国东方航空四度入选中国企业国际形象"十大案例"［EB/OL］．［2021-12-14］．http://www.air66.cn/mh/28474.html.

总部位于中国上海的中国东方航空股份有限公司，是中国三大骨干国有航空公司之一。公司连续多年入选全球品牌传播集团WPP旗下"BrandZ最具价值中国品牌"前100强、"BrandZ中国全球化品牌"前50强及Brand Finance"全球最有价值的50个航空公司品牌"。东方航空公司多年成功的品牌营销传播，综合运用了传统的公共关系手段与数字经济时代的新工具——社会化媒体、云技术、VR/AR、短视频等多种手段，展现了央企品牌的责任和担当——面对热点问题的独立见解和积极应对，同时向海外人士展示中国魅力，传递中国声音，提出中国方案。

13.1 国际促销与整合营销传播（The International Promotion and IMC）

促销（promotion）是促进销售的简称，是指企业通过人员推销或非人员推销的方式，向目标顾客传递商品或劳务的存在及其性能、特征等信息，帮助消费者认识商品或劳务带给购买者的利益，从而引起消费者兴趣，激发消费者购买欲望和购买行为，实现企业销售的活动。促销手段包括公共关系、广告、销售促进、人员推销和数字营销。

每种促销手段各具特点和功能，它们相互补充、相互联系。广告是让别人知道你。公共关系是让别人喜欢你。销售促进是让知道你和喜欢你的消费者购买你。人员推销则推动了最终的购买。数字营销是网络新技术条件下的传播模式创新。在国际市场营销活动中，为了实现目标，企业往往整合多种促销手段，搭配和协调使用**促销组合**（promotion mix）。

整合营销传播（integrated marketing communication，IMC）是以整合企业内外部所有资源为手段，重组再造企业的生产行为与市场行为，充分调动一切积极因素，以实现企业目标的全面及一致化的营销。整合营销的基本主张是，要将所有的沟通工具，如商标、广告、公关、直复营销（DM）、活动行销（EM）、等一一综合起来，使目标消费者处在多元化且目标一致的信息包围之中，即"多种工具，一个声音"，从而帮助消费者更好地识别与接受品牌和公司。整合营销传播不但突出了**沟通**（communication）在整个营销活动中的重要地位，而且强调通过促销手段与多元取向的促销工具的结合来整合和强化沟通攻势。

卡夫食品公司为了让中国消费者理解与接受牛奶加饼干的吃法，在中国30所大学启动了奥利奥学徒项目，吸引了6 000名申请者，其中300名大学生通过培训成为奥利奥形象大使。这些人骑着车轮类似奥利奥的自行车穿越中国的大城市，向30万名消费者赠送奥利奥样品；同时配合电视广告——小孩掰断饼干，舔去中间的奶油，再将一半放到牛奶中，以强化就着牛奶吃饼干的理念；奥利奥还多次举办以奥利奥为主题的篮球赛，以提升知名度，经过多年的营销努力，奥利奥目前已经成为中国最畅销的饼干品牌之一。[1]

国际促销（international promotion）是企业与国际客户之间的一种信息沟通行为，手段包括国际公共关系、国际广告、人员推销和促进销售。与普通市场营销一样，广告和促进销售是国际促销活动的重要手段。同时需要注意的是，在国际市场营销中，国际公共关系的作用格外重要，尤其是当企业的国际化营销活动牵涉了政治因素、经济安全、文化意识、宗教信仰、情绪情感和价值观冲突等敏感问题时，其重要性更加凸显。

13.2 国际公共关系（International Public Relations）

13.2.1 公共关系的含义（The Concept of Public Relations）

公共关系（public relations）是指组织为改善与社会公众的关系，促进公众对组织的认识、理解及支持而发动的一系列促销活动。公共关系的职能包括争取对企业有利的宣传报道，帮助企业与有关各界公众建立和保持良好关系，树立和保持良好的企业形象以及消除和处理对企业不利的谣言、传说和事件。

20世纪80年代以来，随着经济全球化进程的加速，越来越多的企业参与到全球营销中，国际公共关系的价值和作用开始得到认同和重视。

《中国公共关系业2021年度调查报告》显示，2021年全行业营业规模约为745.9亿元人民币，年增长率为8.3%。相较于2020年3.1%的年增长率，公关市场有了较大的恢复性增长。位列中国公共关系服务领域前5位的分别是汽车、IT（通信）、互联网、快速消费品、制造业。汽车行业依然占据整个市场份额超过1/3，继续高居榜首，且比2020年略有提高。IT

（通信）、互联网、快速消费品排名不变，位于第 2～4 位。与 2020 年度相比，制造业对公共关系的需求增加，跃升到第 5 位。由此可见，中国制造业对品牌的意识正在不断提升。金融业从 2020 年的第 5 位下降到第 6 位。娱乐／文化业、医疗保健业、旅游业、房地产业排名不变，分别位居第 7 至 10 位[2]。

13.2.2　国际市场营销的公共关系策略（Strategies in International Public Relations）

对于跨国公司来说，良好的公共关系有助于企业获得国际市场准入、赢得目标市场国政府的信任、取得政府采购订单以及得到政府的政策和税收支持。2005 年，在时任国务院总理温家宝和芬兰总理马蒂·万哈宁（Matti Vanhanen）共同出席的签字仪式上，诺基亚获得了 2006 年度中国移动价值 58 亿元的 GSM/GPRS 网络设备采购订单，以及中邮普泰 2006 年度价值超过 150 亿元的移动终端产品采购订单，共计 208 亿元人民币。[3]2014 年，习近平主席访问法国，签订 180 亿欧元订单，空中客车、东风汽车、道达尔公司均是其中的受益者。[4]同期，时任国务院总理李克强五次出访，足迹涵盖欧亚非十余国，出席了 270 余场活动，见证了 250 多项合作文件的签署，共为我国企业带来至少 1 400 亿美元的大单，其中多涉及能源、基建、金融和民生领域项目。[5]

依据企业进入国际市场的阶段和公共关系活动的目的，国际公共关系活动可以分为以下三个类型。

1. 市场进入公关（Market Entry PR）

在国际市场进入中，跨国公司往往会遇到各种各样的问题和障碍。取得当地民众的理解和支持，加强与政府机构或政府官员的沟通和联系，得到政府的信任与好感，赢得政府高层的认同非常重要。2005 年 8 月，中国第三大石油公司——中国海洋石油有限公司正式退出并购美国优尼科石油公司的竞争，尽管中国海油的出价比竞争对手美国雪佛龙公司高出了约 15 亿美元。然而，美国众议院以 333 比 92 票的压倒优势，要求美国政府中止这一收购计划，并以 398 比 15 的更大优势，要求美国政府对收购本身进行调查。[6]

与中国海油形成鲜明对照的是 2012 年 1 月宣布破产保护的柯达公司。20 世纪 90 年代，国际上吵翻了天的所谓"中国威胁论"，中国国内对"引进外资会不会扼杀民族工业"的质疑和"狼来了"的恐惧，加大了柯达整合中国感光企业的难度。但是，柯达还是以积极促进两国间贸易关系进一步向前发展的承诺，积极、友善的公共关系活动，赢得了中国政府高层人士的支持，艰难地完成了对中国影像产业的"全行业合资计划"。中国感光材料行业"借助跨国公司促进行业改组改造，加快全行业结构调整"，柯达则用 12 亿美元换来了排他性的生产许可，即我们熟知的"98 协议"。[7,8]

2. 关系维持公关（Relationship Maintenance PR）

顺利地进入国际市场之后，维持与当地政府和公众之间业已建立的良好关系同样非常重要。在中国市场取得成功的跨国公司有一个共同的口号——"我们是中国公司"，像摩托罗拉的"以中国为家"、飞利浦电子的"我们是一个地地道道的中国公司"[9]和柯达的"做中国的世界企业公民"等。[10]

3. 危机处理公关（Crisis Management PR）

危机处理公关又称"冲突解决公关"。*Crisis Management：Planning for the Inevitable* 一书的作者史蒂文·芬克（Steven Fink）曾经做过大量调查，80%的《财富》500强企业的CEO认为，现代企业界面对的危机，就如同死亡一样，几乎是不可避免的事情。有55%的受访者认为危机影响了企业的正常运转。既然危机不可避免，且冲突后果严重，如何迅速有效地解决冲突、化解危机，便成为企业公共关系活动必不可少且极其重要的内容之一。

良好的危机公关不仅可以及时地纠正企业的错误，求得消费者、公众和政府的谅解，而且可以化危机为商机，借此建立与消费者之间的联系和信任，赢得消费者的喜爱。

公共关系的应用范围很广，除了企业和各种组织机构以外，国家也可以利用公共关系去吸引公众的注意力（或者抵消公众头脑中的坏印象），吸引更多的观光者和外国投资者，取得国际上的支持。例如，中国篮球明星姚明加盟的上海城市宣传片《无数个姚明，好一个上海》，展现了上海国际化大都市"海纳百川、追求卓越"的城市精神，以此吸引国际旅游者的光顾和国际投资者的青睐。

营销透视 13-1　　从国服到手机：提升中国品牌形象

习近平主席2014年进行的欧洲之旅，可以说是又一次成功的中国形象营销之旅。无数的电视、平媒、网络争相报道，其关注度若折算成广告费绝对是天文数字。

无论是荷兰国宴上惊艳四座的中式传统服装，还是一路上中国设计师精心打造的充满浓郁中国风的得体服饰，作为媒体关注的焦点，其一举一动都会被人们津津乐道，品评、传播。2014年3月，微博上就传出一张彭丽媛女士手持手机全神贯注拍照的照片，有细心的网友认出该手机正是中兴旗下高端子品牌努比亚的Z5 mini，而努比亚随后在其官方微博也证实了这条消息。

随着中国的日益强大，中国制造、中国品牌都将迎来一个全新的发展阶段。彭丽媛女士高贵、典雅、大气、亲和的气质完美诠释了中国当代女性的风姿，成为中国形象的最佳"补充"，更成为中国品牌对外展示的一个完美"平台"。

在2014年年初的国际消费类电子产品展览会（CES）和巴塞罗那世界移动通信大会（MWC）上，我们已经看到了国产厂商大放异彩的上佳表现。在这些全球顶尖的IT企业发布的世界舞台上，以中国企业为代表的亚洲厂商已经打破了欧美企业的垄断地位。在拉斯维加斯的展馆内，展位规模颇具气势且多占据了黄金展位的那些中国厂商，让外国记者大排长龙等候入场的中国企业新品发布会，以及聚拢了世界眼光的新产品，无不说明了"中国制造"已经重塑了海外形象，品牌的塑造之路也已走上正轨。中兴、华为、海信等已然成熟的姿态，比邻国际巨头毫不怯场。

无论是体面华服，还是手中的中兴手机，在全球瞩目的大国外交过程中，它们的频频出镜成为中国制造的软实力输出，亦是对国有品牌的最好代言。

资料来源：芮益芳．从国服到手机：第一夫人提升中国品牌形象［EB/OL］．［2014-04-10］．www.huanqiu.com.

企业赞助也是公共关系活动的重要内容之一。联想加入2008年奥林匹克全球合作伙伴（TOP）计划；燕京啤酒曾赞助NBA的休斯敦火箭队；2006年4月，海尔携手NBA完成标志性签约，成为NBA全球唯一家电合作伙伴；[11]1999年，可口可乐启动"第一代乡村大学生奖学金"，帮助边远山区的第一代大学生完成大学学业；宝洁投入巨资捐建希望学校等。

13.3 国际广告（The International Advertising）

广告（advertising）是为了某种特定的需要，通过一定形式的媒体，公开而有目的地向公众传递信息的传播手段，是一种集说服性、引领性、预见性与艺术性等特征于一体的公开、有偿的信息传播活动，是非人员的促销活动。[12]广告具有树立企业形象、沟通市场和商品信息、创造消费者需求以及传播文化等职能。广告以其市场覆盖面广、渗透性强等特点，成为当今企业营销中的主要促销手段之一。

国际广告是以国际消费者为目标受众，在国际环境下开展的广告活动。营销分析机构WARC的报告显示，2024年全球广告支出预计增长10.7%，达到1.08万亿美元，其中在社交媒体上的广告支出接近2 420亿美元，是最大的单一广告渠道。

广告担负着传播和沟通信息的职能，其本身又是一种文化行为。因此，在国际市场营销中，除了宏观环境的差异、消费者的复杂多样化以外，社会文化因素对广告的设计、推广及广告策略的制定和实施也有非常重要的影响。这也注定了国际广告决策远比国内市场营销中的广告决策更加复杂和艰难。

2009年11月，中国政府推出了一系列全球广告，试图提升"中国制造"的国际形象，提高中国产品的全球认知度。在不断变化的世界新形势之下，中国的这一宣传举措，对建立良好的国家形象无疑具有积极的意义。

营销透视 13-2　　　　　　　　**中国制造，世界合作**

2009年11月，美国有线电视新闻网开始在亚洲市场播出一则30s的商业广告，内容是宣传在全球化大背景下，"中国制造"产品其实也是世界上各个贸易体共同分工协作、盈利共享的事实。当然，该广告也有利于重新打造与巩固"中国制造"在全球市场上的声誉（见图13-2）。

主题：世界合作

这则30s的广告围绕"中国制造，世界合作"这一中心主题，强调中国企业为生产高质量的产品，正不断与海外各国公司加强合作。广告中的一个个画面集中展现了"中国制造无处不在的身影""中国制造，世界合作"的理念贯穿其中。

图 13-2　商务部全球投放"中国制造"广告截图

资料来源：http://cn.bing.com/images

> 一日之计在于晨，清晨跑步的运动族所穿的运动鞋是"中国制造"，但是"综合了美国的运动科技"；日常家庭中所用的冰箱印着"中国制造"的标签，但是融合了欧洲风尚，为您储存美味的食品。就连法国顶级模特所穿的知名品牌服装也由"中国制造"，而广告最后出现的飞机画面，是融合全球各地工程师心血的结晶，更是展现了"世界合作"这一理念。
>
> **投放对象：国际主流媒体**
>
> 该广告被认为是中国政府的首个品牌宣传活动。这一广告攻势的主要诉求是竭力在海外宣传中国品牌，提升外国人对中国制造产品的认知度，使他们不再仅仅将中国看成是一个成本低廉的市场。商务部购买了为期6周的广告时段，一些国际主流媒体如美国有线电视新闻网是重点投放对象。
>
> 资料来源：商务部全球投放广告提升中国制造形象[EB/OL].[2009-11-30]. http://www.sina.com.cn.

13.3.1 国际市场营销的广告策略（The International Advertising Strategy）

面对错综复杂的国际市场，企业的广告决策所面临的第一个难题就是广告的信息和媒体选择是否要标准化的问题：是采用全球范围内的统一广告策略，还是采用针对不同国家或地区市场的差异化广告策略？据此，国际市场营销中的广告策略可分为标准化广告策略、差异化广告策略和模式化广告策略。

1. 标准化广告策略（Standardization Advertising Strategy）

标准化广告策略又称"全球广告策略"，是指在不同的国家或地区，对同一产品采用相同广告主题的广告策略。"全球广告"，即一种"行遍天下"式的全球广告策划，是基于全球各国或各地区市场具有共性这一前提而实施的广告策略。标准化广告策略尤其适合致力于塑造企业统一形象的国际性企业，例如 IBM、奔驰、万宝路、可口可乐等。体现在广告用语上，如 NIKE 的"Just Do It"、飞利浦的"让我们做得更好"、吉列的"男人最好的选择"。

标准化广告策略突出了国际市场基本需求的一致性，既有利于企业建立全球统一的品牌形象，又节省了企业的广告费用。但标准化广告忽略了市场之间的差异性，所以广告的针对性不强，往往不能满足目标市场的特殊需求。因此，一些跨国公司放弃标准化广告策略，转而采用差异化广告策略。

2. 差异化广告策略（Adaptation Advertising Strategy）

差异化广告策略又称"本土化广告策略"、定制广告策略（customization advertising strategy），是强调国家或地区的差异性，针对特定目标市场，开展适合其顾客需求的广告活动的策略。

秉承"思路全球化、行动本土化"的海尔，在广告上采用了本土化策略。例如，在美国的广告语是"What the world comes home to"，在欧洲则用"Haier and higher"。[13]

标准化广告策略和差异化广告策略各具特点，也有各自的适用范围。通常来说，消费类产品或具有较多社会文化属性的产品，宜选用差异化广告策略。全球品牌、科技含量高的产品、工业产品多选用标准化广告策略。事实上，国际市场中很少见到绝对的标准化广告或绝对的差异化广告，大多数跨国公司往往采取折中的广告策略，只是可能会更倾向于标准化或者差异化而已。这种折中的广告策略，我们称之为"模式化广告策略"。

3. 模式化广告策略（Pattern Advertising Strategy）

模式化广告策略是介于标准化广告策略和差异化广告策略之间的一种策略，是全球化统一促销概念下，针对单个的目标市场进行适度调整的广告策略。模式化广告策略的发展是与营销观念从全球化向全球本土化发展的趋势相一致的。

跨国公司在中国市场经历了从"**全球化**"（global）向"**全球本土化**"（glocal）演变的过程，即由重视全球性的统一广告策略，向所谓的"全球品牌本土化""跨国品牌区域化"的广告策略转变。全球本土化，又称"全球兼顾当地"，包含了"全球策略、本土执行"和"全球观感、本土策略"两个方面的含义，趋势则是"更彻底的中国本土化"。因此，1866 年创建于瑞士的雀巢咖啡的广告画面上出现了中国青年吹长笛的镜头，中国的农村青年也穿上了 1981 年创办的"佐丹奴"服装。[14, 15, 16]

模式化广告策略还体现在同一广告主题下的代言人的选择上。SK-Ⅱ在保持产品全球定位的同时，在不同的国家选择不同的代言人，以适应当地消费者的不同喜好和需求。

由于模式化广告策略既兼具了标准化广告策略和差异化广告策略的优点，又弥补了两种广告策略的不足，因此，越来越多的跨国公司开始采用模式化广告策略。

13.3.2　国际广告的创意制作（The International Advertising Design）

"整合营销之父"唐·舒尔茨在《整合营销传播》中指出：在同质化的市场中，唯有传播能创造出差异化的品牌竞争优势。找到一个以消费者欲求为出发点的"轴心"概念（big idea）是有效传播的关键，而这种"轴心"概念正是广告的创意或者产品的创意在广告中的体现。

广告创意是广告设计制作者在酝酿广告时的构想，是广告的核心。麦当劳的"I'm lovin'it"，统一润滑油的"多一些润滑，少一些摩擦"，Epson 打印机的"不打不相识"都是绝妙的创意。

国际广告在广告诉求上，要新颖、有创意，同时还要考虑政治、文化、民族情感等方面的问题，体现在广告语言、图片设计等方面应尤为谨慎。

13.3.3　国际广告的媒体选择（Media Alternatives）

国际广告的媒体选择很多，如印刷品广告（报纸、杂志）、电子媒体广告（电视、广播）、户外广告、邮寄广告、POP 广告、新媒体和其他广告。

1998 年 5 月，时任联合国秘书长安南在联合国新闻委员会上提出，应利用最先进的第四媒体——互联网。自此，"第四媒体"的概念正式得到使用。第四媒体区别于以纸为媒介的传统报纸、杂志，以电波为媒介的广播和基于电视图像传播的电视（它们分别被称为第一媒体、第二媒体和第三媒体）。

2018 年 8 月 27 日，央视市场研究（CTR）在 2018 CTR 洞察高峰论坛上重磅发布 CTR 媒体融合效果评估体系。CTR 媒体融合效果评估体系包括品牌力、引导力、传播力、影响力四个一级指标。

品牌力测量媒体的品牌价值，包括知名度、公信力等；引导力测量传播方向；传播力测量传播的广度；影响力测量传播的深度。网络传播力有五个一级指标，分别是官微传播力、官方公众号传播力、自有 App 传播力、官网传播力和第三方平台传播力。二级指标包括两方面的数据：一方面是与媒体覆盖人群规模相关的指标；另一方面是与媒体实际到达人群相关的指标。各项指标权重是在综合专家意见、CTR 专业媒介研究经验和最新受众媒介接触习惯调查结果的基础上得到的，五个一级指标的权重为：微博 18%，微信 25%，自有 App 22%，官网 15%，第三方平台 20%。

1. 印刷品广告（Print Media Advertising）

印刷品广告包括报纸广告、杂志广告、电话簿广告、画册广告、火车时刻表广告等。其中，报纸广告覆盖面宽，读者稳定，具有较强的新闻性、可读性、知识性，传递灵活迅速，便于保存，制作成本低廉；缺点是广告有效时间短，日报只有一天甚至半天的生命力。杂志广告是指利用杂志的封面、封底、内页、插页为媒介刊登的广告。杂志广告内容专业性较强，有独特的、固定的读者群，有利于有的放矢地刊登相应的商品广告，阅读有效时间长，便于长期保存。

2. 电子媒体广告（Electronic Media Advertising）

电子媒体广告包括电视广告、电影广告、广播广告、电子显示大屏幕广告、幻灯机广告和扩音机广告等。下面主要介绍电视广告和广播广告。

（1）电视广告是指利用电视为媒体传播放映的广告。电视广告虽然起步较晚，但发展迅速。在全球范围内的广告媒体中，电视广告收入占总收入的 36% 以上。著名广告人大卫·奥格威自豪地说："如果给我 1 小时的时间做电视广告，我可以卖掉世界上所有的商品。"可见电视广告的效果之显著。电视广告的收视率高，且常常插播于精彩节目的中间，带有一定的收看强制性。

随着互联网时代的到来，广告媒体资源变得丰富，电视广告的地位遭遇挑战，全球范围内的电视广告均出现下滑趋势。但是作为中国电视媒体行业的塔尖企业，中央电视台仍旧有着无法比拟的优势。中国传媒大学校长张树庭认为，大众媒体广告依然是品牌传播的一个最主要的手段，与互联网媒体相比，大众媒体广告依然具有几个先天的优势。第一，可以很经济地接触到庞大的消费群。央视投放一条广告可能同一时间会有上千万甚至上亿的人在收看，而网络用任何一种手段推广，可能很难在短时间内聚集这么多人观看。第二，可以不断地重复，有效地提高品牌的知名度。大众媒体广告可以不断地重复，一天、一周，甚至一个月、一年，如此重复下去，报纸、杂志也是可以做到这一点的。第三，可以充分地展示品牌的特征，去制造一种熟悉感。通过电视媒体，可以充分地展示一个产品方方面面的品质，从而让大众对它有全方位的了解。第四，可以跟其他传播渠道紧密配合，从而产生显著的营销效果。这是大众媒体广告到今天依然具有的四大优势，而这些优势是互联网媒体目前所不具备的。[17]

虽然近年来央视没有公布其广告招标金额，但是极高的收视率仍旧彰显着央视的霸主地位。仅以 2014 年仁川亚运会和 2018 年平昌冬奥会的两组数据，即可以简单而清晰地说明央视的覆盖面和影响力。

> **营销透视 13-3**　　　　　　　　**冠军赛事　冠军收视**
>
> 2014年9月23日是仁川亚运会开赛以来最精彩的一天：孙杨领军的游泳大战，林丹、谌龙领衔的羽毛球男团决赛，可谓是焦点中的焦点。中国游泳队在当天7项赛事中获得6金1银的耀眼成绩，其中孙杨获得男子400m自由泳冠军，陈欣怡获得女子100m蝶泳冠军，宁泽涛获得男子50m自由泳冠军，傅园慧获得女子50m仰泳冠军，叶诗文获得女子400m个人混合泳冠军，郭君君、唐奕、曹玥和沈铎组成的中国队获得女子4×200m自由泳接力冠军。
>
> 这些赛事冠军也带来了"冠军"收视，7项赛事决赛和4项比赛颁奖仪式中心城市收视率均超过2%。其中男子400m自由泳决赛中心收视率为3.05%，份额为9.36%，全国网收视率为1.68%，份额为5.42%；男子50m自由泳决赛中心收视份额达10.62%。凭借赛事的拉动，当天CCTV-5整体收视大涨，中心城市收视份额达6.02%，位列全国第一。
>
> 2018年2月9日，第23届冬季奥运会在韩国平昌郡举行。中国运动员武大靖为中国赢得了平昌冬奥会首枚金牌。39.584s，当武大靖滑过终点时，他不仅第二次创造了短道速滑男子500m世界纪录，更改写了中国男子短道冬奥会无金的历史，成为中国短道队征战冬奥会30年历史上首位男子冠军。2018年2月22日，奥运频道CCTV-5全程转播了男子短道速滑的赛事，其中500m决赛A组收视率达2.02%，收视份额达7.30%，随后播出的5 000米接力决赛A组收视率达2.16%，收视份额达6.81%。
>
> 资料来源：央视广告经营管理中心：武大靖平昌冬奥夺冠，赛事收视率超2%！[EB/OL].[2018-02-24]. http://1118.cctv.com/.

（2）广播广告，是指以无线电或有线广播为媒体播送传递的广告。由于广播广告传收同步，所以听众容易收听到最新的商品信息，而且它每天重播频率高，收播对象层次广泛，速度快，空间大，广告制作费也低。广播广告的局限性是只有信息的听觉刺激，没有视觉刺激，而恰恰视觉刺激比其他刺激更易于给人们留下深刻记忆，因此，这种广告可能妨碍商品信息的有效传播。

3. 户外广告（Outdoor Advertising）

户外广告主要包括路牌广告、霓虹灯广告、灯箱广告、交通车厢广告、招贴广告（海报）、旗帜广告以及气球广告等。1998年，在美国纽约曼哈顿最繁华也最具有商业标志意义的时代广场，竖起了第一块中国公司的广告牌（见图13-3a），它成为中国公司全球化的一道风景线。[18] 图13-3b是2011年出现在纽约时代广场耀眼夺目的"中国红"——中国国家广告，之后大量的中国红广告亮相纽约时代广场。[19]

随着城市的扩大，公共交通出行工具的多样化，地铁的延伸，高铁的便捷，户外广告仍旧是一种颇具吸引力的、高效的、覆盖面广的媒介形式。

a)　　　　　　　　　　　　　　b)

图 13-3　曼哈顿时代广场的 "999" 广告和中国红系列

资料来源：http://www.baidu.com；http://image.so.com。

4. 邮寄广告（Direct Mail Advertising）

邮寄广告是广告主采用邮寄售货的方式，供应给消费者或用户其广告中所推销的商品。它包括商品目录、商品说明书、宣传小册子、明信片、挂历广告以及样本、通知函、征订单、订货卡、定期或不定期的业务通信等。邮寄广告是广告媒体中最灵活的一种，也是最不稳定的一种。

5. POP 广告（Point of Purchasing Advertising）

POP 广告，即售点广告，意思是售货点和购物场所的广告。世界各国广告业都把 POP 广告视为一切购物场所（商场、百货公司、超级市场、零售店、专卖店、专业商店等）在场内场外所做广告的总和。

6. 新媒体（New Media Advertising）

新媒体是针对传统媒体而言的。相对于报刊、户外、广播、电视四大传统意义上的媒体，它被形象地称为"第五媒体"。广义的新媒体是新的技术支撑体系下出现的媒体形态，如数字杂志、数字报纸、数字广播、手机短信、移动电视、网络、桌面视窗、数字电视、数字电影、触摸媒体等。狭义的新媒体则是指基于互联网这个传输平台来传播新闻和信息的网络。新媒体分为两部分：一是传统媒体的数字化，如报纸、期刊的电子版；二是因网络提供的便利条件而诞生的"新型媒体"，如百度网、淘宝网、微信公众平台等。

社交媒体（social media）是基于 Web 和移动技术的使用的互动对话沟通，通常被直译为社会化媒体、社会性媒体或社交媒体。它具有参与、公开、交流、对话、社区化和连通性六大特征。常见的社交媒体工具包括微信、微博等。

内容营销（content marketing）是指以图片、文字、动画等介质传达有关企业的相关内容来给客户信心，促进销售，是不需要做广告或做推销就能使客户获得信息、了解信息并促进信息交流的营销方式。它们所依附的载体，可以是企业的 LOGO（VI）、画册、网站、广告，甚至是 T 恤、纸杯、手提袋……根据不同的载体，传递的介质各有不同，但是内容的核心必须是一致的。

新媒体以其形式丰富、互动性强、渠道广泛、覆盖率高、精准到达、性价比高、推广方便等特点在现代传媒产业中占据越来越重要的位置。营销行业专业机构 WARC 的报告显示，2024 年全球社交媒体广告支出近 2 420 亿美元，占全球广告支出的 22.6%，是最大的单一广告渠道。

近些年，电视、电台、报纸、杂志等传统媒体的广告开支一直在流向网络广告，尤其是智能手机和移动互联网的普及，再一次推动了移动广告产业的新发展，网民全天候实现随时随地上网，带来了更多的广告展示和厂商营销机会。

7. 其他广告（Other Advertisings）

其他广告指除以上六种广告以外的媒体广告，如馈赠广告、赞助广告、体育广告以及包装纸广告、购物袋广告、火柴盒广告、手提包广告等。

在各种广告媒体中，传统媒介中的电视广告和报纸广告曾经共同贡献了广告收入的一大半。但是，随着新媒体的爆炸式增长，全球网络广告市场的规模已经超过传统的电视广告。

13.3.4 影响国际广告策略的因素（Factors Influencing International Advertising）

影响国际广告的因素主要包括法律的限制因素、媒体的限制因素、广告受众的限制因素。

1. 法律的限制（Legal Regulations）

世界各地不同国家，在广告内容、广告用语、广告产品、广告时间和广告播出方式上都有相应的法律规定。了解各个国家的相关法律规定，适当调整广告策略，对于国际化企业尤为重要。

在美国，黄金时段（18:00—24:00）每 60min 的节目中，广告时间不得超过 9 分 30 秒。其他时间每 60min 的节目中，广告不得超过 16min。禁止播放香烟、算命、测字、摸骨、占星、看手相等广告。

在法国，禁止播出含有政治、宗教、暴力及色情等内容的广告；不得播出烟酒广告；不得播出处方药和麻醉品广告；不得播出文艺产品、流通业广告；不得播出保险、招聘和求职广告。广告不得使用法语之外的其他语言；公共电视台和商业电视台每天播出广告的时间平均为每小时 6min，每小时最多不得超过 12min。

德国的电视广告主要由《广播电视法》和民间的广告委员会来规范。德国国立电视台在周一到周六的全天内，只可以播放总计 20min 的广告。对以广告费为主要收入渠道的私营电视台，则没有任何广告播放时间段的限制。不过，对于电视广告的播放频率，无论国立还是私营电视台，每小时内最多只能播放总计 12min 的广告，每次播放广告时间不得超过 6min，在两次播放广告的时间段内至少要有 30min 的间隔。

在欧美国家，比较广告、儿童广告、烟草广告、药品广告、食品广告以及酒类广告都是广告法中限制的重点；在亚洲，比较广告也受到严格控制；在科威特，政府控制的电视网每天只允许播放 32min 的广告，而且只能在晚上。[20]

中国也有相应的法律法规，对广播电视广告的播放做出规定和限制。

2. 媒体的限制（Media Restriction）

各个国家的传媒业发展水平各不相同，经济、文化、教育等方面也存在差异，企业在广告媒体的选择上，除了考虑产品因素以外，还应该考虑目标市场国的可选择性和消费者的媒体习惯。

在中国，电视媒体是按行政层级架构的，每级媒体代表着不同的权威。中国有两三千家电视台，作为唯一的国家电视台，中央电视台处在这个金字塔的最顶部，具有高度权威性。接下来是省级电视台、城市台和县级电视台。在中国消费者心目中，在县级电视台播的广告就是县级名牌，在省级电视台播的广告就是省级名牌，而央视播的就是中国名牌。[21]但是在新媒体经济下，央视没有拘泥于传统媒体，大胆而潇洒地踩在了时代的步点上，拥抱新媒体，融合新媒体。

营销透视 13-4　　新浪微博成为央视社交媒体独家合作伙伴

2014年6月2日，新浪微博正式发布世界杯战略，宣布成为CCTV-5 2014年世界杯社交媒体独家合作伙伴。巴西世界杯期间，新浪微博将联手央视推进台网联动合作模式，并且在重大体育赛事上首次打造跨屏话题互动，实现直播社交化。伴随赛事和节目进程，新浪微博将以超过150个热门话题为基础，带来跨平台、跨屏幕、多终端的全新互动体验，为观众和网友打造一站式世界杯观赛平台。截至5月31日，新浪微博上世界杯相关内容的阅读量已经超过1亿次，其中热度最高的话题#世界杯#阅读量近8 000万次。

开创重大赛事直播社交化先河

新浪微博与央视世界杯的合作包括原创节目口播、赛事直播互动、赛事点评团等多种形式，全面覆盖CCTV-5四大新闻类节目《体育晨报》《体坛快讯》《体育新闻》《看透世界杯》，以及《豪门盛宴》《我爱世界杯》等主打节目。在64场球赛直播期间，央视也会围绕赛事及其他热点话题鼓励网友参与微博互动。

巴西世界杯期间，央视将在直播中融入大量微博元素，围绕微博话题引导和鼓励观众深入参与互动，从而开创重大赛事报道先河。据介绍，新浪微博将联合CCTV-5发起"#微5世界杯#发微博，和C5一起聊球"的系列话题互动，结合比赛，主持人和前方记者将与微博网友在线互动聊球。与赛事同步的跨屏互动能够让网友参与讨论，并且和比赛内容更好地结合，从而带给电视观众和网友全新的观赛体验。

同时，CCTV-5还将与新浪微博联合打造百人"微5神评团"，邀请明星、名人和网友一起对赛事、球星和世界杯相关内容进行点评，精彩的点评内容会在《我爱世界杯》《豪门盛宴》等节目中呈现，神评团成员还有机会参与节目录制。

社交媒体扩展体育赛事参与性

在重大赛事中，电视媒体与社交媒体的深度合作已经成为趋势。2013年，美国国家橄榄球联盟与 Twitter 正式建立合作关系，而合作也被认为能够有效提升电视节目的收视率。在国内市场，围绕巴西世界杯，电视媒体央视与社交媒体新浪微博深入合作，有望形成巨大的协同效应，为用户带来全新的观赛体验。

新浪微博与央视在春晚上的合作，也为此次世界杯台网联动打下了坚实基础。马年春晚直播期间，3 447 万新浪微博用户参与互动，春晚提及量高达 4 541 万条。除了央视，2014 年以来《我是歌手》《国色天香》《金玉良缘》等综艺节目和热播剧，也通过台网联动实现了收视率和微博讨论量"双赢"。

资料来源：微博成为央视社交媒体独家合作伙伴 [EB/OL]. [2014-06-03]. http://www.adquan.com/.

3. 广告受众的限制（Target Customer Restrictions）

国际市场营销中的广告策略应该考虑目标市场国的消费者特征。不同国家的居民有自己的价值观、审美观、宗教信仰和受教育水平，广告设计应符合当地的民风民俗、文化习惯、审美观念和理解能力。图 13-4 是日本丰田汽车在雅虎中国上的一幅网络平面广告：青山为背景，松树作点缀，刚与柔并济，驾和乘共享，中国文化跃然纸上。

13.4 其他销售手段（Other Promotion Activities）

图 13-4　皇冠广告

13.4.1 人员推销（Personal Selling）

人员推销是指企业通过派出推销人员，或委托、聘用当地人员，与一个或一个以上可能成为购买者的国外顾客沟通、交流、口头陈述，以推销商品，促进和扩大销售。

针对不同的国际市场环境和不同特点的消费者，人员推销应采取相应的、有针对性的技巧，以激发消费者的兴趣，引发消费者的购买愿望，在满足消费者不同需求的同时，实现企业的销售目标。尤其是当消费者对来自海外的跨国公司知之甚少时，采用当地人员推销可以增强消费者对企业的了解和信任，建立消费者与企业之间的长久关系。正如一位在中东从事计算机营销的公司经理指出的，"尽管你对产品知道的很多，但是当地人更了解市场。要避免犯错误，在中东地区销售，市场知识要比产品知识更重要"。[22]

与国际广告和国际公共关系相比，人员推销受到国际环境因素的影响和限制相对较少。在国际市场营销中，实现有效的人员推销的关键在于推销队伍的设计，推销人员的选择、聘用、培训、评估、激励和管理。

13.4.2 直复营销（Direct Marketing，DM）

直复营销是通过个性化的沟通媒介向目标市场成员发布信息，以寻求对方直接回应（问询或订购）的促销方式。直复营销的特点是互动性和个性化，注重客户服务和企业与客户的长期合作关系。直复营销的中间商环节较少，甚至没有中间商环节，由此可以节省渠道费用，进而降低产品终端价格。例如，平安保险公司的车险电话直销产品的投保费率较其他渠道低10%～15%。[23]

直复营销的模式包括以下几类。

- **直销**（direct selling）是以面对面的方式，直接将产品及服务销售给消费者，销售地点通常是在消费者或他人家中、工作场所，或其他有别于永久性零售商店的地点。2005年8月10日，国务院通过了《直销管理条例（草案）》和《禁止传销条例（草案）》以后，直销走出了发展初期和转型期，进入现代直销时期。
- **目录营销**（catalogue marketing）是指产品的出售通过目录分配给代理商和消费者，若目录市场营销人员是一个店主，就被称为"目录营销"。目录营销最普遍的形式是直邮营销（mail selling），最常见的模式是邮购公司。
- **电话营销**（telemarketing）是指针对预选目标群进行集中的电话推销或调查。服务性业务多采用此种模式，如休闲俱乐部和酒店预订服务等。
- **电视营销**（cable selling）。商务部发布的《2017年中国电视购物业发展报告》显示，2017年全国获得电视购物经营许可的34家企业实现销售额363亿元，同比小幅下降1%，降幅比2016年收窄7个百分点，市场规模趋于稳定。[24]
- **网络营销**（online marketing）。当互联网成为一种经济模式和思维模式，重塑着商业的思维和人们的消费习惯时，互联网商业对营销的颠覆是剧烈和不可抗拒的：网店之后的微店，微博营销之后的微信营销、互联网思维、"粉丝"经济、即时聊天工具的出现、社交媒体营销等层出不穷，如Mobile+Social+IM或者云服务+车联网等。国家统计局发布的数据显示：2018年上半年中国国内网络零售市场交易规模达40 810亿元，同比增长30.1%；2024年全国网上零售额为155 225亿元，比上年增长7.2%。其中，实物商品网上零售额为130 816亿元，增长6.5%，占社会消费品零售总额的比重为26.8%。

营销透视13-5   微博 微信 微淘 微营销

说到互联网，总有人认为，简单地做一款产品，圈到一批用户，然后开始收钱便获利了。又或是有了一个新的交流平台，再用上"平台营销"这四个金光闪闪的大字，开始各种"营销"，微营销便是其中之一。

腾讯内部首次明确地表态：微信不是营销平台。微信对于个人而言，是一个与朋友、私密关系群体交流的工具。而公众号，对于官方要求而言，是提供信息流转、连接用户与服务、实现沟通互动、完成服务定制（会员卡绑定、企业客户关系管理、软硬件交互）的工具。

相比微信而言，微博从诞生的那一刻起，就注定具有媒体化平台的重要属性。相比微信、微淘，微博是唯一基于PC端和手机端的平台，且微博更具有自媒体的特点，这也是媒体的传播属性的体现。

微淘是阿里巴巴重磅推出的移动端产品，很像微信中的公众号。但从微淘自己的产品规划来看，微淘还支持开放平台的插件植入，晃动手机摇奖、独享优惠推送、粉丝管理等营销工具功能。

就目前的基本属性来看，三者都是基于社会化营销微平台的，微信更侧重于小圈层的交流，微博侧重于媒体与传播，微淘侧重于电商。

基于互联网的营销，类似微营销的平台更像是选址的一个过程。选择一个合适的营销平台，犹如选址一样，不能少了人流量，装潢要好，其他诸如营业员要专业热情、产品质量要好，要有自己的推广方法、活动等，在微营销方面也是如此。

但很可惜，现在的微营销更多强调的是推广、信息的推送，而恰恰忽略了互动，或者狭义地理解了互动的概念。互联网的最大魅力，就是一个双向的传播平台，每个人都可以基于一个事件、观点，发表自己的意见，通过各类转发，形成几何级的病毒式复制结果。互动可以是双向的，也可能是多点交叉的。没有好的互动，就不能产生有效的信息传播，触达不了有效客群，进而不能产生下一步的营销动作。而每个微营销的平台属性，也决定了不能完全成为一个线上支付成交的完整闭环。

资料来源：刘丽娟. 微博、微信、微淘的互动与营销那些事儿［EB/OL］.［2014-11-29］. http://www.woshipm.com/.

在与互联网企业的竞争中，传统企业应对变局，搭上新媒体的快车，变革营销方式，才是生存之道。国外很多奢侈品品牌开始尝试网络销售：2013 年日本奢侈品网站魅力惠进军中国市场；2014 年 9 月，意大利的全球时尚在线精品店 thecorner.com 也登陆中国。除了专业的奢侈品网站，各大门户网站如新浪、和讯、网易也都增开了奢侈品频道，争抢奢侈品网购这块蛋糕。[25]贝恩公司全球合伙人布鲁诺·兰尼斯（Bruno Lannes）先生表示："新的技术正快速丰富线上和移动购物体验，让实体店面临被替代的风险。奢侈品品牌正在放缓开店速度，未来将会出现渠道整合。"贝恩公司预测，电商渠道将进一步蚕食"传统"渠道市场，所有奢侈品购物都将受其影响。此外，随着虚拟现实、移动支付等新技术在价值链各个环节的应用，未来 50% 的奢侈品消费将受数字化驱动。[26]事实上，早在 2015 年，83% 的奢侈品品牌在中国有各种形式的关店行为：Prada 在中国关了 16 家门店，Chanel 关了 11 家门店，Burberry 关了 3 家门店。[27]

13.4.3 销售促进（Sales Promotion）

销售促进，又称营业推广，是指企业运用各种短期诱因，鼓励购买或销售企业的产品或服务的促销活动，是一种短期的刺激消费者购买或提升中间商和零售商效率的促销活动。销售促进是企业加强产品与消费者沟通、扩大市场份额、压制竞争对手的重要方式，是使销售量在短期内达到最大化的有力工具。

根据促销目标和对象不同，销售促进可分为三类：针对消费者的营业推广、针对中间商的营业推广和针对销售人员的营业推广。

（1）**针对消费者的营业推广**（consumer promotion）。其目的在于吸引新顾客并留住老顾客，动员现有顾客购买新产品或更新设备，引导顾客改变购买习惯或培养顾客对本企业的偏爱行为等。营业推广的方式包括赠送样品、试用样品、优惠券、促销包装、抽奖、现场示范和展销等。其中，赠送样品或试用样品是介绍一种新商品最有效的方法，但是费用很高。例如，DHC 上海公司在中国长期提供免费试用品以吸引消费者尝试产品；立顿通过赠送 Q 果趣奶茶杯，吸引消费者购买一定数量的奶茶；可口可乐则常年鼓励消费者收集瓶盖或易拉罐的拉环，参与网络上的抽奖活动，从而促销企业产品。

致力于消费者营业推广的努力，塑造了"终端为王"的营销新趋势，决胜终端逐步蔓延到各个行业，包括家具行业、日化行业和乳品饮料行业。

（2）**针对中间商的营业推广**（intertrade promotion）。其目的是鼓励批发商大量购买，吸引零售商扩大经营，积极购存或推销某些产品。其方式包括批发回扣、推广津贴、销售竞赛、交易会或博览会、业务会议和工商联营。在中国的汽车销售中，汽车制造商常常采用返点销售和销售竞赛等方式鼓励销售商的销售行为。

（3）**针对销售人员的营业推广**（salesforce promotion）。该营业推广方式旨在鼓励销售人员热情推销产品或处理某些老产品，或促使他们积极开拓新市场。形式包括销售竞赛、比例分成以及免费的人员培训和技术指导等。

在国际市场营销中，在不同的市场，企业应根据市场的环境特征和消费者特征，设计有针对性的促销活动。例如，西门子家电在中国大打文化牌，先送锦囊，再送红包，"一元复始，万象更新"地与中国人一起过大年，自然你好我好大家好，西门子在一片"好"声中赚了个盆满钵满。[27]

很多国家对销售促进的形式、规模以及审批程序有一定的限制。对销售促进活动实施严格限制的国家有奥地利、比利时、丹麦、德国、意大利、日本、韩国、墨西哥、荷兰、瑞士和委内瑞拉等。法国则规定赠送礼品的金额不得超过促销商品价值的一定比例，且礼品必须与促销的商品有关。[28]

然而，长期的促销容易引起消费者对促销的过分依赖。一旦失去促销的刺激，比如降价或赠品，消费者就可能对产品再无兴趣，进而转向其他同类产品。有这样一种说法：一个品牌为了提升销售量所投入的促销费用如果高于广告投入，就会非常危险。久而久之，促销会使积累起来的品牌资产，在消费者的心目中渐渐变得模糊甚至消失。

13.5 互联网重塑下的传播新趋势（The New Trend of Communication）

近 20 年来，随着数字技术、信息技术的飞速发展，以互联网为代表的新媒体深刻改变了原有的信息传播方式，重塑了新的媒介生态和传播格局。

13.5.1 移动互联网升级大众传播（Mobile Internet Upgrades Mass Communication）

互联网的发展，手机通信网络的升级，共同推动了移动互联网的迅猛发展。对于移动互联网的用户来说，所有的阅读、社交、娱乐活动，都可能发生在各种零星的时间段、各种情景下，完整时间被切割成了碎片时间，这打破了对传统电视传媒"黄金时段"的认知。移动互联网不是互联网的单纯升级，而是大众传播的升级。

13.5.2　大数据驱动媒体生产变革（Big Data-Driven Transformation of Media Production Mechanisms）

大数据是基于相当大的量级的数据进行数据收集、分析、挖掘与应用的技术，具有多样性（variety）、体量大（volume）、速度（velocity）快和价值高（value）的特征。分析和挖掘大数据会引发新闻行业的变革，包括增强新媒体的预测性、提升报道模式深度、提高新闻报道的个性化程度。同时大数据还会大大提升用户分析水平，为企业的营销决策提供翔实、个性化的消费者数据。

13.5.3　智能化媒体时代即将到来（The Advent of the Intelligent Media Era）

社会化媒体、移动互联网、大数据、云计算、人工智能、物联网、VR/AR共同驱动了媒体智能化，呈现出万物皆媒与人机合一的特征。如今，机器写作、传感器新闻、无人机报道屡见不鲜。

本章小结

1. 国际促销是企业与国际客户之间的一种信息沟通行为，是"谁"通过"什么渠道"对"谁"说"什么内容"的活动。有效的促销策略是企业国际市场营销成功的关键要素。
2. 互联网尤其是移动互联网的广泛应用，使实体形式的媒体受到新媒体的剧烈冲击，传播方式、内容、渠道发生变革。社交媒体、自媒体、微营销、内容营销的出现，颠覆了传统营销理念和模式。
3. 随着数字技术、信息技术的飞速发展，以互联网为代表的新媒体深刻改变了原有的信息传播方式，重塑了新的媒介生态和传播格局。移动互联网升级大众传播，大数据驱动媒体生产变革，智能化媒体时代即将到来。
4. 国际促销组合中包括国际公共关系、国际广告、人员推销和销售促进。与国内市场营销强调广告和销售促进的重要作用不同，国际市场营销中对于公共关系的意义和作用给予了更多的关注和重视。国际促销的复杂性和特殊性也主要体现在国际公共关系和国际广告上。
5. 整合营销传播（IMC）主张把企业的一切活动进行一元化整合重组，使企业在各个环节上达到高度协调一致，紧密配合，以实现企业与消费者全面、有效的沟通。
6. 国际公共关系是企业进入国际市场、建立良好政府和公众关系、处理企业危机的重要手段。对于跨国企业来说，公共关系和企业的战略一样重要，成功的政府公关可以让企业的发展事半功倍。
7. 国际广告是跨国公司国际市场营销中的重要沟通工具。依据内容和媒体选择的标准化与否，广告策略可分为标准化广告策略、差异化广告策略和模式化广告策略。标准化广告策略和差异化广告策略各有各的适用范围和优劣势，跨国公司更多地采取折中的模式化广告策略。广告的创意、设计和媒体选择均受到目标市场国的法律环境、媒体因素和广告受众因素的制约与影响。
8. 人员推销和销售促进也是企业促销的重要手段，在国际市场营销和国内市场营销中都被广泛使用。

案例分析

传统广告未来何去何从

根据全球广告营销行业咨询机构 WARC 的一份报告，全球广告支出在 2023 年有望增长 4.4%，到 2024 年将首次突破万亿美元大关。这一增长几乎全部由五家科技巨头——阿里巴巴、Alphabet、亚马逊、字节跳动和 Meta 推动。然而，与迅速崛起的数字广告形势对比明显的是，传统广告正在经历一场空前的下滑。社交媒体和搜索引擎广告虽然目前占据主导地位，但联网电视（CTV）和零售媒体也正在迅速崭露头角。

据 WARC 的数据显示，尽管 2024 年将有政治和体育赛事的推动，使得传统电视广告支出有望增长 3.5%，但这一增长不足以抵消其之前的下滑。

然而，这并不意味着传统媒体没有生存和发展的空间。事实上，有一些新兴的机会正在出现。例如，户外广告预计将增长 7.3%，影院广告将增长 5.2%，而音频广告则预计将增长 3.3%。

这些增长证明，即使在数字化大潮中，传统媒体依然有其不可替代的价值和吸引力。从数字来看，传统电视仍然是世界第三大广告媒体，预计份额为 15.6%，相当于 2024 年广告支出将达到 1 630 亿美元。

资料来源：搜狐网. 全球广告将破万亿美元，市场已被 5 家科技巨头掌握［EB/OL］.［2023-08-31］. https://www.sohu.com/a/716645198_570245.

案例讨论

1. 什么是传统媒体？面对新媒体的冲击和挑战，你认为传统媒体应该如何应对？
2. 相对于传统媒体，你认为新媒体的优势何在？

复习题

1. 国际市场营销中促销的含义是什么？
2. 什么是促销组合？每种促销手段的功能是什么？
3. 找一个中国市场的实例，讨论企业如何在国际市场营销中运用公共关系策略。
4. 请结合实例谈谈国际市场营销企业如何进行危机公关。
5. 国际广告决策有几种类型？如何正确处理和协调国际市场营销中广告的标准化与差异化的关系？
6. 在进行国际广告决策时，企业应该主要考虑哪些因素？
7. 请结合实例谈谈销售促进的类型和每一种推广模式的优缺点。
8. 什么是新媒体？相对于传统媒体，你认为新媒体有什么优势？

思考与实践题

政府公关：跨国企业的中国式营销之舞

1998 年中国政府下达传销禁令，对于中国境内所有以传销方式进行销售的公司全部进行停业整顿，禁止传销。消息一出，以直销作为企业主营模式的美国安利公司受到严重的打击。

安利高层迅速启动政府公关以挽救企业危机。安利借克林顿即将访华的机会,就直销转型问题与中国相关部门进行磋商。在安利的努力下,中国政府相关部门迅速成立专项小组,协助安利等外资直销公司进行转型。不久,安利(中国)以"店铺销售加雇用推销员"的方式完成转型经营,出色的政府公关使安利在中国化解了一场灭顶之灾。

与安利一样,摩托罗拉、微软等跨国巨头自进入中国以来,最重要的企业战略之一就是构筑良好的政府关系。"我们在任何国家从事公共事务的角色都是向当地政府说明'我们的立场为什么最符合你们的公众利益'。"美国联邦快递UPS在政府公关准则手册中这样写道。这一条原则,可以说是所有跨国公司政府公关的核心原则之一。

跨国公司在中国进行政府公关,主要遵循三项原则:与政府部门进行主动沟通;与政府建立互信基础;与政府进行利益互惠。跨国企业在中国获得的良好发展,与其出色的政府公关能力有密切关系。从这个角度看,本土企业要发展壮大,就必须如跨国企业一样,从战略层面重视政府公关,从策略层面切实推进政府公关,将政府公关变成企业发展的助推剂。

资料来源:林景新. 政府公关:跨国企业的中国式营销之舞[EB/OL]. 2005-11-8. http://www.globrand.com.

讨论题

1. 在本案例中所提到的跨国公司分别采取了哪些公共关系营销的手段或方式?这样的公共关系活动,对于它们在国际市场上的商务活动有怎样的帮助和收益?

2. 促销是促进销售的简称,是企业与顾客之间的沟通过程。除了本案例中提到的公共关系活动以外,还有哪些促进销售的方式或沟通方式?

本章注释

[1] 凯特奥拉,吉利,格雷厄姆,等. 国际市场营销学(原书第17版)[M]. 赵银德,沈辉,钱晨,译. 北京:机械工业出版社,2017.

[2] 中国国际公共关系协会. 中国公共关系业2021年度行业调查报告[R/OL]. [2022-06-07]. http://www.cipra.org.cn/.

[3] 诺基亚获中国208亿订单[N]. 信息时报,2006-09-15.

[4] 习近平访问法国签署180亿欧元贸易订单[EB/OL]. [2014-03-27]. http//www.china.com.cn/.

[5] "超级推销员"李克强今年5次出访签约1 400亿美元[N]. 广州日报,2014-12-29.

[6] 中海油为什么海外并购失败:魔鬼存在于细节中[N]. 财富时报,2005-12-29.

[7] 国家发展计划委员会调查组. 利用外资促进行业调整的新探索:我国感光材料行业企业与柯达公司合资合作情况调查报告[N]. 人民日报,1999-08-10(2).

[8] 袁卫东. 跨越:柯达在中国[M]. 北京:中信出版社,2005.

[9] 卢泰宏. 解读中国营销密码[EB/OL]. [2001-08-04]. http://www.brandgoo.com.

[10] 许朝辉. 柯达的中国之路[J]. 北大商业评论,2004(2).

[11] 谭周长. 海尔赞助NBA的阳谋[EB/OL]. [2006-04-17]. http://www.boraid.com.

[12] 广告学概论编写组. 广告学概论[M]. 北京:高等教育出版社,2018.

[13] 周小华. 从海尔集团美国建厂看海尔国际化战略[R/OL]. [2004-08-13]. http://learning.

sohu.com.
[14] 卢泰宏,彭玲. 广告公司在嬗变中转换角色[J]. 销售与市场,1995(7).
[15] 何佳讯,卢泰宏. 跨国公司中国市场传播策略[J]. 中国广告,2002(3):34-38.
[16] 何佳讯,卢泰宏. 中国营销25年:1979—2003[M]. 北京:华夏出版社,2004.
[17] 张树庭. 大众媒体广告依然是品牌传播的最主要手段[EB/OL]. [2013-11-18]. http://cctv.com/.
[18] 吴晓波. 大败局[M]. 杭州:浙江人民出版社,2001.
[19] 庆祝改革开放40周年 中国品牌全球巡展闪耀纽约时代广场[N]. 温州日报,2018-12-18.
[20] 艾瑞iAdTracker:2011年Q2网络广告投放回暖[EB/OL]. [2011-08-17]. http://www.bnet.com.cn/.
[21] 李黎莉. 央视广告招标 一场垄断盛宴[J]. 中国新闻周刊,2004(206).
[22] 贾殷. 国际市场营销(原书第6版)[M]. 吕一林,雷丽华,译. 北京:中国人民大学出版社,2004.
[23] 平安首推车险电话直销[N]. 东方早报,2007-08-01.
[24] 商务部. 2017年中国电视购物业发展报告[J]. 中国商界,2018(7):26.
[25] 奢侈品网购你准备好了吗?[N]. 新民晚报,2011-08-26.
[26] 贝恩. 2018年全球奢侈品行业研究报告[R/OL]. [2018-11-27]. http://www.bain.cn/.
[27] 胡志刚. 西门子家电的文化营销[EB/OL]. [2003-02-21]. www.emkt.com.cn.
[28] 逯宇铎,常士正. 国际市场营销学[M]. 北京:机械工业出版社,2004.

参考文献

[1] RUGMAN A. The End of Globalizaiton [M]. UK: Pandom House, 2000.

[2] HOOGVELT A. Gloabalization and the Postcolonial World [M]. 2nd ed. London: Palgrave, 2001.

[3] BODDY D, PATON R. Management: an introduction [M]. New York: Prentice Hall, 1998.

[4] SCHUURMAN F J. Globalization and Development Studies [M]. London: Thousnd oaks.

[5] LCCIEB. How to Pass Marketing [M]. 2nd ed. London: LCCIEB, 1999.

[6] MANKIW N G. Principle of Economics [M]. Beijing: China Machine Press, 1997.

[7] JONES M T. How to Pass Business Practice [M]. 2nd Level. London: LCCIEB, 1999.

[8] CZINKOTA M R, RONKAINEN L A, MOFFETT M H. International Business [M]. 5th ed. New York: Thomson Learning, 2008.

[9] PANITCHPAKDI S, CLIFFORD M L. China and the WTO. Singapore: John Wiley & Sons (Asia) Pte Ltd., 2002.

[10] KOTLER P, ARMSTORNG G, ANG S H, et al. Principles of marketing: An Asian perspective [M]. 4th ed. New York: Person Education, 2017.

[11] KOTLER P, ANG S H, et al. Marketing management: An Asian perspective [M]. 3rd ed. New York: Pearson Education, 2006.

[12] CATEORA P R, GRAHAM J L. International Marketing [M]. 12th ed. New York: McGraw-Hill, 2005.

[13] WINER R S. Marketing Management [M]. New York: Prentice Hall, 2000.

[14] BATEMAN T S, SNELL S A. Management: Competing in the New Era [M]. 5th ed. New York: McGraw-Hill Company, Inc, 2002.

[15] KEEGAN W J, GREEN M C. Global Marketing [M]. 4th ed. New York: Pearson Education, 2005.

[16] PERREAULT W D, MCCARTHY E J. Basic Marketing: A Global-Managerial Approach [M]. 14th ed. New York: McGraw-Hill Company, Inc, 2002.

[17] GREIDER W. One World, Ready or Not: the Manic Logic of Global Capitalism [M]. London: Simon & Schuster, 1997.

［18］ 里斯A，里斯L，张云. 21世纪的定位：定位之父重新定义"定位"［M］. 寿雯，译. 北京：机械工业出版社，2019.

［19］ 里斯A，里斯L. 互联网商规11条：互联网品牌圣经［M］. 寿雯，译. 北京：机械工业出版社，2013.

［20］ 曹虎，王赛，乔林，等. 数字时代的营销战略［M］. 北京：机械工业出版社，2017.

［21］ 白远，周建萍. 国际商务英语快速阅读教程［M］. 北京：北京交通大学出版社，2009.

［22］ 博图轩，朱军华，柳亮. 互联网产品之美［M］. 北京：机械工业出版社，2013.

［23］ 拉姆，海尔，麦克丹尼尔. 市场营销学（原书第3版）［M］. 徐岚，崔庆安，译. 北京：机械工业出版社，2010.

［24］ 陈光锋. 互联网思维：商业颠覆与重构［M］. 北京：机械工业出版社，2014.

［25］ 陈启杰. 现代国际市场营销学［M］. 3版. 上海财经大学出版社，2013.

［26］ 陈信康. 市场营销学案例集［M］. 上海：上海财经大学出版社，2003.

［27］ 崔德乾，彭春雨. 场景方法论：如何让你的产品畅销，又给用户超爽体验［M］. 北京：机械工业出版社，2019.

［28］ 拉斯库. 国际市场营销学（原书第3版）［M］. 马连福，赵颖，高楠，译. 北京：机械工业出版社，2010.

［29］ 丁俊杰，等. 广告学概论［M］. 北京：高等教育出版社，2018.

［30］ 科特勒，德里亚斯迪贝斯. 水平营销［M］. 科特勒咨询集团（中国），译. 北京：机械工业出版社，2019.

［31］ 科特勒，卡塔加雅，赛蒂亚万. 营销革命4.0：从传统到数字［M］. 王赛，译. 北京：机械工业出版社，2018.

［32］ 科特勒，阿姆斯特朗，洪瑞云，等. 市场营销原理（亚洲版·原书第3版）［M］. 李季，赵占波，译. 北京：机械工业出版社，2013.

［33］ 科特勒P，科特勒M. 营销的未来：如何在以大城市为中心的市场中制胜［M］. 毕崇毅，译. 北京：机械工业出版社，2015.

［34］ 凯特奥拉，吉利，格雷厄姆，等. 国际市场营销学（原书第17版）［M］. 赵银德，沈辉，钱晨，译. 北京：机械工业出版社，2017.

［35］ 甘碧群. 国际市场营销学［M］. 2版. 武汉：武汉大学出版社，1999.

［36］ 高秀丽，姚惠泽，吕彦儒. 市场营销［M］. 上海：上海财经大学出版社，2007.

［37］ 郭国庆. 市场营销学通论［M］. 3版. 北京：中国人民大学出版社，2007.

［38］ 国务院发展研究中心企业研究所课题组. 中国企业国际化战略［M］. 北京：人民出版社，2006.

［39］ 何佳讯，卢泰宏. 中国营销25年：1979—2003［M］. 北京：华夏出版社，2004.

［40］ 胡凌，胡志雯. 国际市场营销［M］. 北京：北京交通大学出版社，2004.

［41］ 胡卫夕，宋逸. 微博营销：把企业搬到微博上［M］. 北京：机械工业出版社，2011.

［42］ 柯里. 国际营销：向国际市场进军和渗透［M］. 竺彩华，刘宏彦，译. 2版. 北京：经济科学出版社，2002.

［43］ 克洛，巴克. 广告、促销与整合营销传播［M］. 3版. 北京：清华大学出版社，2008.

［44］ 里卡德，杰克逊.《金融时报》营销案例［M］. 文红，唐清华，戴松，译. 2版. 北京：中国人民大学出版社，2004.

[45] 匡文波. 新媒体概论[M]. 3版. 北京：中国人民大学出版社，2019.

[46] 查兰，蒂奇. 良性增长：盈利性增长的底层逻辑[M]. 邹怡，译. 北京：机械工业出版社，2019.

[47] 兰苓. 市场营销学[M]. 北京：机械工业出版社，2008.

[48] 李尔华. 国际营销实务[M]. 北京：中国人民大学出版社，2004.

[49] 李健. 国际市场营销：理论与实务[M]. 大连：东北财经大学出版社，2006.

[50] 李晏墅. 市场营销学[M]. 北京：高等教育出版社，2008.

[51] 李颖生. 跨国公司的中国市场谋略[M]. 南昌：江西人民出版社，2004.

[52] 林素娟，等. 东南亚市场营销[M]. 2版. 大连：东北财经大学出版社，2012.

[53] 刘铁明. 国际市场营销案例[M]. 北京：经济科学出版社，2016.

[54] 卢强. 定价[M]. 北京：机械工业出版社，2006.

[55] 卢泰宏. 跨国公司行销中国：战略·策略与个案[M]. 广州：广东旅游出版社，2002.

[56] 吕宛青，李聪媛. 旅游经济学[M]. 2版. 大连：东北财经大学出版社，2018.

[57] 逯宇铎，常士正. 国际市场营销学[M]. 北京：机械工业出版社，2004.

[58] 布莱克韦尔，米尼德，恩格尔. 消费者行为学（原书第9版）[M]. 徐海，朱红祥，于涛，译. 北京：机械工业出版社，2003.

[59] 贝内特，布莱斯. 国际营销[M]. 刘勃，译. 3版. 北京：华夏出版社，2005.

[60] 罗兰. 中国人买走全球近半奢侈品[N]. 人民日报海外版，2013-11-22.

[61] 津科特，朗凯恩. 国际市场营销学（第6版）[M]. 陈祝平，译. 北京：电子工业出版社，2004.

[62] 怀特. 国际营销错误案例：公司原本不应犯的错误[M]. 董俊英，译. 北京：经济科学出版社，2003.

[63] 麦德奇，布朗. 大数据营销：定位客户[M]. 王维丹，译. 北京：机械工业出版社，2014.

[64] 荣晓华. 消费者行为学[M]. 2版. 大连：东北财经大学出版社，2006.

[65] 罗宾斯. 今日商务[M]. 张海森，宿玉荣，译. 北京：中信出版社，2004.

[66] 霍伦森. 国际营销：以决策为导向的方法[M]. 王永贵，王娜，华迎，等译. 北京：北京大学出版社，2017.

[67] 贾殷. 国际市场营销（原书第6版）[M]. 吕一林，雷丽华，译. 北京：中国人民大学出版社，2004.

[68] 万后芬，应斌，宁昌会. 市场营销教学案例[M]. 北京：高等教育出版社，2003.

[69] 王东辉. 网络与新媒体概论[M]. 沈阳：辽宁美术出版社，2020.

[70] 汪中求. 细节决定成败[M]. 2版. 北京：新华出版社，2004.

[71] 王纪忠，方真. 国际市场营销[M]. 北京：北京交通大学出版社，2004.

[72] 王鉴. 深度营销：解决方案式销售行动指南[M]. 北京：机械工业出版社，2017.

[73] 吴冠之. 非营利组织营销[M]. 2版. 北京：中国人民大学出版社，2008.

[74] 吴晓波. 大败局[M]. 杭州：浙江人民出版社，2001.

[75] 吴晓波. 激荡三十年：中国企业1978—2008[M]. 北京：中信出版社，2008.

[76] 徐小贞，彭朝林. 国际市场营销（英文版）[M]. 北京：高等教育出版社，2011.

[77] 阎国庆. 国际市场营销学[M]. 北京：清华大学出版社，2004.

[78] 杨洪涛. 现代市场营销学：超越竞争，为顾客创造价值[M]. 北京：机械工业出版社，2009.

［79］ 杨勇. 市场营销：理论、案例与实训［M］. 北京：中国人民大学出版社，2006.

［80］ 阿隆，贾菲，维亚内利. 全球营销［M］. 郭晓凌，龚诗阳，译. 北京：中国人民大学出版社，2016.

［81］ 袁卫东. 跨越：柯达在中国［M］. 北京：中信出版社，2005.

［82］ 费伊，乔布尔. 市场营销学（原书第4版）［M］. 徐瑾，王欣双，苗欣，等译. 大连：东北财经大学出版社，2017.

［83］ 张守帅，蒋君芳. 中国将进入服务业主导的经济新常态［N］. 四川日报，2014-12-11.

［84］ 凯特奥拉，吉利，格雷厄姆. 国际市场营销学（原书第14版）［M］. 赵银德，周祖城，乔桂强，等译. 北京：机械工业出版社，2010.

［85］ 甄伟，米俊. 市场营销失败案例分析［M］. 北京：中国经济出版社，2003.

［86］ 钟旭东. 市场营销：价值的认识与实现［M］. 北京：机械工业出版社，2007.

［87］ 周大江. 决胜红海［M］. 北京：人民出版社，2008.